U0117473

陳福成著

陳福成著作全編

第四十四冊　迷情・奇謀・輪迴

文史哲出版社印行

國家圖書館出版品預行編目資料

陳福成著作全編 / 陳福成著. -- 初版. --臺北
市：文史哲,民 104.08
頁： 公分
ISBN 978-986-314-266-9（全套：平裝）

848.6 104013035

陳福成著作全編

第四十四冊　迷情・奇謀・輪迴

著　者：陳　福　成
出版者：文　史　哲　出　版　社
http://www.lapen.com.tw
登記證字號：行政院新聞局版臺業字五三三七號
發行人：彭　正　雄
發行所：文　史　哲　出　版　社
印刷者：文　史　哲　出　版　社
臺北市羅斯福路一段七十二巷四號
郵政劃撥帳號：一六一八〇一七五
電話886-2-23511028・傳真886-2-23965656

全 80 冊定價新臺幣 36,800 元

二〇一五年（民一〇四）八月初版

著財權所有・侵權者必究
ISBN 978-986-314-266-9 08981

陳福成著作全編總目

㊵我所知道的孫大公
㊶為中華民族的生存發展進百書疏
㊷金秋六人行
㊸漸凍勇士陳宏

捌、小說、翻譯小說

㊹迷情・奇謀・輪迴、
㊺愛倫坡恐怖推理小說

玖、散文、論文、雜記、詩遊記、人生小品

㊻一個軍校生的台大閒情
㊼古道・秋風・瘦筆
㊽頓悟學習
㊾春秋正義
㊿公主與王子的夢幻、
(51)洄游的鮭魚
(52)男人和女人的情話真話
(53)台灣邊陲之美
(54)最自在的彩霞
(55)梁又平事件後

拾、回憶錄體

(56)五十不惑
(57)我的革命檔案
(58)台大教官興衰錄
(59)迷航記、
(60)最後一代書寫的身影
(61)我這輩子幹了什麼好事
(62)那些年我們是這樣寫情書的
(63)那些年我們是這樣談戀愛的
(64)台灣大學退休人員聯誼會第九屆理事長記實

拾壹、兵學、戰爭

(65)孫子實戰經驗研究
(66)第四波戰爭開山鼻祖賓拉登

拾貳、政治研究

(67)政治學方法論概說
(68)西洋政治思想史概述
(69)中國全民民主統一會北京行
(70)尋找理想國：中國式民主政治研究要綱

拾參、中國命運、喚醒國魂

(71)大浩劫後：日本 311 天譴說
日本問題的終極處理
(72)台大逸仙學會

拾肆、地方誌、地區研究

(73)台北公館台大地區考古・導覽
(74)台中開發史
(75)台北的前世今生
(76)台北公館地區開發史

拾伍、其他

(77)英文單字研究
(78)與君賞玩天地寬（文友評論）
(79)非常傳銷學
(80)新領導與管理實務

總序：陳福成的一部文史哲政兵千秋事業

陳福成先生，祖籍四川成都，一九五二年出生在台灣省台中縣。筆名古晟、藍天、司馬千、鄉下人等，皈依法名：本肇居士。一生除軍職外，以絕大多數時間投入寫作，範圍包括詩歌、小說、政治（兩岸關係、國際關係）、歷史、文化、宗教、哲學、兵學（國防、軍事、戰爭、兵法），及教育部審定之大學、專科（三專、五專）、高中（職）等各級學校國防通識（軍訓課本）十二冊。以上總計近百部著作，目前尚未出版者尚約二十部。

我的戶籍資料上寫著祖籍四川成都，小時候也在軍眷長大，初中畢業（民57年6月），投考陸軍官校預備班十三期，三年後（民60）直升陸軍官校正期班四十四期，民國六十四年八月畢業，隨即分發野戰部隊服役，到民國八十三年四月轉台灣大學軍訓教官。到民國八十八年二月，我以台大夜間部（兼文學院）主任教官退休（伍），進入全職寫作高峰期。

我年青時代也曾好奇問老爸：「我們家到底有沒有家譜？」

他說：「當然有。」他肯定說，停一下又說：「三十八年逃命都來不及了，現在有個鬼啦！」

兩岸開放前他老人家就走了，開放後經很多連繫和尋找，真的連鬼都沒有了，茫茫無垠的「四川北門」，早已人事全非了。

但我的母系家譜卻很清楚，母親陳蕊是台中縣龍井鄉人。她的先祖其實來台不算太久，按家譜記載，到我陳福成才不過第五代，大陸原籍福建省泉州府同安縣六都施盤鄉馬巷。

第一代祖陳添丁、妣黃媽名申氏。從原籍移居台灣島台中州大甲郡龍井庄龍目井字水裡社三十六番地，移台時間不詳。陳添丁生於清道光二十年（庚子，一八四〇年）六月十二日，卒於民國四年（一九一五年），葬於水裡社共同墓地，坐北向南，他有二個兒子，長子昌，次子標。

第二代祖陳昌（我外曾祖父），生於清同治五年（丙寅，一八六六年）九月十四日，卒於民國廿六年（昭和十二年）四月二十二日，葬在水裡社共同墓地，坐東南向西北。陳昌娶蔡匏，育有四子，長子平、次子豬、三子波、四子萬芳。

第三代祖陳平（我外祖父），生於清光緒十七年（辛卯，一八九一年）九月二十五日，卒於（年略記）二月十三日。陳平娶彭宜（我外祖母），生光緒二十二年（丙申，一八九六年）六月十二日，卒於民國五十六年十二月十六日。他們育有一子五女，長子陳火，長女陳變、次女陳燕、三女陳蕊、四女陳品、五女陳鶯。

以上到我母親陳蕊是第四代，到筆者陳福成是第五代，與我同是第五代的表兄弟姊妹共三十二人，目前大約半數仍在就職中，半數已退休。

寫作是我一輩子的興趣，一個職業軍人怎會變成以寫作為一生志業，在我的幾本著作都詳述（如《迷航記》、《台大教官興衰錄》、《五十不惑》等」。我從軍校大學時代開始寫，從台大主任教官退休後，全力排除無謂應酬，更全力全心的寫（不含為教育部編著的大學、高中職《國防通識》十餘冊）。我把《陳福成著作全編》略為分類暨編目如下：

壹、兩岸關係

①《決戰閏八月》②《防衛大台灣》③《解開兩岸十大弔詭》④《大陸政策與兩岸關係》。

貳、國家安全

⑤《國家安全與情治機關的弔詭》⑥《國家安全與戰略關係》⑦《國家安全論壇》。

參、中國學四部曲

⑧《中國歷代戰爭新詮》⑨《中國近代黨派發展研究新詮》⑩《中國政治思想新詮》⑪《中國四大兵法家新詮：孫子、吳起、孫臏、孔明》。

肆、歷史、人類、文化、宗教、會黨

⑫《神劍與屠刀》⑬《中國神譜》⑭《天帝教的中華文化意涵》⑮《奴婢妾匪到革命家之路：復興廣播電台謝雪紅訪講錄》⑯《洪門、青幫與哥老會研究》。

伍、詩〈現代詩、傳統詩〉、文學

⑰《幻夢花開一江山》⑱《赤縣行腳‧神州心旅》⑲《「外公」與「外婆」的詩》、⑳《尋找一座山》㉑《春秋記實》㉒《性情世界》㉓《春秋詩選》㉔《八方風雲性情世界》㉕《古晟的誕生》㉖《把腳印典藏在雲端》㉗《從魯迅文學醫人魂救國魂說起》㉘《60後詩雜記詩集》。

陸、現代詩（詩人、詩社）研究

㉙《三月詩會研究》㉚《我們的春秋大業：三月詩會二十年別集》㉛《中國當代平民詩人王學忠》㉜《讀詩稗記》㉝《嚴謹與浪漫之間》㉞《一信詩學研究：解剖一隻九頭詩鵠》㉟《囚徒》㊱《胡爾泰現代詩臆說》㊲王學忠籲天詩錄。

柒、春秋典型人物研究、遊記

㊳《山西芮城劉焦智「鳳梅人」報研究》㊴《在「鳳梅人」小橋上》㊵《我所知道的孫大公》㊶《孫大公思想主張手稿》㊷《金秋六人行》㊸《漸凍勇士陳宏》。

捌、小說、翻譯小說

㊹《迷情・奇謀・輪迴》㊺《愛倫坡恐怖推理小說》。

玖、散文、論文、雜記、詩遊記、人生小品

㊻《一個軍校生的台大閒情》㊼《古道・秋風・瘦筆》㊽《頓悟學習》㊾《春秋正義》㊿《公主與王子的夢幻》(51)《洄游的鮭魚》(52)《男人和女人的情話真話》(53)《台灣邊陲之美》(54)《最自在的彩霞》(55)《梁又平事件後》。

拾、回憶錄體

(56)《五十不惑》(57)《我的革命檔案》(58)《台大教官興衰錄》(59)《迷航記》(60)《最後一代書寫的身影》(61)《我這輩子幹了什麼好事》(62)《那些年我們是這樣寫情書的》(63)《那些年我們是這樣談戀愛的》(64)《台灣大學退休人員聯誼會第九屆理事長記實》。

拾壹、兵學、戰爭

(65)《孫子實戰經驗研究》(66)《第四波戰爭開山鼻祖賓拉登》。

拾貳、政治研究

(67)《政治學方法論概說》(68)《西洋政治思想概述》(69)《中國全民民主統一會北京行》(70)《尋找理想國：中國式民主政治研究要綱》。

拾參、中國命運、喚醒國魂

(71)《大浩劫後：日本311天譴說》、《日本問題的終極處理》(72)《台大逸仙學會》。

拾肆、地方誌、地區研究

(73)《台北公館台大地區考古・導覽》(74)《台中開發史》(75)《台北的前世今生》(76)《台北公館地區開發史》。

拾伍、其他

(77)《英文單字研究》(78)《與君賞玩天地寬》（別人評論）(79)《非常傳銷學》(80)《新領導與管理實務》。

我這樣的分類並非很確定，如《謝雪紅訪講錄》，是人物誌，但也是政治，更是歷史，說的更白，是兩岸永恆不變又難分難解的「本質性」問題。

以上這些作品大約可以概括在「中國學」範圍，如我在每本書扉頁所述，以「生長在台灣的中國人為榮」，以創作、鑽研「中國學」，貢獻所能和所學為自我實現的途徑，以宣揚中國春秋大義、中華文化和促進中國和平統一為今生志業，直到生命結束。我這樣的人生，似乎滿懷「文天祥、岳飛式的血性」。

抗戰時期，胡宗南將軍曾主持陸軍官校第七分校（在王曲），校中有兩幅對聯，一是「升官發財請走別路、貪生怕死莫入此門」，二是「鐵肩擔主義、血手寫文章」。前聯原在廣州黃埔，後聯乃胡將軍胸懷，「鐵肩擔主義」我沒機會，但「血手寫文章」的

「血性」俱在我各類著作詩文中。

人生無常，我到六十三歲之年，以對自己人生進行「總清算」的心態出版這套書。

回首前塵，我的人生大致分成兩個「生死」階段，第一個階段是「理想走向毀滅」，年齡從十五歲進軍校到四十三歲，離開野戰部隊前往台灣大學任職中校教官。第二個階段是「毀滅到救贖」，四十三歲以後的寫作人生。

「理想到毀滅」，我的人生全面瓦解、變質，險些遭到軍法審判，就算軍法不判我，我也幾乎要「自我毀滅」；而「毀滅到救贖」是到台大才得到的「新生命」，我積極寫作是從台大開始的，我常說「台大是我啟蒙的道場」有原因的。均可見《五十不惑》、《迷航記》等書。

我從年青立志要當一個「偉大的軍人」，為國家復興、統一做出貢獻，為中華民族的繁榮綿延盡個人最大之力，卻才起步就「死」在起跑點上，這是個人的悲劇和不智，正好也給讀者一個警示。人生絕不能在起跑點就走入「死巷」，切記！切記！讀者以我為鑒！在軍人以外的文學、史政有這套書的出版，也算是對國家民族社會有點貢獻，對自己的人生有了交待，這致少也算「起死回生」了！

順要一說的，我全部的著作都放棄個人著作權，成為兩岸中國人的共同文化財，而台北的文史哲出版有優先使用權和發行權。

這套書能順利出版，最大的功臣是我老友，文史哲出版社負責人彭正雄先生和他的夥伴們。彭先生對中華文化的傳播，對兩岸文化交流都有崇高的使命感，向他和夥伴致上最高謝意。

台北公館蟾蜍山萬盛草堂主人　陳福成　誌於二〇一四年
五月榮獲第五十五屆中國文藝獎章文學創作獎前夕

迷情．奇謀．輪迴

目次

第一部　被詛咒的島嶼

0　奇謀布局三一九案　退出權力核心說起

深夜，微風，如一頂巨大的黑幕，攬納全台北市。

而以總統府上空最黑，四週最靜，幾盞路燈很亮，站崗的憲兵如木頭佇立，情治人員假裝的「百姓」，鬼影幢幢。這是二〇〇四年三月初的一個晚上。

此刻，府裡，在最核心的祕密辦公室，只有五個人在檢討最近大選情勢，準備利用一個「事件」，可以扭轉局面，讓泛藍全面潰敗。這五個人是大頭目、人稱魔諸葛的阿成、死諸葛的阿義、邪諸葛我李明輝，還有大頭目的跑腿游公。

對整個「事件」過程的設計，其實已經有過沙盤推演，槍的獲得，大頭目肚皮上「鮪魚」烙印，進入奇美醫院後的安排，如何對外放話「泛藍與中共聯合謀殺大頭目」，這些過程全由阿義主導，我和阿成、游公，全力配合，當然也是全面保密的。

但，既然是一個會議，大家難免有些不同意見。阿成爲護主，認爲槍傷不要放在大頭目肚子上，由槍手直接重傷副頭目，若因而呂副頭目陣亡，也是爲國爲黨犧牲。對於這個意見，大頭目最後裁決，副頭目是傷是死可以不必考慮，但身為大頭目的還是要點小傷，才能讓事件有擴張效果。當然，必要時得犧牲副大頭目。反正，她只是一個深宮怨婦，莫啥曉路用。

阿義、游公也認為這樣才能製造好效果，到時人民的心才會沸騰。泛藍那些豬，鐵定兵敗如山倒，像一九四九年丟掉大陸一樣，鬼哭豬叫，到時大位就在我等掌控之中，誰能奈何？阿義和大頭目這樣說的口沫衡飛……

誰能奈何嗎？我是有些顧慮，萬一洩密……豈不……後果想不下去。還有合法性的問題，用這種方法拿到大位，後遺症很大，我表達了這樣的看法。

奈何！我已上了梁山，騎在虎上，也只好配合。因為這些年來，我扮演大頭目的「祕密軍師」，這個身份外界是不知道的，就算獨派的核心也沒幾人知道。

但我內心的掙扎也在此，因為我太太嫁給我十三年，只知道我是教授、作家，從來不知道我的「祕密軍師」身份。讓我更感過意不去的，是她已遠離深綠開始熱愛中華文化，是一個「正人淑女」，而我卻在助紂為虐，我內心很清楚。

無他，「祕密軍師」這份差事，讓我有撈有吃，每月至少有「三個教授的銀子」進帳。儘管這些年來，我的地下工作讓我吃香喝辣，內心也很掙扎，思考著，要找到退出江湖的時機。

終於，「三一九」，砰！砰！那兩顆子彈……大致依設計流程進行，而我更清醒，我怕歷史批判，良心譴責……怕……

雙十節，是我和太太的結婚紀念日，我決定從這一天起，退出江湖，自我反省，過簡單、乾淨的生活。

說起我太太，最早她家是「台灣長老教會」世家，所以也算是台獨世家。她的父系有不少親戚任職自由時報，母系有的是「台灣教授協會」會員，這些都是台獨基本教義派。不知爲何?她後來竟熱愛起中華文化了，但最後她竟又回到台獨陣營，這是後話，後面再說好了。

1 結婚紀念日的反省　奇緣珍寶驟然示現

剛在教室給學生上完「哲學與人生」，我漫不經心地晃到我的研究室，工讀生宋艷不在，邊喝著手上的一盅茶，蹺起二郎腿，邊看窗外白雲飄過，卻也想起了自己的哲學與人生。

每年到了今天都不得不要想一想，嚴肅的人生大課題，也有幾分反省的味道。

今天，十月十日，到處在慶祝「變質」的國慶，十三年前的今天，民國八十一年，是我和太太的結婚日，今年是第十三年結婚紀念日，這十三年其實還算不錯，至少婚姻品質不算差，說結婚紀念日要「反省」也怪怪的。

這十三年，我在T大教書，太太也在附近的高中教書，我每天除了教書、研究、指導幾個研究生，還有些行政雜務外，生活單純，生活空間也只有家裡和學校，我喜歡這樣，「簡單就是美」。簡單也代表變數很少，人可以不要去應付太多的變數，才能得到充份的自由。

至於當阿扁的「秘密軍師」嘛！這部份複雜多了。還好，秘密的，神不知鬼不覺，大把的銀子送到前面，能不要嗎？？

太太嘛！她的生活也簡單，近年已極少參加政治活動，除了在高中教英文，就是忙家事，忙小孩，每天上班、上學、回家煮飯，全家一起吃晚飯。這樣的生活，正常、有序，似乎多數人是期待這樣的家庭生活，也似乎一切都這麼美好，包括性生活在內。

我，李明輝真的不該再說什麼結婚紀念日要反省了，然而，爲什麼結婚十三年還說有「問題」要反省呢？人沒有完美的，包含我太太在內，也包含我自己在內，我夠什麼資格想要追求完美。何況政治信仰上，我們曾同是「獨派」，但似乎正在變……

勉強說要求甚麼，也只能舉出幾個很通俗的理由，例如她不夠溫柔體貼啦！不夠善解人意啦！情緒起伏很大，得理不饒人啦！這些其實並未嚴重到傷害了正常的婚姻生活，大體上還在「雖有不滿意但可接受」的範圍內。再說在這個現實功利的現代社會，所謂「溫柔體貼、善解人意」是不是已成稀有動物了呢？反觀自己，卻曾經在助紂爲虐……而我太太對很多小動物，如貓、狗等，是很體貼溫柔的，有愛心的。

突然間，我怎麼覺得要反省的原來是我自己，我是不是已經「思想落伍、封建腐朽」了……「三一九」還成了小偷的幫兇。

「叩、叩、」有人敲門。

「請進！」我直覺地說，臉看窗外，腳蹺得高高。

一陣清亮悅耳的聲音傳進來：「老師，院長的祕書通知下星期一的院會改在星期四下午召開，還有，老師交待的事情辦完了，還有沒有甚麼事？」

工讀生宋艷，長得活潑可愛，外文系二年級，她話一結束人也正好走到我眼前，等我回話。我知道她心理想著要早一點下班，我整肅坐姿，告訴她：

「謝謝啦！宋艷，今天讓您辛苦了，提早一點下班好了！」

「謝謝老師！老師再見！」她像一隻快樂的小鳥，轉身跑掉了。

「再見！」

我還在想著今天是中華民國九十三年國慶，也是我和太太結婚的第十三年。往年我們有時會出去吃個晚餐，但近幾年來則大多在家裡加個菜，喝兩杯，我會買束花回家，我們的慶祝方式如同平時的生活一樣，簡單。

但是，今天，現在已經下午四點多了，我卻一點也沒有回家慶祝結婚紀念日的心意，似乎還在等什麼！

就在這時候電話鈴響了，「鈴！鈴！」兩聲急促的電話聲，我心有靈犀，似乎打電話的人同時透過「傳心術」（Telepathy）把她的心意感應到我的心上，二人在不同的空間，相同的時間裡彼此心領神會了。我直接、毫不猶豫地拿起電話。

「安安嗎？邀我飲茶是吧！」

「你猜得真準，也太大膽了，不過想和你聊聊，我知道今天是你和老婆的結婚紀念日，晚上總得跟太太慶祝一下，你到我這來坐一下再回家吧！」

「馬上就來。」我斬釘截鐵回答，掛上電話，身心都不由己地向她的研究室快速前進，我在哲學系，她在文學系，研究室正好在校園對角處，走路大約幾分鐘。其實現在我心中是有些矛盾的，我正在反省和安安這些年來的感情，希望能回歸寧靜，不要造成任何傷害。

幾分鐘路程，我邊走邊想著，她那美好的……

黃安安，和我同是T大教授，她教中國文學史，我教哲學，一個三十五歲，才色雙全的女人，善解人意，人際關係不錯，ＩＱ和ＥＱ都不錯。唯一的遺憾是老公跟她不對盤，她老公和她是大學同學，學理工的，外表看來一表人才，可惜是一個情緒衝動，不懂女人的呆頭鵝。

「叩！叩！」她的研究室在一排綠蔭下，日式老房子，學校剛把外表整修過，古色古香而不殘破的樣子。

「進來呀！門沒鎖，工讀生我叫她放學了。」安安的研究室看起來既不像研究室，也不像辦公室，是她自己設計、規劃過的，比較像一個女性化的淑女居室。

「幾天沒看見妳，真是叫人想念啊！小姐！」

「人家還不是一樣。」她嘟著嘴，拋媚眼過來，「打電話都找不到，又不敢打到你家。」

「最近真忙！」

「好了！給你泡壺好茶。」她說著到裡面的房間去，出來時手上多了兩樣東西，一大束玫瑰花，一個小巧手飾盒。我大致猜到她的用意，她說：

「我知道今天是你和大嫂的結婚紀念日，結婚十幾年了很難得，這裡面是一個小鑽戒，都幫你準備好了，沒花多少錢，但女人就是在乎這些。」她一本正經的說，我也一本正經的聽，兩眼凝視著她，她的小嘴脣，今天的口紅，比往日更有誘惑力，我有些出神……

「……謝謝！」我很想說什麼，但也說不出什麼，只好簡單的接一句「謝謝」，然後啜一口她特地爲我準備的香茗。

「唉！」我情不自禁，依然唏吁一聲，對兩個女人，有無奈，有感激，安安似能了解我內心的感覺。她從原來的坐位挪移、過來靠在我肩旁，香水的威力使我做了一個深呼吸。我正在想，人生有這樣的女人做伴，真是完美極了，可惜！這時她開始在我耳邊出聲，輕聲細語：

「我們之間我很滿意，你給我很多，很充實，我也不要傷害到大嫂，更不要傷害到你，對不對明輝？你的快樂就是我的快樂，你不快樂我也快樂不起來，阿輝你說是不是？來！親一下。」

一陣擁吻、摟抱，我同時也很注意房子四週動靜，附近一小片樹林，人少，加上現在五點多了，公立大學教職員工跑得快得很，不到五點早跑光了。

能聽到的只有兩人的心跳聲，能感受到的是她的體香、化粧品和香水，門是關的，淡粉紅色的窗帘低垂，全世界沉寂，四週死寂，遠處有微弱的車聲，這裡真是「鬧市中的孤寂」。我在享受這個人間極品——她，也在想一些問題，更真實的是在反省我的感情世界。是她先開口說話，打破空間內的沉寂。

「一百個不情願現在就讓你回去，但我不能佔領你的所有，何況今天是你和大嫂的結婚紀念日，待會兒，你還是早些回家。帶著玫瑰花和鑽戒，這是絕大多數女人的最愛，還有，明年我有機會到美國參加『全球華人文學研討會』，我只負責提報一篇論文，其他都是自己的時間，你設法找個理由休假，你想我們有多久沒有遠走高飛享受甜蜜的夜晚了？一起到美國痛快地玩幾天好嘛！快的話可能是兩個多月後的春天。」

「我試試，要看有沒有課，或有會要開。」我語氣不定地說，我知道自己已經不如去年之前，那樣地大膽決斷了。

「哎啊！就說一定嘛！有事挪一下，老婆那裡編個理由，跟以前一樣，我們頻率很低，她不可能察覺出什麼來。」她嬌聲企求著。

我想著，她說得有道理，回絕了紅粉知己的要求是多麼殘忍的事，再說要回歸到所謂「原點」也得慢慢來。經過內心忖度，肯定對她說：

「一定，除非……」她緊張了，接口問：

「除非什麼？」

「除非是人力不可抗拒的事件發生，如強烈颱風來襲，交通全部中斷。」我不疾不徐地這樣說。而她，兩顆水汪汪的眼睛凝視著我，乾脆斜靠著我，冒出兩個字：

「死相。」

擁吻著，都希望時間就此停止。

這時候她總是比我理性些，她先挪開她的肩，促我早點回家慶祝結婚紀念日。她說：

「回去吧！老婆孩子還是重要的，我那不懂生活的老公從香港打電話回來，大概晚上八點多也要到家了。」她說著起身，把玫瑰花和鑽戒給我，一副送客的樣子。又拿出手絹拭去我唇上的口紅殘留，一個「詭異」的笑！我心裡有數，美國之行不容易兩人同時有時間，不知等到何年何月呢？再說吧！

我是有些依依不捨，但看著外面天色已近昏暗，至少也有六點多了。真不知道該說些什麼！輕輕吻一下她的櫻桃小嘴以示「再見」，揮一下手，轉頭出門。

開著車，外面已是華燈初上，六點多的台北市正是交通顛峰時間，車速慢也有好處，我可以慢慢想些事情，疏理出一些頭緒。我是實實在在地反省。

老婆雖有一些缺點，但她賢慧，好妻子、好媽媽，我這個家庭，我的婚姻，還算符合社會所規範的「幸福美滿」的標準。只是她的情緒很無常，有時言語傷人如刀。若我們白頭偕老，這會是一個理性、簡單、有序的生活圈，只是我的愛情世界會有一些空白，人生會遺憾，我像一頭動物……

再加上政治信仰可能差異（遺憾）大些，她先是綠獨，而後近統，又回到深綠，腦筋愈來愈不清醒；而我由獨轉統，腦筋愈來愈清醒，最後看到真相，夫妻走到不同路上。而我和安安呢？感情世界是充實的，如水乳可以交融合一；思想有交集，甚至有時候可以重疊，人生沒有遺憾。只是這個現狀能維持多久，明年，後年……

車子剛過政大校門口，家快到了，而我的反省還沒有得到決定性的答覆，我開始懷疑自己，我是一個矛盾的人嗎？想著退出江湖，想過一個簡單的生活。

不管怎麼說，家就快到了，先回家吧！

2 矛盾夜晚矛盾的人　矛盾婚姻矛盾人生

這個第十三週年結婚紀念日，其實與往常的紀念日並沒有太多差異。除非碰到公事出國，或很特別的狀況發生，如嚴重的吵架，否則我總是會在結婚紀念日的晚上表示一下，有點形式，就事論事也必須。我老婆——黃愛愛，多年來也成了習慣，或許有共識。

說起我和愛愛，當年似乎也有「應觀眾要求而結婚」的味道，民國八十一年結婚時，我是三十，愛愛二十九，已有不少來自家人和自己的壓力。如果是現在九〇年代之末，則「只要我喜歡有什麼不可以？」可能沒那種壓力；可惜那個八〇年代之初，傳統規範並未徹底解體——也許解嚴不久吧！男女三十尚未婚嫁，就有些心急了。如果父母親身體不好，那就更急了。不能讓父母有生之年眼見自己結婚，雖非不孝，也是很大的遺憾。

當年我父親、岳母——愛愛的媽，都已老病纏身多年，都不過七十出頭的人，卻如風中之燭，每一刻都可能熄滅。果然婚後不到一年，兩位老人家相繼去了天國。其實我和愛愛都很安慰。

最初幾年我認爲是合理、應當。

再往後幾年，我有些懷疑自己是不是「應觀眾要求而結婚」！是否合理、應該！

至於愛愛嘛！是一個傳統「賢妻良母」型的女人，比較欠缺一些女性化的特質而已。她的生活只有兩個領域：學校教英文和回家做家事。家事的範圍頗爲廣泛，每天煮飯、燒菜、洗衣、清潔打掃，還有兩個小孩，夠她忙的。家事的範圍還包括滿足丈夫性慾上的要求，如此的女人能說不是「賢妻良母」嗎？台獨嘛！她離的很遠了。

也由於太太的全部生活領域只有學校和家事，現代知識或一些屬於通識的領域，她幾乎全然不知。和她聊甚麼時代思潮、教育改革、歷史上的經典作品、現代文學或宗教等，她幾乎沒有概念。甚至專屬女人領域的化粧、時裝或女性主義等流行，她也是完全脫節的。所以我的家庭生活真是簡單極了：吃飯和做愛。其他事都太太包辦了。

「吃飯囉！玉潔、玉淨，去叫爸爸來吃飯。」妻的聲音輕輕從廚房傳出來，我正在陽台澆花，趕忙收恰東西準備品嚐妻的拿手菜。說起做菜，妻已有「專業」水準，這點就有許多女人不如她了。

一家四口，才剛就座，妻顯得神情愉快，五菜一湯，她很得意地說出這五個菜的名稱。

「香菇臘腸蒸雞、豆瓣鯉魚、乾燒明蝦、海棠百花菇、冬菇扒豆腐、白菜丸子湯。」

妻用手指指著逐一介紹。妻一說完，我們三個都鼓掌叫好，玉潔和玉淨還喊著：

「媽媽真偉大！」

玉潔叫著：「我喜歡吃魚。」

玉淨接著喊：「我喜歡吃蝦。」

換爸爸，我說：「媽媽煮的我都喜歡吃。」轉向太太，讚美她：

「愛愛，妳真了不起，這些菜的名稱我都沒聽過，以前也曾吃的妳怎沒說過呢？」

「以前我做過，只是不很正式，隨手做做而已。今天全照規矩來，菜色、配料及調理都按烹飪習慣來。」太太一本正經說，我則先幫太太斟酒，兩個女兒等不及早已開動了。我拿起酒杯祝福太太：

「愛愛，我敬妳啊！幸福美滿。」

「也敬你，玉潔、玉淨一起來敬爸爸！」太太接著再說：「明輝，這魚和蝦都是最新鮮的，今天我特別提早下班去黃昏市場買，都還活著呢！多吃一點。」

太太這麼一說，我心頭一震。她去黃昏市場買菜時，正是我和黃安安在一起。就在這同時，電視機以緊迫、高亢的語調播報新聞，事件之大吸引了我和妻子的注意力，我們同時傾聽著，靜靜地吃著：

「大頭目在國慶大會上致詞，把中國豬趕回去⋯⋯」

「松山機場爆炸，五機員殉職……」原因不明……

「陳水扁、馬英九……」

「台獨制憲……」

這時，妻嘆了一口氣說：「唉！天災人禍真多。」我接口告訴她：「這是人禍，不是天災。」

妻有些不解，我乾脆說：「今天是我們結婚紀念日，電視開小聲一點，我送妳一個好禮。」一面催促玉潔去調整電視音量，一面用手在口袋裡探拿鑽戒。

妻有些好奇地說：「看爸爸給媽媽什麼好禮啊！」因爲往年結婚紀念日頂多也只是帶束花回家，吃個飯而已。從來也沒送太太什麼貴重禮物。我心中想著，這黃安安可真「有心」啊！所以我很慎重地對太太說：

「愛愛，這些年妳也真是辛苦，家事都是妳在操勞，以前也沒送妳什麼好禮，這顆鑽戒妳喜歡吧！」

妻很感動，說：「呀！這麼貴的東西，一定不少錢吧？怎不買便宜些的東西呢？」

我很真誠地說：「錢沒有關係！重要的是這是我們重要的紀念日，來！我敬妳一杯。」

我頭一仰，喝完一杯，妻也乾杯。妻的心情非常愉快，她似乎也在想著，今年結婚紀念日怎麼如此隆重，於是開口問道：

「你怎麼想到要買鑽戒送我？在那裡買的？」

我其實是有些心虛，根本也沒有仔細去看商號和保單，說錯了反而不易解釋，就答一句「空間很大」的話，也讓她安心，我說：

「一個朋友在經營，鑽石的堅定、貞節、永恆是我們所希望的，鑽石最能代表妳，最能表達我的心意。」我不疾不徐地說，妻果然不再問下去。

她轉向兩個女兒說：

「玉潔、玉淨！妳們兩個功課做完後，早些去洗澡，早點睡覺，明天早起。」妻一向注意小孩作息。

「我去整理一下房間，好亂。」妻在對我說話，她總是經常在整理房間，東弄弄西弄弄。說著她就進了房間，待會兒孩子們也去做功課。

晚上八點多的台北市正是熱鬧，然而我住的靠木柵茶園的山邊，附近的政治大學一片寧靜，馬路上沒什麼車，遠處有車聲音傳來。此外，這屋裡竟然突然沒聲音了，妻在房間，小孩在書房寫功課，我索性慢慢獨酌，胡思亂想起來。

不管怎麼想，滿腦子裝的還是那個黃安安，認識她是在我和愛愛結婚的第七年，民國八十七年九月開學不久的一個晚餐，第一次碰面是中文系主任胡明輝說要給一位新朋友接風，請我作陪，地點就在教職員餐廳，這裡菜好又有情調。那個新朋友就是黃安安，她是從北區一所大學轉來的。

初見面，系主任簡單介紹一下，我竟然也簡單地只說了四個字：「榮幸之至。」

「請多指教。」她也簡單回答。

三個人邊吃邊聊，酒未過三巡，我已經可以很肯定地暗忖：這是一個很有靈性的女人，甚至是女人中的「極品」。

由於各項主觀客觀環境因素的交錯推移，造就我和黃安安的一段情，這樣說好像自己在找理由、不負責。

先說客觀因素吧！安安初到校的兩個多月內，有過幾次中午或晚上一同用餐，多和系主任在一起，純是吃飯閒聊，有一次系主任還當面誇了安安，他說：

「黃安安是一位才女，她對世界當代文學流派，如批判寫實主義 Critical Realism、女性主義文學和台灣現代文學等領域非常了解，最近也快有著作了。」

「恭喜啊！黃小姐，以認識妳爲榮。」我是這樣恭維她的，那時才認識不久，說話難免有些生硬。

她也客氣地說：「那裡，你在哲學領域的成就也很了不起。」

系主任在一旁聽不下去了，他打趣地說：「你們兩個怎麼越來越陌生了？也不覺得肉麻！」這時大家好像動作一致，同時舉杯說：

「來！喝酒！」

這個餐敘的第二天，大概是十一月底，系主任突然告訴我說，到美國柏克萊大學的兩年講學研究的同意函已經下來了，十二月上旬成行，我向他道賀。

我和黃安安在十二月初先爲系主任餞行，我還記得十二月十五日系主任離台赴美，因爲這一天是我和安安在感情發展上的「分水嶺」，這之前是普通朋友，之後似乎有一股力量慢慢要使我們成爲「紅粉知己」。

有一天我和安安在仍然在教職員餐廳吃中飯，餐後到她的研究室飲茶，聊天中我們談到都市生活的快速，給人很大的壓力，應該設法多接近自然。我們幾乎同時說出心中的話：

「台北近郊也有許多清淨自然景觀不錯的地方，沒課或休假何不一道出去走走？」

之後的幾個月，大概八十七年的十二月底到次年五月間，我和安安的足跡遍及台北近郊，如木柵、烏來、陽明山、坪林，最遠還跑過一趟拉拉山。當然這樣的生活安排是極祕密的，通常十多天才會出遊一次，而且當天來回。目的是避免打破彼此家庭生活之現狀。

爬山少不了相互協助性的「牽手」，有了肌膚之親，加上個性投緣，思想重疊度極高，許多看法都很一致，情感交流自然流露，竟然五月去拉拉山時第一次吻了她。吻她時我說：

「好像很意外！」

她的回答才讓我意外，她說：「才不意外，早該發生了。」她說話的聲音氣定神清。

八十九年，七月間我們一起到宜蘭開會，兩天一夜，我們是徹底地「定情」了。

再說主觀因素吧！我和愛愛原本不是很搭調的人，她固執拘泥，我完全不講形式；她不講情調，而我是一個浪漫主義者，所以生活與思想上談不到有什麼交集。但我也顧及現實環境，「雖不滿意但可接受」，只不過偶爾吵個架。

八十七年暑期剛開始，這年是我和愛愛結婚的第七年（與所謂的「七年之癢」無關）。七月初，我母親因病遠從南部來台北就醫，又因須長時間療養，就住在我這裡，婆媳問題在此時浮現，兩個女人有過數次爭執，氣得老母要走人。我爲此與太太又吵了三次架，越吵越厲害。我告訴太太說：

「媽媽已是一個來日不多的老人，年齡比我們大一倍，讓她一些，這點人情不懂嗎？」

沒想到太太也理直氣壯地說：「這世界上總有是非吧！對就是對，錯就是錯，老人也要講理吧！」

媽媽在我這裡住不到一個月，就回南部老家了。

我和太太陷於長期冷戰，我心情苦悶。我愈來愈少回家，甚至晚上也盡可能晚回家。每個月最定時回家的總是「薪水」。

不久，黃安安來了。

往事如煙，影像一幕幕從腦海中閃過……聽見有聲音傳來：「這麼晚了，快去叫你爸爸來洗澡。」我躺在沙發上，才從夢中驚醒過來，玉潔跑過來拉我的手：

「爸爸！起來啦！媽媽叫你去洗澡了！」

我看一下鐘，十點多了，該洗澡了，明天上午還要開會。玉潔、玉淨道過「晚安」就去睡了。

夜已深深，妻已入睡。

而我，卻仍清醒，毫無睡意，從認識黃安安開始，又一幕幕上演……木柵、烏來、拉拉山，特別是「宜蘭之夜」……還有近兩年來愛愛的個性似有改變，生活上也比較通融些，至少不是那麼死板板、硬梆梆的，最近還說要利用時間去學泡茶、學插花。

結婚紀念日之夜，我竟在想這些，甜蜜的回憶，現實的反省，未來的路如何走法……理不出頭緒，沒有結論。只想到明天要早些到學校，我試著強迫自己要睡著。

3　宜蘭之夜定情之夜　致命吸力致命的愛

提起「宜蘭之夜，應該是在八十九年七月，都在放暑假。我和安安一起到宜蘭參加一個鄉土性的藝文活動，兩天一夜，主辦單位統一都有住宿上的安排，只是與會人員通常也有很大的自主空間。

主辦單位所關心的通常是活動內容是否參加！而不是要不要過夜的問題。我和安安決定到名聞遐邇的宜蘭「小北投」——礁溪一遊，聽說此地溫泉清澈透明，無色無臭，可飲可浴。

七月的大熱天，人好像在大地中被烤的地瓜。開車走北宜公路還有些涼快的感覺，前後車輛不多，因爲不是例假日的關係。

溫柔的音樂響著，氣氛很好，我問安安：

「妳老公知道妳到宜蘭做什麼嗎？」

「知道啊！他才懶得管我做什麼。」安安十足有把握的說，接著又補充道：

「我有事在外過夜，他從不找我。縱使這次例外，隨便說去老同學家喝茶就行了。」

「你呢？」安安反問我有沒有問題。

「保證沒問題。」我肯定回答。

車子經過一陣陣的九彎十八拐，過了碧湖、四堵，礁溪該是不遠，沿著指標前進，果然下午五點多就到礁溪，先下榻在預先訂好的礁溪飯店，我提議先步行出去吃飯，安安說：

「沒想到我第一次到礁溪是跟你來！」

「我也是第一次來。」我哈哈大笑回答。山勢奇麗，氣溫宜人，我們都有同感，決定找一家最有情調的餐廳。才下午六點不到，不遠處的山邊似已濛濛，心想今天是個好天氣，該不會下雨才對，山區景致大概都如此。

非假日的關係，餐廳竟只有我和安安兩人，選了靠山邊的坐位，點了菜，叫一瓶「玫瑰紅酒」。音樂正在播放「愛的羅曼史」，只有完美才可以形容現在了。

「爲我們認識，還有今夜的宜蘭，乾杯。」我托起滿滿的一杯「千杯少」直向安安。

「好，乾杯。」

這一天兩人都沒吃多少東西，想必禁不起這般喝酒，不到半瓶已能感到體內散發的熱，使心跳加快，安安也雙頰微紅。想到今夜，決意「把酒不可醉」，低頭猛剝大紅蝦，持住酒杯，兩人只用「隨意！」

走出餐廳，兩人都還清醒，路上不見人影，只見幾部車子停落。猛然之間，覺得一切都如世外，遠處路燈微明，伸過手臂緊緊抱住安安，她也緊靠著我。

漸漸的，安安似有不勝酒力，把重量放在我身上，我扶著她回到飯店。進了房間，關好房門鎖上，返過身才好篤定時，安安整個人已趴身倒在床上。

也許猴急些，關了燈，躺在她身旁，溫柔親吻她的每一寸肌膚，她春情盪漾，用緊迫的吮舔回應我的擁抱，雙方已能感受到肉慾與心靈的結合，全世界只聽得到我倆急促的呼吸聲音。

褪去她的內褲，兩人已然全裸，肌膚整個貼在一起，從頭到腳全部是重疊的，我那巨大粗壯的寶貝直接在她的體內衝撞，瘋狂如暴雨，激烈如火山，而她，忽地款款擺動如水蛇，忽地迎合我的衝撞如敵人無情的反擊，那般堅定，果斷。

「嗯！」雜揉著兩人的喘氣聲，分不清是誰在叫著。她的裡面大約以每秒的間隔規律收縮，按經驗這是所謂「靈肉合一、兩人合一」的同步高潮。

「準備！」我輕聲在她耳邊說，示意要射精了。

這一秒她不動了，她緊抱著我有如溺水者死抓住一樣東西，用她的整個陰道包容住我的寶貝……似乎有些太急、太快了，也許喝酒的關係。

彷彿碰落了滿天星斗，那般輝赫燦爛，人間是圓滿完美的，連一聲喟嘆都沒有，緊緊抱在一起，無聲無息，擁吻著……靈肉合一，天人合一。

仍伏在她身上慢慢地引退中，自安安的裡面脫離，輕柔地吻了她，起身拿一條薄被單蓋住她全裸的身子。此刻才想起，該去泡泡溫泉……

安安躺著，兩顆水汪汪的眼睛萬種風情般凝視著我。她原本暈眩的酒意已全然褪去，她稍環顧，把頭枕在我的手臂上，我仍緊抱著她。

兩人竟不約而同地同時沉睡，不知過了多久，兩人又同時醒來，仍交纏在一起。玩弄著她的秀髮，吻她的唇，輕輕地，吻她的下面……全身，一切都在不言中，還是我先開口，竟說：

「滿意嗎？」

「百分之百滿意。」

「以前和老公做愛有過這樣的滿意嗎？」

「從來沒有。」她都直接了當的回答，真實、坦白。她也反問我：

「你和老婆做愛有過這樣的滿意度嗎？」

「從來沒有。」我也直接回答，「第一次有這樣的高水準。」我再說：

「剛才達到高潮嗎？」

「肯定達到，而且與你同步。」我們雙方都肯定這是我們有生之年，第一次完全滿意的深度性愛，是性、愛、靈、肉的圓滿結合。而且，這世界上就只有我倆能創造出這樣的性愛水準，換言之，我們是真正的「地設一對，天造一雙」，換一人便完全走樣。

安安和老公嘛！沒情調、沒性趣，她老公是一位不知女人爲何物的呆頭鵝，一部工作機器而已，偶有求愛，安安也不過應付一下，例行公事。

我和老婆愛愛嘛！她把做愛當成一種份內職責，老公有所求，她配合一下完成一件事情，也是無趣。

安安仍躺在我手臂上，她抱怨說：

「和我老公做愛，我的創造力愈顯萎縮，想像空間完全不能擴張，覺得生命力非常薄弱。你知道嗎？做愛是人類一切創造力、想像力之母，心理科學早已證明過，你應該很清楚才對。」安安的一套理論，說得我猛點頭。

安安的說法也激起我探討人類原始性慾的衝動，不顧兩人全裸躺在床上，我進一步說：

「安安啊！妳所說的『生命力』，應該就是弗洛伊德 Sigmund Freud 所說的『Libido』是不是？」

安安這時好像回到教授的本色，她緩緩地說：

「沒錯！這種 Libido 是一種性慾的本能衝動，這種本能衝動充滿了生命力。人類所有藝術、法律、宗教、文學等文化成就，都是 Libido 發展的結果。所以說，性愛要得到圓滿的舒展，人生與事業才能得到圓滿。」

我頗爲賞識安安的理念，只是平時少有機會針對這個特別的主題做深入討論，現在是特殊的機緣，而且我知道安安在這方面所知亦多，所以我又問她：

「理論上確實聽說過，但不知在田野調查或經驗研究觀察上可有例證？」

她毫不遲疑地說：

「有。東西方很多文化發展很高的民族，他們對性愛或人類的生殖器官這類，都是崇拜的，並製成藝術品，公開陳列展示。我去義大利龐貝 Bonechi 做過研究，在西元七十九年維蘇威火山爆發時，龐貝已是文化很高的地方，出土的壁畫很多是性愛場面，公開展示的陽具，婬神『普利亞普斯的陽具』更是龐貝之重寶。所以我們對性愛一事應該是尊重與發疏，而不是歧視與制壓。」

安安的陳述讓我佩服，忍不住對她豎起大姆指，再送她一個吻。安安再補充說：

「所以囉！我和我老公，你和你老婆，由於各方面的不搭調，性愛不可能圓滿，人生才愈來愈覺得無趣。而我們兩個……」她的聲音變得嬌柔輕細，把她的臉頰貼在我的胸前，伸手下探玩弄我的寶貝，他又堅挺起來。安安索性一頭往下探，一口咬住，天啊！

她口交的功力，讓我像一隻喝醉的蛇，與她纏繞在一起，才不過兩分鐘，火山又要爆發，她的嘴包容我全部寶貝，我示意要噴射，她滿足地全部吸收。兩人再度安靜下來。

「我們兩個，思想重疊幾近百分之百，生活行爲模式相同，協調無間，我們兩人做愛可以達到圓滿境界，人生才會愈來愈光明，愈有希望。」這是她的結論。

事情討論到此，碰到一個很吊詭的問題，那就是「外遇」，外遇對家庭與事業有很大殺傷力，一但外遇成爲事實並且曝光，可能是家庭解體或事業上的不利，何來所謂的「圓滿人生」呢？我和安安現在的情形就是「外遇」，我很想就這個問題看看她的看法。我再問她：

「安安，我倆現在是不是正在外遇中？」

「肯定不是。」她聳聳肩，一副不在乎的樣子。

「爲甚麼？說來聽聽。」

這問題愈來愈詭異，也許根本是詭辯，所以我要追問她。「聽聽妳的高見。」她娓娓道來：

「我們都是大學教授，高級知識份子，看事情應該務實、宏觀，不要拘泥於世俗的框架中。外遇會對家庭產生強大的殺傷力，乃是外遇對象都想取得一定的地位，女的想要鳩占鵲巢，男的想要脫離元配，或都想要做對自己最有利的安排，這種外遇就造成家庭解體。明輝，你看我們是屬於這類嗎？」

這個問題我們內心都很清楚，也有共識，故我毫不思索就說：

「妳不想取代我老婆的地位，我也不想成爲妳合法的丈夫，換句話說，我們目前對彼此家庭的完整性是一個重要的前提，對家庭既然沒有威脅，跟一般的外遇在性質上確實有所差異。」

談興未了，我們都忘記是全身光溜溜的，安安邊說還邊用她的小手撫摸我全身的每個部位，一副頑皮的樣子在玩弄我的寶貝。她接下去說：

「我強調我們是大學教授，是高級知識份子，看事要務實、宏觀。還有一層是社會責任。」安安把「社會責任」四字加重語氣。

我迫不及待接續地問她：

「這麼說我們是在善盡社會責任囉？」

「當然。假如我們都把對方的另一半除去，成爲合法夫妻。雖然成就了我們，卻也使兩個家庭解體，將可能產生出幾個問題少年，這不僅是自私自利，也因使社會成本升高，我們就是罪人……」

安安似要說下去，我用手輕輕捏住她那兩片小巧的櫻脣，示意她暫停，留一些讓我說說：

「對我們兩個家庭而言，也該是有益的。試想我們若沒有現在的關係，妳我在感情世界裡有欠缺，性愛領域更是遺憾，人生與事業都缺少積極光明的動力來源，現在我們把家裡那一半所不能或不行者，統統補足，對兩個家庭而言是更趨圓滿了。」

「對極了！」安安大叫一聲。

我提議兩人一起泡個溫泉浴，兩人在水中玩耍，互相按摩，飲一些小酒。躺在床上談心，談人生觀，在不知不覺中，我們睡著了，這回可睡得香甜，一覺竟到早晨四點多，感覺通體舒暢，無限快活。我親吻她，輕說「早安」，她道早，又說「昨晚快樂嗎？」我道快樂，她起身梳粧。

晨四點多，礁溪飯店附近還是夜深人靜，四週無聲無息，室內燈光微明，我躺在床上，欣賞安安坐在鏡前梳粧的景象。一幕更熟悉的景象突然浮現在我的腦海，是沈三白在「浮生六記」中描述閨房情趣。隱約記得「芸卸粧尚未臥，高燒銀燭，低垂粉頭……芸回眸微笑，便覺一縷情絲，搖人魂魄。擁之入帳，不知東方之既白。」此刻簡直是那個「現場重建」。

我起身走到鏡前，把這段文字輕聲朗誦給安安聽，雙手撫摸她的香肩，她靜靜聽著，不作聲，一會兒，她反身站起來，緊抱著我擁吻，我順勢將她抱起，放在床上，卻正好也壓在她身上。兩人相視微笑，她問：

「現在想要嗎？」

我點頭示意，她用甜蜜的微笑表示樂於一戰，但她終於說話：

「慢工出細活啊！」

彼此會心一笑，沐浴前做愛是瘋狂到了頂點，現在應該慢慢品味深度性愛的協調，我諧稱說：

「我也不是無敵鐵金剛。」兩人又會心地笑。

沐浴後，她僅著一席半透明睡衣，輕輕一撥，褪去她的睡衣，在朦朧暗淡的視線中，擁吻摟抱，我的內心深處仍能感覺到她的酥胸白膩，撫摸的觸感光滑滋潤，而那堅挺的雙峰，只能說是天生麗質了。

有如兩條纏繞不清，卻死不分離的水蛇，吸、吮、含、吹、舔……盡在寂靜中進行著，她輕柔嬌媚糾纏著不放，迫不及待要我進去裡面；而我堅持再留一秒鐘才進去，不管書上或經驗都說這時是考驗男人「忍」的時候。

溫柔親吻愛撫中她順著張開雙腿，逐漸地，輕輕完全進入她裡面，然後是自然起伏的律動……我儘量慢，有規律地一上一下，而她也順勢迎合，每次的結合都是慢慢、輕輕，且天衣無縫。

這是此行第一天的第三回合，我從來不知道自己有此能耐。這是不是說明我要碰到高手，才能展現實力。或因她是女人中的「極品」，激發了我的創造力和鬥志。

床上的一灘潮溼，是她潺潺流出的「忘情水」，是她全面解放的證據，就像黃河氾濫，這是她此行的第三次大氾濫。並未成災，而是讓我的寶貝水乳交融，如魚得水，享受魚水之歡。

這緊要的一刻，她雙手環扣住我的頸，雙腿緊緊纏繞住我的腿，我像被一個摔角高手制服。我知道兩人同時爆發的高潮就在下一秒，直搗那點最深處，猛力一射……

所有的纏繞完全放鬆，輕柔慢慢地吻抱，整個人的感覺是身心全然抒發，彼此能量交換，這是今晚第三度我和安安的靈肉合一。有個思想家說，「人生最難，是尋覓此種靈肉合一的境界。」我想也是。

我打破了長時間的寂靜說：

「再幾小時，十點開幕，接著要忙兩天，好好養神吧！」

安安投入我懷裡，兩人擁抱著入夢。

早餐後我們準時參加活動開幕，然後是一整天的學術性討論會，晚上我和安安仍回礁溪飯店。晚餐後，手牽手在附近散步，再晚些泡溫泉，體力恢復一些。是夜，我竟在第一回合後，就倒頭呼呼大睡，安安也體貼地給我一個深吻，然後睡了。

深夜，我在半夢半醒狀態，我隱約知道安安用她的櫻桃小嘴在給我的寶貝進行「啓蒙運動」，她的舌溫熱柔和，寶貝又不乖，我本要再度迎戰。但她輕聲要我「好好睡，別亂動」。我任由她玩弄，我卻那裡睡得著，像一座扭曲的山岳，要與她水土交融。頃刻，兩眼冒金星，射精後，她的小嘴愈來愈乖，乖乖的睡了，我也睡了，一覺到天明。

第二、三天都是一大堆活動，我們決定多住一晚，第四天才回台北。這是我和安安的「宜蘭之夜」，我們的關係「正式」建立並固定起來。——不是外遇。

宜蘭之行的第三天晚上，有一個小插曲。昔日的戰鬥伙伴，大頭目的跑腿游公，突然打電話給我：「來到我的地盤，怎麼不打聲招呼？」又說：「真是快活啊！」好像我的行蹤他全知道。我心頭一涼，有可能，情治單位歸他們所用。寒暄一陣後，最後他說「已派人送一份好禮過來，是給你的女人的。」

回程我和安安討論此事，有些詭異。安安說，別理他們，我們過我們的日子。

4 汪仁豪掙脫了枷鎖　蔡麗美美麗的天空

開了一個下午的院會，在討論一個最後是沒有結果的提案，安安和我也都發表了相同的看法。

由陳旺來、林大木、蔡火土等共七位教授，聯合提出「台灣文學研究所」設立案，提案教授分別提出許多資訊，說明成立的必要性，如台灣文學自成一個體系，大陸有多少大學已開設「台灣文學」課程，當前國內教育的需要等，因此，設立「台灣文學研究所」實屬急需。

各方論戰之激烈不亞於立法院，大家心理有數，這和統獨、省籍有微妙關係。安安就認爲，地方文學藝術當然要提倡保存，例如中國各省、邊疆文學都很有特色，但在文字運用、表達方式、研究方法，乃至文學理論，都是中國文學範疇之內，沒有必要再成立什麼「廣東」、「廣西文學研究所」，或「台灣文學研究所」，我的看法和安安一樣。

吵了一下午，離最後下班還有十分鐘，終於進入表決，結果同意設立的不到三分之一，草草結束，會議一鬨而散。到九十四年爲止，這個問題至少已經吵了五、六年了，因爲這涉及統和獨的思維。

剛一散會，安安趨過來在我身旁問道：

「嗨！今晚回家吃飯嗎？」

我說：

「最近和老婆氣氛不好，我晚一點回家，最好回家她已經睡著了，我洗個澡倒頭就睡，不要碰面。」

她聽了也不吭聲，沉吟半晌，也不問我不回家的原因，好像想到什麼得意的事情說：

「那好，待會兒到我的研究室聊聊，然後一道去吃個飯，我帶你去『北非心情』，這是全省唯一的摩洛哥餐廳，就在敦化北路，今晚我請客，飯後到國父紀念館看畫展，現在正有張大千、黃君璧等幾位大師聯展，你看如何？」

一聽到安安精心的安排，我知道她是爲讓我開心、愉快，我也知道這鐵定是一個美麗的晚上，精神也來了，接口就答：

「好！由妳全權安排。」

才一到安安的研究室，電話鈴響，是工讀生宋艷打來，稱新竹C大有個叫「汪仁豪」的教授找我，二十分鐘後會打電話到這兒。安安接的電話，把話轉述給我聽，我心想，宋艷這小女生真聰明，怎麼散會不久就知道我在安安的研究室。

幾個月前，汪仁豪來台北，我帶著安安請他吃個飯，安安對他的事情只是略知一些，並不深入，安安關心地問我：

「汪大哥還好嗎？不知他近來是否還很鬱卒？」

「應該還不錯才對。」我隨意回答，安安在房間裡大概用心粧扮更衣，而我，無聊地在等汪仁豪的電話。

提起這汪仁豪，對他老婆是「有點怕又不太怕」，但在家中的地位可真是一「絕」。他是我初中的死黨，高中他家搬新竹就在那讀書，大學又到台北來，我們又是死黨，奇怪的是我學哲學，他學化學。初中開始大家都叫他「汪汪」，我也習慣這樣叫了。

汪汪身材還算高挑約一七五左，身形削瘦，面容清癯，皮膚白皙，完全一副書生的樣子。大二的時候喜歡看叔本華（Schopenhauer Arthur）的東西，思想很頹廢，被我痛罵一頓後突然醒了。讀書、教學與研究成爲他生活的全部，在家中他是個「沒有聲音的男人」。

他太太叫鄧如雪，她才是一家之主，家中強人，也是股票族強人，她負責料理家裡的一切大小事情，包括買房子、投資、子女教育規劃，以及小孩要繳什麼錢都找媽媽，因爲當爸爸的沒有一點點發言權或決定權，小孩子要拿東西索性不找爸爸。有一次我去他家，他老婆正在籌謀買房子的事，汪汪在一旁插嘴，他老婆立刻不客氣地對他說：

「你閉嘴，你懂甚麼！廚房的碗還沒洗。」毫不顧有外人在需要給老公留點情面。我頓時楞住，而汪汪若無其事，一點也不在意，那種溫文儒雅的神態，直叫你生氣不起來。這時他兩個孩子都已讀國中了。

八十九年暑假，汪汪來台北，意外地在他身邊出現另一個女人，那時他只說是普通朋友，我帶著安安陪他們，往後的兩年多，汪汪常來台北，大部份時間是那個女人陪他。我和安安判斷，他們關係絕不止於「普通朋友」，汪汪死鴨子嘴硬，死不承認，其實我是爲老朋友高興的。

汪汪身邊那個「女朋友」，叫蔡麗美，比汪汪小八歲，學服裝設計的，漂亮、時髦，很有時代感，我所知道的就這麼多了。

正回憶著，安安突然從房間出來說：

「嗨！漂亮嗎？」然後身體轉個圈圈。

我眼睛爲之一亮，眼前似乎出現一位仙女，花格子洋裝、高跟鞋、紅色皮包、雙心型耳環，都是今年七月她生日時我送的，當時我答應她「從上到下，從裡到外」送全套給她。我開玩笑讚美著說：

「Beautiful！仙女下凡。」又小聲在她耳邊說：「看得見的都是我的，裡面呢？」我用手指指著裡面的內衣。

她做個鬼臉說：

「裡面都是，人都是你的啦！」

正在此時，電話鈴響，我知道是汪仁豪打來的，順手就拿起電話：

「喂！是汪仁豪嗎？」

「嗨！汪汪，好久不見。」

「嗯！嗯！好……」

「……」只聽他說。

掛上電話後，安安問我什麼事，我說：「汪仁豪告訴我一個天大的極機密，待會車上慢慢告訴妳。」說著我和安安一同出門了，車朝著敦化北路開去，下班時間一定大堵車，正好在車上可以和安安慢慢聊。

「剛才是汪仁豪的電話，他明天來台北有事，明後兩天想住在環亞飯店，同行的是那個叫蔡麗美的小姐，他叫我幫他預定一下房間。」我說著，用眼角餘光看安安，她微笑不出聲，我繼續說：

「環亞飯店正好在摩洛哥餐廳附近，我們先去幫他預訂房間再去吃晚餐。」

沒想到安安的反應很平常，她簡單地說：

「天大的機密屬實，但這很平常，很正常，老早我們預料的就是這樣，只是不知道汪大哥何時才開放的，人嘛，放開、看開是對的。」面對廿一世紀就是全面解放。顯然對汪汪的轉變，安安是給他高度肯定的，我補充說：

「明晚七點我約汪汪、蔡小姐一道在環亞吃個飯，妳也來嘛！」

「沒問題，遵照辦理。」安安調皮、爽快回答。

到環亞訂了房間，我們就到附近的摩洛哥餐廳「北非心情」。果然立即感受到一種異國情調，微黃頹廢的燈光，輕快悠揚的樂聲，流盪在佈滿特殊藝品的小屋中，充滿浪漫、熱情的摩洛哥風情，這是目前全國唯一的摩洛哥餐廳。席間，我問安安：

「安安啊！妳常有些很稀奇的寶貴資訊，例如這家餐廳，不僅全台唯一，而且品味特別，怎麼知道的？」

她卻覺得很平常地說：

「沒什麼！也許是我們女人特有的細膩觀察力吧！多注意這些資訊，『美食新聞』季刊最近一期就介紹這家餐廳。」

我打趣地告訴她：

「那好，這些事就由妳負責，多注意這方面資訊。」

「好，按時彙整呈報。」她真是小可愛一個。

兩人邊吃邊打情罵俏，八點多一點我們又到國父紀念館，好在距離都不遠。進了國父紀念館，才知道除了有張大千、黃君璧的畫展外，也展出八大山人的畫。這下我們喜出望外，如意外獲得至寶，因爲張大千和黃君璧的畫展，我和安安一起已看過兩次，但八大山人則苦無機會，八大也是我和安安最喜歡的畫壇名家。

我們靜靜地、慢慢地欣賞，這回展出八大的作品，以花、鳥、小動物、山水及部份畫冊，如「撫董其昌臨古冊」、「書畫合璧冊」、「花鳥雜冊」等。我趨近安安的耳邊偷偷告訴她：

「數天前我已聽說這裡有畫展，想帶太太來看，不料她說看不懂、浪費時間，她幾十年來從沒有去看過一次畫展或其他藝展，真叫人跳腳。」

安安漫不經心地回答說：

「我陪你看不是更好嗎?每個人興趣不同，何必強她所難呢？」安安說的也對啦！人應給對方自由。

其實安安正在仔細觀賞，她駐足在一幅「荷花」前，若有所思，良久才說：

「八大山人以明寧王宗支，聞思宗殉國，剃髮爲僧，他的生命是很動人的，但他的畫風最大的特質是什麼？」

我隨口就說：

「簡單」，安安覺得我詮釋不夠明確，我再補充：

「齊白石讚美八大的畫風是『簡潔冷逸』，鄭板橋稱『簡筆』，故觀八大之畫，莫不在『簡單』二字，此即『筆簡形具』也，畫者對所描繪物象的形質，有深刻敏銳的觀察與攝取，加以剪裁、提鍊，超越技法框架之外，寄託無限的意象。」

安安讚美說：

「果然是行家說話，有機會我們一起到大陸，去江西八大山人紀念館看看如何？」

我說：「應該有機會，現在兩岸文化交流頻繁。」

時間似乎很晚了，八大的畫才看一半不到。安安提議到館外散散步，看繁星點點，明天下午早些來看，七點準時才到環亞赴約。我有同感。

館外，夜已深深，稀疏的幾對情侶，我們牽手散步著，無言，直到十一點多，才打道回府。

第二天下午三點多，我們又到國父紀念館，直看到六點多還意猶未盡，匆匆忙忙上了車直趨環亞飯店，沒想到汪仁豪和蔡麗美已雙雙在門口等著。汪汪一副書生模樣，蔡小姐打扮入時，著粉紅色套裝，氣質高雅，我打從心底爲這位老朋友慶幸。

大家都認識不用介紹，見面一陣寒暄，就到餐廳位子上就座，述說著許久不見的故事。環亞的小菜比主菜好吃，有名的，汪汪喜歡吃花生，尤其滷花生。

點了菜，侍者倒完酒，我先舉杯說：

「為各位祝福，為汪汪掙脫了枷鎖，為蔡小姐的體貼與典雅的氣質，我們乾了第一杯。」

大家都一飲而盡，汪汪有些靦腆地說：

「其實我和阿美認識很久了，但我們成為親密好友是近一年多的事，我很少對你們提起，是我們內心有掙扎，現在表示我們走出自己的一片天，我和阿美敬二位。」

四人舉杯小啜。現在大家的身份、關係都已講開了，已無禁忌。安安舉杯向阿美：

「阿美，我對妳服裝設計的水準很折服，汪大哥可是才子，希望妳永遠快樂美麗。」

「謝謝，希望。」阿美微笑、舉杯。

兩個女人小酌一口後，都在杯口留下一個紅色唇印，更妝點出這個夜晚的浪漫。

對汪汪這位書生型的老朋友，我所感受到的是意外與勇敢。我打趣對他說：

「汪兄，沒想到你『惦惦的吃三碗公半』，也玩起了這個遊戲。」

聽「遊戲」二字，汪汪還沒來得及說什麼！阿美搶先說話，她故意壓低聲音，細聲地說，大家都伸長頸子想聽個清楚，她說：

「李哥，我可不是玩遊戲啊！你想想，汪哥回家愈形消極，簡直對未來不抱希望。

但是，只要我們在一起，汪哥就容光煥發，工作起勁，我在鼓舞他的生命。」阿美理直氣卻溫，又說：「我的存在，可以治他老婆的霸道無理，汪哥在家也好過日子。」我想也是，人要相互尊重，總不能一方是皇后，一方是奴才，這種婚姻是不能維持的。

阿美一說完，安安也搶說一句「爲妳加盟」，但我是著眼於長遠的未來，所以我直接提醒說：

「你們要維持目前兩全其美的局面，須要高度智慧與合作無間的協調溝通。」我好像在說教。

阿美心有成竹說：

「我們不會打破目前的局面，汪哥和我早有共識，他家的主人仍然是他老婆，我有獨立的經濟能力，不會給汪哥負擔，我們也不想生小孩，如此這般。」

汪汪加上一句說：

「對，阿美設計的女裝已開始有了市場佔有率，現在台北、高雄的百貨公司中，至少已有二十個專櫃，專門展示阿美的作品。安安的身材好，有空來選一套，當做我們送妳的禮物好不好？」

我和安安同時投以訝異的眼神，看得阿美有些不自在，沒想到汪汪身旁這位溫柔的小女子，也是台灣女裝界小強人。我和安安同時舉杯「道謝」。

美酒、美女、好友、知己、音樂、典雅的氣氛，交織成一個完美的夜晚，四個人似乎都喝了不少，這大概叫「酒逢知己千杯少」吧！爲了讓好友盡興我仍勸酒道：「二位房間訂好了，喝完酒直接上樓便可，多喝些無所謂。待會兒我和安安坐計程車，我先送安安回家，自從彭婉如命案後，晚上都不敢讓安安一人乘計程車。」

說著，我一飲而盡，汪汪乾了一杯，而兩個女人異口同聲勸說「少喝一些、早點休息」，我才附和著說：

「對，早點休息。」

汪汪使個眼神，也說：「早點休息。」

阿美也說：「這兩天我除了一點點公事外，我陪汪哥在台北附近走走，度一個完美的假期。」

歸程，在車上我問安安：「這不是外遇吧！」

安安說：「不是。」她的聲音細若游絲，她的頭枕在我的手臂上快睡著了！

5 婦女運動真意何在　解放安全與性自主

明天，九十四年十月二十三日，台北市議會第X屆第六次大會召開，平時這些事和我們這群教書的，距離都是很遙遠。

但是明天議會的審議的，是爭議很大的「成人性交易管理辦法」草案，被廢的公娼和許多支持緩廢公娼的婦女團體，如婦女新知基金會成員，也將會到議會聲援，爭取議員儘速通過廢娼的緩衝期。我答應安安，一定隨她參加。事到臨頭的前夜，內心開始感受到無比的壓力。

參加聲援公娼抗爭，明天都是我和安安的第二次，參與程度不算熱衷，因爲安安是婦女新知基金會成員，爲略表支持，而近年我因安安的關係，也頗支持婦女平權運動，就參加了上回公娼的街頭抗爭活動。

沒想到那次和安安參加公娼抗爭，回來被一些朋友罵得狗血淋頭，說我不務正業，專搞邪門。直到今天下午，大學時代的好友燕京山，打電話來，劈頭就說：

「大家都是老朋友，就直說了，你要搞清楚，自己的身份地位，是大學教授啊！要搞活動也得搞些崇高的，例如反核、環保等。」

這個燕京山的話說得我不知如何辯解，大學教授幹嘛跑來參加公娼活動，似有幾分道理。但我無法詳細告訴他近兩年來，我對婦女問題、女權運動及所謂「女性主義」議題的參與歷程，正是合乎社會正義。我只好簡單地告訴燕京山說：

「燕兄，謝謝你的意見，這回已經答應人去幫忙，我同意這次參加後，回來檢討爾後方向。」

他很無奈地說：

「希望深思啊！老朋友才講你。」

掛上電話，我也很無奈。對「女人」我一向平等視之，一方面憲法有規定，再者中山先生革命時代就有男女平等的宣言，身爲知識份子的大學教授應該走在時代潮流的前面。這對我來說是不成問題的。

有一回有個搞直銷的朋友，專做女人生意，賣的是化粧品和營養食品，一開口就打出「女性主義」招牌，他侃侃而談：

「這是一個新母性時代，你看現在絕大多數家裡都是女人做主的，男人賺了錢都得拿回家繳交給女人。家中一切用品，乃至男生的衣物，也都是女人在採購，所以市場是以女性爲導向的，所謂『女性商品』，既已包括男士用品了。簡單地說，這是一個女性主義時代。」

我對社會上所流行的「女性主義」或有關婦女議題，並不是很關心，這個直銷界的朋友我只當做在商言商，對我也沒有影響力。

直到民國九十一年的有一天，記得是九月，安安告訴我，她要去大陸，且明天成行。原來聯合國第六屆世界婦女大會於二〇〇二年九月四日起，在北京國際會議中心進行十天會議，討論議題包括反性剝削、家庭暴力、人口買賣、雛妓問題、婦女參政及其他男女平權問題。回憶那一天，安安告訴我要去大陸參加這項重要會議的理由，簡直非去不可，她說：

「各國婦女莫不卯足了勁，針對這些議題，動員大批婦女參與，二岸三地中，大陸是東道主，有爲數幾百的婦女團體參加。香港婦女組織了三百多人的團隊，在會場布置香港營。台灣竟然聽說只有小貓兩三隻，單打獨鬥，包括救國團團主任李鍾桂、滋根協會祕書長楊小定、婦女新知基金會代表鄭至慧、作家丹扉，及幾位國民黨籍女國代。這和各國到場的婦女總數二萬多人，台灣形同缺席。因此，我們一些婦女團體決定緊急組團前往，我決定去。」

安安講完，我突然覺得婦女問題是一個值得關注的議題，和男人也息息相關，聯合國都要爲此召開世界大會。所以我告訴安安說：

「我很支持妳參加這個活動，不管對台灣有多少作用，至少對妳個人是成長與歷練，也會是一生當中珍貴的經驗資源，對不？」

她嫣然一笑，剛才那副理直氣壯的神情也消失了，嬌媚著說：

「那你明天送我到機場哦？」

「當然。」我進一步問安安：

「台灣的婦女問題是不是很嚴重？」

安安說：

「實在很嚴重，例如婦女受到暴力傷害的程度，可能居世界之首，山地少女被整村整批賣入火坑，政府都束手無策，很可悲。最近勵馨基金會可能要舉辦『搶救少女』運動，你注意一下這方面訊息，回來後如果方便，我們一起參加，這很有意義。」

我告訴安安，我會開始注意婦女方面問題。第二天，我開車送安安到機場，在車上她聊了一些婦女運動發展史，我以學習者的心態傾聽。

十天後，我到機場接安安，這些日子我頗注意媒體這方面的報導，在回程車上我就迫不及待針對本次北京大會通過的「性自由和墮胎條款」問安安，而且問得更直接了當：

「這次大會所通過的婦女性自由，或我們常說的婦女『性自主權』，是不是指女人在性方面的解放，完全由自己決定想跟那個男人上床都行？」

她也一本正經說：

「根據大會通過的『性自由和墮胎條款』，婦女有權控制並且自由而負責的決定自身與性有關的問題，包括性和生育健康，而不至於受到壓迫、歧視和暴力。這裡所說的『性自由』強調自主權。」

我又問：「性自由不就是解放了，不受法律和道德的規範。」

安安思索了一下，好像覺得這問題不易解釋，她說：

「人是社會動物，社會規範當然要遵守，只是強調婦女性的『要不要』，由她自己決定是否需要，而不是考量男人的需要。例如我老公沒有充份尊重我，我有權不和他做愛，這樣解釋滿意嗎？」

「滿意。」我繼續說，「所以我尊重妳……」

她白了我一眼，冷不防地被她拎個耳朵。其實我知道這些是難解的題目，只是想提出來做一些思想上交流溝通。我又問她一個我認爲頗難解釋清楚的問題。

「性自由和貞操是相衝突嗎？」

沒想到她說這個簡單，如數家珍般地說：

「早在幾十年前，胡適先生在『貞操問題』一書就說過，貞操不是個人的事，乃是人對人的事；不是單方面的事，乃是雙方面的事，兩人都相互尊重並相愛，便是貞操；夫婦之間若缺少『愛』這種本質，亦無貞操可言。胡適在這本書上最後強調，傳統觀念對婦女要求貞操，而不要求男子的貞操，是野蠻殘忍的。」

我想這是一個有趣的習題，我又問安安：

「這麼說大會通過的婦女性自由和墮胎條款，是現代新的貞操標準囉？」

安安說：「可以算是，因爲不論是性自由、墮胎或貞操，都是建立在現代人權的標準上。我們尊重婦女人權，就包括她在『性』方面的獨立判斷能力，她有權決定自己的需要。」我認爲也是，人人有權決定自己的需要。

我還記得，在這回程的車上我們談得很深入、愉快。回到台北，我讓安安先回去休息，好好睡一覺，相約隔日再研究參與「勵馨基金會」搶救少女的活動。

九十一年十月十三日到十六日，勵馨基金會發起搶救雛妓運動。我和安安都只能參加最後一天。我們都覺得這真是一個偉大、感動的社會運動，我們是在搶救未來的母親，要求政府落實「兒童及少年性交易防制條例」。

我會用心關注婦女問題，應該感謝安安的引領。參加反雛妓行動之後，我仍覺得只由社會運動並不能徹底解決雛妓問題，因爲雛妓之產生，實與當前之教育、文化、社會、立法及執法系統，有著共存的結構，各方面配合才能解決問題。我把這個看法寫了一篇文章給中國時報，幾天後刊出來，刊為本書的一部分，才能表達我關懷婦女問題的心路歷程：

從文化層面落實反雛妓運動

勵馨基金會在遠東百貨舉行「反雛妓運動」，同時邀請政府高級官員及立法委員簽署反雛妓公約。我「無限絕對」支持，相信能獲得響應。但我對這個問題曾做深曾思考，我們各界並未從根本之道去解決；勵馨基金會所揭示的「呵護未來的母親，讓台灣不再有雛妓」目標，可能只是「想像中的理想」。以下試從教育、文化、社會、立法、執法等方面簡述之。

第一、雛妓是九年國教的漏網之魚：不少雛妓是國小六年級到國中二年級之間離校的，換言之，是國民教育實施不夠徹底，蓋國民教育是「強制性」的，為何「要來便來，要走便走」？父母責任又如何？相信這又要相關立法來配合才行。

第二、文化內涵沒有在人心生根：我們宣導中華文化數十年，也有「文化復興委員會」的組織，但文化內涵並未在人心生根，當然不可能表現在生活上，因為文化已快成「單純的考試題目」、「博物館的觀光品」，或只是一場學術研究的主題，假如父母親有點文化內涵，假如我們的男人有文化素養，會把女兒推進火坑嗎？會把「小女生」當洩慾玩樂工具嗎？這就是我們要從文化上深層檢討的道理。

第三、開拓社會救助空間：就社會工作而言，需要更多類似「勵馨基金會」的組織來投入關心與行動。以往似乎婦女團體投入較多，其實男士團體（或男士較多）應該有更多關心活動，因為嫖雛妓的絕對是男人，動員社會工作者，對每個「雛妓家庭」進行訪談，宣導或協助處理，不失為較佳方案。

第四、完成周詳可行的立法：這項立法當然範圍甚廣，必須由各有關專家學者研擬之，但至少包包下列項目：

一、國民教育的強制程度、父母責任如何？要很明確規定，不能語焉不詳。

二、造成雛妓的關係人要用重典重懲或重罰：這些人馬包含父母、鴇母、妓院負責人，相關保鏢、人口買賣者或穿針引線者，此等之人都要接受法律制裁，第一步要完成立法。

三、嫖妓者也須受罰：單純從性行為觀之，事情的發生雛妓和嫖客二者的互動關係，任一方面未採取行動，事情便不會發生。所以嫖雛妓的人也應同時受罰，才見法律的公平與正義。

四、合法娼館與妓女的管理：這是解決雛妓重要的一環。娼館方面包含設置條件、地點、審查、定位、經營的權利與義務關係；妓女方面包含其領照條件、年齡、定位、衛生檢查及權利義務關係，凡此有待完備立法，從嚴管理。「廢娼」是表相，問題沒解決。

第五、執法貴在公正與徹底：中國人有一壞的傳統，「說歸說，做歸做」。導致「立法雖嚴，執法又是另回事」。這些壞習慣要改，「包青天」這個角色為何廣受民間歡迎與流傳，因其代表法律的公平，是代表人心與社會的最後一道防線，如果這道正義防線還在的話，要救雛妓是不難的。

居於以上五點理由，我同時呼籲所有反雛妓運動的團體和人士，要經教育、文化、社會、立法和執等多方面進行著手；新上任的部會首長、立法委員、各級政府有權處理雛妓的負責人員，必須運用你們的權力，共同解決問題，相信是婦女同胞之福，洗掉中國男人之恥，我國的國際形象必將大幅提升。

反雛妓工作告一段落後，我和安安利用課餘也參加一些「女性主義」、婦女參政及婦女問題活動，只是「同志」團體我們是不參加的。我們認爲同性戀根本違反自然成長，甚至違反自然定律的。據說少數人性傾向便是同性戀，有人要搞，我們也尊重。

八十五年十一月三十日，彭婉如遭姦殺案對整個社會衝擊很大，聞之者莫不動容落淚，這表示台灣婦女受暴程度之嚴重。不久前，安安哭著對我說：

「受暴婦女都是我們的姊妹，所有的人，包括男人，都出自女體。」

她倒在我懷裡哭了好一陣，之後，我告訴她，我決定擔任「婦女新知基金會」義工，當她的隨從，只要有關婦女保護工作，義不容辭，全力以赴。

她破涕為笑，兩人心領神會，相視不語。

夜深深，老婆孩子早已深睡，而我還躺在客廳的沙發上，兩眼瞪著天花板，回顧自己成為「婦女工作」者的堅持與認知，內心響起好友燕京山的聲音：「搞清楚你的身份地位……」

我決定明天準時到市議會聲援婦女團體，同時在構想中出現我下一個目標：說服燕京山共同致力於婦女保護工作，保護我們的姊妹，保護母親。這麼偉大的工作，最值得我們大學教授獻身投入。

當下這一決定，心頭一落，睡意卻上心頭。

睡覺吧！養足了精神，明天好打仗。

這陣社會運動過後不久，可能是我太積極吧！有一天的晚上，我和安安在郊外的一家汽車旅館中，快樂得不得了，一陣爽快後，正在陽台喝咖啡、看星星、談心，一切塵事俗務盡拋身外。突然，手機響起，我機警地聽著，第一句話傳入耳裡：

「邪諸葛，不是退出江湖了嗎？幹嘛搞反政府運動？如果你放不下，乾脆回來玩大的？」

我一聽就知道是「魔諸葛阿成」，我解釋：「不是反政府，只是關心婦女同胞，不忍她們受不到平等待遇。」對方傳來笑聲說：「也沒甚麼，大頭目和游公認爲你還是一塊料子，叫游公親自來找你，二〇〇八要玩一個更大的遊戲。」

我再解釋：「我真的退出江湖了，叫游公不要來。」那頭傳來聲音：「再說吧！」雙方互道拜拜。

我叫游公不要來，事實上是我對他開口閉口「中國豬」，說自己不是中國人，不敢苟同，不知他流的甚麼血？

倒是我心中在納悶，二〇〇八要「玩一個更大的」，是比兩顆子彈更大，是兩顆「砲彈」嗎？管他的，還是我懷裡的安安快活、實在些！

6 奇緣還是因果輪迴 前世療法找到源頭

許多解不開的結、參不透的謎，如安安和她老公，我和老婆、我和安安，以及汪仁豪和蔡麗美等，無數個爲什麼？魂夢爲勞。

說安安和她老公吧！據安安告訴我，近幾年來，二人在同一張床上睡的次數不超過十個晚上，兩人平時她不理他，他也懶得理她，安安乾脆和小女兒睡。起初她老公偶爾要求愛，安安每次找理由推拖，抵死不從，她老公沒辦法，說要到法院告她不履行夫妻義務。也是不了了之，就這樣拖著，也不離婚，是不忍見孩子這麼小就沒爹沒娘的。

我勸安安，男人有時也得讓他解解饞嘛！安安回我一句「我也不是供人解饞的。」隨後再補一句，「供你解饞可以。」真是沒辦法。

安安就抱怨說，只要她老公不回來，家裡每天快樂得不得了。只要他一回來，全部笑容都消失，可以爲晚餐桌子上小孩掉的一顆飯粒，吵一晚上，反正他一回來就只有破壞氣氛。說實在的，問題似乎不大，氣氛卻始終不好，這習題還真不易做好。

說汪仁豪和老婆吧！日子一如往常，老婆在家發號施令，是一個有實權的一家之主，孩子和媽媽都是一國的，汪汪繼續扮演斯文、聽話的好丈夫，每月最大的任務是把薪水按時拿回家，其他一切家中大小事情就不用管了，也無權管。

至於汪汪和蔡麗美，可快樂得很。每隔一段時間，汪汪都要到台北「開會、上課、講學」，這些都是身爲大學教授重要的工作，他老婆絕不可能起疑。其實是來蔡麗美身邊獲得一點安慰，蔡麗美經濟能力好，人漂亮，個性好，抱獨身主義，只希望有個好男人偶爾作伴就行了。她和汪汪如此有緣成雙。

說我自己和老婆愛愛吧！也沒什麼大問題，只覺得生活上好像兩條永遠沒有交叉點的平行線。要約她看畫展嘛，她說不懂；帶她郊外散步，又說腿酸。反正，三餐吃飯，各過各的活。還好，「周公之禮」依然維持著，只是夫妻「房事」絕非單純的禮事可了。她的性情愈來愈易怒，起伏很大。

至於我和安安嘛！只要她與我在一起，那種蕙質蘭心的氣質立即展現，凡事心領神會，觀念相近，思想交流匯集融通。用「心、靈、性、體」的合一來形容，最爲貼切與接近事實。爲甚麼我和老婆愛愛就不對盤呢？

最近愛愛常和一群女人在一起，我想大概姊妹淘吧！後來我發現是和一群「扁友會」員一起的活動，我尊重她並未問或干擾她。有一天晚上她反而告訴我說：「那些姊妹都講，台灣如果獨立，或成美國一州，五年內國民平均所得可以到三萬美金，台灣成爲世界金融中心或亞洲瑞士。」

我沉靜答說：「愛愛啊！有可能嗎？」

我未多做解釋，她聽不懂。我以爲她對中華文化有些體認了，沒想到又走回頭。然而，這些到底爲什麼？中國人把這些無解的難題，全都一網打盡，不負責的推給什麼「緣分」啦！「命」啦！要不然就說「八字」出了問題。

一些很有水準的名嘴都講過這些道理，說「緣就是隨緣，分就是本分。」又說「共命可以預測，殊命是偶然。」還有「分」可以解釋成生辰八字或家世背景。

安安雖然學的是文學，但畢竟她是現代高級知識份子，經過現代學術的嚴格訓練，在思想上受到邏輯實證及經驗科學的影響，對命理這套荒謬絕倫的八卦東西，她打從心眼裡就沒相信過，中國人之所以流行算命，許多事情更是「聽天由命」，根本就是環境養成的，她分析說：

「假如你生長在一個發展成熟、制度健全的國家，其司法公正、治安良好、尊重人權、福利制度完善，當然可以掌握命運，一展長才。不幸生在台灣，面對司法不公、官商勾結、黑道治國等，恐怕連達官貴人也得聽天由命了。」自從「三一九」案後，安安認爲台灣成爲「篡竊社會」。

安安也很理性地對我說：

「命理其實都是假科學，它才是人民的鴉片煙，用它來解釋婚姻關係，簡直牛頭不對馬嘴，基本假設錯了，如何能導出正確的結論。」

安安認爲人受環境影響很大，例如公元二〇〇四年的「三一九槍擊案」後，台灣的本質已趨向「篡竊社會」，這種社會沒有公義，只有爭權奪利，政治人物撈一把就走人，小老百姓能奈何？只有聽天由命了。

安安的分析過程，推理和判斷都正確，合乎科學原則，合理合情，顯然「命理」或「緣分」並不能解釋她在婚姻方面的困惑。

但是，面對安安和老公距離愈來愈遠，愈來愈冷漠，她似乎也愈來愈不快樂，如何追究最根本的原因，我決定另謀出途，帶安安去做近年很流行的「前世療法」。我知道要帶她去進行這種治療，一定要拿出一套可以說服她的理論，我做了充份的準備。當我向安安提出這樣構想時，她第一句話不出我所料地說：

「你的理論基礎何在？」這大概是所有學術人的通病。

我簡單地對答說：

「半個多世紀前佛洛伊德 Freud Sigmund 的潛意識理論就是根據，我們可以透過潛意識開發，了解人類精神及心靈領域的問題。」

安安追問：「如何開發?在方法論 Methodology 上是否站得住腳?」

我不假思索就說：「簡易的方法是催眠術，不過現在已經結合精神醫學研究前世問題。例如一九九四年五月在美國費城舉行第一百五十屆精神醫學會上，已提出『生理心理社會心靈總體』（Bio-Psycho-Socio-Sprtual Integration）論文報告，對利用催眠術開發潛意識及前世意識，可以有科學性的經驗證明。」

「你一直提到『前世』，如何證明有前世?」

「這是因果律，世界上有因必有果，有果必有因，沒有前世，何來今生。就是不談因果，從現在的許多研究報告記錄，人在催眠後，都從潛意識裡看到自己的前世，這是一個重要的『發現』。還有一個活生生的例子在眼前，達賴喇嘛都是世代轉世而來。」

這樣回答安安的問題，該是很有說服力的，她果然點頭認同我的理論，想了一下，她又問：

「目前研究前世療法的都是那些人?」

我知道安安很在意「人」的品質，她認爲我國這些講命理風水的人，盡是些術士、乩童、騙徒之流，人本身都是「惑」，如何替人解惑。假如能有一些精神心理方面的醫學研究者投入命理市場，安安也許相信些。所以我告訴安安說：

「當代研究前世療法的學者，都是學術界的權威，如維吉尼亞大學心理治療系史帝芬生 Lan Stevensan、耶魯大學精神科主治醫師魏師 Brian L Weiss、威斯康辛大學精神科主任普森 Harry Prosen 等人。目前在美國、歐洲更有許多大學主持著這方面的大型研究計畫，成果不錯。」

我提供過一些基本資料給安安閱讀，她對現代新知的接收也很快速，所以我們的談話似乎快有共識。她也有了興趣，她又問：

「台灣的研究環境及成果又如何？」

「精神醫學家徐鼎銘教授，投入超心理學研究達六十年之久；結合催眠與心理治療進行前世療法的開業醫師如楊幹雄、陳勝英，都是當代醫學界的精英。其他還有一些精神、心理學方面的教授也很有研究，汪仁豪和燕京山他們認識幾位，我們可以先去拜訪。」

原先安安的困惑與憔悴，現在開朗許多，表示如果可能打開這個生生世世的「黑盒子」，進入深層的宿緣世界，探究今生這個瓜葛胡纏的愛恨情仇，頗樂於一試。她帶著期望的心情說：

「那我就用前世療法試試，要找誰治療呢？」

我答說：「這個由我來安排，目前國內這方面的權威醫師就是陳勝英，請他主持最好。」

之後的兩個星期中，汪仁豪爲我們引見了幾位很有研究的教授，決定請陳勝英醫師來主持安安的治療工作。

記得是九十四年農曆春節過後沒幾天，一切都準備就緒，汪汪、我和安安一同來到陳勝英醫師在台北東區的營業所，一陣寒暄，填完基本資料後就開始。以下是安安接受前世療法的真實記錄，第一階段安安和陳醫師大多有問有答，表示時代不算太久遠，景象比較清楚，前世意識也明晰。

第二階段進入更深層、久遠的年代，景象和意識觀察都不夠清晰，陳醫師有問，安安約有一半沒有立即回答，故採事後追憶自白記錄，陳醫師事後也校訂過這份記錄，並經安安同意，用匿名把全文刊在「中國精神醫學會」的學術期刊上。

第一階段催眠

催眠者：陳勝英醫師（簡稱陳）

受催眠者：黃安安（簡稱黃）

陳：請閉上眼睛……深呼吸，放鬆地深呼吸，慢——慢，全身肌肉放鬆，前額肌肉放鬆，臉部肌肉放鬆——放鬆，頸部、手臂、腹部、腰部都放鬆……長長地深呼吸——妳會更加深沉、順暢……現在妳馬上就要進入催眠狀態，走進潛意識世界，仔細觀察四周環境和妳自己（停頓）。

現在妳進入潛意識狀態，就是進入催眠，遠處有燈光，妳完全處於自由狀態，沒有時間和空間限制，向最遠的燈光走去，走……慢慢走——。走到亮光的世界，用妳內心的眼睛開始觀察。

黃：……（沉默）……嘴角微動。

陳：講話啊！妳現在在哪裡？

黃：在一座森林邊邊，外面是大草原，很多人。

陳：很多人在做什麼？

黃：好像在打仗。

陳：看清楚那些人做什麼打扮？穿什麼衣服？或有沒有旗幟上寫什麼字？

黃：好像宋元之際的服裝，對了，有的旗幟上有「宋」字，有的是「元」字。

陳：很好，妳這一世是宋元交替，正是兵荒馬亂的時代，現在看清楚妳自己的衣著打扮。

黃：我衣衫襤褸，像在逃難。

陳：仔細觀察，森林附近還有別人嗎？

黃：還有十多人在後面，我父親帶著我哥哥、姊姊出現了，哥哥和我現在的老公長得一模一樣，姊姊和我現在的妹妹安明也長得一樣。

陳：不錯，這一世妳們在逃難，彼此也沒有瓜葛。現在我要妳再深入催眠，回到更前世，更平靜，更放鬆，深沉……沉。說話，看到什麼？

黃：（眼角微動，似乎受到亮光刺激，嘴角、左手指微動，欲言又止）

陳：快說，看到什麼？

黃：好像在皇宮裡，不，是一個很大的官邸，富麗堂皇，附近有人，個個似乎是榮華富貴。

陳：從服飾判斷一下年代。

黃：好像唐朝，唐代服飾有代表性。

陳：妳這一世的角色是什麼？

黃：（沉默片刻，臉變得嚴肅）我是一個性情執拗倔強的大小姐，所有下人對我的命令無敢不從者。

陳：有活動嗎？或妳正在做什麼？

黃：沒有。我正在用快速走向大廳的門口。

陳：做什麼？

黃：正在走……馬伕衝到門口，跪在地上說：小姐，車準備好了；我的婢女也跪在地上說：恭送小姐。我大概要出去玩，我知道了，那馬伕是我現在的丈夫，婢女是現在的妹妹。

陳：妳待他們二人如何？

黃：我是金枝玉葉，他們是下人，敢怒也不敢言吧！

陳：妳和妳現在的先生、妳妹妹之間並無深仇大恨，以及妳和李明輝的關係，還要再進入最深度催眠，看看初始的恩怨交錯前世。（接著有一段完全沉睡狀態）

第二階段催眠

催眠者：陳勝英醫師（簡稱陳）

受催眠者：黃安安（簡稱黃）

陳：完全放鬆，放心，一切都會控制得很好。繼續閉著眼睛，向遠處的燈光走去，走進光裡，進入另一個時空，讓潛意識完全自由決定行走的方向……

從光裡穿出來，開始觀察附近景物。

黃：（以下是黃安安用第一人稱的事後自白）。

我隨著陳醫師的指令，用心體會每個步驟，整個人放鬆到可以浮起來，隨著陳醫師的指示，從光裡出來了，眼前好像是一個市集，我在觀察著……

陳醫師用輕緩的語調問我：「妳看到什麼？妳在做什麼？」我回答：「我看到一些

甲骨文，我想買兩個奴隸。」他說：「妳這一世應該是三代稍早些，母系社會，妳看妳自己的衣著打扮或身份。」我接受陳醫師的指示，在腦海中快速閃過一段畫面，「我是一個部落的女霸主，我有一個『法定』的男人，但還有許多個男人供服勞役，或任我運用，覺得不夠，還想再買。」

陳醫師再問：「買到沒有？」畫面又回到市集，我慢慢挑選，找到了很強壯的一男一女，男的供苦勞，女的當女奴用正好。我回答陳醫師：「我買到兩個奴隸，要回去了。」我發現那男奴是我現在的丈夫，女奴是我現在的妹妹。我正在想不通，他們為什麼幾世同時出現，又同時是我的下人。

陳：妳要走了嗎？繼續往前走，發現什麼？

黃：眼前景像變成一個大荒原，已是黃昏。

陳：看見什麼？

黃：不知道，一片荒原。

陳：仔細觀察。

黃：光突然變得比較明亮，對了，我帶了兩個奴隸隨我出去打獵，正踏上歸途，兩隻老虎從後面攻擊我們，兩個奴隸當場喪命，千鈞一髮之際，兩支箭「咻——咻」射過來，正中兩支老虎頭部，老虎應聲倒下。眼前出現一個體型適中的男人，他是附近部落的主人，但我們兩個部落是敵對的……對，他是明輝。

陳：一切糾結現在都有答案了吧！

（陳醫師繼續為安安的未來，就是我和安安的未來深入預見。）妳和李明輝在這世之後，到二〇七九年才會有圓滿收場，妳們會在杭州西湖邊白頭偕老。

陳：現在要結束前世回溯了，放鬆……慢慢睜開眼睛，妳將立刻回復到正常狀態，生理和心理功能完全恢復常態，妳會覺得輕鬆無比，煥然一新。

前世治療結束後，我們在陳醫師的營業所聽他補充解釋，我救安安一命，她早想回報，但因種種原因拖過了漫長時空，最後仍然要到西元二〇七九年才能圓滿了結。第一、兩部落的宿敵，須要很久才能平撫；第二、在漫長的時空中，我和安安也可能同時出現，但距離遠，或扮演無關緊要的角色。但輪迴世界是公平的，任何事最後必定要公平收場。

至於安安現世的妹妹黃安明，連續多世當了安安的奴隸，安安也未善待。此事遲早安安也須還清做個了結，也許黃安明會來索取，也許安安主動要還，如何公平處理，端看輪迴機緣了。

這事辦完後，安安和我似乎意猶未盡，針對前世療法有過多次「密談」，並將這流轉千年的輪迴關係，全部祕而不宣，不管可靠性有多少，都從此深埋在彼此心底。倒是安安一顆心嘀咕著她妹妹，不知該如何還她這筆債，安安告訴我說：

「反正二〇七九年我們會是正式的夫妻，在這前或後世，如果有機會願意當妹妹的下人，供她使喚。」

這當然是玩笑話，還是要還的，人本身可能沒有這等能耐來決定自己轉世的時空，更不可能選擇所要扮演的角色，除非你有達賴喇嘛的功力。所以我勸安安：

「不要杞人憂天，此事自有『天』作主吧！輪迴應該是人類生生世世最後的司法正義。」

惟可以比較有改善者，是安安在各個角色之間的感情生活，釋然許多。她開始想要拆除她和老公之間那道厚重的牆，但效果似乎不彰。安安告訴我說：

「我不是築牆的人，所以拆牆效果必然不佳。」她老公只顧事業，也許早有別的女人。

我只有安慰安安，慢慢拆，急不得，也許此事也是冥冥之中自有安排。不論安安和老公，或安安和我，雖說無緣，卻也有緣，緣也罷！分也罷！總歸是相欠。

開學後，安安心情很好，陽明山、木柵、烏來……這些山區荒郊，依然有我們儷影雙雙。

這麼多的濃情蜜意，每一秒鐘都是天賜良機，對彼此都越來越感到需要的迫切，只是我們也都小心呵護雙方家庭的現有格局，避免有任何傷害。但對於二〇七九年才能成眷屬，卻感到太過於「不可及」，太久了，難道沒有「解套」或能提前到來嗎？爲此我和安安專程走了一趟佛光山，尋找解套的方法。

終於找到一個良機，事前一週我和安安已完全停止行房和所有親密動作，前一天進駐佛光山，淨身、齋戒，第二天上午面見心儀很久的大師，皆空老和尚，我們針對自己的「問題」坦誠陳述，至少有兩個小時歡談。

原來事情並不難，老和尚開示「因果輪迴」雖是宇宙定律，但並非不可變，「目蓮救母」就是典範，誠心、功德和加持可以改變因果所形成的既定局面。而我和安安可以做的，就是從布施功德做起，心誠則靈，沒有不可能，老和尚期勉我們努力。

事後，我和安安經常捐助文化界，並從身邊的窮人向外擴充做救濟工作。這些年來，單單是我「送」出去的現金絕不低於六百萬台幣，皆空大師的話「錢財身外物」，常在我心中響起。

幾個月後，我和安安又上了一次佛光山，除了看皆空大師，主要在大雄寶殿佛前，向佛陀報告（立誓）：此生或來生，若無機緣成夫妻，誓不成佛；反之，若成夫妻，隔世兩人定出家修佛，普渡眾生，願我佛成全。

7 白馬王子京山帥哥 邂逅一個浪漫世界

「鈴！」

星期六的午後，我不太想待在家裡，在研究室裡看學生的論文，安安在一旁煮咖啡，滿室飄香，急促的電話聲響，我順手拿起電話。

「研究室，我是李明輝。」

對方發話，是燕京山打來，寒暄之後，他就語氣慎重的說話，傳過來的音量頗大，安安在旁邊都能側耳傾聽的清楚：

「我全程參加了『一〇〇九紅衫軍天下圍攻』遊行，我們另外由全國各地律師公會、勞工、學者、教授、婦女及人權團體等三百五十多個團體所發起的，它的重要性與範圍都大於婦女保護運動。這一次是暖身，下個月還有更大規模的遊行訴求。講好了，到時汪汪和你都要參加，能否約汪汪上來台北，就在明天，星期天中午，找個地方吃個飯，大家共同商量一些細節問題。」

「好，我來安排，時間、地點再連絡。」掛上電話後，安安都聽見了，不用我重述，她遞過來一杯咖啡，香氣撲鼻，幾絲細煙嫋嫋。安安煮的咖啡，一如其人，均可堪稱是「絕品」，她說：

「燕大哥身爲大學教授，學的是土木，搞的是建築設計，對國內社會改革運動又這麼熱心，這種人在我們高級知識界還真不多吔！」

「對社會改革運動，燕京山有很高的使命感，這是他近日第二次打電話來叮嚀我們，務必參與下個月的擴大遊行，我和汪汪都答應參加。」邊啜一口咖啡邊答安安的話。

安安又好奇地問：

「形成這種強烈使命感的原因是什麼?」

我想了一下，幾天前燕京山打電話來邀約參加活動時，與我談婦女保護運動時，他談到台灣社會的現況，對美好社會的強烈渴望。我把他的談話，整理一下思緒告訴安安說：

「照燕京山的看法，三一九的竊國篡位小偷行爲不糾正，使台灣社會全面變質，人人以作弊獲利爲合法。燕京山認爲這個問題的嚴重性，高於其他婦女、環保等問題，如果這個問題得不到正義解決，其他都難解決。燕京山對社會現況極度不滿，他談到美麗的寶島被稱爲『貪婪之島』，近年擄人勒索、毒品氾濫、到處是狼、強姦搶劫、司法破產、軍官盜賣軍火，黑道治國，台灣成了『恐怖島』、『惡魔島』、『東西里島』；德國媒體稱台灣是『豬舍』，是不適人住的地方，而現在台灣的新名稱叫做『火燒島』，我們這些知識份子的使命感那裡去了！」我的一顆心七上八下，心跳加速，因爲我也有責任。

我把燕京山的話一股腦兒全倒了出來，心想安安也會激動，沒想到她若無其事，簡單地答上一句：

「他說的社會現況是事實啊！」又把話岔開說：

「聽你提過燕大哥在大學時代只會讀書和談戀愛，還娶了美嬌娘，怎麼現在搞起政治運動？」

「我想，人的思想是在變動中。」啜口咖啡我接續說：「燕京山的家世背景好，人長得很帥，在同學中他算是女生心中那種『白馬王子』型的男生。」

「這麼說是他太太追他囉？」安安問著。

我像說故事：

「才不，追燕京山的校園美女的確很多，只有他現在的太太江蘭姿不追他，在當時江蘭姿可算是另一型的校花，人長得漂亮、溫柔、體貼還是其次，她侍候男人的工夫第一流的。但她並不主動追燕京山，反而是燕京山追她。」

我這一說，安安有興趣了，她大概想知道江蘭姿是如何侍候燕京山的，安安放低音量，輕聲說：

「講一下她的工夫是怎樣的第一流吧！」

我知道夫妻之間的生活、感覺是很難描述的，通常「畫龍畫虎難畫骨」，故唯有「畫龍點睛」答道：

「妳相不相信已經進入廿一世紀的現在，他太太每天晚上把浴池的熱水放好，內衣褲拿好，叫老公洗澡。煮菜時叫老公先嚐口味，她的個性就是這樣，對燕京山簡直是百依百順，燕京山在家裡和當國王差不多。」

「唉！」安安輕嘆一聲，然後說：「這樣的女人現在真是稀有動物了，也許是燕大哥前世修來的福氣吧！」

安安突然提出自己親身經歷過的「前世今生」做註解，我想也是吧！附和著安安的話：

「應該是，他們兩個是我們同學中人人羨慕的一對，郎才女貌，稱得上『王子與公主從此過著幸福美滿的日子』，現代社會少有。」

週末的下午，最宜閒聊鬼混，我和安安就這樣邊聊著燕京山和江蘭姿的話題，我一面也打電話連絡汪汪協調明天約會的事，最後決定明天上午十一點準時到蔡麗美剛買在外雙溪的小別墅。這小別墅才剛交屋、裝潢好不久，是蔡麗美專爲汪汪來台北時暫用的「行宮」，我和安安都還沒看過，都想去看個究竟。

週末的晚餐，我和安安又到了上次去的摩洛哥「北非心情」，餐後再到中正紀念堂聽了一場音樂會。之後，約好明天一同到蔡麗美的小別墅，在中正紀念堂外的夜空下，吻別……打道回府。

這是一個安靜、簡單、充實而溫馨的週末。

第二天，是一個美麗的星期天，上午十點多我約著安安就一道出發，車潮不算多，邊開邊聊天，中山南路——中山北路——至善路，依著門牌號碼很快找到，一看才知道這不是「小別墅」，因爲進大門首先映入眼簾的是一片不小的花園，綠油油的韓國草上放著左右兩排五葉松、櫸樹、梅、楓等盆栽，從整姿、剪定及盆鉢選用，都可見這家主人的用心。我和安安正在欣賞盆栽。

安安才說著「盆栽是立體藝術，無言的詩歌」時，屋裡已有熱鬧的人聲傳出：

「歡迎二位大駕光臨！」

原來汪汪最早到陪蔡麗美先去買菜，燕京山稍後也到，我和安安還算晚到了。「淅瀝惣嚕」進了門，赫然一驚，不驚於新居裝潢，而是一個依傍著燕京山身邊，依偎著如小鳥依人般的女子，我的疑訝似乎寫在臉上。汪汪給我使個眼神，燕京山接口說：

「這位是尹月芬，令尹的尹，先欣賞這室內佈設的經典作品，再慢慢聊吧！」

「好。」我已會意大半。

汪汪頗有「男主人」的架勢，不錯，他只要上來台北和蔡麗美在一起，不僅「男人味」十足，也確實是個男主人。汪汪帶著大家簡單介紹室內設計裝潢，蔡麗美已在廚房忙著。

汪汪有點像在做簡報，「書房和臥房的牆面、油畫、天花板的模塑裝飾、桌椅和床，都精選巴洛克（Barogue）風格，融滙大自然主義和浪漫主義的色彩。浴室、廚房、客廳因有許多現代功能要發揮，故全部採用現代化系列產品，現代感十足……」

汪汪邊說著，一夥也七嘴八舌的讚賞、問價、羨慕、驚嘆，消遣汪汪的好福氣。然後，女人們都去了廚房參觀蔡麗美的烹飪手藝，男人們在客廳坐下各談高論。燕京山突然拿出一疊資料，人手分一份就說：

「吃午飯前我們辦一點正事好不好？」他看看我和汪汪，都不作聲，因為也不知道他要辦什麼正事，他看大家沒反應又開始說：

「紅衫軍運動的領導人是施先生，這個運動所針對的是陳水扁，但所要求的改革是全面性的，以追回台灣的社會公義價值為目標。我和另一群朋友只是乘紅衫軍運動，縮小範圍，只針對司法改革運動。」燕京山稍停，看大家的反應。

「那找我們幹嘛？」我示意他說下去。他又說：「三一九不能解決，就是司法被政治綁架了，失去了獨立性，下個月準備大遊行，針對……」

不讓燕京山報告，我就把話岔開說：

「吃過飯辦正事才有精神，現在先聊聊你的新人嘛！我們既不認識又不了解。」汪汪也起鬨說「對嘛，聊聊新人。」我就首先發難詰問：

「何時開始，現在什麼關係？快誠實招供。」我還刻意壓低了聲音。

燕京山答話的神情，完全不像剛剛做「社會運動報告」那般理直氣壯了，他反而有點難爲情的說：

「沒多久，談不上什麼關係。」

見燕京山口風很緊，換汪汪按耐不住性子，從另一個角度切入說道：

「你和江蘭姿可是天上一雙，地上一對，你在家過著國王般的日子，不像我和李明輝，我們所有同學無不羨慕你們倆口子，江蘭姿如你所望，她是個好女人，你可不能幹了對不起人家的事，江蘭姿也算咱們老同學，我們要爲她抗議。」

汪汪一番話果然合情入理，說得燕京山支支吾吾，答不上一句話，我在一旁接著搧火：

「剛一進門她依偎在你身旁的樣子，明眼人一看便知，眼睛會說話，唬不了人的，大家都是幾十年的老朋友，說出來大家參考。」

「對嘛，大丈夫怎麼扭扭捏捏的，還把我們當老朋友不？」汪汪又鼓譟著。

燕京山見已無可迴避，只好說：

「我和江蘭姿還是親密愛人，你們不要想像太多，我們還是很好，不會有問題。至於我和尹月芬，只是一個偶然的邂逅，不可能爲她影響到我和江蘭姿。」

「怎麼個邂逅？」汪汪緊迫追問。

「咳！」燕京山輕咳一聲，捋著沒有虎鬚的下額，慢慢、細聲道出：

「她妹妹伊月芳和我是同校職員，熱心參與各項司法及社會改革運動。姊姊尹月芬學的是古典芭蕾，在台灣應是最年輕的明日之星，幾部芭蕾舞的經典作品，如『天鵝湖』、『吉賽兒』、『愛麗絲夢遊仙境』等，她都參與演出過，以後一定是優秀的舞蹈家。去年她每一場舞蹈發表會我都去觀賞。」燕京山說著看看大家。

「如何開始的，講重點嘛！」汪汪作提示。

燕京山才又接著說：

「去年年初時，尹月芬從美國回來，在國內有幾場舞蹈發表會，她妹妹給我兩張招待卷，會後請她們姊妹去吃宵夜，第二次以後她妹妹忙於工作沒再去觀賞，我則十之八九會去，一回生兩回熟嘛！」

燕京山說完，汪汪和我四目注視著他，都覺得他避重就輕，所以我又問道：「燕兄！有沒有進一步關係？有沒有把人家怎樣了？」這是最直接了當的問法。

燕京山終於鬆口說：

「尹月芬今年曾到新加坡、高雄有舞展，我都利用機會陪過她幾天。」我和汪汪似乎審訊案件有了結果，同時鬆了一口氣，不過我也慎重告訴他：「不要因而傷害到江蘭姿。」我這樣的叮嚀，汪汪也認同的說：「你和江蘭姿是完美的一對，不要壞了大事。」還有，「江是老同學了，不要有傷害。」

燕京山很堅定說：

「告訴你們，月芬是個獨身主義者，她認爲現代是一個『大獨身主義時代』，你們絕不相信她現在是一隻『不生蛋的雞』，她結紮了。」

燕京山說完，大家頓時相視無語，不知該說什麼才好。忽然傳來一陣女人聲音「吃飯囉！」才想起已經很晚了，肚子突然餓了。

一桌精緻佳餚，眾人讚美蔡麗美做菜的工夫比服裝設計更專業，也十分欣賞尹月芬一舉手、一投足，都充滿美感。而共同的感受，是紅粉知音相聚，人生無幾，須得珍惜。

餐後，男士們叫女人們「吃完飯拍拍屁股去泡茶聊天」，換男士收拾杯盤殘羹，進廚房洗碗筷。這方面汪汪最行，他是被鍛鍊出來的，我次之，燕京山最差。

午後兩點，大家情緒依然興奮，各自論談著理想、計畫，正在進行的工作。汪汪要提早回新竹，大家也開始準備「各奔前程」。最後燕京山終於抓住機會，報告了「回復社會正義最後防線司法大遊行」的宗旨、原則、目標、口號等，並分配每個人的任務編組，聲明時間、地點另行通知，要求大家務必參加，維護社會正義，國家才有前途。

謝了主人，打道回府。

歸途中，安安沉默不語，似有所思，靜靜聽著音樂，但我看得出她一肚子疑團，也知道她在想什麼！安安終於憋不住問我說：

「真搞不懂，這麼好的婚姻關係居然還有外遇！」

不實我也和安安一樣搞不懂，我瞥了她一眼，自顧開我的車，她又說：

「像汪大哥的婚姻關係，有外遇是必然，像你我是合理，燕大哥會有外遇實在費解。」

「費解，也不應該。」我有些惋惜，「也許，人對現狀是永遠不會滿意的，不論現狀多好，遲早也會有改變現狀的變局發生。」我這樣自言自語。

安安也覺得這個論調有些悲觀，一路都沉默不語，音樂播放著「愛的羅曼史」，內心舒服些，兩旁的行道樹向後飛逝，車向前奔馳。

8 改革不行革命有理 阿扁肏台灣誰解救

「司法正義是社會正義的最後一道防線，若司法正義瓦解，則社會與國家安全隨之崩潰，政權轉讓事小，國家因而衰亡則茲事體大。我們大學教授要有這樣憂國憂民的使命感。」這是燕京山最近常在電話或碰面聊天時，所提到對時局的感懷，我、安安和汪汪等人都有類同的感受，只是沒有燕京山那麼狂熱、發飆。

中華民國時序進入九十五年之歲梢，全島依然持續著上半年及去年的狂飆，一群喪失理性的島民，全國高燒不退。黨派傾軋、司法改革、陳水扁的台獨制憲，游錫堃的中國豬論，深綠人馬指控施明德「通匪」案，美日安保是否保台?「總統女婿事件」、「第一家庭貪污案」，以及搶劫、強姦、殺人天天上演。

近年也有地質、環境等科學家，多次提出警告，謂台灣南部超抽地下水，加上海水上升和水土保持沒做好，全台灣島在加速下沈，南部最嚴重，數十年內高雄可能只剩壽山露出海面。然而，台獨執政才不管這些，阿扁有次還說「操啦!台灣不沈！」

由林榮三、吳阿明領銜的自由時報，還有台灣基督長老教會、台灣教授協會等台獨外圍組織，連日發表聲明：台灣人民是大東洋大日本國偉大天皇的子民，是大和民族的一支……不久，陳水扁發表聲明，同意這種論點……

這樣的舞台環境，正好讓燕京山揮灑的淋漓盡致，不過他選擇司法改革為參與重點。「二〇一九司法改革行動聯盟」之後，燕京山及參與司法改革者，都把司法院喻為『現代侏儸紀』，把法官喻為『恐龍』，要求改革者不斷施壓，司法院與法務部終於同意在十二月十三日至十五日，召開為期三天的『司法改革會議』。但是『二〇一九司改』者認為司法院只是一場『官方秀』，參加成員都是司法院『御筆欽點』」。

所以，燕京山近來常在「教育」我們，不論十一月、十二月，希望大家全力支持司法改革，維護社會正義的最後一道防線。

正當寶島即將進入歲末寒冬之際，燕京山把許多時間放在司法改革，我多次提醒他「大學教授以教學、研究為本務」。

但民國九十五年的下半年，尤其到十月為高潮，就是「紅衫軍」運動，許多人不由自主地進入「運動場」。大人、小孩、婦女、學生（尤以名校如北一女），當然有各黨派人馬，整個運動以施明德為精神領袖，同聲要求「阿扁下台」、「阿扁下台」、下台、下台……從北到南，數百萬之眾，阿扁住在「總統籠中」，嚇得不敢出門。

這當然是阿扁家族貪污腐敗，洗錢搞錢，導致天怒人怨的結果。光是第一夫人阿珍、第一女婿和第一親家趙家，不知道搞了多少錢，人民的眼睛是雪亮的，所以引起人民之怨也是必然的。現在只是想用「台灣人民是天皇子民」來轉移焦點！

依燕京山的說法，「三一九案」是作弊，貪污也失去合法性的統治，所以民進黨政府是一個「非法政權」。如果司法不能公平解決「三一九弊案」，阿扁又不下台，人民是有權利革命的，燕京山也準備要發佈「革命宣言」。

我曾告訴燕京山，台灣是移民社會的本質，人心中有濃厚的機會性格，不好就落跑，不會搞革命。而且中產階級仍有多數，也不會搞革命。

燕京山看法有些不同，我聽到他要發表宣言，更勸他必須慎重從事，乃積極協調、連絡汪汪等人。也許上回在蔡麗美那兒意猶未盡，也許星期天女人們也想玩，一拍即合，敲定星期天中午到「汪汪和蔡麗美的愛巢」吃飯，餐後針對「宣言」內容討論。

好友相聚時間總不嫌多，甚至都覺得「聚少離多」，才幾天未見，到了「小別墅」依然不減大夥的熱情興奮，這是一個愉快的餐會。

餐後，燕京山急著拿出一份用Ａ４的電腦打字，分發給每個人，這是兩個「變天宣言」稿。大意是李登輝和陳水扁的十大罪狀，兩人都該退出政壇，向國人謝罪。

燕京山把兩份宣言的重點講解一次，條文則逐字宣讀，約花了十分鐘才講完，大夥兒鬆了一口氣。他環顧眾人，全場竟鴉雀無聲，如此持續約半分鐘，大家你看我、我看你。平時很少說話的蔡麗美先打破沉默：

「先不談內容是否適宜，不知這兩份宣言能得到多少大學教授支持聯名？」

燕京山面有難色說：

「目前除了我們六人，我學校裡應有一些教授可以認同，當然若能全國連線最好，但這要打組織戰，我們顯然欠缺這種組織力，但這不是重點，重點是要把這兩份宣言由少數代表聯名，傳送全國幾個大的報章雜誌，由媒體發揮影響力。」燕京山的設想果然比較方便。

安安是比較務實的人，許多事情在方法及過程上，她有時是比較重視結果，換句話說她要的是「有沒有結果」的問題，安安問道：

「但不知宣言公佈後，我們預期成果如何？」

安安的問話給汪汪啓發了聯想，燕京山正思如何回答安安的問題，汪汪就搶答說：

「對啦！成果可能比較悲觀，今年修憲時，有一千多位教授聯名反對，結果如何？我們的力量太小，頂多引起一陣騷動，製造一個新聞，過兩天大家又忘了。」

燕京山接著就說：

「成果我是評估過，可能難以讓人滿意，但總得有人當烈士，凡事起頭難，宣言至少可以喚醒一部份人。」

原來燕京山打的是「烈士牌」，明知不可爲而爲之，我最敬佩他這種精神，打從學生時代這個個性全然沒改，但我從制度面看這兩份宣言，我提醒大家注意我的說話，各人眼睛都看著我，我說道：

「從制度面看，總統是民選，任期未滿，不能說不幹就不幹。黨主席較有彈性，但除非多數黨代表或黨員要求他下台，否則很難把他弄下台。今天是選後第一天，各界一片譁然，國民黨基層罵聲四起，雖有要求他負責下台，但音聲薄弱。」

燕京山聽了我和前面一些意見，大多不表樂觀，似有點洩氣。倒是尹月芬靜靜地在一旁，一面忙著要煮咖啡給大家喝，偶爾靠在燕京山身邊聽大家的意見，現在她把燒好的咖啡每人送上一杯，我啜一口，接著補充說：

「宣言內容不是蓋的，那李登輝的十大罪狀就是實情反應，命中要害。對各政黨期望也中肯，既不偏某黨之私，也合乎世界潮流，顧及全體中國人的利益。學生時代燕京山文筆就好，你寫的東西，我們放心。」

燕京山聽我一說，他臉上泛著得意的笑容，正在此時，汪汪說道：

「東西好是一回事，能否產生預期成果是另一回事，兩者無必然關係。」

這句話說得大家都點頭，燕京山也不得不承認事實便是如此，他只得把兩手一攤問大家：

「討論問題總得有個結論，宣言要不要送出去給媒體披露？」

送與不送似乎都有明顯的不當，送的話，不僅勢單力薄不能產生預期效果，也略嫌草率；不送顯得這些大學教授竟沒有聲音，沒有作爲，沒有使命感。安安說：

「可以再保留幾天，觀察各界動向，同時我們回到各自學校也連絡其他人的意見看看。」

大家都同意這個辦法，燕京山雖有點洩氣，但也知道順勢而爲方是上策的道理，只好接受大家的意見。會議在下午四點結束，相約針對本案廣加宣揚，時時連絡。因各自有事，乃打道回府。

9 美國之行High愛翻天 快去快回安安變天

爲了陪安安到美國開會，十二月除了忙學生的期中考外，也忙些調課、找人代課、請假及安排一些雜事。安安更忙著安排兩個小孩的上學與生活，她老公在新加坡短時間內不能回國，只好叫妹妹黃安明來照料小孩起居，安安就放心多了。

一切都安排妥當後，二〇〇六年十二月底到次年初，我和安安有一趟美國之行，我們充滿著期待。這會是一趟甜蜜之行。

這也是我和安安的第一趟美國之行，月底的星期天，我們是這天大清早從桃園國際機場起程，中間在阿拉斯加的安克拉治做了短暫停留，接著直飛紐約，幾乎是一整天的飛行旅程，著實疲倦，進了下榻的飯店，兩人竟都倒頭大睡。

飯店是事先預訂好的，正好從窗口瞭望自由女神像。只是初到第一天都在睡覺養精蓄銳，莫約睡了六、七個小時，不知今夕爲何夕？

一睡醒來，才發現我和安安已全身一絲不掛，她躺在我懷裡還在睡，潤澤的髮香，雙乳挺實，白膩的酥胸，有規律的起伏，均韻的呼吸。她安靜祥和，彷若是接近傍晚快要閉合的睡蓮。

眼前這般光景，鐵定是我在睡夢之中，手不乖把她全身剝個精光，然後在迷離狀態下就睡覺了。中間不知還幹了些甚麼事？

現在不忍一動，怕吵醒了她，怕驚動了織夢的仙子，見她櫻桃小嘴，似閉似合，情不自禁，把我的雙脣印了上去。她輕微挪動著身子，伸手環抱我，也許隔了太久，激情快速升火……緊緊纏綿，擁吻，吻遍她的全身，從上到下，從裡到外，一切都在寂靜中進行。

在美國，或在台灣，似乎沒什麼不同，一樣是和安安在一起，她在下，我在上。激烈地上下抽動，安安不斷從口裡發出「嗯！嗯！」的嬌聲。多麼地滿足快樂啊！這種滿足的叫聲是世間最美的音樂。

暖身攻勢之後，我決定改換「側深」式，讓安安側躺，雙腿上下叉開，我雙膝跪在她雙腿間，雙人的雙腿成十字交叉。這種姿勢是所有做愛姿勢中，陽具可以插入女人陰道最深的一種。

果然，壯碩的陽具在她裡面進出，她的淫水如洪，緩慢而有衝勁，直插入最深的花心，產生「滋、滋」水聲，而安安「啊——、啊——」大聲叫床，不同於剛才的「嗯、嗯」，看她那種快樂的極限，無法形容了！如此插動最少二十下，我讓她換趴跪著，身體倦曲起來，我則跪在後面，陽具由後面插入她的陰道，她「啊——啊——」連叫，莫約衝插七、八次，換我受不了，累得往床上一倒，兩口張開，……忍住沒有射精，「金槍」未倒，向上直立。

就在我倒在床上「休息」的同時，安安一個轉身，小嘴竟一口咬住陽具，溫柔地進出，或含而完整包納之，熱火了小弟全身；她或啖之、舔之，我聽到細細「噗哧」噝唾沫的聲音，還有「嗯、嗯」叫床聲，我開口叫她名字：「安安、安——」。

就在那一點，我認住，把小弟快速從安安嘴中抽出，是爲了暫時「停火」，讓小弟休息，並且換我吃「水蜜桃」。她的「桃子」有一回我乘機觀察，色澤紅潤，桃形完美，水汁甘美，這是她身體健康的徵候。現在光線昏暗，我看不清楚，但想當然也是，因爲這些年她歸我「專用」，加上她平時懂得飲食保養，「衛生條件」第一，此是題外了。

我一翻身，熟練地讓她仰躺，雙手抓住她雙腿往外撥，她情不自主地配合張開兩腿，我猴急地一頭栽進她兩大腿間，吸、吮、舔水蜜桃汁，天啊！如飲甘泉。而她，受不了，全身如水蛇扭動，口中「啊、啊、」輕聲而滿足地叫，雙手抓住我的頭擺動。約三十秒，我知道她的高潮快到，便放下「桃子」，換陽具插進去，使勁地衝插……先慢，逐漸加速，她叫聲也加速……

安安使盡吃奶力氣把我緊抱扣住，每次的插入都衝到她最深的「花心」位置，已到最後「收尾」，三秒、二秒、一秒，我們停止所有動作。我猛力一射……突然間從「冷戰」進入「後冷戰」，全都鬆了、停了、熄火了。

兩人仍緊緊抱住，喘息、輕輕地、輕輕地，親吻、入睡……

半昏半睡，即將入睡，我想著這些年我和安安的房事感覺：

自己的身子是對方的聖體、美食、佳餚

凡所能飲皆甘泉甜汁；通體疏暢

凡所能聞皆芳香如花，一生難忘的味道

凡所能嘗皆美味美食，天上人間少有

凡汁液精氣水都是補品，打通了二人身心靈的通道

凡能進進出出皆有高潮，靜止不動也能有高潮

以陰補陽、以陽滋陰，增長智慧

真是靈、肉、性、情的合一交融

我們的交合是世間的經典作品，是人生的自我實現

我和她也幾乎是同時入睡，不知過了多少天長地久，沉睡、沉睡、沉睡……中間又

同時醒來一次，仍交纏緊抱在一起，如兩隻糾纏不放的水蛇，或兩株交纏成長的榕樹，分不開了。半夢半昏半睡中，兩人輕輕接吻，舌頭舔對方臉頰，又睡、睡、睡……

在忘我情境之中，竟不知此時爲何時！上午或下午！才在慢慢地沐浴、梳洗，並與外界連絡，尋問主辦單位有關「華人文學研討會」的時間、地點、程序等。原來會議有三天，比較重要的是前兩天，而安安的論文宣讀與評論是在第一天下午，所以我們打算前兩天全程參加，之後至少可以挪五天好好去玩，安安欣然同意。

美國我們分別來過多次，這回則是史無前例，兩人同到紐約，第一天便有如此滿意的「美國之夜」。討論過玩樂行程，準備依序把大都會博物館、洛克菲勒中心、聯合國、帝國大廈、中央公園、費城巴的摩爾、自由女神像等地區，列爲此次美國之行的景點。我們不想把行程排得太緊。

大約從台灣出發的五天之內，除了旅途、休息、研討會外，我和安安都沒有跑遠，僅到附近百貨公司逛逛，幫安安選購「美國之行」的紀念鑽戒，我們堅信：這是我們永生永世，生生世世，愛過的信物。晚上在飯店房間內，我告訴安安說：

「永世不悔地愛妳，生生世世在我心中，沒有第二個女人能擁有與妳同樣的地位，今生的愛是『另類』，不久來生將有『正類』，我們就順天命吧！」

她激動地流下眼淚說：

「為什麼現在不是二〇七九年呢？輪迴的諸神對我們不公平。」我告訴她，「我們不是正在努力提前嗎？」

第五天後的時間，我們打算到前述那些地方走走，選定的兩處優先景點。第一是大都會博物館，來這裡專看八國聯軍時，美國人到中國來掠奪的寶物。據安安說，中國有許多「國之重寶」在八國聯軍入侵時，以英國人搶奪最為大宗，美國人次之。待未來中國統一強盛，這些寶物應該回歸中國。第二是聯合國與中央公園。

因為時間不很寬裕，去了幾個優先景點，細細品味，留下記錄，安安都詳細做筆記。晚上回飯店後，安安突然心血來潮地說：

「出門這麼久了，孩子這麼小，實在不忍心。」言下之意頗有自責。

這心情我亦能體會，本來嘛！天下那個媽不是一顆心掛在兒女身上。我心想，我們並未受旅行社約束，完全即興旅遊，來去自如。所以我體諒地說：

「我們未必一次要玩遍各地，可以少去一些地方，提前兩天回台灣啊！」

安安無奈回答說：「也好。」當下我們決定提前回台灣。這一夜，是二〇〇七年初春我們在美國的「最後一夜」，以後是否還有機會來美國呢？只能期望，不敢奢望。關起了門，拉下窗帘，美國和台灣是相同的，一樣的浪漫，一樣多情的安安。我們何必在乎是不是在美國，有情人在那都一樣。

晚上她沐浴後，她把完美的身裁赤裸裸的展示在我眼前，她身上散發的「懾你」香水味又如吸魂的毒藥，很快攻略我的身心靈，想大戰吧！

也許，我所想亦如安安所思。今夜，她要了一次又一次。而我，是百戰不殆的。這並沒啥好自豪，多數懂得要訣的男人都知道，當晚行房的第一次射精後，最少休息兩小時，接著每隔一小段時間若再戰第二回、第三回……其實只要控制不射精，大多數男人都能「再戰不殆」，這是養身養心的重要原則。知此要領，要激發女人的性奮，引爆女人一次次的高潮並不難。

終於都精疲力竭，如兩隻鬥敗的雞，打敗的狗，抱著對方，在不知不覺中睡著了。

第二天，睡得好晚，起來後就整裝打道回國，安慰安安我們隨時可以再來，我們仍經由安克拉治回台灣。美國之行雖短暫，但快活無比，白天晚上都滿意，這是續「宜蘭之夜」後，另一個雙人充實之旅，是兩人生命旅程上重要而珍貴的記錄。誠如安安昨夜所說：

「今生只在乎曾經擁有，不奢望天長地久。」

我則詼諧地說：

「反正我們在二〇七九年就會有實實在在的天長地久，今日的擁有亦是天長地久，一刹那便是永恆也。」

二〇〇七年元月六日，星期六，早晨七點多，我們又意外地出現在桃園國際機場，一星期的中美來回，像一場夢般過去。台灣，是我們的現實世界。接著在機場吃個早餐，回到台北才十點多。

回到學校，也許安安念著孩子，她竟急著回家，我則想在研究室睡一場大覺，晚上很晚再回家。她逕自開車回家，離家才一星期，她似乎感到有些生疏，有些恍恍惚惚的茫昧感。把車停妥後，怯生生地到了家門口……

她在門口駐立良久，才伸手要開門，門沒鎖，安安心想大概妹妹正好在家裡。進了客廳，看見一件紅色大衣掛在架子上，安安認得正是妹妹的，果然妹妹在家。心裡還想著，讓妹妹辛苦了一星期，真過意不去。

客廳安靜無聲，樓上有燈亮著。心想妹妹一定在整理房間，她知道這老姊過兩天要回家了，風塵僕僕，很是勞累，回家須要好好休息，因此先把房間整理好。如此一想，一股暖意上了心頭。

靜悄悄地上了樓梯，看到臥室有微弱的燈光，溫柔的音樂從裡面傳出來。安安心想，妹妹辛苦了，在她房裡休息，聽音樂，真是難爲她了。現在要給她一個意外的驚喜。安安躡手躡腳，輕輕地要推門，她深怕出聲音把休息中的妹妹吵醒，吸了一口氣、深呼吸，再用手指捏住冰冷的啦叭鎖，旋轉，無聲，輕輕、慢慢推開門……

出現在眼前的一幅場景，險些讓安安當場暈倒，安安有些站不住，一顆心撲通撲通地跳，她緊抓著門鎖支持住身子，眼前已在冒金星。

呈現在安安眼前的場景是：

自己的丈夫和自己的妹妹，正在床上幹那件事，就是做愛，清楚地看見，丈夫在上，妹妹在下，激烈地起伏，妹妹輕微的叫聲……

刹那間，床上的兩人似乎直覺地感受到空間內，有什麼狀況改變，愴惶翻身下馬，抓起床上東西遮掩住光溜溜的身體要處，六目相交——六隻眼睛全傻住了。

這一秒間，整個室內時空已全部凍結，三個人在原地驚駭無狀，僵持著。六個眼神，有惶恐、疑惑、悸動，有震悚，文字不能形容其萬一，愕然相視著。

凍結狀態至少過了一分鐘，安安從僵住的場域中慢慢醒來，她悲哀欲絕，雙淚已下垂，只覺眼前一片朦朧，但她聽出有聲音了：

「對不起，安安，我不是故意的。」這聲音冷冷淡淡，安安聽出是她先生在說話。

「姊！對不起，我只是想爲妳解決一些問題。」妹妹的聲音，可憐楚楚又無辜的樣子。

安安不能面對，也不知道如何應付眼前局面，她轉頭向後就跑，背後傳來「安安、姊」的喊叫聲音……

原來，她老公蔣瑜，因爲在新加坡的事業有了問題，他緊急回台灣尋求協助之道。事前大家都知道，安安去美國開會，前後最少要半個月才回台灣，而蔣瑜在上月二十八號深夜回到台北，孩子們都睡覺了。安明爲遠道回國的姊夫做些宵夜，安明也陪著吃，邊吃邊聊。

蔣瑜聊到事業面臨的危機，充滿無助無奈感。聊到和她姊姊安安的婚姻關係，不勝感慨，聊到夜更深深，道出更多不爲外人知的祕密，安安已多年不和他行房，兩人生活愈離愈遠，蔣瑜也情不自禁，大顆大顆的眼淚掉了下來。

黃安明有些心慌，同情，或說心軟吧！她是善良的好女孩，她安慰著姊夫的情緒。從未見過姊夫如此傷心難過，關於他們的婚姻關係也從未聽姊姊提過，多年來偶有一、二次小吵，也很正常，不致於使婚姻惡化到這般地步。依黃安明的經驗和直覺觀察，姊夫應算是一個好男人，他努力工作，生活正常有序，還會幫忙做家事，愛家，又愛孩子，從無桃色新聞。

黃安明也知道姊夫的家世背景算是不錯的，但他一向自立自強，絲毫沒有綺襦紈袴那般氣息，而且身體強壯，每天有運動習慣。姊姊長期不和姊夫行房，難道是姊夫「那個」不行嗎？絕不可能，安明這樣想著。

唯一可以說姊夫的缺點，是他比較沒有情調，對女人稍欠那種體貼的關愛，對啦！就是「惜玉憐香」嘛！還有姊夫的情緒起伏很大，常莫明發脾氣。但人不是完美的，多少總有些問題。從另一個角度看，這何嘗不是對姊姊的一種「保障」呢？安明沒想到會在這個寧靜的深夜，與姊夫邊聊邊想這些問題。

黃安明又把思緒拉到姊姊身上，是不是問題出在姊姊，也不可能。姊姊教學、研究，生活單純正常，對家庭負責盡職，但如此對待姊夫似有欠公平。安明內心覺得姊夫應該得到一些補償。

當夜，事態在糊裡糊塗的發展中，黃安明竟用了自己的身體給姊夫當「補償」，事情就這樣發生了，如此簡單的邏輯思考。往後幾天，二人反正安安還沒回來，蔣瑜偶爾出去辦事，安明打發小孩上學，大多數時間兩人乾脆曬在一起。烈火一旦點燃，一個是多年未聞「肉味」、四十幾歲的男人，一個是尚未經男人「開發」，突然之間似情竇初開，三十多歲最是需要的女人。這下子，天雷勾動地火……

燃放的火種，漫延開來，正是「如虎如狼」，一再交合，那裡是人世之間這些所謂倫理、道德及社會規範所能約束得了的。就是提一桶冷水澆上去，慾火也止不息。沒想到安安和李明輝隨興旅行，提前回國，結果就碰上這一幕慘不忍睹的情景。

安安看不下這一幕，沒命地轉頭就跑，開車上路，這時候她慢慢地回到理性世界。

她問自己：「往何處去?」最合適的地方是到學校研究室找李明輝，他有解決問題的能力。

午後的週末，校園已是一片寧靜。李明輝正在睡大頭覺，安安來了從夢境中驚醒。一進門，她面帶悽愴，沒說話就掉下兩行眼淚，加上沒有休息，勞累憔悴，李明輝一陣心痛愛憐，先就擁抱著她，安慰她。

同時李明輝也已感到驚愕，定是發生了什麼大事，才會使安安如此難過。

穩住了安安的情緒後，她把所見向李明輝描述一遍。李明輝也快速地理出頭緒，但他知道要使安安沉靜理性些，事情才能談出結果，他讓安安喝杯茶，吃些東西裹腹。李明輝看差不多了，試探地問安安道：

「依妳的看法，這件事情的嚴重程度，是不是達到離婚的地步呢?」

安安的答話明顯的理性多了，她說：

「應該沒有，如果為此離了婚，我和妹妹從此也成了路人，以後如何相處?但也要看未來發展及現在如何處理，如何善了比較重要。」身為當事人能有這樣理性分析，不得不叫你敬佩。

李明輝聽了安安這樣說，已如吃下一顆定心丸，事情定能如安安所願的「善了」。但黃安明和她老公之間的關係，到底是突發狀況，還是長久發展的結果，這裡是問題的關鍵。李明輝又問安安說：

「妳妹妹所說只想爲姊夫解決一些『問題』，用她的身體給姊夫補償，是臨時起意，還是早有感情基礎，妳是不是有所不知？」

安安自覺得很瞭解狀況，她明確而肯定地說：

「確定這是突發情況，妹妹一時糊塗，事情就是這麼單純，向來都沒有男女情愛的成份在內，我可以很肯定地說沒有。」

我於是安慰安安說：

「妳妹妹果然是一個善良的好女孩，只是要防止他們有任何進一步發展，以免對許多人形成傷害，就端看現在如何了結才是叫『善了』了。」

安安同意我的看法，但她有些遲疑道：

「看似容易，實際上有困難。」

我知道安安現在內心想什麼！才說「實際有困難」，因爲安安和老公的婚姻關係，不論如何發展或改善，都只能止於「不滿意但可接受形式的存在」的勉強維持狀態，這個缺口正好是老公和妹妹的生存空間，不論今日如何「善了」，未來他們重新點燃愛慾之火的可能性是存在的。所以我也明白說：

「眼前先善了再說，只要他們不是那種男女的情愛，未來應無問題。」

安安也只好做如是想了，樂觀一點日子好過，安安問道：

「那現在怎麼辦呢?」果然安安是當局者迷了，眼前這步棋要如何走法?安安困惑的表情亦是惹人憐。

先前我心裡就有了腹案，安安的父親出面最適當，有長者風範，行事嚴謹，一言九鼎，甚得後輩尊重，所以我告訴安安說：

「快打電話告知妳父親出面擺平，並請父親親自打電叫黃安明、蔣瑜到父親住處，妳也快過去，由父親主持和解，定能圓滿善了。」

安安也覺得這是一個好辦法，她臉上再度綻放出些微信心光彩。我安慰她，給她力量，她笑了，親眼看她撥出電話，向老爸報告全案及處理方法，她爸爸也同意安安的構想，全力協助善了。

安安放下電話，我讚美她，抱她，吻她，問她：

「前世今生還記得嗎?」

安安說：「記得，我不恨妹妹。」

我催她快去父親那兒。

望著安安出門，她回眸淺笑，幾分懊悔或無奈，卻依然嫵媚。而我，內心惆悵，不得不去思考一個比自己生命更重要的命題：安安的未來，她的幸福。

幸福，應爲女人的最高價值標準。

10 紅粉知己生命之寶 今生今世怎能放手

從安安「變天」這二日來，不，應該說從燕京山與尹月芬這對組合出現後，我就開始重新思考這個現代社會的大問題。普遍性的「外遇現象」正漫天匝地地散開。

一般我們談外遇，總把重點放在工商界生意人、演藝圈，有錢的大少爺、小開等。其實文教、公務員、軍人這些形象看似清新者，在「後現代主義」衝擊下，也是不甘寂寞的，比較正確的觀察該是正在氾濫，也許明的幹，也許暗中搞。

就像我們這群大學教授，外界看到的是知書達禮的一面，搞起外遇也是「輸人不輸陣」的。這顯示傳統婚姻正在崩解，一種新的兩性價值觀正在形成。

這到底是社會發展，還是社會變遷？或者是社會問題呢？再普遍下去，是不是危及現在的婚姻制度，甚至整個婚姻體系的瓦解，最後絕大多數婚姻關係都是名存實亡，大家就把責任推給「現代化」，說是推行現代化的結果。

當然你可以從另一個角度看，某些外遇現象確實不危及現有婚姻關係，它可以協助維持婚姻關係，減少離婚率，進而減少不幸兒童和不良少年。就社會觀點，外遇還是有另一面的意義與功能，如汪汪和蔡麗美、我和安安這樣的組合。

我們可以說有的外遇造成家庭重新解組，有的是維護家庭免於解體。從目前氾濫的態勢看，後者多於前者，故外遇若不導致家庭傷害或解體，正面的社會功能應受肯定。我美其名曰：「後現代主義新婚姻關係。」

並非每一個組合都能把事情處理得很圓滿，有些外遇雖然也能不危及婚姻關係，同樣也難免有傷害，這可能與當事人的理性程度有關，例如情緒化會降低對環境的判斷力。我和安安這個組合是很特別的個案，假如我和安安關係依然親密，則她妹妹安明和她老公蔣瑜就有引燃情愛火種的機會。

安安是我前世、今生及來世所愛的女人，至少在這一世我不要她受到傷害，或給她困擾。愛她，是讓她幸福、安全，不要傷害她。對安安，我是放開或抓住，真是難以抉擇。

上面所考量的林林總總，最近都和兩個死黨深入討論，諮詢他們的意見，汪汪談到他自己時就信心滿滿，興高采烈地說：

「放心，我和蔡麗美過著幸福美滿的日子，未來也是，不會有問題，至於家庭嘛！我一向是負責盡職的男人。」汪汪顯然安排得很好。

燕京山在兩個王國裡都當皇帝，安全且無後顧之憂，教學之餘，有不少時間投入司法改革及社會運動，他在電話中快樂得不得了地說：

「放心好啦！兩個女人對我都無任何要求，一切在控制中，不會有任何不良作用，更沒有傷害。」燕京山真是前世修的福氣，不過我依然牽掛著他老婆江蘭姿，我嚴重警告燕京山，不要傷害了她，大家和她也是老同學、老朋友，都有一份深厚的交情。

經多次談話，與汪汪和燕京山一再酌情論理，都認爲若爲安安幸福著想，我和安安的關係確實有必要稍加「調整」，使整個外環境因素先對安安有利，安安進而才能調整和老公的關係，她妹妹對姊夫就沒有任何遐思，她老公對小姨子也易於斷了念頭。

我，成了這整個局面的核心，處於這全般態勢的戰略地位。爲了安安的好，我願意調整心態，調整我和安安的關係。如何調整才能順利圓滿，成爲我的難題，事情如何讓各方滿意呢？

從元月六日我和安安從美國回來，發現安安家「變天」，我指導處理，這一連串事情，讓我整整思考了三天，包括求助於兩位死黨。

其實第二天安安就告訴我，星期六那天她趕到父親住處時，老公和妹妹早已主動先一步到，並在父親面前跪下悔過。這表示他二人誠心改過的決心，她老爸常叮嚀這些中年後輩，人過而立之年，成長與進步完全來自反省，靠外力壓迫長進是很難的。這兩人在「犯案」後，能立刻反省問題，謀求改進，她老爸就是欣賞這種人。

老人家平時嚴肅，這時碰到如此大案，卻反而仁慈地不忍加以苛責，就是樂見他們知錯能改的態度。

她老爸唯一的要求，是以後不得有進一步發展，並要求二人當成「戒律」遵守，否則對姊姊、對小孩，甚至別人，都可能是很大的傷害。二人保證沒有以後。

我聽到這一段，爲安安放心許多了。

最後的問題，是我；我，成了問題。

我採用的辦法是直接對談、研究、討論，而不是逃避或退卻。針對問題，尋求可能的解決方法。

我們還是找到一個「開會」的機會，到「老地方」汽車旅館待了一天一夜。一進門，是無法避免的擁抱——親吻——做愛——一回合——二回合……最不能抗拒的致命吸引力就是和她做愛，及過程中她口交的功力，那種滿足，實在比當部長、將軍、校長或任何財寶更値得。突然間，我又覺得像安安這種「女人中的女人」「極品」，怎能放手？簡直笨蛋。

兩人一覺醒來已是第二天清早了，不知昨晚戰了幾回合，邊做愛還邊飲了一些酒（以我嘴含酒吻時送入她口中助興），到早晨還有些醉意的樣子。

窗外，有一片翠綠茶園，但我想著如何談我們的關係，安安的未來！這實在是一件很難的事，明明手中握著「世間珍寶」，就像革命家終於拿到國家大位，卻要拱手讓人。古今以來只有孫中山做到了，我又不是孫中山！？

窗外，有鳥聲、蜻蜓、蝶影，這個氣氛最適合撫慰安安和我此時的心情。論煮咖啡安安是高手，泡茶我內行，這裡就由我來操盤，替安安斟一杯熱茶後我先說話：

「這次妹妹的事能如此圓滿解決，對妳是很有利的，至少未來是很樂觀才對，但總覺得存在某些變數。」

「變數來源在那裡？」安安反問。

「我們兩人。」我直接說了。

安安的答話讓我有些意外，因爲她似乎感覺我心中想要說什麼，這或許是女人特有的敏感，加上我們那種「知心」關係，正是所謂的「心有靈犀一點通」，她不疾不徐地說話：

「最近這些時間，我一直覺得你好像會有某種變動，或關於我們之間，你要告訴我什麼？我沒問，我用心在解讀你的思想脈動，用靈去領受你的神情意念，用血肉來感受你的距離與溫度，由相解讀你內心的困惑。」

安安在課堂上不論講中國文學或西方文學，都是堂堂爆滿，她觀察入微，表達力強，人漂亮，有媚力，她講中國古典文學時，連窗戶上都爬滿了人，實在是有道理的。不過今天我想慢慢引導她進入主題。她說話時，我微笑，目光直視她那烏溜雙眼，她說完，我把話稍岔開說：

「安安，我們放眼現代社會的婚姻關係，有沒有是完全幸福美滿，完全滿意的？」

「應該沒有，這只是程度問題。」安安說。

安安的觀點很務實，也很學術，接著我告訴她：

「非常正確，只有古代或很典型的傳統婚姻，是一面倒的，才有所謂的完全幸福美滿，在現代社會是沒有的，在現代社會女人地位有了提昇，她和男人的關係就已突破『零』對『一百』的『零和狀態』。」

「但是多數女人，甚至部份男人，還是在追求幸福美滿啊！」安安說著，有些不解。

我答道：

「所以囉，這是一個永遠達不到的目標，設訂一個追求不到，甚至不存在的目標，是許多這類人的不智，包括我們。」我逐步切入問題，安安兩眼凝神注意聽著，她啜一口茶，紅色脣印留在杯上口，我斟上熱茶繼續說：

「現代社會的夫妻關係沒有一面倒的，不可能丈夫是完全的主宰者，太太也不可能。換句話說，沒有誰必須要完全聽從誰的。當然，暴力家庭是例外。」

「但是，日子得過，多數夫妻關係仍須維持，成爲雙方都能容忍的局面呀！」

我啜一口茶，把嘴巴東西囫圇嚥下說道：

「當然，完全看雙方如何妥協，我們看每一對男女，從婚前交友、談婚嫁、結婚、婚後生兒育女、夫妻相處，這長期過程中，每一個階段都是妥協後的結果，是離是合，也是妥協中的產物。我們美其名曰：『妥協的藝術』。」我好像在演講了，侃侃而談。

安安聽得吃吃笑了，她剝一顆瓜子，用食指和姆指捏著送入我嘴巴，我故意用牙咬住她的玉指，用嘴含住。她手也不伸回，手指在我嘴裡撫動不乖，對著我「巧笑倩兮，美目盼兮」。我張開嘴巴，她手索回，嬌媚地說：

「那婚姻關係不就成了政治談判。」

我又一本正經地說：

「對了一些，男女在婚姻過程中的妥協，是基於情意考量。政黨或政治間的妥協，是基於利益分配。你可以這麼說，政黨之間是純政治妥協，婚姻關係是『準政治妥協』，夫妻之間許多事情都是妥協出來的，政治味道很濃。」我快懷疑自己是在講政治哲學了。

安安對我的看法頗有同感，她又剝一顆瓜子送到我口中，我問她：

「不論談現代婚姻的本質，或夫妻間的妥協，我都把重點放在盡可能維持家庭的完整，妳知道爲什麼嗎？」

安安似懶得多想，又把問題丟給我，做了個鬼臉就答說：「不──知──道──。」還字字肯定。我順口就接著說道：

「家庭功能是最重要的考量，如人們成長過程中的社會化、情感寄託、性的規範、子女教養等，只有家庭能對這些做比較滿意的交待，各種類型的外遇組合，汪汪和我們這樣，雖也有一些社會或個人的功能，但仍不能取代家庭地位。」

「這麼說，人人都應該回歸到家庭嗎？」安安有些疑惑了。又補道：「我們二人不存在妥協或誰是主導。」

我答道：

「這未必是，有些人獨身主義，反而更能創造出更高的價值，更高的成就，使人生更有意義。但對於已經組成家庭的人，或想經由家庭與婚姻得到幸福美滿的人，回歸家庭是走向『準』幸福美滿最近的路。」

安安反問：「離開家庭就沒有幸福嗎？」

我簡單說：「有例外，汪汪，回家成了不幸的男人，離家和蔡麗美在一起就是幸福男人，我們情形差不多。但畢竟這是例外，是不得已。」

安安豁然開朗，似有領悟，她順手拿另一包茶說換「鐵觀音」，她小時候常隨侍父親泡鐵觀音，長大喝鐵觀音成了習慣。我替她斟好新泡的鐵觀音，她啜一口說：

「我知道，人要真正找到幸福美滿，應該向內回到家庭中，而不外求。」

我答：「原則上是。」停一下再補充：「內心轉變，非外物追求。」

但安安又提出了問題，並直指我們自己的親密關係，卻欲言又止，轉頭看看外頭滿漂亮的風景，近處有花。思考片刻說：

「我們的關係發展到現在，感覺很好，很有幸福美滿的感覺，好幾次你說『愛妳，前世、今生、來世都愛妳。』我也肯定是這樣，你說這不叫愛，又叫什麼？」

安安的心情有點低沉，我用胳膊挽住安安的頸部，順勢讓她傾靠在我胸前，我的雙手摟住她的兩肩，「相看兩不厭」。她全身裝作軟綿綿，讓人更深深感受到「軟玉溫香」的柔美，她的眼角泛著淚光，我低頭吻她的額，吻她的眼，吻她的唇。她有些激動……

明知把話往下說，定會刺痛兩顆心心相印的心，我挪開了唇，繼續說，她不語靜聽：

「我們之間的關係肯定是愛，而且愛得很深。但我們現在不是夫妻之愛，也不是朋友之愛，更不可能是單純的性伴侶之愛，也許該說是知心朋友，用『紅粉知己』比較恰當。」我的嘴在距離她的雙唇只有一寸的位置，輕聲細語地說，還把「紅粉知己」四字加重語氣。

安安聽到我用「紅粉知己」形容兩人關係，她的眼神泛著滿足的微笑，因為這是夫妻關係之外，男女關係中最親密、完美的組合。她還是噘起小嘴說：

「爲什麼不夫妻又是紅粉知己呢？二者重合多好。」言下之意竟有些感嘆，我知道這是明知故問的。我解釋這其中的社會因素說：

「男人的同性知己都在高中以前，之後因爲競爭關係，知己轉向異性，這個知心的女人絕少是自己的太太，而是另一個稱『紅粉知己』的女人。角色換成女人也一樣，知心的男人絕少是她丈夫。」

「這麼說夫妻關係之外，若也有紅粉知己，是可以並存，並各自發揮應有的功能嗎？」安安有點頑皮地說。

「從社會上出現的實況觀察都是如此。」我說。

安安聽我說完，抿著嘴笑而不出聲，我問「笑什麼？」她不答，吞吞吐吐說著：

「紅粉知己能不能夠……那個……」她欲言又止，比手劃腳，我領會她的意思答道：

「初期的紅粉知己通常不會有性關係，但人的感情是有變數的，誰也沒把握永遠拿捏得準。如果雙方能考量對方的家庭美滿，就應保持在沒有性關係的紅粉知己範圍之內。」思考片刻，我再補充：「實際上能叫紅粉知己的，必有性關係，極少例外。」

「那我們呢？」安安直逼事情的核心了。

我盤算這個問題已有半年，最近和汪汪、燕京山研究如何調整我和安安的關係，這裡就是一個關鍵。假如我和安安保持沒有性關係的紅粉知己，對安安未來的幸福美滿應是有利的規劃方向。明知這是複雜的難題，只好簡化地回答：

「在今天之前，我們是有理性關係的紅粉知己，在本階段我們有性關係，提昇了幸福美滿的品質。妳老公和妹妹的事發生，假如我們仍維持性生活，妳和老公的關係不易改善，他們有機可乘，對妳會是個威脅，所以以後……」說到這裡，安安的眼角又泛著淚光。

「無論如何，我們總是紅粉知己。」我這樣安慰著，她掉下兩顆淚水，我摟她在懷裡，在她身邊輕說：

「前世結緣救一命，今生還是只做紅粉知己，來世終究會是合法夫妻。輪迴大道半點不由人，不論前世、今生或來世，我們定都曾經擁有，這也夠了，是不？」

我又補充道：「既然是紅粉知己，妳想要的全都給妳。」

她打趣說：「我也是全給你了，人都是你的。」

我們相視不語，片刻，親吻……抱起她，輕輕地放在床上，已經纏繞在一起了……兩隻獸交纏、扭動……沉睡……甦醒……交纏……享用這人間「極品」……入睡……半醒……享用……吃水蜜桃……啊——

不知睡了多久，大概天長地久，醒來時，安安說她餓了，我知道這附近有好的美食餐廳，我也需要補充能源，準備再戰。

11 三個諸葛計設奇謀 綠營泛紅崩解泛藍

二〇〇七年是很黑暗的一年，不，那年不黑？

二〇〇七年也是最有希望的一年，不，那年不是「最」有希望？最有希望、最黑或最光明，端看對誰或對那個陣營而言。

對我和安安，或汪汪他們，也都是幸福美滿的一年，每天快樂得不得了。我在學校附近的大廈買一個二十坪小套房，別以爲小，房價裝潢花了九百萬，全以安安需要打造，把安安「藏」在這裡，每週我們總在這窩裡渡過一些良宵，這種快樂就不用再形容了，寫不出來。

五月，地球暖化的關係，已經很熱了。

有一天，我的手機響起，傳來的聲音，一聽就知道魔諸葛阿成。他直接問：「明天晚上有空嗎？」

我簡答：「有」，再問：「甚麼事？」

他說：「明晚七點在人民之家見，一定要到。」

我說：「我已不負責執行任何任務了。」事實上是我不想助紂爲虐了，台獨搞過火了等於把人民推入火坑。

魔諸葛說：「來聊聊嘛！保證合你胃口。」

我無精打彩說：「好吧！」剛才提到的「人民之家」，是大頭目祕密行宮之一，大頭目和兩個漂亮的女立委搞關係，度春宵都在「人民之家」，我們「三諸葛」以前策劃那些見不得人的事，都在此處。所以，所謂「人民之家」，只是利用人民。笨啊！人民，誰說眼睛是雪亮的，台灣人民眼中都是「塞」，永遠看不清台獨是玩假的（有，最近那老蕃顛李登輝說了）。

七點，我準時到「人民之家」，魔諸葛阿成、死諸葛阿義、我邪諸葛李明輝、大頭目跑腿游公，四個人全到了，沒有外人（人民之家「主任」是大頭目心腹，從不參與會議，只負責人民之家管理）。這位置不能說，只能說在「圓山指揮所」附近，管制嚴密。眼前有五菜一湯和一瓶酒，據阿義說全是「頂級」的，光是那瓶酒好幾萬。唉！在人民之家，飲人民的血，算了，題外話。

大家邊吃邊聊，阿義酒量好，喝得差不多了，首先「放話」說：

「大家都知道台獨玩假的，既然是假的，各位放輕鬆，就像玩家家酒，要玩得快樂，對吧！人民要甚麼？我們就給甚麼？這叫市場法則。」

游公附和：「對啊！當然要玩得快樂，要有大利可圖才快樂，有大利多，就有銀子撈，有女人抱，很實在吧！在座有人能否定嗎？」

大家笑成一團，阿成接著說：「對啦！幾年前我們都說過了，我們是生意人，那裡有利那裡走，不要自命清高說我們是政治家。台灣也不是政治家的產地，台灣從古到今都只是個『武林擂台』，各使手段吧！目的就是整碗端走，我們才有機會在這裡吃香喝辣。」阿成說的也對啦！沒有大權力，那來榮華富貴？

「啪、啪」阿義鼓掌叫好。

「好啦！我最早說的，我們都是政客。」游公的台灣國語一出聲，大家都點頭，確實他最早說大家都是政客，五十步百步之差而已。

只有我的心情最複雜，最早他們打台獨牌時，我主張適可而止，以免弄假成真，會死很多人，結果他們走火入魔。阿義最了解我的心情，以前大家也曾很「良心」地說過「統一牌利最多」的話。大家在看我——看我說甚麼？我啜口酒，笑而不答，還是阿義替我說了：

「今後我們要打統一牌」，大家好像心裡有數，老早知道底牌的樣子，後來不出我所料，「統一牌」是大頭目和幾個心腹研究很久才定案的，現在只是阿義奉大頭目之命，和我們商討過程，細節慢慢再詳加策劃。

阿義又說：「我簡化任務成兩個要綱：二〇〇七年要策劃李登輝以大頭目特使身份訪問大陸，談統一。二〇〇八年要透過抹黑和嫁禍，讓泛藍徹底崩解，大位拿到後，也是和中國談統一，我們也不想戰爭，而且談統一是我們獨派的專利，泛藍那些腦子不行，提都不敢提，誰敢提就送頂賣台大帽子給他，只有我們能『賣』台，而能賣的合法，賣出好價錢。」阿義邊說邊看我，想聽我看法。

我說：「打統一牌我全力配合，若賣台真能賣出好價錢，有好處政客都想撈，但總留些給人民，對台灣人民利多，我也不反對賣台，能賣到最高價最好。」這話我也說得冠冕堂皇，老早大家也評估過，和中國統一，台灣每年可省一兆台幣，平均每人每年可拿五萬元，拿一輩子。阿義老早解釋，台獨只有二十年市場，過了就得下架，換賣統一牌商品，這才是智者。

阿義首先和大家解釋第一要綱，「李登輝以大頭目特使身份訪問中國」議題。按目前（二〇〇七年年中）態勢看，李想先我們一步訪問中國，一者想奠定台灣政壇「天王」地位；二想重新定位他在中國歷史的地位，因他來日不多了；三是他知道統一牌的利多，所以先打出反台獨，贊成統一的牌，企圖吸引泛藍，並出馬整合台灣各陣營。

按大家的看法，絕不能讓李登輝整碗端走，甚至半碗，一粒飯也不能拿走。解決這個問題，是李只能以大頭目「特使」身份訪問中國，傳達大頭目的意思。他和大陸有任何「承諾」，都必須在我們的規範之下。

游公加強語調：「不能越軌，若他不從，就把他打成反動、賣台，他還有貪污案在我們手中，不怕他不從。甚至我們可以弄一個女人進他的住所，設計成李強暴婦女，且鐵證如山，辦法多得是。」游公的說法是可能的，甚至設計成李強姦少女也可以，不難。

我覺得很可怕，但古今政壇確實許多如此，真無奈！所幸這個任務不須我做任何配合。但想到「逢滬祥強姦印庸案」、「城仲模帶女人在汽車旅館事件」，都是這樣「做」出來，隨時可以把對手處理掉的，不知何時輪到自己頭上呢？

談到第二要綱「二〇〇八抹黑和嫁禍崩解泛藍計畫案」，可以說大家費心思最多的案，其複雜和風險也不低於「三一九」案。阿義講得眉飛色舞，這裡還強調：「有大利多，事成後各位想要甚麼？都只管開口，包含大別墅。」

根據「抹黑」計畫，針對泛藍號稱「清廉百分百」的總統大選候選人，就謀略觀點，天下所有自以爲清白神聖的人，絕對可以被抹黑，至於「人證、物證」，全都可以「創作」出來，到時罪證「確鑿」，所有貪污腐敗的證據攤在陽光下，各大媒體拚命報導（抹黑）二個月，聖人或偶像天王也會成爲腐敗份子，成爲「過街老鼠」。當泛藍候選人進入這個困局，不垮也難，到時「整碗」都是我們的，天下誰人能奈我們何？大位歸我，情治軍警受我等控制，誰能奈我何？百萬上街有屁用！

討論（大多是聽阿義簡介）過程中，大家不忘喝酒。會後每人送一打金門陳高，是金門司令官進貢的上品。金馬司令和將領，老早表態效忠，否則全別想混下去。

啓動抹黑計畫（代號是『人民的心』，簡稱『民心』，或『民心計畫』都可以），時間會在二〇〇八年元旦過後。到時台灣各大媒體的主標不外是：「泛藍總統候選人貪污十億元台幣」、「泛藍副總統貪污二十億元台幣」、「泛藍吃人民血汗錢數百億」等。

我質疑證據的「創作」，有多少可靠性？魔諸葛阿成說這部份由他負責安排，在國安局、調查局和情報局都有死忠心腹，到時叫他咬誰就咬誰，證據也能隨時提供（製造）。這種新聞在全島媒體拚命報導兩個月，泛藍還要選嗎？恐怕連泛藍自己的投票部隊也跑光了。到了大約二〇〇八年三月初，抹黑計畫已使泛藍陷於崩潰之際，再啓動嫁禍計畫（代號是『人民勝利』），這是致命一擊，泛藍的政黨組織可能從此解散。以後台灣再也沒有藍綠問題，只有我們和中國談統一的問題。

何謂「嫁禍計畫」，即「人民的勝利」？這下阿義講得更得意。按阿義的構想，對付「聖人、偶像」或清廉忠貞之士，打垮他的方法不外錢和女人。抹黑計畫在錢，嫁禍則女人最好用，如果設計、安排均得當，〇八年三月初，到大選前，台灣各大媒體主標題是「泛藍總統候選人姦殺台大女生」、「泛藍某天王級偶像姦殺台灣大學林姓女學生」、

「林姓女學生屍體尋獲」、「衛生紙和女生內褲上的精液正在檢驗」等等。

話說到這裡，全場一片鴉雀無聲，我察覺阿成和我幾乎倒抽一口氣，同時問道：「我們真要搞死一個台大女生嗎？」

阿義口氣嚴肅說：「確定，這是必要的犧牲成本，不死人那有證據？死人才能產生致命效果。打開人類歷史，當年北越統一南越前夕，策動和尚引火自焚，使美軍兵敗如山倒。美國獨立戰爭時，爲升高反英情緒，也殺害女學生嫁禍給英軍。我們中國人從武王伐紂開始也常用這招。好用啊！百試不爽。」

我表達不同意見，殺害一個女生是大可不必的，我們一樣可以打統一牌。阿義表示大頭目已下定決心這麼辦，沒有我要配合的地方，所以也和我無關，這部份由阿義親自操盤。我另外質疑，「媒體不是我們養的，會全面配合嗎？」在坐的阿成，游公紛紛表示：這個簡單啦！

阿義繼續簡介，「自由時報、長老教會、台灣教授協會就是我們養的，他們會率先配合，我們叫他咬誰就咬誰。至於其他媒體也不難，有血案、有人證、有物證，不怕「牠們」不吃，大家要知道媒體的本性（民主社會中）是嗞血的，我們所安排佈局的情治人馬會隨時「餵食」牠們。血淋淋的證據在眼前不怕牠們不吃，不怕人民不瘋狂。部份的統派媒體不須顧慮，他們有的變質，有的被我們收編，有的會自動關門大吉。」

「嫁禍計畫在媒體大炒二至三週，到投票日前二天，關鍵性證據『衛生紙和女生內褲上的精液』已經證實，DNA比對也沒問題，你說這不就是『人民的勝利』嗎？二〇〇八的大位誰與我等爭勝呢？」阿義說得來電，舉杯敬大家說：「來，乾一杯，到時你們想要甚麼？」

我心頭在納悶，也有疑問，今天晚上說了幾小時了，都沒有要我執行或配合的地方，找我來幹嘛？但我並不出聲發問，只和大家聊些「五四三」的事。反正我們這組人馬，阿義是帶頭的，他會掌握任務進度。

不出我所料，阿義和游公小聲在商議，似在提醒什麼後，阿義向我使個眼訊，就向大家說：

「接下來要講明輝和他的女人安安的共同任務。」

我一聽到這句話有些意外，丈二金剛摸不出頭緒，安安一向生活單純，與任何立場的政治組織或人員從未往來，更別講執行任務了，我也不希望她涉入我們這些活動。所以我堅定地向大家說：「別把她扯進來。」

阿義答說：「沒把她扯進來，只是讓她和你去香港幾天，住總統套房度蜜月，有何不好？」

我正想問，阿義又說：「我還沒講清楚，阿輝的任務很重要。因爲前面提到嫁禍計畫，到時，二〇〇八年三月十八到投票結束，甚至再早幾天，台灣必定是兵荒馬亂的景場，泛藍兵敗如山倒的關係，中國方面萬一以爲我們宣佈獨立，必然戰火開打，一切都完了，大家也別想吃香喝辣，左摟右抱了。」阿義說著，兩眼看我，又說：「這就靠阿輝了。」

我就不懂了，反問：「我又不能叫老共別打來。」說著兩手一攤，大家異口同聲：「當然！當然！」

阿義又說：「你的任務很單純，只以祕密特使身份，傳達我方誠信，我們搞垮泛藍，拿取大位，固然手段有爭議，但拿到大位後就要和中國談統一，這是明確的，你要很肯定地表明我們的立場。當然，雙方其他次要問題也可以先聊聊，我們有我們想要的，他們也有，這些到時我會告知。」

阿義好像想到什麼，又補充說：「到時對方祕密特使姓名、連絡方法也會告訴你，你和你的女人都以不同姓名和身份出去。」

有些地方我仍質疑，爲甚麼要安安與我同行，我表示了我的疑問，她去做甚麼？總該交待清楚。沒想到當我正表達這樣的疑問時，游公和阿義都露出一副「奸笑」的樣子。游公對著阿義說：「乾脆告訴他吧！」

大家眼光都射向阿義，他故做嚴肅狀，聳聳肩，慢條斯理點燃一支雪茄，大大吸一口，在空中佈下「天羅迷霧」。得意的樣子，又丟給我一支說：

「別太嚴肅，抽根古巴卡斯楚的頂級雪茄，別小看，這可專爲大頭目需要走私來的，光是一根是台幣九百元，你沒見過吧！」

我確實沒見過，我也不甘示弱，開玩笑說：「原來人民的血汗錢是這樣子被燒光的。」說著也點燃一根。

「真是死腦袋，人民如芻狗，錢當然是我們花啦！辛苦撈到大位就是爲撈取大把銀子花，難道給在野黨花嗎？」阿義說得理直氣壯，無人能否認。

我也只好說：「也對啦！當家的花嘛！」講完，也抽一口雪茄追問說：「到底怎樣？有話直說吧！」說著間，我深吸一口煙，那種感覺，全身通體舒暢，就像和女人做愛一樣爽，難怪一根要九百元。但我抽得有些心虛，人民的血汗錢啊！

阿義環視每人，說：「好吧！」又抽了一口煙，看他爽的樣子，難怪有人說：「飯後一根煙快樂似神仙。」更何況這是世界頂級雪茄，他終於要說了：

「阿輝啊！你那心肝寶貝可能來頭不小，上面查了很多年，只是苦無直接證據，可以確定她是大陸方面人馬。但有一點始終不解，她一直處於沒有作爲，完全不執行任何工作，也不知她身負何種任務？所以我們的情治人員只是監控，想知道她要在你身上做甚麼?」

阿義這麼說，我一點也不緊張，大家都在看我。我也聳聳肩說:「這有甚麼了不起的?她是土生土長的台灣人，她熱愛祖國，她想在我身上幹嘛?頂多是做愛，還能做甚麼?」此話一出，大家笑成一團。

當大家都不笑了，我問:「既然她爲大陸作事，幹嘛還用她?」我是明知故問的，內心忖度這不就是「反間」嗎?

阿義也簡答說:「對手能用、我們也能用。重要一點是大陸方面祕密特使也是一男一女，我就想到你和你的女人，叫她去不是要她做甚麼或談甚麼!而是借重她的漂亮和氣質，可以在你們四人見面時，她所散發出來特有的魅力，所產生溫和及吸引力，對會議有快活的感染。」阿義說到這裡真叫我佩服，沒想到他掌握了這麼多事情，又對安安這麼了解，反使我不安了。

阿義又對大家補充說:「二〇〇八年三月大選前，每個階段都有各個不同的任務管制，我會在必要的時間，分別通知你們每一個人，大家做好心理準備。」

「沒問題!」大家異口同聲說。

阿義最後又神祕兮兮地說:「各位先別急，這行宮的三樓有部長級套房，景觀、設備都是頂級的。你們的女人們都派人接她們來了，阿輝的心肝安安、阿成的香香公主、游公的鐵扇公主，都已在房裡等你們，每個套房冰箱都有頂級好酒。至於我的嘛……嘿！是國家機密。」

正當大家都讚美阿義設想週到，真了不起。阿義又補充說：「等一下如果有人須要打電話回家報備的，統一口徑是我們在三芝的八號行宮講習。」

「好！大家晚安。」互道再見，都迫不及待的，快步投向自己的心肝寶貝。

啊！美麗的夜，溫柔的夜，這世界只有此刻是真情，其他都是假意。

12 ○八之春燹火漫天 族群裂解南台翻天

二○○八年春天，一、二月間，台北的天空和郊景，大多數時候依然風光明媚，不冷不熱——人心正在沸騰除外。

但就全球而言，可不妙了。伊拉克陷入全面內戰，而那挑起戰火，入侵別國的美軍卻想拍拍屁股走人，仍都陷於當年入侵越南的困境。侵略者始終學不乖，老想垂涎他國資源，一如垂涎別人老婆的男人，真是可惡！

而伊朗一再揚言消滅以色列，美國也正調兵要進攻伊朗，聯合國和各大強國紛紛反對，連死忠的英國也表明不追隨老美攻伊。小小的以色列一向先下手爲強，正在準備用核武消滅伊朗。神啊！救救地球吧！當神尙未想到如何救，兩件驚天動地的恐怖攻擊已然爆發。

首先，就在二○○八年元月十九日清晨三點（台北時間），想必多數人仍在夢中，此刻，一分一秒不差，美國航空母艦「林肯號」遭受史無前例，毀滅性的恐怖攻擊，整個航艦如一座巨大噴火又燃燒的大火山，大約不到兩小時沉沒在波斯灣水域中，海面又恢復平靜。

按「林肯號」，於二〇〇四年十二月二十四日曾訪問香港。該艦爲核動力航母，長約三百三十餘公尺，飛行甲板寬約七十七公尺，排水量十萬噸，艦上有五千官兵，戰機七十餘架，都已葬身海底，官兵生還者無幾。全球美軍立即陷入瘋狂備戰狀態中，舉國驚恐，人心惶惶。

更恐怖的尚在後頭，大約在航艦爆炸後的七小時，即上午十時，美國維吉尼亞州的一座核電廠也受到恐怖攻擊。成千上萬人立即死於非命，該州形同一座大地獄，鬼哭神號，無法形容……

奇怪的是，這兩個恐怖攻擊並非以飛機或外力，而是由內部造成的爆炸，原因至今不明。蓋達組織也沒有承認他們幹的，只有一個叫「伊斯蘭復興陣線」出面，呼籲全球回教徒起來消滅美國，勿使資本主義內涵的美式民主漫延，挽救全球的倫理道德沉淪。奇的更奇，英美情治人員搜索這個組織數年之久，竟完全不知道敵人在那裡？好像那些「基地、人員」不在地球上。

正當美國舉國驚恐之際，「每個石子下都是恐怖份子」，懷疑全球十一億回教徒，似乎都是恐怖份子。就是美國的後門南美，也必被美國懷疑可能資助恐怖組織，攻打南美某些國家可能性升高中。委內瑞拉、古巴和玻利維亞等國爲求自保，聯合組成「良善軸心」（Axis of Good）。

全球各地掀起反美浪潮，三月初的一個國際民意調查，普遍認爲美國是帝國主義侵略者，是危害世界安全的公敵，竟有八成之高；反之，七成人認爲中國是和平伙伴，真是弔詭！這項民意也高度肯定中國儒家思想，認爲是世界和平良方。

亞洲卻顯得平靜，可能美國和中國已有默契，美軍未來將逐年退出亞洲，北韓已上了談判桌。倒是日本軍國主義高漲，正積極重建軍備，右派報紙經常出現「統一日中朝」、「向大陸發展」、「再殖民台灣」、「聯合台灣右派」等標題，恐怕他們的子民也受到了洗腦。

至於中國，去年底以來軍隊有不尋常的南移，同時對「第二島鏈」建設速度加快，東海艦隊的「K級」潛艦經常在台灣東部海域出現。據聞，中國的太空衛星定時經過台灣上空，我軍隊活動，甚至地面上的汽車都無所遁形。

元月時，解放軍總參謀長王奇和美國參謀首長聯席會主席大衛德森，有過一次會報。據聞，要點就是「若台灣用任何形式改變現狀或台獨，美軍不負責台灣安全，是符合一個中國政策的」。

說到二〇〇八開春以來的台灣，就更熱鬧了，獨派的「抹黑、嫁禍」計畫一波波展開，每個步驟都有計畫地進行著，泛藍那群豬根本無反擊之力。每年的「二二八」都是民進黨和一些獨派擴張戰果的機會，利用活人還要花成本，利用死人最方便，而且永遠用不完。所以今年「二二八」獨派的執政黨者陳水扁親自宣讀一份「二二八宣言」，重點條列如下：

第一條：蔣介石是「二二八」元兇，有關人等應受法律制裁。

第二條：「二二八」受難者家屬不得與泛藍陣營任何人接觸，有之者視同共犯。

第三條：我們不再追求獨立，因爲已經是獨立國家，未來將致力於兩岸和平的追求。

第四條：所有不認同台灣者，限半年內自動離境，半年後仍未離境者，政府不保障他的人身財產安全。

第五條：台灣不排除以任何形式追求和平，包括和中國統一、成美國一州或重回日本殖民。

當這份宣言公佈時，全台引起沸騰，國際指爲搞種族屠殺，李登輝則重申反台獨，贊成統一的態度。我則一頭霧水。有一次大家又聚會，在「八號行宮」講解任務分配和執行，我很擔心大家玩火自焚，要求阿義向大頭目反應適可而止。阿義則說：

「蔣介石百分百不是元兇，真正元兇是日本。中央研究院院士黃彰健、研究員朱宏源、民間史學家武之璋、戚嘉林等，早在去年（民九十六）二月二十七日已經聯合發表研究報告（詳見次日國內各報），發現日本人蓄意放棄對糧食配給管制，又從日本空運鈔票給在台日本公務員，大肆搶購物資，使台灣物價飆漲十三倍，造成不可收拾的二二八大亂。而美國則是幫兇，老美鼓動台獨叛亂，使台灣失控，美國好接管。」

阿義說的是合乎歷史事實，但爲何要指蔣是元兇呢？領導階層想搞甚麼？針對這個問題，我再問阿義，他說：

「蔣是民族英雄，對台灣有大功，這是無疑的，若無他，台灣在一九四九年就被赤化了。但我們現在爲政治鬥爭，鞏固權力需要，也不得不犧牲他老人家。當年老毛搞文化大革命，鞏固他的勢力，不也把孔老夫子打成牛鬼蛇神，打成反動，不久後孔老夫子不又高高在上嗎？不要死讀書，歷史人物或事件是拿來利用，所有歷史都是現在史。」

阿義說得振振合理，游公吐露說，有一回大頭目拍胸說：「日本、美國是二二八舊元兇，我是新元兇，你們看，有誰能讓二二八 High 翻天？」大頭目說的也沒錯，有誰能使全台灣在二二八時 High 翻天，只有阿扁有此能耐。果然，去年（民九十六）二月二十八日飛碟電台鄭村棋先生評論時，直指陳水扁才是「二二八」元兇，他把二二八搞臭搞爛。

游公最後還是替自己人阿扁說話，游公認爲不論那一黨派在台灣取得政權，都是只想撈一筆走人。因爲台灣的宿命是沒有明天的，除非和中國統一了，否則內鬥就是「永恆的事業」。游公兩手一攤對大家說：

「我們現在每天吃香喝辣，大小別墅好幾棟，送給女人的名貴鑽戒、套房，動不動幾百萬，這些錢從那裡來？都是我們鬥爭打拚來的。這幾年第一家庭五鬼搬運，最少搞了五十億元，第一家庭成員就是三個月的嬰兒，也已有幾億財產，美國有豪宅，人家吃肉，我們喝湯，這也就夠了，人生還求甚麼呢？」

是啊！人生還求甚麼？我們跟著大頭目搞台獨，鬥蔣介石、搞二二八、搞民營化……確實是獲利不少，那些都是搞假的，只有能獲利才是真的。阿義也強調這個觀念，接著又補一句：

「那些講春秋正義啦！仁義道德啦！都是狗屁，只有握在手上的東西才是真正有用，天邊彩雲不如手上玫瑰。」阿義說完，右手握拳高舉，自問：手上握甚麼？

這時大家都在笑，看他講甚麼？片刻，他說：

「握著現金、美鈔、權力、股票、豪宅，還有女人，這些要緊緊握住，其他都是假的，尤其台獨，根本是假貨中的最假，但要像真的一樣操他，人民才會 High 翻天，這時就像真的了！」

確實，〇八之春，國內外燹火漫天，島內更是 High 翻天。爲了「抹黑、嫁禍」計畫順利進行，並乘勢造勢，地下電台也已啓動造勢。事實上早在公元二千年奪取政權後，就在國安會裡成立「非正式傳媒援助委員會」，凡綠營（或爲獨派講話）的地下電台，每年每一電台資助五千萬元，這些錢在預算中都看不見的，大部份是民營化過程A來的，就是「五鬼搬運」。所以，當綠營啓動「抹黑、嫁禍」計畫時，你所聽到全島地下電台主播內容清一色是：

「泛藍某女立委討客兄」、「泛藍某天王之一的王╳在汽車旅館搞女人」、「藍營總統候選人感情出軌」、「據聞藍營某候選人姦殺台大女生」、「衛生紙、女內褲上的精子已檢驗」……

而對泛綠陣營的報導清一色是：「獨派天王〇〇到養老院慰問」、「綠營總統候選人下鄉插秧，與農民同樂」、「綠營候選人〇〇捐十萬給慈善基金會」……

天啊！這是台灣國安會所掌控的地下電台，就是「地上」各傳媒也大多如此，政治力染指之處，無不稱臣聽命，否則別想「存活」。

正當〇八之春島內High翻天之際，有一回我和安安到恆春度假（也爲開會），我們在酒店內辦完事。安安說：「看看南部地下電台現在講甚麼？」我任意找，正好一個叫「南台灣之聲」的地下電台，主播自稱叫「王乾坤」，他用台語大唸三字經，大罵泛藍總統候選人。又罵泛藍某女立委討客兄，公佈她住家地址，呼籲「台灣義勇軍」起義建功，燒死她全家。之後，主播說進一段廣告，他又用台灣講了一段廣告詞，大意說：

「來、來、來，大家聽好，這是百味救命丹，目前高雄地區已有幾百人，癌末期，醫生講無救，呷我也救命丹，一個月就好，第二個月就會起來爬山，一罐多少，不多，一罐一萬，三罐兩萬元……」

聽到這裡，安安本來在喝咖啡，笑得一口咖啡差點噴出來。再聽，那主播又說：

「百味救命丹是中國天池和天山上，百種珍貴草藥煉成，查甫查某、老人、植物人，吃這味，一個月一定回復青春，男人女人更年期麻有用，胃痛、肚子痛最好用。」講完他又用台語說「外省豬都滾回大陸」，接著他要來一段Call in，約三秒，有一個自稱國安會親自授階的「台灣義勇軍南部軍區司令王土木將軍」打電話進來。

「喂！請說！」主播的聲音，接著聽那叫王土木將軍的自我介紹。那位王將軍說：

「上面已經給我明確的任務，高雄地區我負責，外省豬不滾回去，我讓他們全部消失。」那王將軍說一口台灣國語。最後又用台語補一句：

「泛藍女立委討客兄，交給我處理，抓來高雄公審，那是有罪，用火燒死……」聲音突然斷了，我和安安也不想聽下去了。

照安安的感覺，中國歷代一個王朝要結束，情形就如台灣，兵荒馬亂，無法無天，腐敗墮落。這是一個即將結束的時代。

即將要結束，也表示即將要開始，希望燹火漫天，終有燒盡燒光的時候，燒光吧！有新的開始！

我和安安都在準備香港之行，希望能有助穩定兩岸政局，正確傳達訊息，以免「擦槍走火」。

期待著，有新的開始！

13　香港之愛浪漫的愛　兩岸密使密室談愛

我和安安的香港任務，原本只是單純傳達台灣不搞台獨，而且獨派搞垮泛藍，拿到政權後也是要和中國談統一，建立雙方信任平台。扯不上「愛」，甚麼香港之愛多肉麻，但後來真的成了「談愛」，這是後話了。

香港任務時間，訂在二〇〇八年三月十六日從桃園中正機場起程，台灣大選結束當日，三月二十日才回台。

起程前兩天，我和安安在「八號行宮」面見阿義，等於是行前任務交待。會議除阿義、我、安安，還有三位國安會、國安局高層，都表示國安單位全力配合。包括雙方姓名（都是化名，我和安安的所有證件都是新的，我化名王唐山，安安化名丁惠安）、聯絡方法、酒店、房間都安排好了，可見其中已有「密使中的密使」存在，並先期展開準備工作。按阿義對這回香港密使會談，指示過程保持「正常、平常、家常」，就像兩對夫妻老友的碰面，才不會引起媒體注意。當然，雙方所有資料對外都是「絕對機密」，不可能外露。

三月十六日下午兩點，我和安安已在中正機場華航飛機上（此時已改台航）。一上機，大家在找位子，每個位置上都放一份自由時報，標題都是幾個月來綠營啓動的「抹黑、嫁禍」內容。光是阿義那幾個人無法進行如此龐大的「謀殺」計畫，尤其「姦殺台大女生」，勢必情治、監察、法務系統內有人配合。而這些，老早用政治權力打通了，把泛藍幾個天王全都羅織入罪，已到「收網」時候了。

所以，自由時報（其他傳媒也差不多）的標題多是：「泛藍〇〇天王貪污四十億，證據齊全」、「泛藍候選人姦殺大學女生，證據可能已找到」、「鐵案如山」、「監察院介入調查」、「司法院通令逮捕泛藍〇天王」。飛機上的旅客議論紛紛，仔細聽會有許多發現：

「夭壽啊！叫阿扁啊快辦，都抓起來判死刑。」一個老太太用台語說話，他是扁陣營無判斷力的老人。

「有可能嗎？」「無嘛工有，統給他死。」一對老夫妻的台語對答，太太有疑，男的很毒，沒有也要嫁禍讓泛藍死光光。

「自由時報的報導一定是金也啦！」又是一個南部鄉巴老，被洗腦得好可怕。

「不可能，這是抹黑和嫁禍。」這一定是泛藍的，或有判斷力的中間選民。

台灣基督長老教會和台灣教授協會，由李登輝領銜也乘機發揮，在自由時報發表聲明：台灣人民是大日本天皇的忠誠僕人……

我和安安找到位置、坐定，安安有些煩，心情不太好。我安慰她「世界一半是黑的，算了，睡覺吧！很快到香港了。」安安果然乖乖地，頭倚我身上就睡著了。

到了香港，因爲第一次雙方會談時間安排在第二天中午，即三月十七日。所以，還有很寬裕時間，我和安安也不想太累，只想輕鬆、快活些。行李放入酒店房間後，我們就出來逛逛，約下午五時的香港，雖車水馬龍，而有秩序，回歸後的繁榮也感受得出來。

香港我們分別各自來過多次，該看該去的都去了，我們只要到百貨公司買此行送給安安的紀念鑽戒和項鍊。依安安喜愛的款式，也不要太貴，她常說：「有心、有紀念性、有美的感覺就好。」我只花了不到三十萬元，就讓安安比美公主，她把項鍊戴起來，人顯得亮麗，我們手牽手散步回酒店。

酒店位在香港北面，臨大鵬灣，我們到頂樓的「明星花園」喝咖啡、看海、談心。她下個月有新書發表會，所以心中想著新書的事，我一看便知了九分，順口問她：

「妳那本中國史學新詮和雪月談心散文集，這兩本可是妳近十年來的力作，一定大受歡迎。」

「希望是，」她輕輕地說，「只是現在台灣出版市場不振，出版社很傷腦筋。」

海風輕吹，天氣也好。安安對咖啡和茶都會有品味，也很會生活，可能頂樓風景好，咖啡香，安安丟開心事，開心了起來，問我：「這酒店的晚餐那一種最好？」

我正在思考，不知道她指的是甚麼?她又問：「我們叫一瓶紅酒，慶祝我們首次同來香港好嗎？」

我說：「有五星級地方、有美麗貼心的情人，怎能沒有好酒呢？」我打趣，用手撫摸她的臉頰說著。

她巧笑倩兮，「噓、噓」示意我小聲些。

晚餐，我們選了法國餐，因爲我們倆都是「浪漫派」，法國餐很慢，講究氣氛，我們早些進餐廳，在酒店的二樓，選了靠窗可以看海的位子坐下。

菜一道道慢慢地上，侍者彬彬有禮又善體人意，讓人感覺很舒服。我們也慢慢吃些特有的美食，先小酌以暖身，我看她笑笑，她看我傻笑，兩人又同時調皮地舉杯，我先說話：

「慶祝我們天長地久，第一次香港之行。」我淺酌，她喝一小口，論酒量安安比我好。紅色的唇印在酒杯上，鮮艷、動人，光看那杯上唇印，一顆心已開始不安份地跳動。

我吃她豆腐說：

「上帝一定特別寵愛妳？」

「爲甚麼？」她問。我慢條斯理答說：

「爲甚麼一切的美都集中在妳身上，由裡到外，每個零件都是世間的極品，難道不是上帝寵愛妳嗎？世間還有那個男人不想寵愛妳？我能有妳，真是千年修的福。」

她聽到我用「零件」，詭異地笑了，指的是那裡、那裡，還有……然後她正經地說：

「或許我命好，也是你命好，千年修的福不是已有證據了嗎？讓你寵愛是我的天命。」說著，她的頭斜靠在我胸前，我的心加速地跳，她指的是催眠和輪迴的事。

我斟滿兩個小酒杯，兩人不約而同地舉杯互祝，也沒說甚麼祝福語，相視微笑，都一飲而盡，然後又看看對方，真是看千遍也不厭倦。此時，演奏臺上的鋼琴奏起「Unchained Melody」，一位女歌者獨唱，音色優美，扣人心弦：

Oh My love My darling I've hungered for your touch a long lonely time……I need your love……

我們靜靜地聽著，享受這天籟之「美食」，安安的頭始終貼在我胸前，她的髮香、體香，加上歌者 I need your love 的迴響，酒力的驅動，我的手緊握住她的小手，緊緊不放，沉醉著，沉醉著，這真是美麗的夜晚，醉人的夜晚。

餐畢，約晚上九點多，我們攜手在各層樓散步，看看各種新鮮貨品，不到二十多分鐘，也許喝了不少酒，我們決定回六樓房間休息。在六樓，也是靠海，我扶著她的柳腰，散步回房。

打開房間的門，我用背部推回房門，早已然快速抱住了安安，兩張嘴巴已連接在一起，深深地，深吻對方，兩顆心起伏跳動，雙手都緊抱住對方……扭動。我順勢抱起她，走兩步把她放在床上……我厭在她身上，邊吻她，邊褪去兩人身上的「重裝備」，高跟鞋、鑽戒、手錶、西裝等。

這時她好像突然清醒說：「我們洗個澡吧！」是啊！我也突然清醒，今天也算「忙」一天，洗完澡舒舒服服上床才對嘛！只要我和安安在一起，我們習慣洗鴛鴦澡，好相互爲對方搓背。

浴畢，我先趴在床上看閒書、報紙，先感受觸摸這五星酒店寢具如何地高貴。但，有一則新聞的小標題「產婦不給紅包　屁屁竟被縫合」吸引了我，是個小方塊，我仔細讀，「中國深圳一名產婦疑因未給助產士足夠的紅包，沒想到竟遭到報復，肛門居然被助產士縫起來……三月十六日陳先生帶著老婆劉花進入深圳鳳凰醫院待產，下午三時四十五分順利生下一個男嬰……陳先生說，當天他和老婆到達住院部後，助產士到病房說，等會孩子是由我接生，你們準備一下。五分鐘後，助產生又來問準備好沒，帶多少錢來？

「陳先生身上只帶二百元現金，只好說先給醫生和助產士各一百元，手術後補送，絕不低於一千元。但助產士不滿意，還說少來這套，在醫院看多了……沒想到有如此邪惡的醫院，邪惡的醫生和助產士……」

小小一則新聞，我心裡寒寒的，醫院、醫生應是救人的，怎如此邪惡，不怕下地獄嗎？我心中想著……

一會兒，安安已端坐梳粧台前在打理些甚麼！她著一襲透明薄紗，向我的方向走來，我的兩眼貪婪地捕捉她，如貓在窺窬一隻鼠……

獵物近了，薄紗裡面的「褻衣」是我送給她一套深紅色的胸衣和精緻的內褲，除了體香，另有一種叫「懾你」的法國香水，有淡淡的芳香味，迎面襲來。我知道這種香水是女人在與男人接觸前專用的，安安果然厲害，不，應該說她懂得生活，懂得房事情調的培養。她輕步蓮移，我伸手接引她，她舒適地躺在床上，我慢慢地，在她上面，輕吻她每個地方，音樂輕聲響起，兩個人交纏、扭動……彷彿宇宙間只有我倆存在……

她的雙峰堅挺，有彈性，實在是女人雙峰中的「極品」，我的嘴含住她的乳頭，吸、吮、把玩，手也不乖，她兩腳纏住我，發出「嗯、嗯」滿足的叫聲，再片刻，她兩腿張開，用她的「小妹妹」碰撞我的「小弟弟」，是進去的時候了。我那結實如山的陽具順勢自然就插了進去，她兩眼睜大叫聲「啊！」，把她的舌送入我嘴中，上面是兩張嘴連接，下面是流泉湧出……空氣中「懾你」的香味，懾魂啊！……

有意放慢動作，以免過早「收操」，我把陰莖抽出，用手撫摸她每一個性感帶，嘴卻情不自禁向下移動，吻她的乳、胸、肚……終於咬住「水蜜桃」，啜嚐她的「水蜜桃汁」，用舌尖吻陰核，其味甘美、清香，輕咬她的小陰唇，她不停地顫動、扭動，「嗯、嗯」的叫床聲，她已無法抵抗這種性興奮的震懾，終於把她一個翻身上來，我順勢仰躺休息，她迫不及待一口咬住陽具……

她的口交功力一等一，一下整口包納，用她的舌撫摸龜頭，一股溫熱侵襲整個陽具；一下用她丹田之氣，輕輕地，一陣陣吸，任何男人恐怕都要「噴火」了。但就在瞬間，我也丹田之氣一收，把陽具從她嘴中抽出……

換她翻身下馬，被我壓在下面，我撥開她雙腿，又插了進去，她「嗯」的叫了一聲，嘴巴貼上來，那種滿足無法形容，現在兩人緊抱在一起，不！該說纏繞在一起，在慢慢地扭動、扭動、喘息、喘息……不動了。

或許今天有些累吧！又或許我們是盡情盡性了。所以我示意安安，「就讓小弟住在裡面吧！」這是我們的「密語」，也就是讓陽具插到陰道最深處，保持不動，讓她的陰道縮收的動力，自動對陽具進行按摩愛撫，直到射精爲止。這可能只有我和安安適合的交媾，世間也可能只有安安的陰道有此「動力」，所以我說她的「妹妹」實在是世間「極品」。

此刻，我的「弟弟」正住在「妹妹」家，舒服地住著，處於不動狀態，而兩人的手、腳、口、唇、舌……所有能用的「工具」，仍在使用中，愛撫兩人身上任何一個地方。「溫柔的妹妹」熱火上升，陰道四週收縮的動力，對陽具產生收、放的愛撫，規律地收縮、壓、放，兩人進入全然忘我自然扭動狀態。

也許我們動作放慢了，安安呼吸回復正常，她「嗯、嗯」的叫聲輕輕，悠揚，只有「妹妹」縮放速度加快。今晚我不知道是她的第幾個高潮，此刻依經驗，她的高潮在十秒內到達，我也不刻意固精，就讓「小弟弟」自由解放，時刻一到，猛力一射……香港之愛的第一戰劃下完美的句點。

輕輕地愛撫她，輕吻她，她溫柔地，像一隻小綿羊，把頭埋在我懷裡。我輕聲問她：「滿意嗎？」

她竟嬌媚輕語說：「不僅滿意，而且滿足，簡直是自我實現了。」沒想到她對我們倆人房事有如此高的評價，印證她以前說過：「性是創造力之源」。我看她精神還好，想藉機補充她對男女性事的看法，乃問她：

「安安啊！妳知道中國古代有不少房事寶典嗎？中國人對性有甚麼珍貴的知識嗎？」

「知道一些，但內容了解不多，長沙馬王堆古墓出土一批。」安安答，她知道有馬王堆古墓已不錯了。

「馬王堆古墓出土的竹木簡醫書中，提到兩性交媾要注意的七損八益，是房中術的重要原則。」我說。

「願聞其詳。」安安表示要聽下去。我先解釋：「七損」，乃房事過程要避免的，很晚了，簡單說：

第一、性交時無精可匯，有傷，叫「內閉」。

第二、性交時肌肉衰竭無力，流冷汗，叫「竭」。

第三、男子無力固精，一碰就泄精，叫「泄」。

第四、交合時陽痿不舉，叫「勿」。

第五、交合時心意煩亂，氣喘噓噓，叫「煩」。

第六、女方沒有性衝動而男方強要，叫「絕」。

第七、交合時急帶圖快，濫施泄欲叫「費」。

安安聽得仔細，抿著嘴聽我說，然後她又問：「那八益又怎樣？」我也簡單說：

第一、性交前先練氣運行，習稱前戲，叫「治氣」。

第二、吞服對方津液（指接吻）可補身，叫「治沫」。

第三、交合時機要配合得好，叫「知時」。

第四、男子要能固精，才能「蓄氣」。
第五、女子淫水充沛，使交合協調，叫「和沫」。
第六、交合適可而止，不可過度，叫「積氣」。
第七、交合時留有餘地才能保元氣，叫「持盈」。
第八、交媾時男子不要過於貪歡，叫「定傾」。

我說完，安安表示都能了解，她問：「我們都合乎七損八益原則嗎？」我答說，大致遵守了。她有些想睡，把頭埋在我懷裡，我伸手關床頭燈，示意安安，好好睡一大覺……

不知不覺中，我似睡半醒，進入一個虛空中的長廊，通向遠處無限遠，感覺像自我催眠或被催眠。我整個人竟浮了起來，向那無限遠的地方飄去，速度愈來愈快，快——好像接近光速……在一處地方停下……飄到一座皇宮……有人，啊！秦王朝阿房宮。

我看四週的人，原來游公是趙高，阿義就是李斯，安安是一位公主，我是太監，這一世我和安安沒有交集。四週的人都像遊魂，飄、飄……沒有方向，我也飄，快、快……加速，向一個黑洞處飄……

又停了，我看見鄭成功死……鄭克塽宣佈台灣獨立，名「東寧王國」，啊！知道了，鄭克塽是游公。他正派人要和康熙協商討論台灣獨立的事……我看到康熙，長相怎如胡錦濤一般，我不解……和歷史圖片看的不一樣。

忽然間，光線全沒了，我在黑暗中，走、走……碰到安安，手牽手躺回了床上。睡、睡、睡……我醒來時已是第二天上午九點。安安早些醒來，洗完澡，坐床邊看書，看我醒來，她放下書，也躺下來，給我一個香吻，然後說：「做了一個夢。」

她說了景像、經過、人物等夢中場景，讓我大驚，竟和我的「夢遊」一模一樣，也算我們香港之愛的新發現，對自己的傳奇身世多一層理解。但安安又做另一小段夢境是我所沒有的。據安安描述，她見到觀音菩薩，觀音開示說，你們誠心修行，累積功德，成為夫妻的願望在這世可能實現，最晚下世就是一對美滿的夫妻。

當下，我和安安雙雙跪在床上，向菩薩表達感恩之意，並期待我們共同的願望能成真。我們口中默念「心經」。

觀自在菩薩，行深般若波羅蜜多時，照見五蘊皆空……

14　同胞真情愛的條約　綠營操盤統一談判

我和安安一夜激情後，一覺睡到第二天接近中午了。睡眠中還有奇異夢境和菩薩託夢安安，我和安安都相信這是真的。因爲第一次會談是今天中午十二點，所以我們開始梳理整裝，同時喝些早茶。

安安希望能爲會談現場氣氛帶些溫馨柔和的感覺，她穿淺粉紅色套裝，用了一種能使人放鬆愉快的香水，戴上才買好的鑽戒和項鍊，穿上高跟鞋真是亭亭玉立而高貴。我穿一套黑西裝，十一點二十分，安安挽著我的手腕，走出房間的門，打算先在附近逛二十分鐘。

二〇〇八年三月十七日中午，有史以來台灣綠營向中國傳達統一訊息，即將祕密的，在這間酒店的三樓「龍鳳廳」開始。依雙方事先安排、連絡、確認方法等，都已完成無誤，我和安安應該在十一點五十三分三十秒進廳，隔三分鐘，即五十六分三十秒，大陸密使進門。「龍鳳廳」是特約貴賓專用，侍者必待招喚才能進門。

我和安安在附近閒逛，十一點五十分時，我們已走到龍鳳廳前十公尺，我們只是傻傻地看著，熙熙攘攘，眼睛就釘著那門，有人去開門了。

時刻一到，我和安安進門，坐定，相視而笑，我們在等，等那不長不短的三分鐘。果然時刻一到，也準時，有一男一女，大約都中年，五十開外，男的約一八〇公分高，女的約一六五公分，同時進門。

我和安安起立相迎，四個人同時出聲：「兩位好！」然後都坐下，四眼同時碰撞在一起，微笑、尷尬……竟有二十秒鐘大家說不出話來……兩個女人不約而同地開了口：

「這一刻等得真久啊！」

話匣子打開好說話了，大家相互介紹，那「男密使」叫沙瑪康，少數民族。「女密使」叫林愛國，竟然是台灣人，台語說得不錯。沙先生叫侍者先上菜，大家邊吃邊聊，也顯輕鬆些。按事前擬訂的見面要「確認」有三項：

第一項：國際峰火漫天，恐怖份子目前只針對美國，美國陷入全面備戰狀態，準備攻打伊朗和南美某小國，確認火不會燒到亞太地區。

第二項：解放軍備戰是必要的，防日本可能有變，或可能攻擊台灣。確認解放軍和台灣地區的國軍，都不是指向對方，國軍也不升高戰備。

第三項：確認民進黨啓動「抹黑、嫁禍」計畫，只是要拿下政權，進而和中國談統一，目前台灣獨派方面搞台獨，也確認是搞假的，李登輝和阿扁都說假的。

酒過三巡，林愛國突然說：

「國民黨裡面怎麼沒一個能上戰場打仗的，實在有些意外，他們不是標榜人才很多嗎？」

大家附和著，我和安安也不知說甚麼，只好說：「打仗嘛！有輸有贏。」

「我們這回香港密會的核心價值是甚麼？各位說來聽聽。」沙瑪康這樣問大家。

大家邊吃邊笑，停了一下，我說：「不就確認前面那三項議題嗎？除了那三項還有甚麼重要的？」

女密使林愛國好像和沙瑪康配合好了，她接下說：「有。」停一下她看大家，又說：「我們的香港密會的核心價值就叫愛，如何？大家想想，我們要統一就是不忍蒼生塗炭，愛我們的人民，愛我們的祖國，基本信念就是愛嘛！各位說是不是啊！」她再補述，三項確認就是落實愛。

她說得頭頭是道，大家頻頻點頭。安安附和說：「是啊！我們也是不忍戰火漫燒，又不知要死多少人！不忍百姓的生命財產啊！」

接著沙瑪康說他把香港談「愛」的領域，條文式的列出來，用簡單語句表達最清楚，不外是：

第一、我們愛祖國、愛台灣、愛我們的歷史文化。
第二、我們愛兩岸所有人民，不分黨派。
第三、我們愛自己的生命、財產、現金、股票等。
第四、我們愛自己的愛人和我們的生活方式。
第五、如果搞台獨、分離主義，戰火就毀了這些。

沙先生果然說得大家口服心服，尤其是「愛人、財富」把大家的心事說出來的。兩岸之愛不就同做愛一樣嗎？要有「感覺」，這種感覺正是同胞之愛。老實說不論政治人物或一般人，大家關心的不就是生命、財富、豪宅和所愛的人嗎？沙先生又補一段話說：「民進黨和國民黨要如何鬥法？大陸方面無從介入，能救自己的只有自己。」

確實，能救國民黨的，只有國民黨人自己，或泛藍那群人了，別人又能怎樣？

一頓飯吃到下午兩點，因爲後面的時間是各自向自己的上級回報，針對前面「三項確認」大家都肯定，就盡早散會，好向上級回報。並相約明天中午十二時，在原酒店原位置見面，做二度確認。

下午的時間，我和安安打算回報任務後，休息兩小時，然後泳池泡水、泡三溫，然後吃個浪漫的法國餐，真是快樂得不得了。

晚上八點時，我和安安正浸淫在浪漫的氣氛中，窗外的大鵬灣，天空繁星點點，海面上數處燈光閃閃，想必也是許多人在輪船上享受快樂的人生。再往北看，迷迷茫茫的夜空，那裡真的是發了，可以看到中國崛起的窗口。

正當五分酒意之勢，安安突然提到昨夜觀世音菩薩在夢中開示的情景，我便說：「這是妳千年修到的福份，可見妳不是凡胎，我就因緣不足。」

安安聽到這句話，噗哧地笑出口，她摀住小嘴說：「別亂說了，你以爲我真是神仙啊！不過是心誠則靈，你看過出埃及記那片子嗎？大概也是。只要你誠心，可能觀世音菩薩也會來爲你說法開示，今晚要不要試試呀？」

「那怎麼可能？愛說笑。」我以爲安安在開玩笑，沒想到她正經地說：「說真的！只要你誠心。」

「好！依妳，是真的。」我順著她的心意答話，我一顆心有點納悶，要怎樣見？難不成打通電話菩薩就來了？安安大概看出我的心思。她說：「回房再說。」

在外面散步一陣，才九點多我就想回房間，男人嘛！還想幹甚麼？一進門，我的背部壓回房門，才關上，我的雙唇已經也貼上了安安的櫻桃小嘴，就在門口，兩人已然忘我地親吻著對方，心跳加速……

莫約兩分鐘不到，我們已進入狀況，我習慣的抱起她，走幾步，把她放在床上，俯身壓在她身上，擁吻、交纏……我正在褪去她身上的一些「重裝備」。她突然清醒似地說：「今晚不行。」

我一頭霧水，問她：「好朋友來了嗎？」

她說：「不是。」

我問：「那又怎麼了？」

她的兩顆眼睛看著我，詭異地笑，然後說：「也算是啦！也許她來，也許她不來，說是好朋友也行。」

這下我更不解了，催問她：「到底甚麼朋友？」

她才正經地說：「是觀世音菩薩啊！她不是好朋友嗎？你當她是朋友，她便是朋友，你當自己是佛便是佛，不是嗎？」

我明白了，原來她說的「好朋友」，不是我想到的「好朋友」（女人的月經）。現在換我正經了，我抱怨著說：「當真菩薩要來嗎？」

「當真，但菩薩來不來自有她的考量，重要的是我們要如何去迎請，或如何做？」安安這樣說著。

「怎樣做？」我問她。安安思考一下，然後說：

「我們並不是要大做甚麼法事，今晚我們淨身、禁欲，不思任何男女之事，使意念純淨，入睡前默念心經，然後——」安安停了，我追問：「然後呢？」

「然後就睡覺啊！等菩薩來。」她這樣頑皮地說。

我心想「好吧！」就這樣試試看，心誠則靈嘛！其實我忖度著，那有這麼容易的事，既然要做就誠心去做吧！我國宋明「理學」也是如此主張，「心誠則萬事萬物皆真，不誠則假。」

這晚我們真的甚麼都不想，各自洗澡，禁欲，只談一些文學上的話題，或吟詩、品茗，睡前我們跪在床上默頌「心經」。之後，各自躺下睡覺，室內一片寂靜……

不知不覺中，我們好像睡著了，過了很久……我一個人……睡在一個地方，紫竹林，四週雲氣飄飄，啊！南海觀世音菩薩的道場，一道光，菩薩示現，我一驚，跪地雙手合十，不知說甚麼？菩薩卻先說話：

「我知道你心中想甚麼，你擔心台獨引起大戰，人民要承擔很多苦難，執政者不顧人民死活，心中不平。」

我沒想到菩薩也知道這些事，開口問說：「菩薩慈悲爲懷，普渡眾生，難道不能救台灣人民於水火嗎？」

菩薩答說：「台獨是台灣的一個劫難，如同二二八也是一個劫難，萬事萬物都有因果輪迴，我也不能任意改變，但劫難總是得走過，如同當年唐三藏去西天取經，必經八十一難，劫難過去必成正果。」

菩薩說的當然有理，但劫難要何時才過去?眼見統治者不斷玩弄人民，而許多人民並無自覺，例如陳水扁一直操弄「台獨、制憲」，少數人還相信，劫難豈不永無休止！我向菩薩表達這樣的疑惑。菩薩開示說：

「神不能救人，只有人才能救自己，人民不能覺悟也是自己要承擔的。至於你說的陳水扁，去年他講『四不一沒有』，這是以人民爲芻狗，他以後會付出代價，歷史上的貪官污吏和篡竊者，最後都必須自己承擔後果，因果輪迴從無例外。」

但我覺得菩薩沒有回答我的問題，我又追問：「台灣的劫難何時結束?說得更白，是兩岸何時統一?」

菩薩曲指一算，答說：「少則六、七年，多則十來年吧！劫難總會過去。中國統一很好，統一了人民才能安康，你了解中國從唐代以來進行儒、佛、道三教合一，使三教思想成爲中華文化的核心價值，中國統一合乎佛教教義，也是我佛慈悲的理想。」

「感謝菩薩開示！」但我心中仍有抱怨，現在台灣獨派執政都在騙人民，三一九槍擊案也是作弊行爲，都在騙人，我問菩薩：「類似這些作弊行爲難道算了嗎?」

菩薩又說：「不是不報，時候未到，欺騙人民的政客最後會在阿鼻地獄中付出代價，操弄統獨從中獲利者，以後也要付出更大代價，因果沒有例外，汝勿須操心。」我本要再問我和安安的事，菩薩身影卻突然消失，想必菩薩認爲已經託夢給安安，我就不必多嘴了。

菩薩消失後，我在虛空中飄飄沉沉……又升起……似乎飄了很久……落地，走、走，經過一座黑森林，看見地獄的景像……油鍋中有人哭嚎，啊！旁邊有字，寫者「欺騙者、賣國者、漢奸」，孤魂野鬼……我又走，走出森林，走、走，看見光明，我走累了，想躺下休息，一個飛碟似的圓光盤飛過來，我躺了上去，竟正是酒店的床，安安也躺在旁邊……她睡的香甜，如一朵睡蓮，我又睡了……

沉睡、沉睡，一覺竟睡到上午九點半，醒來時安安已在梳粧台前妝扮她自己了。我隱約記得昨夜的夢境，心中想著：「難道我真的見到南海觀世音菩薩嗎？」正想著，安安過來給我一個香吻，我冷不防地拉下她，她順勢躺在床上，被我壓在下面，我正想升高「戰火」。她卻問說：

「昨晚見到觀音菩薩嗎？」

我把昨晚夢境情形說了一遍，安安說「心誠則靈吧！」而意外地，安安昨晚一覺到天亮，並未夢到菩薩，想必菩薩認爲該說的都說了。

中午，我、安安和大陸二位密使，依約在相同的地方午餐會報，針對「三項確認」

做二度確認。這二十四小時以來，國際情形依然沸騰，如昨天，港台報紙大幅報導台灣藍綠鬥爭，藍營在崩潰邊緣，司法、調查、監察、行政等單位，幾乎同步配合獨派啓動的「抹黑、嫁禍」計畫，我知道官員和政客完全被魔鬼收買了。更可怕的，國安機制已再度啓動，聲稱：「爲台灣人民福祉，爲社會公義，爲國家安全，已準備要逮捕泛藍四大天王，人民才能出頭天。」早在數天前，已有五位國民黨時代勞苦功高的退役將軍，被以「賣台」罪名逮捕，未經審判就「火速」送綠島，因爲綠島無監獄，對外稱將軍們去「度假」。而高雄呢？外出無人敢講國語，市長宣稱「高雄不准用中國話」。

自由時報、台灣基督長老教會和台灣教授協會又發表聯合聲明：聲稱「陳水扁家族清廉度百分百，陳水扁是台灣的光明……保證……」等語。

我憂慮著，是不是宋高宗、秦檜等一夥人投胎轉世來執政，否則爲何忠良盡死於非命？關的關，殺的殺。但我想起菩薩說的「不是不報，時候未到」。算了！就由因果輪迴機制去操作吧！我扮演好角色，快捉成兩岸統一，好讓台灣劫難快走過。

既然美國和伊斯蘭戰火未燒到亞洲，解放軍巡弋台海週邊地區，兩岸有共識，非針對台灣，防日本右翼軍人盲動，亞洲也仍平靜。這二度確認就只是形式，大家閒聊喝酒、飲茶，到下午三點多才散會。

散會後，我和安安回房休息，我完成回報任務，正想和她親熱一下，她又說話了：

「菩薩連續兩晚爲我們開示疑惑，這是天大的功德，現在她前腳才走不久，我們就不安份了，似乎不應該。」

我問：「爲何不該？」

她說：「我們應多淨身禁欲兩天，說不定菩薩在這兩天還有重要開示。」

我同意安安的看法，決定剩下的香港時間，不過一天左右，今晚我們打算逛小吃。我們先到太古廣場，這裡有各類型餐館、百貨公司、電影院等，吃完飯去看電影，晚一點去跳舞，真是不亦樂乎！香港真是玩的天堂。

晚上回到酒店我們都規規矩矩，十點就睡，打算早起，到中環、金鐘走走，一夜無夢，菩薩也沒來。

十九日，一大早，我們來到維多利亞公園，只是散散步，看看老人打太極拳。晚些又到灣仔大王廟，最後到中環動植物公園，時間有些趕，走馬看花，因爲中午要回到酒店原地方進行第三度確認。

大約中午十一點四十分左右，我和安安已快到會談位置，我突然接到阿義給我的緊急電話，指示中午的會談增加一個美國方面密使，已經得到兩岸上司的同意，到會場他自會出示應有證件等。

我十一點五十五分進入餐廳，果然有一位老美已經在坐，隔三分鐘沙瑪康、林愛國也到，好像大家原已認識那老美，沒有感到意外。我和沙先生同聲說：「歡迎。」那老美用流利的華語說：

「我叫大衛 David Huntings，我是美方國安會代表，今天是代表總統的密使，和你們一樣，身份都不能見光。」

我們正在奇怪，他國語說得真好，他大概知道了我們的疑惑，就主動說：「我在北京住了二十年，所以國語說得不差吧！」大家都讚美，說些客套話。沒想到他採主動，直接切入主題說：

「你們在幾個月前計畫這個密會，我們的 CIA 已經得到情報，這幾天你們的會面情形我們國安會也充份掌握，但總統不放心，派我來參與，並向台灣密使表達嚴正聲明，實際上就是警告啦！」

我和沙先生重新把「三項確認」向大衛說明，兩個女人也異口同聲說：「符合一個中國原則、符合美國利益，要警告甚麼？」

美國密使用堅定的口氣說：「我們美國現在雖然有一個州受核爆之災，又損失一艘航空母艦，但我們國家的總體戰力依然強盛，依然有能力對地球上任何兩個地區同時發動攻勢作戰。只是在亞洲方面，中、美兩國都有共識，安全維護由中國方面負責，我們只是要警告台灣方面的陳水扁，叫他小心，不要惹毛了我們，他真搞台獨的話，我們是不負責的，不要天真到美國青年會到台海當兵。」老美口氣愈說愈嚴肅。

中國的林愛國搶著說：「我是台灣人，但台灣只是中國的一個省份，不叫台灣省嗎？不可能獨立的。」

我補說：「我愛台灣，也愛祖國，相信台灣現在的執政者他們搞台獨是搞假的，李登輝和陳水扁早說是假的，所以放心，不須要美國青年來台灣當兵。」

今天的兩方確認，變成了美、中、台三方確認，再度確認大選後，台灣不搞獨立，並積極進行兩岸統一的談判。大家都說明白講清楚，就放心地吃飯、喝酒，一頓飯又吃到下午兩點半。

散會前，兩岸密使各自出示一件「法寶」，即大陸方面領導人胡錦濤給陳水扁的密函，內容詳情不得而知，但略述統一後對台灣的許多好處。當然，最大的祕密是給陳水扁和一批台獨大老的好處，這可是天大的祕密。

台灣方面領導人給胡主席的密函，詳情也不得而知，不外是陳水扁如何保證不搞台獨，誠心誠意。其實我心中是存疑的，他去年才講「四不一沒有」，不久變成「四要一沒有」，第一要就是要台獨。但確實他搞台獨也是假的，騙騙綠營那些流浪狗罷了，那有那些是真的呢？搞錢嘛！搞錢才是真的。美國國務院在二〇〇七年三月六日的報告已指出，陳水扁一家人，包括太太吳淑珍、女婿趙建銘、陳水扁自己，及全部的執政團隊，都在搞錢，真是貪污腐敗的政府（詳見當時國內外媒體報導）。但自由時報、長老教會、台教會乃至大話新聞的名嘴，看法完全不同，他們說阿扁百分百清廉……

爲甚麼台獨政權會變成貪污腐敗的政權？無他，因爲中國歷史上的分離主義都是暫時，也就是沒有明天的政權。誰抓到權力就搞錢，撈一票走人，不管人民死活，這是台獨政權的本質。但很多人是看不見的，沒感覺的，跟著政客喊「獨立出頭天」，直實是獨立死光光。針對這個問題，安安比我更清楚，她形容台灣是「篡竊之島」或「偷盜之島」，因爲「三一九槍擊案」便如此。

我和安安打算三月二十日中午回台灣，還有大約一天時間。沙先生和林小姐要當導遊，帶我、安安、老美密使共遊香港。晚上我們乘天星小輪觀賞香港全景，在海上吃「海景餐」是難忘的經驗。沿途欣賞北岸的繁榮、壯觀，入夜後，華燈初上，更覺璀璨光目，深刻感受到香港回歸後的榮景。

在中環天星碼頭上岸後，便是香港的金融心臟地帶「中環」。天星碼頭右邊有怡和大廈，圓形窗框是該大廈特色，再右是交易廣場，有濃厚的藝術氣息，香港上海匯豐銀行總行和中國銀行大廈都在這裡，也是有名的建築地標，我們選擇參觀「徐氏藝術館」，就在中銀十一樓。

第二天上午我們選擇參觀一個「小地方」，澳門的觀音堂，也許是近日我們和觀音有緣，安安也喜歡。有專人專車專程導遊就又快又方便，老美也愛來這裡，這是有歷史典故的。西元一八四四年，廣東總督耆英和美國特使在此簽訂中美間的第一個條約，即「望廈條約」。史實被刻在觀音堂花園中的一處石桌上。

觀音堂是澳門歷史最悠久，最具規模的寺廟。中午十二點我和安安已經趕到機場，打算回台灣，結束這次香港的「美中台三方密使會談」。也許有些累，我和安安在機場吃些小點心，休息片刻，下午兩點我們已上了「台航」飛機。

中午機場的電視機連番報導美國烽火漫天，軍隊全面備戰，增兵中東和南美的消息。台灣方面的消息也熱門，甫一上飛機，每個坐位上放著「自由時報」，其大小標題不外：「泛藍某天王姦殺台大女學生」、「女內褲和衛生紙上的精液結果出爐」、「調查局、司法監察聯合聲明：阿扁和扁嫂清廉度百分百」、「泛藍天王A走國庫金磚五十塊」、「趙建銘無罪」、「泛藍某女立委討客兄」、「綠營三朵花捐款慰問孤兒院」……

最鮮明的標題在自由時報第二版，標示出「自由時報、台灣教授協會、基督長老教會聯合宣言」，佔半版版面，內容頗長，但要點不外如下：

台灣文化和我大日本國有密切關係，故應廢除使用中文，全面使用台灣文字，有不足者以日文補之。

台灣人民來自南方，而非來自中國，所以台灣人不是中國人。所謂李白、杜甫、蘇東坡、文天祥、孫中山，還有甚麼孔子、孟子……都是外國人，他們的作品、思想，要從所有學生課本上去除。

所謂的唐詩、宋詞、元曲……，所謂的大學、中庸……十三經……所謂的「中國歷代經典」……都是廢物，是低等作品，台灣人不要讀這些。

各級學校課本的內容，要讓學生全面認識台灣，認識大日本國天皇的偉大。台灣獨立並不難，第一步和中國斷絕一切關係，第二步請求成為日本附庸國，第三步再從附庸國走向獨立國。

呼籲以自由時報讀者群、長老教會信徒、台教會成員為骨幹，成立一支革命鬥爭武力，推翻馬幫暴力統治，終結中華民國。

我和安安實在看不下去，只想看看天空上的白雲，安安靠在我身上時睡著了。正當我也想睡時，電視機音量突然增大，報導國際突發緊急新聞。機上旅客個個精神一驚，聚精會神地聽，我和安安也睡不著，仔細聽：

「美國空軍一號被擊落，所幸總統不在機上……國防部長被綁架，生死不明……美軍揮師伊朗，長程轟炸機開始轟炸哈瓦那……」

「恐怖組織揚言再度在美國本土引爆核武……」

「台灣武裝部隊升高戰備等級……」

聽到這裡，電視機畫面突然出現亂影，大概收視不良，隨後關機了，也好讓我們休息吧！但對台灣軍隊升高戰備等級，我和安安都很擔心，因爲依照密使會談的三項確認，台灣軍隊保持原態勢，不升高戰備等級。現在會談才結，人未回到台灣就變了，後面會怎樣呢？

飛機快落地時，安安問我要不要去佛光山住幾天，我說：「好啊！」安安接口說：「誰當選都無法改變中國大歷史的走向，何必操心！」

我答：「是啊！何必操心。」

安安又說：「我們乾脆就住佛光山好了，不要下山了。」

「……」我想著住那裡才好呢？

15　南部之旅驚爆內戰　台灣裂成六個大塊

二〇〇八年三月台灣的大選，綠營啓動「抹黑、嫁禍」奇謀，果然有效，綠營再度以百分之五十五選票拿下大位。但根據民調顯示，有八成人民認爲當選的「合法性」存疑，也就是「手腳不乾淨」。所以，從大選以後，台灣島陷入長期示威遊行、對立、各種攻擊事件層出不窮，社會燒殺盜搶掠偷……台灣，如一鍋燒得爍燙的水，火勢燎原、熾盛……

在國際上，火燒得更旺。四月，美國和以色列的軍隊，約五十萬大軍以上，全面進攻伊朗，引起伊斯蘭世界的恐懼，已組成回教聯合部隊對抗美以軍隊，幾個月了，戰爭膠著中……

在美國的後門，美國懷疑古巴、委內瑞拉和玻利維亞，暗中支持回教世界，更痛恨他們組成「良善軸心」，視美國爲「邪惡帝國」，美國空軍對該三國進行空中轟炸，起初美國只想進行「懲罰」戰爭，現在卻膠著了。

墨西哥，那裡是美國的對手，但有大約二十個台灣大的土地被美國人無端搶走，他們想收回失土。美墨戰爭在三月間爆發，至今五個月了……

而美國本土，分離主義死灰復燃，「南方共和國」、「南方獨立」、「德州共和國」、「夏威夷獨立」，呼聲高漲。尤其南部獨立問題，已組成「南方軍隊聯盟」，似已成「氣候」。

在俄羅斯，因車臣獨立，五月間，俄國大軍開入車臣鎮壓，目前……可想而知了。

二〇〇八年，國內外都是烽火漫天，燒、燒、燒，叢林據說有時要以大火「洗禮」，才能使「林相」更優美，土壤更肥沃，以育森林中的眾生……??

台灣的三月大選後，雖然也出現一個「作弊總統」，但他仍是一個大頭目。儘管有連續半年以上的大規模反政府示威，都被軍警鎮壓下來，同時在八月間又宣佈台灣進入「柔性戒嚴時期」狀態，此期間：

司法院、法務部、調查局、檢察總長等，多次宣稱，綠營當選合法，手腳乾淨。倒是藍營四大天王A走國家數百億，才是罪人，才不乾淨。

司法院院長代表全國「正義連線」發言：阿扁執政八年，他和他的家族沒有A走國家一毛錢，清廉程度超過蔣經國，道德標準與孔孟平齊。

檢察總長對媒體指稱：泛藍候選人姦殺台大女生事件，目前法律程序仍未走完，但按推理本案罪證確實。

立法院院長則說，大家相忍爲國，和爲貴……

六月時，綠營大頭目（八成人民認爲非法的總統）宣稱，現在「去中國化」、「去蔣中正化」有成，下一步國軍也要正名成「福爾摩沙人民軍」，陸軍官校改名「台灣軍校」。這項正名早先得到國防部長和十餘高階將領支持，由部隊官兵聯名向中央「陳情」，表達正名的期待。但有更多的將領及各階官兵，都沒有表示任何意見，也許不敢有意見吧！或者黃埔精神威力仍在。

正當大家吵翻天之際，中研院三位有良心的地質學家，在國內最權威的科學雜誌發表研究報告，謂南部地層下陷嚴重，最快可能幾十年內只剩壽山露出海平面。可惜政治人物無人理會，因爲水土保持經費都拿去搞台獨了，或政客A走，準備落跑，那管地要沈了。

這是台灣在二〇〇八年大選後的景象，其中最驚人的畫面是「遷都高雄」之舉，從六月起，綠營訂出一年計畫，先遷移所有國營事業，再遷各院、部、會等。這種動機緣於綠營在北部長期不受歡迎，北部人民九成認爲二〇〇四的「三一九」和二〇〇八大選，綠營手腳都不乾淨，甚至有某報女記者訪問綠營大頭目說：「大家都認爲你取位不乾淨，你們認爲呢？」那些綠營人馬怎忍下這口氣？

更有甚者，考試院、監察院、司法院、檢察總長等首長，聯名向大頭目陳情表達對遷都的高度認同。國家安全會議也向大頭目提出一份報告，謂「遷都高雄合乎台灣地緣戰略安全需要」，洋洋萬言大觀。

爲了以上那些問題，台灣內部真是 High 翻天。每個家庭、父子、母女、朋友、社團、基金會、學校、教會、宗教或政治團體，乃至老人院、慈善團體……很多全撕裂了。我太太現在是「水噹噹」的義工，她們每天到街頭宣傳，台灣獨立後，五年內國民所得可以衝到五萬美元，台灣可以成爲東方瑞士，兒女讀大學全免費。

年底，我和安安到高雄參加「南北平衡發展學術座談會」，阿義給我所要名額，我約了燕京山等一票死黨也帶著自己的心肝情人參加。阿義叫我們學術界壯聲勢嘛！何況住在澄清湖畔最美的五星級飯店，吃香喝辣全免，當然和好友分享。到南台灣「玩」一個禮拜，管他藍綠，真是快活啊！

事前，阿義說大頭目也要南下主持會議，但只露臉一下下，其他的時間他和綠營三朵花最美的一朵，也是一個女立委就「廝守」在湖邊的一個行宮中。嘿咻！嘿咻！快樂啊！也該散心啦！身爲大頭目，在北部天天被罵成「作弊總統」，氣啊！這種氣只有溫柔鄉能消釋，大內的極機密不小心走了風聲說：那女立委的床上工夫了得，大頭目簡直滿意極了。阿義一再提醒，這可是「國家安全機密」，絕不能傳出去，更絕不能傳到第一夫人耳裡。否則，要你們項上人頭……

十二月廿五日，是一個重要的節日慶典，但台灣沒有共識，各族群陣營依自己所要和想像，賦予這個節日特殊意義，台灣的撕裂由此可見。

也無所謂，本來就是各取所需嘛！汪汪、蔡麗美、安安我們，真是不亦樂乎！快樂得不得了。我們這夥人，吃完晚餐卻只想在湖邊散步，稍晚回飯店的小包廂唱歌喝酒。十點多各人帶著幾分酒意，挽著情人回房休息。

我和安安洗完鴛鴦澡，才在床上鴛鴦戲水好一陣，正進入狀況在鴛鴦交頸中。安安忽感遠處有「轟轟」聲，愈來愈大聲，漸漸地我也聽見。不久，我知道了，是坦克聲音，而且不止幾輛，根本是「坦克群」。飯店驚慌了，旅客爭相詢問都沒答案，不久飯店廣播，要大家不要驚慌，原地不要亂跑，安全無顧慮。

汪汪他們都到我房間來，稍後我們從電視上（這是一家率先南遷的電視台）得知，南部四縣市（屏東、高雄、台南、嘉義）已宣佈獨立「南台共和國」，台東和雲林考慮中，共和國臨時大總統正是一度高唱本土的汪姓媒體名嘴。街上的坦克、大砲和若干軍隊（數量不詳），有一少校軍官對外發言，宣稱南部實施軍管，支持「南台共和國」，但八軍團司令已發佈他們抗命，要受軍法制裁。

電視播報，軍隊已包圍大頭目的行宮，聲言大頭目不該回台北，應直接坐鎮高雄首都。同時命令軍隊「北伐」，揮師台北，支持獨立等。若大頭目執意要回台北，則汪某就正式任南台共和國總統。

安安、我和汪汪都認爲這個鬧劇可能一天就結束了，反正現在那裡也去不成，不如各自回房睡覺算了。大家說也是，各自回房，但這晚大家都睡得不安心。

第二天大早，我們再看新聞，各家都在報導，但大頭目是否被軟禁，外界均不得而知，北部和南部軍隊都開出來，支持和反對南台共和國軍隊一時也分不清，情勢很詭異。後來我們又聽南部地下電台，許多南部百姓抬著「三太子」、「王母娘娘」、「元始天尊」、「玄天上帝」，還有不知名的神像，南部三十六陣頭、八家將等上街，稱「九龍在南、南部出皇帝」，南部要獨立，國名就是「南台大帝國」，皇帝由神明欽點，任期十年，擁護汪某人爲第一任皇帝，每十年再由神明欽點輪替，以示民主。

我們仔細看那位帶領神明遊行及發言的人，不就是以前聽過那位「台灣義勇軍」，叫甚麼司令的王土木將軍嗎？據說是國安會在南部的重要「組頭」，不知現在爲何也搞起南部獨立？

幸好，南部雖軍管，一般百姓交通不受影響，只要不帶槍械都能通行。第二天，二十六日下午，我和安安等一行人，也不想度假了，打道回台北，沿路軍警已封鎖重要道路，人車都檢查後才放行，回到台北已經深夜了。

第二天晨，我急著看新聞，各大報斗大的標題，南部爆發「獨立戰爭」，有的報紙則刊出「第八軍團與叛軍激戰」。天啊！「叛軍」指那一方面的軍隊？

到上午再看新聞，電視播報，第八軍團主力奉令保護大頭目安全，十軍團以一部兵力增援八軍團圍剿叛軍。

更有的報紙寫大頭目被綁架，家人也已被控制，台北、桃園地區滿街是軍隊。我綜合報紙、電視和地下電台，都理不出頭緒來，唯一肯定的，南部國軍與叛軍還在打。

十二月二十九日大早，各大報頭條新聞出現，我整理出當前的基本態勢如下：

第一、大頭目釋出大利多，各方滿意，大頭目安全回到台北主持政務。

第二、支持「南台共和國」成立，同意澎湖獨立，尊重金馬地區人民選擇，歸中國或台灣由民調決定。

第三、支持汪某任「南台共和國」第一任大統領，採帝制或共和，由南部人民自決。

第四、中華民國、南台共和國及金馬澎湖，期於最短時間內共組代表團與中國談整合問題。

第五、政務及各項有關人民權益活動，都回歸正常。

如此，只能免於爆發內戰，被撕裂的各陣營、組織、區塊、聯盟、自救會、黨派等，所爆發的衝突、流血、革命、造反、黑社會乘掠奪、投機者造勢及各類殺人、放火、報仇、對決或姦殺婦女後棄屍等事件，使警察疲於奔命，戒嚴軍管只是表象穩定。

或許執政者知道，台灣經不起動亂，「聖誕節」的第二天副大頭目立刻組成「臨時執政委員會」，由立法院長、在野各黨主席、國安會、國政顧問團代表等共同組成。一方面與南部叛軍談判營救大頭目，同時派出一個祕密代表團到中國，報告島內動亂很快可以敉平，統一談判可以如期舉行。因此，中國軍隊只在台灣週邊警戒，嚴防美日軍隊介入。

島內的對峙持續下去，呈現「恐怖平衡」狀態，別的不說，光是「國軍部隊」這塊，目前分解成很多「小塊」：

最大一塊：仍支持中央，但有條件，不獨。

很大一塊：立即配合中國王師，完成統一使命。

很小一塊：支持獨派中央，搞台獨。

南部小塊：支持南台共和國。

澎湖小塊：支持澎湖獨立。

金馬小塊：回歸中國，轉型成民兵。

國軍除了分裂成以上的小區塊外，其他仍有變數，例如中部地區的幾個縣市長發表聯合聲明，如果執政者搞台獨，將脫離中央，與中國尋求統一途徑。中部地區的軍隊（官兵很多住中部）也可能脫離中央，不受國防部節制。

最奇怪的是「陸軍官校」，現在改名「台灣軍校」，但絕大多數師生的「黃埔精神」仍在，在校內仍高掛「陸軍官校」和蔣公銅像，大門口則高掛「台灣軍校」。另有少數聲音主張，乾脆叫「鳳山軍校」，但南台共和國臨時總統認爲，軍校是南台資產，該正名爲「南台軍校」才對。反正啊！現在真是亂啊！

二〇〇九年元月一日，宗教界不忍台灣四分五裂亂下去，辦了一場祈福法會，我和安安都參加了，儀式如期完成，但私底下我和混原法師、行雲大師、空靈長老、來如仁波切、泰法道人、達賴等人都會過面。諸山大德認爲台灣劫數難逃，大的亂局可能還在後面，有的乾脆說「亂邦不居」，走爲上策，能走快走吧！台灣的情形，神也救不了。

我一顆心七上八下，毛毛的，不知如何是好！又使不上力。有一件事還真絕，這個祈福法會不光是宗教界，還有各界代表，有頭有臉的「天王級」如中華民國在北台灣的大頭目、南台共和國臨時總統、澎湖最高人民代表、金馬人民代表、各黨主席等。法會時共同宣讀一份叫「民之所欲常在我心」的文件，但有甚麼用呢？散會後，軍隊對峙、黨派族群撕裂、暴力衝突等，更加嚴重了，各陣營磨刀霍霍，隨時擺出要開戰的姿態。

亂吧！亂下去，誰是正？誰是反？誰是國軍？誰是叛軍？早已分不清界限了。法會結束第三天，南台又變天，前高雄市議長陳某，率領數百支持者包圍「臨時總統府」，聲稱汪某只是一個「名嘴」，有甚麼資格當「臨時總統」，也沒有代表性。於是那夜，汪某「私奔」逃離，前議長接任臨時總統，第二天雙方支持者爆發大規模流血衝突，第八軍團司令李愛國宣佈接管南台地方政權，等南台共和國總統選出，再還政於民，以免地方秩序失控。

而中華民國在北台灣呢?自從大頭目「脫險」歸來，他很少露臉，講話也低調。國安局、軍情局和調查局聯手調查本案，都沒有任何結果。但有一種風聲傳出，是洪門、青幫幹的，我是存疑的，他們還知道民族精神嗎?還記得孫中山喚醒洪門和青幫的英靈嗎?宗旨何在?

這些年來，寶島沉淪、裂解。遊行——示威——衝突——政客嘴臉——貪官——自殺——女人被姦殺棄屍——路人夜間被殺——白天搶劫——銀行倒閉——企業老闆落跑——窮人愈窮——南台獨立——獨立——……劫數?台灣人民自我毀滅?

文化界的那些作家、詩人、藝術家或畫家等，該是最清純的一口「清水湖」吧!或者娛樂圈那些歌手、藝人或搞音樂的，也該是最溫和的一塊吧!才不!支持台獨和反台獨的相互指控叫罵，以筆爲槍的廝殺;還有支持南台和反南台的，用筆用嘴殺得不爽，上街暴力相向，這是文化圈和娛樂圈。

長老教會更絕，參加祈福法會說:「民之所欲，常在我心」，追求「愛與和平」決心不變。會後一個有代表性且常私會大頭目的「第一長老」，對媒體說：

「第一家庭爲台獨努力，貪一點錢是合乎正義的，因爲也是用在追求台獨。如果發展核武可以達成台獨，那麼，發展核武也是正義的，願上帝賜福給台灣人民。」

是啊！人性獸化了，上帝會賜福給台灣人民嗎？祈福法會後不久，觀音菩薩有一天夜裡託夢安安說：「亂邦不居，居亂邦對和平沒有貢獻，快去中國，那裡有藥方。」

安安馬上告訴我，菩薩開示的「藥方」。啊！亂邦不居，到底是因果輪迴，劫數難逃，還是人民自做自受？這不叫做「民主政治」嗎？

16 統一談判北京陽光 普陀山行展望未來

二〇〇九年又將要過了，這世局如何呢?放心，地球還不會毀滅，科學家說：本世紀末，地球上人口會死掉六十億，只剩五億，那也是很久以後的事。何況，台灣島再亂也不會沉入海底，鬥到七解八裂，人也不會死光光。但世界亂到這年年底，現在怎樣了，看到希望了嗎？

首先，國際方面，美以入侵伊朗戰爭進入另一個高潮，美軍動員六十萬大軍，但死亡的美軍已增加到五萬人，傷約十萬。而伊斯蘭世界的諸國百萬聯軍，部署在庫姆（**Qum**）、哈馬丹（**Hamadai**）、伊斯法罕（**Isfahan**）和德黑蘭北方的裏海沿岸，準備大決戰。

美國境內，恐怖攻擊無日不有，市場、學校、辦公大樓等，天天爆炸，反戰示威天天沸騰。另外，美墨戰爭，美國對古巴、委內瑞拉、玻利維亞的戰爭還在持續中，各方都沒有突破性進展。聯合國已被美國宣佈「廢除」，形同解散，國際徹底回到「叢林時代」。佛蒙特州（Vermont）因不滿帝國腐化，窮兵黷武，已宣佈脫離美國聯邦，「佛蒙特共和國」早已宣佈獨立，美國可能全面瓦解。

歐洲各國隔岸觀火，英國史無前例地不跟隨美國，英國人民普遍認爲美國是威脅世界和平的元兇，是帝國主義者，英國子民不能無厘頭地跟著美國去當殺人兇手。

在亞洲，印巴衝突升高，中國正居中協調。南北韓統一談判正在進行，中東戰火可能擴大，回教真主黨發動一連串對以色列的自殺攻擊，以色列揚言動用核武。週邊的回教國家正在商討對以國發動毀滅性戰爭，先下手爲強，永遠解決後患問題。

此時的中國如何？說真格的，這真是千年難得的「削魏強齊」之機會啊！所以只要穩住亞太、台海地區，當好亞洲盟主就行了。

台灣島內鬥爭持續著，各大山頭林立，沒有妥協空間。南台共和國總統一直無法產生，現在的「南台臨時總統」由原高雄市長叫「さくら」的女人當，據說黨外時期就是大頭目的情婦。而中華民國在北台灣可能快到「拉下鐵門」，結束營業了，因爲近四個月來，有三個部長級的官向中國大陸申請政治庇護，監察院長和國安會祕書長也躲在大陸不回來了。工商企業界更別提了，能跑的都跑光了，第一目標是中國。

最離譜的是台灣的海空軍，許多因不滿「去蔣中正化」、「去孫中山化」，空軍有二個中隊，海軍有四艘軍艦，都去中國投靠了，他們希望王師來平亂。當然，海空軍還有充足戰力在台灣，但也裂成好幾塊，南台、北台、澎湖各有一大塊。

台灣內部的動亂裂解成這個樣子，中國王師爲何尙未有具體平亂的行動？原因可能有三，一者奧運結束正在復原，再者由台灣、澎湖和金馬合組成的「回歸統一談判代表團」，早已在大陸和國台辦有多次會議，商討統一進程和各種可以接受的條件。最後是中國希望和平統一，不要動用軍隊，畢竟大家都是炎黃子孫，也給國際一個好印象，表示中國人是愛好和平的，不同於美利堅民族的侵略性。

二〇〇九年十二月二十五日，又是一個聖誕節，北京雖冷寒乾燥，至少陽光仍覺暖和。我和安安已到北京好幾天了，這回是公開，住中國大飯店，我和安安是應北京大學之邀擔任客座教授，我自己同時也擔任「回歸統一談判代表團」的顧問。時間很充裕，我們會在北京待些時日。到北京的第二個晚上，我和安安受國務院之邀，原來是表揚。

初到的幾天，我和安安同遊了天壇公園、圓明園、碧雲寺、十三陵、周口店等地方。遊玩時，我問安安，國務院的表揚合宜嗎？安安表示我們該有的，很合宜。

統一談判方面（主要談統一方式、進程和台灣人民獲利等），不須要我直接參與。但對於統一後所能獲得之利，代表團成員和顧問們早已列出「清單」，以此內容來說服台灣人民。利分有形和無形，總的來說，是百利而無一害，就不須詳述。光是花在軍費，台灣一年可省九千億台幣，身爲中國人何等光榮，走遍全球有邦誼。只是很多台灣人眼睛「塞」夠咧！

年底，安安和我早已約定，她把部份財產讓給妹妹，把老公也讓給妹妹，其餘財產加上我的（其實半數是不義之財），共約八千萬元，成立「台灣獨害孤兒救難基金會」，也全權由她妹妹安明主持。

我和安安將如何呢？我們已準備好，打算明年五月到普陀山修行。以後有很多精彩的奇緣和奇遇，時機成熟我會慢慢寫出來，以饗讀者。

幾個月後，在前往普陀山的一路上，媒體連番報導美伊、美墨、美古和伊斯蘭陣營的大反攻……美國境內核電廠爆炸……國防部長座機爆炸……又兩艘航空母艦爆炸沉沒……美國全國大恐慌……而德州共和國可能也已獨立。

而台灣方面呢？南台共和國（部份人主張改「南台解放組織」）爆發內戰，一個叫甚麼「菊」的女性領導人策動種族清先，誓言「清洗」南台境內的「中國人」，才三天不到，死傷高達五萬人。另有一批自稱「中部共和軍」的軍隊，應是原第十軍團，準備南進鎮壓，其先頭部隊被南台部隊（應是原第八軍團）阻於朴子溪一帶，南北兩軍可能對峙中，南台之戰一觸即發……

中華民國在北台灣呢？報上斗大的字寫著，獨派四大天王之中，呂姓女領導人（主張台灣成美國一州）被爆料討客兒，游姓主席精神病已被「強制」送進精神病院治療，謝姓派系領導人（傾向中國，主張兩岸共生）被控貪污十億。而統派兩大天王，一個還在纏訟「姦殺台大女生事件」，一個機會主義者被控貪污……啊！那個機制啓動了。

另一個也是很大的消息，大頭目和三個心肝寶貝玩「四P遊戲」，被針孔攝影爆光了，壓寨夫人一怒下跳樓自殺，社會各界爲此High翻天……

我和安安愈看（聽）愈沉重，但我們決心不變，決心到普陀山找觀世音菩薩，她一定有答案，她一定能救台灣人民。

我和安安到普陀山修行，大約半年多後，在菩薩的開示下重回台灣，竟然就是二〇七九年，人間竟過了七十年。奇緣啊！二〇七九年的台灣、兩岸及世局如何？我正準備開始寫出來，讀者拭目以待。

第二部　進出三界大滅絕

17 黑龍江漠河宇宙光 旅次聞台灣末世亂

「爲著要甲伊相見，走甲面青青，前後悸喘弄未離，滿身流汗點點滴，無情夜車做伊來開出去，害阮看無伊，大聲叫伊名字，傷心淚滴，月台票替阮悲，啊……再會啦！再會啦！袂得再相見。

「……」

這是一首很老很老的老台灣歌，歌名叫做「離別的月台票」主唱者是誰已不可考。是一個女歌者，聲音柔美、深情，又帶半分淒迷，讓聽的人自然的沈靜下來，只做著緩慢溫存的動作，靜靜的聽、聽……

去年離開台灣時，安安帶著一些她愛聽的台灣歌，是最後的懷念吧！今生今世再也看不到台灣了，如那歌詞「再會啦！再會啦！袂得再相見。」

現在又是何年何月呢？怎樣的時空背景？告訴大家，現在是二〇一〇年的五月初，我和安安即已決定五月底要到普陀山修行，同時追尋與觀音菩薩所有可能的因緣，便將北大客座課程減到最少，利用時間出遊，主要看看我們覺得最有意義的地方。此刻，我和安安正在黑龍江省最北境的漠河附近一個小旅店內，這裡也是中國最北地帶，天氣很冷，但我們想來體驗中國的「北極」。

本來三天前，沙瑪康和林愛國二人還同遊了哈爾濱、松花江等名勝，有他們二人導遊，我和安安省事多了。但他們因臨時有要公（據判斷可能派往台灣協調統一事宜），趕回北京了解任務。我和安安都是第一次遊東北，哈爾濱給我們最唯美浪漫的感覺，難怪哈爾濱贏得「東北音樂城」之美譽，又有「東方小巴黎」盛名，真是筆墨難以訴說她的美感。我就信手拈來幾片枝葉吧！

這是一座俏麗迷人之城，更實在是「情人之城」，松花江像一條情人的玉帶流過市區，向東而去。沿江長堤和馬路邊栽植高高的白楊和婆娑的柳樹，片片蔥綠，街心花園裡百花盛開，五彩繽紛，雄偉秀麗的雕塑隨處可見，精巧的涼亭格外吸引人。每年的音樂節、冰雪節，更是吸引無數國際歌唱家、音樂家、名流淑女、觀光客……

啊！說不完的美好，住宿服務又特別窩心。沙瑪康和林愛國回北京後，我和安安逕自前來漠河。

漠河當然不如哈爾濱迷人，但你可以感受到蒼穹漠漠，景物漠然那種極地風光，一大早我們在附近的田野散步，早餐後開車前往最北的中俄邊線遊覽，越往北人越少。回到小旅店已是中午了，我和安安躺在牀上休息，台灣歌仍在唱著。

「夜港邊，海風冷冷吹來，呼阮心來悲，出航離開數年，郎君一去無回歸，何時再相見……」

也是一首老台灣歌，歌名就叫「夜港邊」。

聽著、聽著，心自然的靜下來，只做著緩慢溫存的動作，輕吻著她的香唇，含情脈脈，擁抱、柔撫，除了女子歌聲輕唱，淒美婉約，餘音嫋嫋不絕。此刻，兩人世界中竟完全寂靜。只聽到安安均勻的呼吸聲，彼此的動作都那麼輕、那麼慢，那麼溫柔、自然，如行雲、流水般，發生著，並向前、向下發展……

對，向下發展，一隻手已然緩緩下滑，在她大腿內側的柔軟地帶愛撫，這裡是女人僅次於乳房的敏感帶；另一手掌包納她的雙峰，輪流滿足「兩奶」的需要，兩個嘴巴當然是連在一起深吻著對方……

兩隻糾纏在一起的動物，慾火正在燃燒，她時而緊抱住我，時而像一條水蛇款款扭動，口中發出「嗯、嗯」的滿足聲。突然間，她整個人緩緩向下移動，我知道她要做什麼！我也順勢來個「顛倒正面」，這下可真的「顛鸞倒鳳」了，現代術語叫做「69進行式」。

啊！屋外超冷，牀上熱情如火，但我們並不太激情，原因是大白天的中午幹這種事，慢慢的磨。遺山樂府：「無情六合乾坤裡，顛鸞倒鳳，撐霆裂月，直被消磨。」西廂記：「效綢繆，倒鳳顛鸞百事有。」大概說性愛這種事，宜如絲綢之柔軟，慢慢經營繆籌吧！

我們就這樣磨著、繆著，約幾分鐘吧！又回到「愛神相看式」，她開始用她的舌、齒、唇玩弄我的雙耳，讓我癢到飄飄欲仙……急促的呼吸聲，「啊！嗯！」也分不清發自那一方……她有些焦急，想要得到最後的滿足，她張開大腿，陰道四周已漫溢著愛之水……

慢慢的插入、插入，深、深，深深的插入，性愛藝術進入另一個高潮……低潮……又高潮……

一覺醒來已是下午三點，我們先沐浴再用餐。今天有一個重要節目，是晚上前往漠河最北小村的一個山上，觀賞「神奇北極光」（村民叫宇宙光）。事實上，這裡不會有北極光，但村民堅稱有，我們想去看個究竟，那種光，是什麼光？

黃昏，我和安安各取一躺椅，仰躺著，欣賞中國最北的天空和附近草原、田野景物，此處似與世隔絕。台灣、美國、阿拉伯，世局如何？除非很關心並注意收聽相關訊息，否則你會覺得這世界安安靜靜，沒有任何事發生。

而事實不然，我和安安是在二〇〇九年聖誕節前到大陸，這段時間台灣和世局可謂驚天動地，千變萬化，真實與八卦並舉。爲使故事更清楚，我簡單回溯做一個交待。在第一部的末尾發生很多事，當時看是「事實」沒錯，但「隔夜」或不久後，整個局面翻轉了，若不澄清，讀者以爲作者無中生有、亂掰！就知道的「現狀」加以描述，無系統性整理，更無查證的工夫和時間。

先交待二〇〇八年台灣島內大選好了。由阿義設計的「抹黑」和「嫁禍」計畫順利進行，另外配合體制內的政治策動所進行「加分工程」（即作弊灌票），尤其「加分工程」，分別由國安會、國安局和調查局掌控進行，確實由綠營謝姓大頭目取得大位，這位大頭目大有來頭，他曾是南部五縣市地下三十六黑幫的總舵主。他也曾是南部經營妓女戶的大老闆，台灣山地少女被他「買」入火坑的，至少有幾萬人，有全村買來。現在又成爲福爾摩沙大頭目，可惜人算不如天算……

「姦殺台大女生」事件證據不足，案情膠著中，兇手被滅口（動機不明），又傳言是獨派自導自演；另一個「加分工程」也不幸被狗仔挖出，人證物證齊全，引起連續數月全島大暴動。謝姓大頭目眼看壓不住了，只好交出政權，小馬哥接收的是一個已經垮台的政府，已經瓦解、分裂、扭曲且完全變質的野獸社會。

二〇〇九年秋天，有一事頗有新聞性，大家一定有興趣。高雄宣佈獨立，國名「南台共國」已非新鮮事，因爲始終是「夢幻王國」，只是一群阿狗阿貓過過「部長」、「大總統」的癮，都很少任職超過一個月的。任職最久的是一個叫「蘇真長」的大總統，因爲他是我和燕京山的老同學，所以我比較關心他，本來這也沒啥好寫的，之所以讓人high，是他和女秘書的戀情曝光，且有性愛畫面被製成光碟，這下 high 翻天了，有內幕消息他和女秘書叫「吳書臻」偷渡出境，去向不明……

整個二〇〇九年的台灣，族群對峙、南北對決、統獨對立，都是無解的習題。但有些習題可能有解，即陳水扁家族和獨派漢奸的貪污案，八年所貪污的台灣錢達數百億之多，阿扁夫婦、子女、女婿、媳婦、黃芳彥……一個個進了牢房。媒體報導指出，還有百分之八十尚未曝光，可怕啊！原來搞台獨是假的，錢是真的。

二〇一〇年，才過了幾個月的光景，台灣只能用一個「亂」字形容，「南台共和國」在惡勢力鬥爭中，如風中飄遙的殘葉，中華民國處於掙扎中，阿扁和一票族人仍在獄中。大約是元月底吧！島內傳出一個「天大的密謀」，據聞有獨派年青輩高手，要計謀把阿扁毒死在獄中，其目的可能有二，嫁禍藍營（順理成章），掀起島內暴動高潮，拖垮藍營小馬政權；再把陳致中扶上「新台獨之子」，這部份當然要陳致中配合。另一個目的，阿扁一死，所有扁家的司法案件「自然結束」了。

我聽到這傳聞，立刻想到「死諸葛阿義」和「魔諸葛阿成」，八成是阿義手癢又想幹一大票。去年我最後一次見阿義時，他得意的說，這輩子至少有「三大奇謀」要實踐。前二者是「瞞天過海案」和「姦殺台大女生嫁禍藍營案」，第三案要使綠營再奪回執政權，機會快有了。我判斷這第三案要拿阿扁的命換來，阿義真是「雷公點心」又詭計多端，這只是我的猜測。

爲配合第三奇謀的設計，加速並加大對藍營的打擊力，計畫在「二二八紀念日」炸毀高速行駛中的高鐵，恐怖啊恐怖！所幸這只是狗仔挖出的「小道消息」，希望不是真的。

另一個消息是李登輝在三月初，號召「自由時報」集團、「台灣教授協會」和「台灣基督長老教會」成員，成立「台灣解放組織臨時政府」，事實上李已經不行了。實際操盤此事的，是一個陸官四十五期畢業叫蘇進強的人，加上長老會成員，但已不成氣候，勿須浪費筆墨了。

還有一個消息值得聽，去年偷渡出境那位「南台共和國」大總統蘇真長和女秘書吳書臻，竟然在四月間出現在北京，要求中國的政治保護。這麼長的時間他倆藏在何處？成了謎團，突然到北京，他設法連絡我和燕京山，我們未予理會。

近來中國人民解放軍在「第一島鏈」之線，擴大三軍聯合演習，日本自衛隊也處於備戰狀態，南北韓正在談判統一問題。其他國際大環境情勢又如何呢？

歐巴馬就任美國統統至今，已經一年多了。並未改變英美強權和伊斯蘭世界的「零和」對決關係，美國人的心態是想「整碗端走」，他們認爲現在仍有能力整碗端走，何要讓人！

目前局面導至伊朗、伊拉克、阿富汗、葉門、敘利亞等國，都積極升高反美浪潮，驅逐美國外交官，沙烏地、埃及等仍在觀望。美洲也不安寧，加拿大和美國關係處於冰點；而古巴、玻利生亞、墨西哥和委內瑞拉已經成同盟關係，當然美國不甘示弱，表示不惜一戰。

美國雖積極備戰，可能再增兵對墨西哥、伊朗同時先發動毀滅性攻擊，但國內受到恐怖攻擊日越頻繁，也是疲於奔命，近一個月各大城市遭受恐怖攻擊十餘起，規模越來越大。但美國至少仍是一頭「大象」，各國媒體也 high 翻天，形容成「全球螞蟻圍攻一隻大象」，這些「螞蟻」還不包括可怕而無形的回教地下組織，如「蓋達」、「伊斯蘭復興同盟」、「真主黨」……

另一個有「立即危險」的國家是以色列，因爲美國正忙於自保，也勿須多費筆墨。至於歐洲和俄羅斯似乎平靜許多，英國人越來越不想和美國人共舞。

這是二〇一〇年五月初的兩岸和國際情勢，向讀者簡報交待，我與安安準備到漠河北極村之北端看「宇宙光」，這是什麼「光」？爲何吸引我們去看？

應是五月六日，星期四。晚上十點，我們隨著一群人，有老外，大多是各省的中國人，由本地（大概黑龍江或漠河地區）人引導著，一組一組人馬，已然到達「參觀點」，氣溫很低，大家都有備而來。天空和大地似乎並不太暗，甚至有點微弱的亮度，我和安安牽手緊握著，有時摟她的腰，輕聲細語聊著，兩眼看著北方。

我們所面對的不遠處是一道大峽谷，再過去是高山，領隊的人並無詳細介紹地形，只說來看「神光」，科學家都無法解釋的奇景。

突然間，北方的天空似乎有了動靜，約十一點到兩點鐘的方向，天空「開口」了，開口處慢慢亮起來（雖不太亮，但與四周的微暗形成對比，感覺上比較亮。）再幾分鐘，有彩色光束向下照射。這種光景很像我們在電影上看外星飛碟照下來的光束，只是現在沒看到飛碟（是否躲在雲層後的高空不得而知）！

此種光景約維持五分鐘，天空的「口」慢慢縮小，至完全閤合，那雲層似有電腦操控著。大地回復原來的微暗，但就在這一刻，在極遠處的山谷有微弱光束照向天空，越來越亮，維持不到一分鐘，光束又淡下來，及至完全無光，大地又回到微暗，蒼穹漠漠然，人聲窸窸窣窣。

又隔數分鐘，突然遠空萬丈光芒，飛舞的白色亮光，形如一條巨龍，在天邊飛舞，以各種姿勢，舞動至少三分鐘。而後，天空沈寂，暗！暗！暗！

突然有人高聲說（應是總領隊）：「今晚神光不夠壯觀、美麗，月底還有更壯麗、更久，有七彩變換，歡迎大家再光臨。」

安安說：「天啊！這夠神奇了，像地球人和外星人合演的無台劇。」

我接口說：「科學這麼發達的今天，一定有合乎科學的解釋，甚至不是自然奇景，而是人爲。」

人群中也有很多議論，安安補充說：「人爲必定會被揭發，爲何至今未被人追出原因？」

在回程的半路上，車上新聞播報一則和台灣相關的消息，主播者強調真實性和詳情在查證中。大要是說，南台共和國臨時大總統陳菊，才上任三天，就被情治系統的女大頭目叫「黑寡婦」推翻，黑寡婦自任大總統，改國名「南台民主國」。

第二天我們看平面媒體也報導此事，另有小報提到黑寡婦是出身酒家的歡場女子，人漂亮又有手段，牀上性功一流，政敵都讓她在牀上變成朋友，再成支持者，她的名字叫「蔡呂花」。這是安安看到的小報，轉述給我聽，不知道該笑或該哭！

在漠河待了幾天，我和安安計畫沿佳木斯、吉林、瀋陽、承德，回到北京。當我們遊長白山天池，正被明淨如鏡的天池水在晴空對照下，如鑲在長白山頂的碧玉，風光奇絕所迷惑，不知身處仙境或人間時，汪仁豪和燕京山等一夥人卻連繫上我。汪仁豪和蔡麗美在法門寺，燕京山和尹月芬在樓蘭，正由汪負責策劃，大家月底前杭州西湖聚會。

我和安安一路南行，快樂的看了每一個經典勝景，總算人生不虛，約一個多星期回到北京。

18 亂邦不居大夥西進　杭州西湖創造名器

新聞播報：「台灣方面消息，南台陷於內亂，北台也不安寧，暴力小英蔡英文聯合獨派份子和藍營失意政客，宣佈組成北台人民政府，準備以武力推翻馬政府……」

這是最近台灣方面消息，事實上我們已經不太注意了，因爲獨派已發動過兩次政變，都被馬政府鎮壓下來。亂，是台灣的宿命，所幸我們已遠離了亂源，古有名言「亂邦不居」也！

回到北京開始有很多事，有正事有閒事。說是正事未必是正事，說是閒事未必是閒事。倒如，很多政治性（尤以兩岸）是正事，但我們推掉很多活動，當然北大的課是重要正事，也減了很多。

倒是有些閒事成了正事，倒如同學會、同鄉會，以及前往普陀山的準備工作。就在我們積極準備前往普陀山之際，空靈長老和行雲大師也到了北京，原先是經由二位大師介紹，我們到普陀山法雨寺找幻雲法師協助。現在碰到他老人家閉關，要到十月才出關。我和安安覺得也無所謂，晚幾個月而已。我和安安可以有時間在北京走走，有一天我們聊到汪仁豪正在計畫的西湖聚會，我們可以提前南下，在西湖住幾天，她忽然問說：「燕京山喜歡新疆早有聽他說過，汪仁豪去法門寺做什麼？」

我說：「我並不知道他何時對佛法有興趣，到杭州可以叫他報告心得。但我知道法門寺是很重要的佛門聖地，在陝西省扶風縣法門鎮，一九八七年在地宮發現佛祖真身指骨舍利。」

安安笑說：「他們若有心求法乾脆一起去普陀山。」

我回答：「也許有緣說不定。」

杭州西湖，西湖酒店，五月廿七，黃昏。

來到杭州的第三天，已看過西泠印社、靈隱寺、岳王廟、煙霞洞、虎跑等勝景，但大部份晨昏光景被西湖吸引，悠閒度假，等過兩天大夥兒相聚。此刻，本要到湖濱路散步，賞黃昏美景，卻在酒店房間內被安安躺在牀上的漾態吸引，熱情溫度快速上升……

我如貓捕鼠的輕慢動作接近，情不自禁就「壓」了上去，她雙手環抱迎了上來，兩張嘴巴已然分不開，深深的吻著對方，似乎「前奏」省了大半。

「慢，別急！」她突然說著，但又吻的更深、更急。

「乾脆我們晚些再出去吃飯，看夜景好了。」這是一個示意，我在她耳邊輕聲說，她示好，我們就繼續幹下去，是的！繼續幹下去，就在西湖的明媚助興和我倆的努力，創造「名器」。

內涵與外在俱全，而又有「極品」水平的女人性器，是天下男性最愛的女性性器，是謂「名器」。安安渾身上下散發著「經典名器」素質，所以她的「名器」不須再創造，只須要男人的「開發」，這是一門藝術。用筆難以形容或論述。

「啊！嗯！」她不斷叫著牀，牀似乎也感受到激情快感，也有一種美妙的叫聲。她又喊著，「我要、進來」。進去的時機已到，這裡是了解與溶合女人的唯一「通道」，有智慧的男人深明此道。

爲「開發」名器，我的動作儘量慢，慢慢插入、搖動腰，也不急，前九次淺淺地進出，第十次深深的插入，插到最底的花心，兩個人身體緊貼，進出時用陰莖前端上下左右地磨擦陰道壁。每當我這樣做時，安安的叫聲換成「嗳、嗳……」莫約幾分鐘，我有些累，一個翻身下馬，仰躺著，安安也一個翻身，一口咬住「小弟弟」。對啦！她的口交功力一等的，是另一種名器，直叫人欲仙欲死，換成我兩手撫抱她的臉、頰，玩弄她的秀髮並「啊！啊」叫著，也直呼「安，好爽、好爽……」

「安，好爽、爽、爽」我輕喚著，就在射精前，我快速讓小弟弟出來，休息狀態，兩人擁抱著對方，吻著對方每個地方，靜靜的，慢慢的，隔兩分鐘，小妹又來敲小弟弟的門，小弟當然是讓她進來。

我慢慢的插進去，幾回慢幾回快，又幾回深，她的愛之水豐沛，大陰唇和小陰唇豐潤柔軟，緊緊包住陽具的陰道規律的收縮愛撫，越來越快，「啊、啊、啊」她的叫聲加快、快、快，要怎樣形容女人此刻的滿足和興奮呢？難、難、難。應該說兩人的滿足吧！偶爾如兩隻交頸的天鵝，偶爾又如兩條激情糾纏的蛇，兩人的高潮在漲、漲、漲。

爲降低高潮，就在插到最深花心時，我突然中止一切動作，緊抱著安安，隔幾秒，我在安安耳邊輕聲說：「我們創造一座高峰，完成經典名器後，好好去吃個飯，我們去樓外樓享受一個最完美的西湖晚餐好嗎？」

「好。」她說「好」的時候，嬌柔清亮如早晨的鳥叫聲，嘴唇卻仍貼在我舌尖上。其實是我肚子很餓，似乎能量快沒了。

停不到一分鐘，不約而同的「機制」又啓動了，不是啓動，因爲高潮仍未降到「基本面」。「創造高峰」是我們的牀上術語，表示要使兩人同步完成高潮——收操了啦！

巨大堅挺的陽具如山，又開始在溫熱多水的深谷進出抽動，慢、慢、慢，她如蛇扭動，吻著，手玩撫她挺立的雙峰……一切在寂靜中進行，她的呼吸均勻，卻在慢慢加速中，潛意識吧！忽然兩人上下對調，開始進行「69式」，忽而她在上，忽而我在上……

片刻，又回到常態的「愛神對看式」，我被她扣的緊緊，她「嗯、嗯」的拼命叫，這是她第幾個高潮，我知道，她又喊「要、要、要」，我也叫「爽、爽」……

我示意說：「好，我要開始百米衝刺了。」

我慢慢加快速度，加強衝擊力，四淺一深……三淺一深……從約每秒進出衝插一次……兩次……此時，那溫柔的女人也變了樣，怎麼說才好……對了，是一條飲了千杯酒的蛇，鐵定是，因爲吻她時我把牀旁備好的紅酒，含於口中以吻送酒入她口中，原是助興，現在她是不是真有幾分酒意？「嗯、嗯、嗯」叫聲妖嬈，體態嫵媚，鋼鐵也快被她叫軟了……

兩淺一深……她叫聲急促，兩口張開，「啊、啊、啊」喊著，兩眼瞪著上方，兩手緊扣住我，衝、衝、衝，已是不可逆了，高潮在望。

最後三十秒，每秒三插，每插都衝到她最深的幽明內世界，我示意要射精了……五秒、四秒、三秒……啊！這世界整個忽然停了，且天旋地轉……

兩人就這樣抱著不動，不知隔了多久，覺得全身無力，安安提議兩人先洗熱水浴再晚餐。

樓外樓的晚餐浪漫極了，香風輕拂，與西子姑娘沈醉在夢中。餐後沿湖畔散步。花中城藕香居、岳王廟、蘇堤……說不盡秀麗明媚，又挽著心愛的女人，訴說不完的情話綿綿，難怪千古來文人歌誦著：

水光瀲灩晴方好，山色空濛雨亦奇；
欲把西湖比西子，淡妝濃抹總相宜。

西湖向來也有中國男人的情人湖稱謂，身為中國男人（甚至華人），一生沒帶心愛的女人到西湖度一春宵，引為一生憾事，是完美愛情的欠缺。而有理想、追求人生圓滿的女人，可能亦如是觀。

兩人手挽著手，就在西湖畔漫無目的散步，也不知道幾點了，應是很晚了，仍有情侶三三兩兩，在微暗微明以微風伴著柳枝兒飄飄，有牽著手的，有擁抱享受香吻的。「這世界永遠這麼美好多棒！」安安忽然輕嘆一句。

「……」我沈默著，不知如何答話。

正當散步要回酒店時，汪仁豪的電話來了，說一切都安排好，後天在湖濱大飯店聚會，大家都到，蘇真長也會到。我告汪說：「經不起誘惑又搞不清方向，他已和我們走在不同的路上，來幹啥？」

沒想到汪義正嚴詞的說：「人會犯錯，他改邪歸正了，他曾經不起權力誘惑，和我們經不起女人誘惑有何差別？」

似有點弔詭，我一時答不上話，只好說「見面再講吧！」掛斷電話，我說給安安聽，她笑的腰都彎了。過一陣，安安踏著輕慢的腳步，輕唱一首老台灣歌「爲著十萬元」，臨晚風回到浪漫的「船」上。

自細漢就來失去了父母溫暖的愛，無依無偎，流浪走西東，環境所害，所以不得已墜落在煙花界，望天保佑，早日……

浴後，兩人躺在牀上卿卿我我，小飲一點紅酒，我似乎又啓動誘惑（應是雄性衝動力），作勢要把安安制壓在下，就要獻上熱吻……

安安似乎洞析我的企圖，精靈的往旁邊翻一個身，害我撲了個空，她卻調皮的說：「哈哈！撲空了！你不累嗎？」

「大概晚餐吃太補了，精神旺盛。」我說。

「好，先回答我的問題。」她像在談條件。不過我知道她心中想什麼？她一定想引開另一種話題，創造另一局面，所以我說：「心肝寶貝的問題就是我的問題，只管說。」

她展露一絲「詭異」的笑容，然後說：「黃昏我們在享受歡樂時，你說完成經典名器，這『名器』通常指國家給的重要職位，你用『名器』又指什麼？」

現在換我詭異的笑，「這個嘛！是男人的秘密。」我在故意戲弄她，我當然是要說的。

「我們兩個還有什麼秘密？」她神情嬌媚，雙頰嬌紅欲滴，我們確實沒有秘密，「過來讓我抱抱，抱在懷裡聽聲音比較清楚。」我故意打趣這麼說。

我把安安抱著，坐在牀上，搖晃著，像抱一個嬰兒把弄。「我開始講名器了，不要臉紅。」她回眸，嫣然一笑。

「最簡單的定義，能創造最經典性愛，給兩方帶來最高創造發展動力的女性性器，就是名器。這種名器不僅女人自己滿意，也是男人的最愛。例如，可以包住男性陰莖底部的『縮口皮包型』，有章魚吸力可以吸入接近陽具的『章魚陶罐型』，有一種『千條蚯蚓型』很多皺褶可以自在撫弄男人的陰莖，這些是傳說中的比喻。」我像在課堂上講課，一本正經的說。

「定義不夠清楚，因爲所謂女人的性器範圍很廣。」安安也一本正經的聽著、問著。

「當然，醫學上所稱性器有清楚的範圍，但現代新潮的兩性性愛觀，則完全顛覆了傳統與科學。例如，最爽又刺激的口交，嘴巴也成爲性器之一了。」當我這麼說時，內心衝動著，兩手撫弄她的雙峰，她也開始情不自禁。

「那名器又怎樣？那些條件才算具備？」她開始像一條蛇一樣扭動並纏住我。」

「所謂名器，以下幾個要件很重要：第一、美麗漂亮又內涵氣質絕佳的女人；第二、最佳的陰道彈性能緊包陰莖並收縮愛撫；第三、敏感反應的陰蒂、豐潤柔軟的大小陰唇；第四、豐富且源源不絕的陰道液，汁液有淡香味；第五是整體對男人產生性的懾受力和媚力。」

「這樣的女人去那裡找？」她突然顯得沈靜問道。

我說：「這樣的女人天底下當然不多，就算有，也要看配合的男人有沒有開發的智慧和能力。」

「你的意思是指名器乃女人性器，但開發責任在男人。」她問。

「原則上是，兩人共創更接近事實，所以世間要找到一對能共創經典名器的男女，真是千載難逢啊！」我說。

她一臉疑惑問題：「世間真有這種典範存在嗎？」

「眼前不是真實存在的一男一女嗎？」我接答。

她微笑不答，嬌媚的體態抱住我不放，我一個順勢把她放平，順著俯身下去吻她，深吻，然後說，「妳正是萬千女人當中，天賦有極品名器的名人。而我，是唯一能開創妳的性器和名器，讓妳我釋放最大能量的男人。」

她送上熱吻，「嗯、嗯」之聲纏抱著，嘴邊又滲出一句不清不楚的字句，「真——的——嗎——……」

「當然是真，我爲妳創造名器。」

「爲我們……」

整個世界在渾沌、寂靜中，陰陽渾然交融著，而她是宇內一塊極美的渾金璞玉，無窮的開發樂趣在其中，千年難逢的良緣，在杭州西湖的午夜「寂照」檢證……

啊！中國男人的情人湖，妳爲名器加分，若非西湖，名器定然減分，西湖的夜，與名器融而爲一，天人合一只有西湖夜才有可能。

19 前世夢婺源三清山　最後回眸台灣驚爆

杭州湖濱大飯店，五月三十一日，午夜。

二〇一〇年自年初到此時，台灣和世界有很多驚爆新聞，只是我不想寫那些對我們已無太多意義的事。還是我們自己的世界美妙，有趣有意義多了。

前面兩天是一聯串的拜會應酬，包含杭州的文化、文史及民間文藝團體，重頭戲是杭州文聯。大夥兒都累壞了，直到今日晚餐大家才吃一頓自在的飯。餐後聚在房間裡閒聊，同時要議決九月上旬禪宗祖庭之旅，明日大家要暫時分別，各奔西東，各有要事，九月再相見。

晚餐大家都喝了不少酒，但飲茶聊天又隔了幾小時，似乎每個人又清醒了。此刻，已是午夜十二點，都仍沒睡意。四男四女聊個沒完，尹月芬是做事業的人，是四個女人最開放有趣的就是她，她突然爆出一句話：

「真巧，你們四個男人都把老婆孩子放在台灣，自己帶著心愛的女人在大陸快活！……」她說了停頓，看看每個人，大家笑著看大家，「是啊！是啊！」光說是啊，確沒人有個「合理」的說法。

最少停了三十秒，改邪歸正的蘇真長「呵、呵」輕呵兩聲說話了。「婚姻制度早已不存在，過時的東西，何況兒孫自有兒孫福，何必牽掛一堆身外事。」他講話的神情語氣完全不同了，像一個頓悟的人。停了一下，他又說一段叫大家佩服的話：

「紅樓夢那段好了歌記得吧！世人都曉神仙好，只有嬌妻忘不了，君生日日說恩情，君死又隨人去了！世人都曉神仙好，只有兒孫忘不了，癡心父母古來多，孝順子孫誰見了？」

大家鼓掌叫好，蔡麗美接口說：「蘇大哥說的好，一切都要放下，追求心中所要，才是自我實現。」

汪仁豪也講話：「對，九月初我們一起實現朝拜佛教禪宗祖庭，包含達摩初祖、二祖慧可、三祖僧璨、四祖道信、五祖弘忍、六祖惠能，他們的傳道足跡最值得我們追隨，基本資料先給各位部份，其他待計畫和協調定案，隨時寄或電話告訴各位。」

因爲待會兒大家各自回房後，睡一大覺起牀就先要各奔東西。幾個月後我和安安要去普陀山是大家知道的，因爲我們和觀音有緣，其他三對分別表示去向。

汪汪說：「我和麗美會先走一趟九華山，禮地藏菩薩，至於工作，可能也在北大，快有譜了。」

燕京山接著說：「我和月芬會去一趟五台山，禮文殊菩薩，我要以月芬的事業爲事業，月芬的事業已轉移到上海，但近日我們仍會去一趟台灣。」

蘇真長也說：「我和書臻生活沒問題，只是目前身份仍有些敏感，可能在重慶大學有教職缺。我們準備利用時間先去峨嵋山，禮普賢菩薩。」

已是午夜過後一兩點吧！大家有些睡意，互道晚安各自回房，睡個「天長地久」，醒來後便要奔向新旅程。不管這世界亂成什麼樣子，我們仍要過日子，且要過的更好，處變之道在遠離亂源，台灣是中國大歷史長河中，一種宿命性的亂源，甚至是「宿業」，宿業也是一種宿緣，所以是逃不掉的，遠離就好。我正想著這些無解的難題，安安突然問說：

「台灣現在這麼亂，燕京山他倆要去，會不會有危險？會不會回不來了？」她替他們操心著。

我爲安她的心，肯定說：「不會，就算一九四九年那兵荒馬亂的年代，兩岸仍有交通。」

她說：「希望一切都好，沒有意外。」

沐浴後，安安渾身散發著迷人的香味，尤其她又用了法國「懾你」香水，帶著誘媚的香氣迎面襲來，就連柳下惠也受不了，躺在牀上撩人的姿態，讓我睡意全消，俯身下去吻她、抱她，慢、慢、慢……在寂靜中，兩隻開始交纏的動物……撫弄她的雙峰……她突然問道：

「你不累嗎？我怕你太累。」她憐惜的眼神凝視著。

「不會，能創造名器就不累。」我輕聲在她耳邊說。

她未答話，也未吭聲，只是抱的越緊，吻的越深，「嗯、嗯、嗯」滿足的聲音配合身軀的扭動、扭動……胸衣已被我脫除，一手又退去她的內褲，撫弄她的「小妹妹」。

「啊！啊！」她大聲叫著……

啊！我和安安在西湖畔，再次創造經典名器，入夢時已不知何時了，管他何年何月何夕，進入一個夢……

正當我和安安完成了經典名器創作，就像兩人聯手創造一個輝煌的戰役，雖使人生昇華至圓滿境界，但確實也累了，兩人相擁呼呼大睡……只記得睡的很深、很久，也不知何時開始有夢。一個如幻似夢的情景流轉，斷斷續續，但感覺上不是夢，確實不是夢，而是我的前世溯源，但年代沒有明確的顯示，人物場景忽隱忽現，關鍵人物倒是清楚。

在入睡很沈很深的情境中，我突然被一個送葬的行列驚醒，我漫無目的在人群中到處晃，每個人都穿著很古老的服飾，還有，我還是一個六歲的小男生呢！

「三王子、三王子！」有人在大聲叫，接著我母親陳夫人跑過來一把抱住我說：「父王祭典開始了，別亂跑。」。啊！原來我是三王子，我看見所有人都穿戴滿身縞素，喪衣喪巾在風中款款拂動，日夜進行各種儀式，大臣們商討擇日出殯的事。父王治理陳國二十年，突然病薨，舉國譁動，耳語不斷暗地裡流轉……

一天晚上，我在宮中玩耍，突然在一個靜謐的房間聽到兩人細聲交談，聽聲音就知道是父王最依靠的兩位元老重臣，國家大事和軍隊都在他二人手上控制著。一個叫陳隨扁，一個李等會。

「事情進行的如何？」李等會不急不徐問著。

陳隨扁說：「都在掌控之內，今晚午夜動手。」

李等會又說：「殯禮要風光，殉葬要尊榮，才不讓人起疑。大夫人、二夫人是一定要賜死殉葬；大王子、二王子出殯後再處理，四十九天後我們擁三王子登基，江山在你我控制之中……」

沈默一下，陳隨扁補充說：「爲彰顯國王建立陳國的豐功偉業，除有兩位夫人殉葬，另有十二位嬪妃們陪葬，都會在今晚午夜執行完畢。」

夜，深深的；大地，蒼蒼然，一幕恐怖的場景在眼前演出，那麼真實。大夫人、二夫人夜裡被賜死殉葬，哭的死去活來，抵死不從，被宮庭衛隊用白絹強行勒斃，十二個陪葬嬪妃也同樣解決了，早有十四個紅棺備好，棺槨裡裝滿各種金銀寶器。

我嚇的渾身發軟，大喊著：「不要、不要，我不要當國王。」眼前場景突然消失，我在虛空中飄、飄、飄……無止境的飄。（事後註：前面那場景可能是我國春秋早期，或更早。）

虛空中不知飄了多久，似乎在幽明界中追尋什麼！我成爲一個壯年，漫步在一個村莊的溪畔。忽然一女子叫我，「我的好哥哥，等我嘛！人家找你好久了。」

我回頭望望她，問道：「妳是誰？」

她答：「我是你的三娘，你忘了嗎？」

我說：「我想一想，對啦！我有一點印象，這是什麼地方？」

她說：「這裡叫婺源，是全中國最美麗的鄉村，走，我帶你到處走走，再去三清山、龍虎山玩，好嗎？」

我立即回答：「好好，我最愛到處玩了。」

我和三娘開始一段奇異的旅程。我說「奇異」，是這段旅程如夢似幻又很真實，田間山巒雖有零星的人們，但只在遠觀，大多到近處便如幻影消失，少數和我們擦身而過。而我快樂的叫著「三娘」，並不知身處那個朝代，只覺得挽著前世情人到處玩。

「這裡是曉起村」三娘介紹說：「住有汪氏、洪氏兩族人，這裡群山環繞，氣勢不凡，耕讀詩鄉，像人間仙境，不錯吧！」她說著，露出頑皮的微笑。我們看到古樹、宗祠、村姑、大夫第，溪邊風吹來，有清香味。

轉一幽境見「嚴田村」石碑，遠望田園村舍、老樹古藤、亭台樓榭、古石橋、水車、小溪……村民服飾一看便知唐朝。沒錯！接著到「清華村」，青山如黛，碧水澄清，是婺源縣治，都是唐代開始建置的。清華村中有座彩虹橋，是中國最美的廊橋，建於宋代，附近有一「汪口村」建村於北宋，爲儒商重鎮，我們走過老街、書院、宗祠，好像在千年時空中穿來穿去……

真的在時空中穿來穿去，當挽著「三娘」時多麼真實，感受景物的浪漫美麗。但有時我像處於「中陰身」狀態，在宇宙間如幻影般飄，看到秦始皇統一中國的偉大場面，看到曉起村、清華村和汪口村建村時，工人和地方官忙碌景像……時而身處大唐，時而到宋代，看到大思想家朱熹在婺源文公山村講學，碰到岳飛屯兵清華村……

但我心中牽念著三娘，當這一起心動念，我確已挽著三娘在婺源鴛鴦湖散步，感覺實在多了。晚風拂面，在湖邊，走著、走著，星月微明，我們坐在一塊石椅上，我心血來潮問她：

「我親妳一下好嗎？」不知那來的勇氣。

「妳親啊！」三個輕飄飄的字如清風自她口中飄出。我轉身吻她，雙手抱她，撫弄她的秀髮，舌在她嘴中感受到她的溫熱和熱情，多麼溫柔的湖畔，不由得越吻越深，手開始撫摸她的雙峰，在寂靜中，星月見證這千年情緣開出美麗的花朵。

我們情不自禁，緊緊依偎著湖畔散步、擁吻、忘我、吻她每個地方，而她「吻耳、咬耳」功力，讓我爽遍渾身。夜已深深，我們投宿在附近的小旅店。夜是多麼溫馨，最懂情人們的需要，給人滿足，讓我和她了結這千年情緣，或許也是輪迴的結局。

兩人彷彿在虛空中翩翩翻飛，緝緝漫舞，而彷徉無定向，心隨意轉，意隨識流，恍同隔世，竟落足在江西三清山玉虛峰頂。清醒後見身邊一女子，我似曾相識，問她：「妳是誰？」

「我是你七世情人，你沒感覺嗎？」她說。

我兩眼定神注視她雙眸，心頭一震，似乎洞澈到她內心世界，看見她的靈魂，啊！我的心肝寶貝，莫非是妳，我幾世以來所追所要的情人。一個回神，問她：

「妳叫什麼名字？」

她簡答：「我叫飄飄，我們同遊三清山去。」

我又問：「現在又是什麼年代？」

她說：「現在是晉元帝太興三年，下面是祖逖準備北伐，兵荒馬亂，我們不要下山，山上大科學家葛洪正在研發隱形術，三清山是神仙住的地方。」

「好，飄飄。」她像一塊有強大吸力的磁石，深深吸引了我，我邊說「好」邊牽起她的小手漫步前行。

我們漫步在懸空棧道上，下面深不見底，層雲翻飛，玉京和玉華兩峰在雲端清晰可見。遠處在各種觀、殿、橋、閣等古建築，景觀壯麗。我們由西向東遊玩，到南區，經「巨蟒出山」、「司春女神」、「觀音賞曲」各景，到一處叫「葛洪獻丹」要參觀隱形術研發，但見一「禁地」掛碑，只好作罷。

飄飄快樂的吟著歌聲，漫步在仙境中，「雄奇險峻、清幽秀絕」是我們對三清山的讚嘆！

山上的小旅店，清幽雅靜，沿窗望出，像是到了「南天門」的感覺。夜空清明，在星月見證中，相擁入夢，在夢中，激情深吻，七世之情又在這夜裡纏綿……

不知在三清山纏綿多久，在一個夜裡，當我們相擁入夢之際，有一老者示現，說「千載良機帶你們到龍虎山看張天師伏魔。」瞬間，老者消失，而我和飄飄已在伏魔殿看張道陵作法，原來我到東漢親見道教的創立。但我和飄飄對那些儀式不感興趣，爲什麼我倆對各種冗長儀式都不耐煩???

於是，我們自己到處玩，天師府裡一派仙氣、萬法宗壇、仁靖真人碑、道契崆峒、敕書閣、斗姥殿、玉皇殿，到鎮妖井，似見施耐庵筆下一百零八幽魂竄出。而龍虎山，風光秀麗，千姿百態，最出色當屬逶迤曲折的瀘溪河，沿溪有僧尼峰、仙桃石、仙女岩，奇峰妙景數不盡，文天祥、王安石、曾鞏都到此遊覽過，確沒碰到，顯然無緣。

沿瀘溪河群峰，在千尺絕崖間，有春秋戰國時代越人的崖墓群。飄飄見此奇景問我：「古人如何將祖先棺木葬品懸放斷崖間，千年不壞，其中定有未解謎題！」

我說：「這可難了！」

一天晚上，月明星疏，我和飄飄逛完上清古鎮，覺得有些累了，便早些回旅店休息。浴後的飄飄散發著迷人的香味，那種體香緊緊吸住我每一根神經，她在鏡前梳粧，我忍不住上前抱住她，吻她，她順勢投入我懷裡，相擁，情不自禁的深吻就像今生今世再也沒機會了，只想抓住眼前這一刻，享受千載良緣。我抱起飄飄放在牀上，俯身要吻她……確聽到一個女性聲音，「唉！」嘆一口氣說：「塵緣未了啊！」

那聲音不急不徐，音質清亮，彷若菩薩誦心經。我心頭一驚，醒來坐在牀上，四處顧盼……慢慢回神過來。原來我仍在湖濱大飯店的房間內。房內燈熄的，只有梳粧台前亮著燈，安安正在粧點頭上飾物。她緩緩轉過身來，語帶憐惜問道：

「你終於醒了，你睡了好久好久。」

我問：「現在幾點了？」

她答：「下午三點整，你說了很多不清不楚的夢話，一定是做了奇怪的夢，說來聽聽。」她邊說走過來坐在牀緣，兩眼凝視看著我。

我把這段前世溯源經歷說給安安聽，她聽的入神。我們共同的感覺，這不像是「做夢」，而是千真萬確的前世，甚至很多世以前的輪迴示現，其中的因果關係不是我們所能解釋。我疑惑的向安安說：

「前世一直出現的女子，三娘或飄飄，應該就是妳吧！相處那種感覺氣氛完全像妳。」

安安微笑點頭說：「我相信是。」

我和安安晚餐後便趕回北京，開始幾個月的忙碌生活。九月初我們一行八人，以十五天完成禪宗祖庭之旅，包括達摩祖師初來的廣州華林寺和河南少林寺、二祖慧可的安徽無相禪寺、三祖僧璨的安徽乾元禪寺、四祖道信的湖北正覺寺、五祖弘忍的湖北東山寺、六祖惠能的廣東南華寺。以及中國第一古剎白馬寺、龍門石窟、永泰寺、大覺寺、沉香閣，大家逐一參訪、研究，莫不驚嘆不虛此行，都說還想再來。

關於祖庭之旅並非我要講的範圍，因此略過。原已改期十月上普陀山，又因種種俗務纏身。延到隔年，二〇一一年的二月底才動身出發。早已要去參觀的「八大山人紀念館」也沒去成，二月二十七日，我和安安已在舟山島快樂了三天。白天遊玩，夜是創造「名器」的舞台，我們盡情盡性的玩了三天三夜，我們講好上了普陀山要盡去「人欲」，潛心修道。

這夜，是最後一夜吧！我和安安放下了人所有的面具，回歸成爲兩隻原始的動物，以本能做愛，是誰吻了誰？是誰在誰的身體進出？是誰滿足的叫著？是誰糾纏著誰？是「69」還是「96」？是不能區別的，如一種「天人合一」、「物我合一」的境界。

一次又一次、一個高潮接一個高潮……直到湖水乾了，山也倒了……午夜……

第二天兩人醒來已是中午，上船的時間是下午三點。我們永遠記得，是公元二〇一一年二月二十八日，遠離了這個喧鬧的世界，到了普陀山，這裡是觀音菩薩的道場，是另一個寧淨的世界，古稱「海天佛國」的佛教聖地。

正當小船在海上航行，船上電視新聞播報，語氣加重，音量加大，「緊急新聞播報、緊急新聞播報」連續兩次，早已引起船上每隻耳朵樹的高高，突然靜了下來。我和安安也屏住氣聽著：

「台灣地區爆發恐怖攻擊，一列高速行駛中的高鐵列車，在今天下午約兩點，在由北向南行駛快到高雄市區時，突然爆炸，尚未找到生還者，台灣方面正處理中……」

「大約台灣高鐵爆炸後十五分鐘，另一件恐怖政治毒殺發生，陳水扁被毒死在監獄中，獨派指向統派謀殺，統派指是獨派嫁禍……台灣陷入內亂……」

接下來大約有半小時新聞，是轉播許多各國和台灣方面記者的深入分析，禍首及詳情當然不可能很快知道。但關於陳水扁被毒死在獄中，只有自由時報咬定是國民黨幹的。另有蘋果及小報爆料，指向前情治頭子配合阿扁兒子所爲，阿義嫌疑最大。這種事情古今中外歷史上多的是，兒子幹掉老子，動機都是政治利益或其他天大的好處。

另一則很權威的新聞，CNN稱消息來自FBI和CIA，報導說美國情報單位幾可確定，毒死陳水扁的是他兒子陳致中，而由兩位心腹親自下手。下一步陳致中要組「台灣納粹黨」，要把種族主義進行到底，可怕啊！可怕，台灣要翻天了！

啊！那個機制又啓動了，統派人馬不會笨到要毒死阿扁，獨派的奪權鬥爭最有可能。奪權又有內外之分，內部指獨派內部奪權，外部是奪國民黨的權，但兒子幹掉老子可能性也很高，激進獨派犧牲阿扁製造大亂也可能。

大約半個多小時電視忽然斷訊，有旅客持收音裝備仍在報導。但我和安安心有靈通，相視而笑，那些已是身外之事，菩薩也不能救台灣，我們就放下吧！

普陀山，海天佛國已然在望。正要下船時，新聞快報：「美國和日本讀賣新聞報導，台灣二〇〇四年爆發的三一九槍擊案，經驗證已確認是陳水扁等人自導自演……報導……林義雄並非自殺，是謀殺，兇手……

我和安安輕漫的腳步，走出船艙，踏上海天佛國，新聞的聲音越來越小，「……導演被滅了口……」，終於消逝在陽光和微風之中，我挽著安安仰首前行。

20　觀自在普陀山驚瞥　廿一世紀海天佛國

普陀山是我國佛教四大名山之一，也是觀世音證道處和她的道場，她曾在這裡化身爲一個窮苦老媼，行托缽教化百姓。普陀山的名氣和故事，相信很多人是知道的。但我們先從地方史料來認識普陀山，浙江東海普陀山山志曰：「普陀一名補陀，華嚴經稱補怛落伽山，蓋梵名也，猶華言小白花云，乃善財第二十八參拜觀音菩薩說法處，傳記稱東洋紫竹旃檀林者是也，在今定海縣之東，距縣百餘里，孤峙海中。」這是地方誌的記載。

今天是來到普陀山的第四天，距約訂與法雨寺幻雲大師見面時間是後天。這幾天我們只是到處走走看看，島上有數十著名寺廟，如文昌閣、梵音洞、南天門、觀音眺、二龜聽法石等，另有佛學院一所。普陀山東南有山路，岩石呈紫紅色，岩石剖面上有柏樹葉、竹葉狀花紋。遊人最多是「不肯去觀音院」、「紫竹林」。

「紫竹林」在普陀山百步沙南，潮音洞西上，正對波光瀲灩的蓮花洋。紫竹林庵前一片廣闊的岬谷，海天一色，林旁有光明池，南是觀音眺，可遠看洛迦山（觀音初到普陀山的落腳處）。

在紫竹林中有「不肯去觀音院」，昔年有倭國僧人叫慧鍔從五台山請得觀音像，欲回國到此受風阻，乃建「不肯去觀音院」，即觀音不肯去倭國吧！因緣未足。這是普陀山的名勝景點背景，當然，我和安安不是來遊覽名勝看古蹟的，而是來求法的。

普陀山確實是海天佛國，不論觀光客或本地人，可謂人人浴沐佛法之中，深受觀音慈悲之洗禮，走在路上「阿彌佛陀」之聲隨處聽到。記得第一天初到，才上岸不久，在一個街角聚著一群人，聽一個僧人說法。原來是「街頭演講」，我和安安佇足聆聽，那僧人道：

「化煩惱爲菩提是佛教之修學旨趣，六祖大師在壇經所揭示之理，正是化煩惱爲菩提。煩惱是虛妄塵念所生，非人之真性本性。而煩惱之生乃衆生不能體認世間無常的道理，此即無明，這才是人生痛苦煩惱的源頭。一切苦源自無明造作的貪瞋癡……」僧人飲一口茶又講：

「佛教教理所在，能觀世間一切表象之虛幻，洞徹世間煩惱苦痛，原來只是心識之無明所造成……」

片刻，我和安安續繼前行，我們聊著「六祖壇經」中的禪宗思想，真是了不起。安安讚嘆說：

「若無六祖惠能，禪宗中國化可能再晚數百年！」

我接答說：「可能更久，自達摩開始，傳慧可、僧燦、道信、至弘忍，這是印度楞伽宗系統，可謂半印半中的混合體。六祖大師的頓悟禪是融合中華文化慧命，受大乘佛學滋潤，進而完成中國化的『中國禪宗』。所以，六祖大師開始，禪宗才真正脫離印度禪的色彩，成爲有獨立思想體系的中國禪宗。」

「更了不起，是六祖大師只是一個山上砍柴、煮飯的鄉下人，可見智慧成就和學歷未必有直接關係。」安安讚嘆著六祖惠能。

聊著惠能前行不久，又在一戶人家的庭院（開放式）看見一個老僧對著十餘人講話，聽者似有老外和觀光客。我和安安佇足觀聽，其中一人對我們微笑以手示請我們入坐。我們微笑答謝，仔細聽著僧人說：

「……中陰，是靈魂轉世投胎之前所寄居的地方。生命終止後，靈魂在業力牽引下，走入輪迴之路，去到該投生的地方，人死後在還沒有投胎轉世前，這段境界叫『中陰』，人生前未聞佛法，便不能了知生死因果，到中陰會驚慌，是很值得同情的。當死後處於中陰，而在宇宙間浮浮沈沈時，陽世親友爲他做的誦經、超渡等佛事，對他是一種教化和引導，會影響到他的未來，所以也是一種中陰身教育。」

主持者宣佈休息十分鐘，我和安安因初到要找旅店過夜，未多留步。走著看到一家旅館，但此時我們心中所思所想確是有關「中陰身」的事。晚上在庭中看月，別有一番人生境界，安安仍問道：

「要人相信靈魂不滅，生命不朽，死亡不懷恐懼，而內心充滿光明、莊嚴、自在，是多麼難的事啊！」

我說：「當然是不容易的事，佛法傳到中國已是兩千多年了，多少高僧大德或居士的努力，才有今天的局面。但今天佛教在全中國而言，仍是低落的，仍要大大振興，甚至復興，使更多人知道這生命的輪迴過程。」

我說這段話，安安很清楚，所以她心有同感，她也想對佛法有更深入的理解，才決心到普陀山求法。

初到普陀山這幾天，我們發現另有特別節目。原來中國浙江省舟山電視台拍攝「普陀山古樹名木」專題影片，該片採取「以史帶樹、以樹帶寺、以寺顯樹」的創作方式，透過樹與普陀山、樹與寺院、樹與僧人，以及普陀山在保護古樹名木、建設生態景區，反映普陀山悠久歷史文化和濃厚綠色文化的氣息。也反映古樹名木在普陀山這座自然奇山、文化名山、宗教聖山、觀音道場的影響和地位。

隔日，我們聽說該攝製組已在普濟寺、法雨寺、佛頂山、紫竹林、西天等景區，拍攝上萬鏡頭。最引人入勝是觀世音落足處落迦山和講法處紫竹林，這兩處真是靈山勝境，不同凡俗，奇花異草，生偏四周，靈鳥迎人舞蹈歌唱；而紫竹林中，霞光雲彩，萬縷幽香，合成千般瑞藹，真是人間仙境，是我和安安親往見證的奇幻異景，筆墨不能形容。

說到這裡的樹種，更是珍貴，有大香樟、羅漢松、蚊母樹、古柏、銀杏等六十六種，許多是千年以上高齡。最珍奇是有地球上僅存一株的普陀鵝耳櫪，是普陀山的「鎮樹之寶」，也是得天獨厚的資源。

還有，我和安安算是好緣有好運。這幾天正是「第九屆中國普陀山南海觀音文化節」，就在普陀山，世界各地的中國人（含台灣）都包機來參加朝山等活動。整個盛典由舟山市政府、普陀山管委會和佛教協會承辦，觀音文化節活動還包括福建漳州和遼寧大連，兩地舉行的「觀音齋宴」、兩地香客「普陀落迦」海天佛國自在旅遊。就在第三天上午有一段節目我和安安都參加了，原來因緣際會我們碰上「台灣高雄台南普陀落迦朝山團」，格外感到親切，團長叫陳旺來，正好是陳水扁的同鄉。大家很快變成朋友，無所不聊，起先我們感到意外和納悶，覺得「高雄人、台南人」怎麼可能來中國朝山。那陳先生看出我們的疑惑，就爽朗的說：

「其實大家誤解台南人和高雄人，搞台獨不承認自己是炎黃子孫，要去中國化的，是極少數的，都是一些頭腦不清醒搞不清狀況的人。你看我們不都很正常嗎！」

大家笑的腰都彎了，安安呼應說：「是啊！那只少數人，世上總有例外嘛！」

台灣團的「點亮心燈」、「傳燈祈願法會」，是由普陀山全山寺院方丈戒忍和尚主持說法、點燈。一連幾天，還有普陀山文化論壇、普陀山書畫院成立及「心中觀世音」的紀錄片首映。但我們沒有全程參加，因爲第五天我們臨時報名參加一場法會，晚上聽觀音法門演講及座談會，發現有不少老外、不同膚色的人參加，似乎佛教已成國際性宗教，這是好現象。

「楊枝淨　水　遍洒三　千　性空八德利人天　福壽廣增延　滅罪消愆　火燄

化紅　蓮　南無觀世音菩薩　摩　訶　薩　南無觀世音菩薩摩訶　薩　南無觀世音菩薩摩訶　薩」

這是「消災祈福法會」起頭，唱的「楊枝淨水讚」，一次唱有一次的感動和感應。法會項目依程序接下來是「開經偈」、「觀世音菩薩普門品」、「大悲咒」、「觀音菩薩偈」、稱念「觀音聖號」、「三皈依文」、「觀音大士讚」及「回向偈」。全程時間約兩小時，經文內容大家未必懂多少，但許多人深受感動，想要痛哭，想必是與菩薩接心有了感應，尤其喝「三皈依文」：

「自皈依佛　當願眾生　體解大道　發無上心　自皈依法　當願眾生　深入經藏　智慧如海　自皈依僧　當願眾生　統理大眾　一切無礙」

這種唱誦，也讓人感到任重道遠，「發無上心、智慧如海、一切無礙」是怎樣的境界？法會最後有一高僧開示，他講「觀音法門」，先引一段楞嚴經觀音圓通法門：

爾時觀世音菩薩・即從座起・頂禮佛足・而白佛言・世尊・憶念我昔無數恒河

沙劫。於時有佛出現於世，名觀世音。我於彼佛發菩提心。彼佛教我從聞思修，入三摩地……

高僧開示說，觀音菩薩向佛報告心得，稱從聞、思、修（聞聲、思惟、修證）三階段去修持，證入如來的正定三昧，就能達到耳根完全清淨，不起分別。先把握觀音法門，慢慢向內聽聲音，及至一念不生，定力自然增加，念頭自然靜止，到此刻，道體自然呈現，十方世界（整個宇宙虛空）立即洞澈圓明，豈止是天人合一，完全圓滿清淨一體了。

當高僧開示時，室內的千人竟完全清淨無聲，連飛蚊都聽到。高僧續繼說，修持到這個境界，可獲兩種殊勝功能：其一上合十方一切諸佛，自性真心與過去一切聖賢諸佛，心心相印，同具有大慈大悲的願力；其二下合十方一切六道眾生（天、魔、人、畜生、餓鬼、地獄），與眾生心慮同體。故與一切眾生同樣具有悲天憫人的心懷，不分上下。

法會結束後，晚上另有演講和座談會。內容太多，不一一記述，倒是座談會盛況空前，有老外和其他教派人士參加，主持者是一位叫「不空」的老和尚，據說是一位國際知名高僧，通英、德、法三國語文，專在歐洲宏法，這回專程到普陀山主持多項會議。就在座談會快結束時，有一中年男子用英文發問，不空老和尚也用英文回答。經現場同步口譯，其大意如下：

中年男子問：我叫約翰，來自法國，我研究世界各國宗教至少二十年了，我始終在懷疑佛和上帝有什麼關係？求大師開示。

不空和尚答：這確實是嚴肅的問題，別說二十年，就算一輩子才弄懂也是值得的。我長話短說，分三部份簡答：

第一、從信仰上來分辨：信上帝的人說上帝是造物主，但這觀念漸漸有改變了。因爲教宗已承認達爾文的進化論，上帝恐已非宇宙和一切生命的創造者。但佛教不認爲佛陀是造物主，宇宙和生命的形成是一種因緣關係，即是無常，科學界已證實過。

第二、從證境上說：上帝是天的統領者，雖福報、智慧和力量比我們高，並未脫離生死輪迴，仍會死亡。而佛是完全智慧覺悟的人，是已經脫離生死輪迴的人。

第三、道教的「玉皇大帝」是欲界第二天的天帝——釋提桓因。基督教（含天主教）和回教的上帝，都是欲界第六天的天帝，第六天有兩層，下層是基督天國，上層是回教的天國。

據佛經所說，很多菩薩會示現各地區各教派的天帝（或合該信仰的稱謂），方便保護、教化眾生。不空和尚說完，問那發問者道：

「約翰先生，這回答滿意嗎？」

他起來說：「謝謝。」

「還有其他問題嗎？」不空老和尚環視全場，又說「爭取最後一位發問。」突然一中年女子起立，用德文說，不空和尚也用德文回答，經現場口譯大要如下。

中年女子問：我來自德國，叫俾斯美麗爾，學的是物理，請問天堂、地獄和極樂世界有沒有更清楚的概念界定？

不空和尚答：大科學家愛因斯坦曾說，世間各宗教唯一經得起科學檢證，只有佛教，因爲佛教也是證悟和實踐的宗教，當然有明確的概念界定。佛教的宇宙觀分「三界」、「二十八層天」，三界是欲界、色界和無色界。

首先是「欲界」：有男女淫欲、飲食或享樂等各種欲求，由下而上又分六層天，常行善者到欲界天，這裡的眾生都沈迷在感官快樂中。

其次是「色界」：共十八層天，這裡的眾生沒有一般欲望，但仍有色身存在，修習禪定可到色界，包括修世間四禪所生的有十二層天，外道修無想定所生有一層天，佛教修聲聞法的聖者所生之處有五層天。

第三是無色界：共有四層天，也是修更深的四種禪定而生，這裡的眾生沒有色身，只有意識的存在。注意！這二十八層天（或天堂）的眾生，仍在六道輪迴之中。

但「極樂世界」則永遠脫離六道生死輪迴，生到這裡的人也沒有生老病死。一切生活必須品只要起心動念就自然出現。這裡是阿彌陀佛的大悲願力所建立的清淨國土，專供修行，故稱「極樂」。

所謂「地獄」，是隨眾生所造的重大惡業，而變現出來令受業報的地方。所有地獄景像，都是眾生自己業力所呈現，令自己感受刑罰之痛而已。

不空和尚答完，問那女子滿意否？那女子微笑稱謝，老和尚宣佈明後天的重要活動即結束會議。

以上是我和安安初到普陀山約一星期的體驗記錄，爲求法而來，其實尚未入門。只能說對普陀山初到的一些了解，因緣際會碰到觀音文化節，但我們期待的是與法雨寺幻雲大師的會面，再做有計畫的安排。

21　紫竹林中聽經聞法　到無色界面見蔣公

二〇一一年三月七日上午九時，我與安安在普陀山法雨寺面見幻雲大師。

這是早已經空靈長老和行雲大師介紹，好不容易到法雨寺面見幻雲大師，我與安安未來在普陀山的修行，都希望得到他的幫助。因爲大師出關後，忙於「北京國際佛教論壇」事務，此行暫回普陀山參與觀音文化節，數日後又將回北京，再到歐洲弘法。

只有大約一小時的見面談話時間，客套話就不贅言。大師安排我們分別住男眾和女眾部客房，三、四、五月，有各類研習營、講習班、法會、禪宗和臨濟宗研習會、觀音法門專修、禪淨密共修……選擇項目很多。有的法雨寺主辦，有與別寺合辦，大師要求我們把握時間和因緣，必有精進。

到了七月，有短期出家研修營，大師讓我們參與，也試試自己的適應度，進一步體驗真正出家人的生活。很多事情「想要」和「實踐」是兩回事，而「實踐」和「完成」

有天壤之差，「完成」和「圓滿」更有境界的高低。惟有發心、發願，才能圓滿完成。這是大師對我和安安的簡短開示，也是期許。

就這樣，我和安安分別住進男、女眾寮房，一個研習接一個研習，再也沒見過幻雲大師，只有他的弟子約三十歲的哈佛大學法學博士明光法師協助行政支援，偶爾來看我，轉達師父對我和安安的關心，並說師父去歐洲要八個月再回普陀山。我則專心研習，或在紫竹林參加法會。

我和安安在這三個月，極少有碰面閒聊機會，沒想到佛門功課真多，經藏浩翰如海。有些課程男眾女眾同堂上課，有些法會也是共同參與，有幾回我們距離很近，她看到我，我也看到她，相視微笑，但那笑意如玫瑰花，眸光如秋水，依然讓我動心。

每次在可見的距離內，兩雙眼神碰觸，依然「放電」，而每回我趕快收回視線，收回念頭，專心聽經聞法。在一次講習班結束的放假日，我們終於有機會兩人私下一起到處走走，聊到這種容易「動心」的情形。安安說：

「這是身心不夠清淨，念六字真言有用。」安安說著，她停了一下，看看我，接著說：

「唵嘛呢叭咪吽，最高功能可斷輪迴、出三界、證聖果，此咒神妙殊勝，不可言喻，無論男女老幼富貴貧賤都可念誦，不分時空皆可。能一心不亂，身心清淨，只要發心，至誠皈依觀世音菩薩，心緣一境，必與菩薩有感應。」她侃侃而述，裊裊道來。

我也補充說：「是啊！念這六字真言，即是念觀世音菩薩，即是念阿彌陀佛，亦即是念十方三世一切諸佛。但要身、口、意合一，必須與菩薩等無二，然後可說是一心直指，即身成佛。」

短暫的私下閒聊，她讚美我大有精進，我說她「士別三日，刮目相看」。總之，這三個月的活動歷程真是很多，真要全記錄下來，恐怕百萬字也寫不完。我要寫下來最特別的體驗，是六月中旬時，在紫竹林參加一項「淨土念佛會」，我和安安都參加了，竟然我們同時進入一個「境界」，我們不清楚是否叫「禪定」！

一個晚上七點，大眾雲集……全體唱誦「爐香讚」，爐　香乍　爇　法界蒙　熏　諸佛海會悉遙聞　　隨處結祥雲　　誠意方殷　　諸佛現全身　南無香雲蓋菩薩摩訶　薩……

「爐香讚」是很懾心的一段唱誦，我的位置正好排在禮堂的正中央，與觀音菩薩金色坐像正對著。我眼觀鼻，鼻觀心，兩眼微閉，專心唱誦；有時心念亂跑，兩眼張開向前直視，發現觀世音菩薩慈眉善目看著我，似乎叮嚀我不夠專心，我心頭一震，聽到引導的法師清楚說：

「跪——拜——起——」我行禮如儀，跟著跪拜。大廳內寂靜無聲，右半部是男眾，左半部是女眾，我知道安安也在女眾的某一角落，我很想轉頭掃瞄一下，看看她。此刻，引領的法師唱「佛說阿彌陀經」，大眾也跟上唱：

「如是我聞，一時佛在舍衛國，祇樹給孤獨園，與大比丘僧千二百五十人俱，皆是大阿羅漢，眾所知識。長老舍利弗，摩訶目犍連，摩訶迦葉……」

「佛說阿彌陀經」頗長，要很專心加耐心，但我思緒如萍，似隨風飄來飄去，有時還唱錯了，許久，終於唱到「一切世間天人阿修羅等，聞佛所說。歡喜信受，作禮而去。」表示經文唱完，接著片刻，聽到引領法師說：「坐——」，即「禪坐」之意，又說「坐姿調好」，眾人調整坐好，又是一片寂靜，我用「半跏坐」。又過片刻，有和尚起誦「南無阿彌陀佛……」

大眾跟隨，也一起誦念「南無阿彌陀佛、南無阿彌陀佛、南無阿彌陀佛……」

音聲平和莊嚴，數百男女眾人齊誦「南無阿彌陀佛……」，音量隨著引領的和尚唱，一陣高，一陣低，我謹記之前講習老和尚指導修行禪坐要領，調息、調心、觀想，做到「無雜念、無念頭」，就能進入虛空寂靜的境界，與菩薩接心。所以我專心念佛，此時佛號改成「阿彌陀佛」……

音量提高了，「阿彌陀佛、阿彌陀佛、阿彌陀佛、阿彌陀佛……」似乎念了很久很久……

不知過了多久，我眼前突然出現一道閃光，彷彿進入一個時光隧道，在虛無縹緲間浮沈翻飛，而極遠的前方有某種絪縕吸引我。過程也似乎短暫的，我出現在一個雲霧瀚漫，但遠處有停台樓閣且有微光爛縵的地方。此刻，我意識清醒，心想是不是入定了！或到了那一個世界！這裡簡直是仙境，一個完全不同於人間的「境界」。

更神奇的，安安竟也出現在我眼前，她如往昔那般燦爛的笑容，把這仙境粧點的多幾分活潑喜氣，我更是心花怒放。雙方喊著彼此的名字，然後就擁抱在一起。但就在這時，不遠處隱約有二人，由遠而近飄來，當到近處一看，讓我和安安大吃一驚，非同小可，竟驚的說不出話來，對方先開口說話：

「兩位有情人是千年奇緣才能到此一遊啊！」

誰曉得我和安安到底碰到誰？說了你絕不相信，是活生生的先總統　蔣公和永遠的第一夫人蔣宋美齡女士。我一則吃驚，一則緊張。還沒有回話，尚未回神，大概　蔣公看出我的緊張，乾脆讓我吃「鎮靜劑」說：

「眾生平等、凡聖平等，我們現在是平起平坐的。」當蔣公這麼說時，現場立刻有一組看似珍貴的中國式桌椅示現，四人也很自然的坐下。但我和安安又立刻起立，向蔣公和夫人行禮，並說：

「蔣公、夫人好，不知道這是什麼地方？」

蔣公簡答說：「這裡是無色界，第二十七層天。」

我和安安同時驚訝說：「原來如此，我知道了。」

夫人也微笑說：「你們都了解喔！二位是奇緣啊！」。夫人也解釋說，她和蔣公離開人間後，分別到了這裡，至於所謂篤信基督，全是爲和西方人打交道並取得美援的權宜之便，我們信念和業力堅定，所以脫離色身，很快進到「無色界」，這裡便是天堂了。

蔣夫人所言，我和安安完全理解。但我最想問　蔣公的是他未完成的事業「反攻大陸」，是否還牽掛著？我終於較能以平常心（或平等心吧）提問：

「報告　蔣公：您還牽掛著反攻大陸嗎？」

「我的責任已了，中國大歷史有一定的走向，現在馬英九和胡錦濤不正向統一之路走嗎？我和美齡天堂享清福，不須要煩惱這些了，事實上現在也算反攻大陸了。」蔣公輕鬆的回答，一會兒，他又補充說：

「你們也別再向我報告了，我聽了一輩子報告。」

我和安安相視點頭微笑，安安比我更能放輕鬆，她卻頑皮的問說：「老愛惹你生氣那個毛澤東，現在在那裡？他是不是去到地獄了？」

我正奇怪安安問這問題是否失當？蔣公卻說：

「問的好，那位毛主席啊！他對中國統一，對抗西洋強權入侵依然有功，也算對得起國家民族了，所以他也在無色界第二十五層天，政治鬥爭已是人間事，無關我們在天堂喝茶聊天，他也常來拜訪我……」

蔣公說著、說著，當他說到「他也常來拜訪我」時，大家眼前即刻示現毛澤東，我禮貌的說「毛主席好。」

他回答：「好，大家都好，我們雖不管人間事，但台獨份子分裂祖國叫人不安，陳水扁雖已了結，還有幾個，這些人是新黑五類……」

蔣公打斷他的話說：「老毛啊！你沒聽李登輝、陳水扁他們都說，台獨是搞假的，幹嘛老愛把人打成黑五類，再說搞台獨分裂國家，這種大罪自有因果輪迴機制處理，比你的黑五類有效多了。」

毛點頭說：「對啦！但怕他們搞假成真。」

蔣公又說：「放心，他們沒那個能耐。」

大家在無色界聊著統獨問題，蔣夫人也認爲不須多愁，因搞台獨分裂國家民族、漢奸、敗類，不僅得一身臭，最後都去了地獄，不信你們看看秦檜、汪精衛、陳水扁等人，現不在地獄煎熬嗎？蔣夫人這麼說著。又啓動安安的好奇心，問蔣公說：

「西安事變綁架你的張學良在那裡？」

蔣公正要說，毛主席卻搶著說：「那政治白癡啊！我得感謝他哩！當年他送老蔣到西安機場，還說要送到南京，老蔣叫他不要到南京，他要去，到了南京老蔣和他都身不由己了。公子哥兒老搞不清狀況。」

我向蔣公求證說：「蔣公是叫他不要到南京嗎？」

蔣公說：「是啊！去了就一切都身不由己了，形勢比人強啊！他一錯再錯，自己陷自己於死地之中，還好啦！至少他對中國統一也有功，現仍在欲界浮沈。」

因果輪迴卻實公平而可怕，但不以人間事功的成敗爲依據。例如，孔明在世曾發動五次北伐行動，企圖完成中國統一。鄭成功收回台灣準備北伐，眼前蔣公的反攻大陸大業也未完成，另外岳飛、文天祥等不都是嗎？當大家聊到這些民族英雄，他們都一一示現在現場，一時熱鬧了起來。反而是秦檜、陳水扁些人，自己以爲大功告成，卻逃不了下地獄的因果判決。

正當大家聊著天堂地獄的事，我本想向岳飛、文天祥請教他們的歷史疑案。蔣夫人正好也開口說話，且直指我和安安，我倆趕快樹起耳朵聽，她說：

「你二人的組合是一種奇緣，以你們的修行和功德，照理是到不了無色界的，你們到此只是極短暫的停留，但因你們的奇緣中帶有使命，應仍有機會參訪地獄，最後把你們在天堂和地獄所見，向世人宣說，只可惜……」

蔣夫人語帶保留，似乎不好說。蔣公就直說：

「你們兩個要在人間修行很久，也可能游走於三界，很久以後才會到天堂永享清福，除非有很大的功德福報或因緣……」蔣公說到這裡時，門口的金童玉女來報，說是唐太宗、明太祖和包青天來訪……

而此刻，我眼前景象立即消失，聽到大眾念著：

願生西方淨土中　九品蓮花為父母
花開見佛悟無生　不退菩薩為伴侶

我意識回神過來，片刻，聽到上座的長老開示，我一面想著剛才的情境，想著安安和我到了無色界，一面也聽著：

「大家好好奉行觀自在菩薩的教法，觀照這個色身色法同性空的關係，道體自然呈現，十方世界立即洞澈圓明……」

但我似乎也不專心聽講了……因我急著等法會結束，利用空檔找安安求證這段「無色界」歷程。

「恭送和尚。」大眾齊誦。

和尚的聲音傳來，清澈如下的三個字：「不相送。」

法會結束後，我利用放香時間，找到安安，一碰面看她的微笑便如「靈山拈花」，全都了然於心，但我們心頭有些沈重是蔣公那段話，安安最後安慰說：

「蔣公說的也不是定論，他也說功德福報可以改變，因緣就可能改觀，所以我們要用功。」

我答：「是啊！要用功。」

因爲我實在太久沒有私下與安安獨處聊聊，在我強力要求下，不顧後面的功課，到外面散散步，我們走在光明池、潮音洞之間，訴說這幾個月對她的想念。

二人也相互共勉，絕不動搖求法之心，並決定參加不久後的「短期出家研修班」，試試自己能耐。

晚上，我和安安利用時間找到明光法師，他雖年紀青青才三十幾歲，又是哈佛博士，但如今已是佛門龍象。我們向他說明法會時進入的情境，他說這是很難達到的境界，他修行十餘年仍未達到。因爲要通過色界十八重天（即二十七重天），名叫「無所有處天」，普陀山高僧證實過，便是他師父幻雲大師。

對我和安安能到無色界，明光法師認爲比較不像禪定，他最後說了一句頗讓我們疑惑的話：

「禪定是完全的內修內力，其間必有外力介入，真是奇啊！」

事後，這個疑惑老在我和安安心中打轉，「外力」指的是什麼？或是誰？誰要我們去無色界？用意何在？？？而 蔣公那句話，「你們兩個要在人間修行很久，也可能游走於三界……」他在說什麼？他怎會知道我的未來？他除了是「蔣公」，他又是誰？而我又是誰？疑惑越來越多……還好，安安是一顆「定心丸」，她說：

「別煩啦！放下吧！船到橋頭自然直，專心修行，好好準備短期出家研修營的功課，答案該出來時自然自己現身。」

「對，大師不常說活在當下嗎？當下是用功的時候，就專心用功。」這一想，我頓覺心海寬闊，精神清爽。

22　地獄參訪實況簡報　貪腐搞獨地獄招感

「動作快，跟上隊伍，不准回頭看！」黑、白無常例行公事，一臉陰森森毫無情感的語調，我看四周人群至少五十之眾，男女老少都有，老者居多，大家都默默無言，跟隨隊伍前進。

我跟在一個年青人後面，隊伍在荒山小路走了很久，之後經過一座橋，橋墩兩旁寫著「奈何橋」，再不久到了一座宮殿式住宅的大廳，廳中一張桌子放著牌子寫「點收官」，黑白無常把帶來的人一個個點交給他。接著輪到我，那點收官問：「你的飯呢？」

這時我才發現別人手上都端一碗飯，我卻空手，於是回答：「什麼飯？」

點收官說：「當然是你的腳尾飯。」

「……我……」我一臉茫然，說不出話來。

此刻，附近另有一官員立即過來說：「你時間未到怎麼來了，快送他回去。」又有一服務員原路送我回來，過奈何橋時我心驚念著「心經」：觀自在菩薩，行深般若……

這一念，人便醒了過來。

這是我最近做的第二次同樣「夢境」，我不確定是不是夢？或潛意識活動！或其他象徵意義。正好有一法師是精神科醫師出家，有心靈精神科學背景，我請教他，他說佛洛依德的潛意識和夢的解析，早在一九六〇年代就被推翻了，當代精神科學的重點在腦部，是一種腦部「不平衡」的現象。

這位法師醫生叫證岩，年約六十開外，竟然是台灣高雄人，早年曾從事「巫醫」。但他也從佛法角度解釋，認為可能有「不可思議」的力量牽引著我，或「日有所思夜有所夢」也是合理的解釋。

所幸這夢沒有出現第三次，久而久之，我也就算了。七月中我和安安依原計畫參加短期出家，這個班隊的全銜是「普陀山二〇一一年第三梯次短期出家研修營」，時間從七月十七日到二十七日，為期十天。

七月十七日晨六時，在大堂「雲居樓」出家典禮，男女眾合約千人，真是盛況空前。我的法名「本肇居士」，安安法名「易安居士」。

大眾雲集——禮佛三拜——迎請和尚——爐香乍爇，法界蒙薰……南無本師釋迦牟尼佛（三稱）——般若波羅蜜多心經……

和尚問：諸善男子善女人，我今有話問汝等，汝等要一一如實回答。汝等善男子善女子，今天自願發心皈依佛，以佛爲師，盡形壽不皈依外道天魔，汝等能做到否？

大眾答：能。

……

和尚問：諸善男子、善女人，汝等既已出了家，並發了大願，當於戒期中，嚴守戒律，認真學習威儀規矩，來朝再爲汝等秉宣授戒，汝等能依教奉行否？

大眾答：依教奉行。

……

恭送師父回寮——禮謝諸位引禮師父頂禮三拜——。

一小時的出家典禮圓滿完成，此後的時間全天功課滿滿，連續十日，早齋、晚課、講戒、懺摩、禪習、修持、讀經、演禮、禪淨修持與觀音法門，乃至中國佛教發展史、名相釋疑等，沒有一分鐘是閒著，若要把這十天做完整的記錄，可能要幾十萬字。所以這部份省略不記，畢竟講經說法也很枯燥，我要寫的是第九天晚上「地獄參訪記」，我終於對自己的「天命」知道了一些。

第九天的晚上，已開大靜（佛門用語：就寢）一段時間，我已快昏昏入睡，在朦朧之境，眼前一道微光，觀音菩薩示現，她慈悲如母親的聲音說：

「本肇，你去了兩回都不得入門，因緣時機未到。現在我已知會地藏菩薩，他會發給你倆『地獄參訪特別護照』，要把護照掛在胸前，可在各層地獄通行無阻，並得應有的禮遇，你們去吧！完成你們的天命。」

……

現在正經過一個荒山小徑，四周閃著青綠幽光，我和安安跟隨黑白無常所帶領的隊伍，一路前行，不久經過一條河，河水似幽幽泣鳴，旁邊牌子寫著「幽明河」三個大字，另一行小字標示「不回頭河」。

隊伍中每個人都沈默不語，看得出心情沈重，黑白無常不時吆喝著，但對我和安安卻很客氣，想必是「特別護照」的關係。不久又到了「奈何橋」，大約是黃昏前吧！隊伍停在「閻羅王城」城門前，早有兩位官員迎接我和安安說：

「代表地藏菩薩歡迎二位，一路辛苦。」陰森的臉上有一絲笑容，但四周景物依然陰黯森嚴，氣氛依然詭異陰冷。我們被引導進入一個寂靜而有微弱光線的通道，片刻到一個類似「簡報室」的空間坐定。

四下無人，官員也不見了。我和安安正襟危坐，屏住氣息、等待，又片刻，正前方出現幻影，然後有聲音：

「地——獄——簡——報——」聲音緩緩傳出。因簡報冗長，有地方影像和聲音不清楚，我和安安並未能全記住。以下只是部份的「地獄簡報」記錄，虛線表示中間有漏或不清楚。算是我和安安二人，事後的追記：

……

聖女又問鬼王無毒曰：地獄何在？無毒答曰：三海之內，是大地獄，其數百千，各各差別。所謂大者具有十八，次有五百，苦毒無量。次有千百，亦無量苦。……

若有眾生不孝父母，或至殺害，當墮無間地獄，千萬億劫，求出無期……種種造惡，如是等輩，當墮無間地獄，千萬億劫，求出無期……

摩耶夫人重白地藏菩薩言：云何名為無間地獄？地藏白言：聖母！諸有地獄，在大鐵圍山之內，其大地獄有一十八所，次有五百，名號各別，次有千百，名字亦別……獨有一獄，名曰無間……拔舌耕犁，抽腸剉斬，烊銅灌口，熱鐵纏身，萬死千生，業感如是……

又五事業感，故稱無間。何等為五：一者，日夜受罪，以至劫數，無時間絕，故稱無間。二者，一人亦滿，多人亦滿，故稱無間。三者，罪器叉棒，鷹蛇狼犬……苦楚相連，更無間斷，故稱無間。四者，不問男子女人……罪行業感，悉同受之，故稱無間。五者，若墮此獄……除非業盡，方得受生，以此連綿，故稱無間……

無間獄外，有阿鼻地獄、有飛刀地獄、有夾山地獄、有鐵牀地獄、有剉首地獄、有千刃地獄……拔舌地獄、剝皮地獄……

仁者，如是等報，各各獄中，有百千種業道之器，無非是銅、鐵、石、火。此四種物，眾業行感。

……

以上是「地獄簡報」的部份內容，漏掉很多，事實上這些內容我都清楚，「地藏菩薩本願經」白紙黑字寫著。參訪地獄的目的是要看「實景」，是我倆代表世人來「驗證」，我轉頭在安安耳邊輕聲說我的不耐煩，安安也輕聲細語回話說：

「少安毋躁。」

當安安一說完這句話之同時，前面影像即消失，稍微有微弱光線，但仍是陰森森的感覺，沒有相當修爲定力的人，早已嚇的六魂無主。片刻，現一年青女子，臉色陰青，面無表情說：

「請——隨——我——來——參——訪——十——八——重——地——獄——。」

當她說完，我和安安起身隨她進入各層地獄，因爲地獄實太多太廣闊，如無間地獄、阿鼻地獄。於是我們只好參觀一般世人最常聽到的十八地獄，以下是此行地獄參訪簡記。

十八重地獄乃阿鼻地獄所附設，先入第一重地獄名「光就居」，這裡的人成天砍殺，不論怎樣殺、殺、殺，都不死，無休止的互相撕殺，遍地到處是血。第二重名「居虛倅略」，這裡的慘和苦是一重獄的二十倍，再入越深重越是悽慘痛苦，刀山油鍋破肚難以形容了。第三重「桑居都」、第四重「樓」、五重「房卒」、六重「艸鳥卑次」、七重「都盧難但」、八重「不盧半呼」、九重「烏竟都」、十重「泥盧都」、十一重「烏略」、十二重「烏滿」、十三重「烏藉」、十四重「烏呼」、十五重「須健居」、十六重「末都乾直呼」、十七重「區逋途」、十八重地獄名「陳莫」。

這十八重地獄中，每一重分別又有十八隔，從寒冰獄到飲銅獄止，共有三百四十二隔。洽巧我們在十八重獄「陳莫」，看到陳水扁仍慘叫著「我沒有罪」，慘不忍睹啊！當然也看到歷代惡人如趙高、秦檜及早年一些「台獨健將」。我們問看守的獄卒：

「關這麼久，刑期何時結束？」

那獄卒手握一把冷亮的利刀，準備割趙高的肉，冷冷的說：「千萬億劫，求出無期。」一聲慘叫——。安安壯膽問那年青女子導覽員：

「這算世間最重的罪嗎？」

她稍加解釋，意思說極度貪婪、腐敗、分裂族群造成對立撕殺，給人民帶來苦難，是重罪中的重罪，都在這裡，所以，包含發動侵略戰爭的倭奴國東條英機、山本及其天皇也關在這裡，就在十八重獄的第九隔，問我們要不要去，我們說不用了。

倒是有個意外的節目可以看，導覽員說是自由時報林榮三、吳阿明，貪污者陳水扁，還有幾位自稱是「台灣教授協會」的教授，他們在各地獄中轉來轉去，關了很久。最近「幽冥道德重建院」從十方各界，請來他們的前代祖宗，希望能啓蒙他們的不孝子孫。我們是臨時到的，其他的啓蒙儀式都結束，只剩陳水扁的啓蒙儀式正在進行，我們進入重建院後排椅子坐下，大堂之上高坐八位長老，字幕標示他們的背景，都是陳水扁的前代祖宗，而陳水扁跪在大堂正中央，八位高祖分別是：

第7代高祖　陳雨中　來自極樂世界。

第9代高祖　陳水番　來自色界第九重天。

第15代高祖　陳水林　來自色界第廿一重天。
第17代高祖　陳霜石　來自色界第八重天。
第18代高祖　陳水森　來自欲界第五重天。
第40代高祖　陳冰冷　來自欲界第五重天。
第46代高祖　陳水運　來自無色界第廿五重天。
第54代高祖　陳水花　來自無色界第廿六重天。

儀式可能已進行一陣子了，現在陳水扁仍跪在大堂中央，頭低的快要垂到地上。第54代高祖陳水花打破暫時的沈默說：

「阿扁呀！剛才老祖宗們講的陳姓來源，怎樣從大陸到台灣？你聽清楚了沒？」

「聽清楚了！」阿扁的聲音，細若游絲。

第46代高祖陳水運似不放心，對阿扁說：「你一定要對自己的來源很清楚，」思索片刻又說：「我們是中國古代聖人大舜的後裔，有幾千年光輝的歷史，血緣和文化不能忘知道嗎？」

「知道。」

終於第7代高祖陳雨中說話，他做結論：「我們的愛孫阿扁，不論你做了多少壞事，誠心改過都來得及，還是我們的子孫，炎黃子孫無法改變，啓蒙你的心智也是我們身爲祖宗的責任。儀式這麼久了，你很辛苦，今天就結束吧！」才說完，來了兩個獄卒帶走阿扁。

最後那年看女子導覽員說我們快沒時間了，帶我們看無間地獄的附屬機構「閻浮未來地獄」。關進這裡的罪人，說滿亦滿，說不滿亦不滿，事實上空無一人，因爲這裡的「人」尙活在人世間，隱約中有人像閃爍，是那人在世間的行爲感應出來，壞事做多感應很強烈，死後必因業招感前往各地獄報到。

仔細看，還真是「像滿爲患」，再仔細看，天啊！人像旁有姓名，很多是我們知道的。如莊國榮、謝志偉、李登輝、余天、路寒袖、陳菊、杜正勝、謝長廷、葉菊蘭、李遠哲、李鴻禧、游錫堃、呂秀蓮、辜寬敏……真是看不完，當然陳水扁家族中污錢的也在這裡。

據這位導覽員說，影像示現只是一種警告，若當事人在陽間又幹了好事，影像又會消失。例如許文龍原先也有，後其言論有利族群和諧，故影像人名具已消失。最奇的是馬英九講「任內不談統一」，他便因業招感，影像便在這裡顯現，後來全面啓動三通，對人民有利，影像又消失。

我們又看到了一組很奇怪的影像，是美國布希、英國布萊爾、日本石原……這些外國人為何也來了？導覽員說國別教派只是陽世人們的區分，陰界是不分的。試問，同樣的罪惡，因不同國別或教派，就不須下地獄，還有一點道理嗎？

說的也是，我們本有更多問題，但導覽員說時間已到，晨四點前要送你們過奈何橋，五點前要過幽明河，否則護照失效，你們便回不去了，後果很嚴重。

年青女導覽員一路送我們出境，她現在看起來已不那麼陰冷漠然，想必是有緣相處的情份吧！一路也聊著，原來她在陽世姓張名美麗，也是當導遊的……

到奈何橋……過幽明河，到河岸我和安安正想向她說謝謝，她卻已無影無蹤。我牽著安安的手，晨風涼爽，向遠處的燈光前行。

「邦——邦——邦邦　邦——邦——邦邦……」打板信息，叫戒子們起牀，「準備早課」是引禮法師傳來的聲音。我又回到陽間，地獄情景記憶如新，短期出家今天結束，現在我更清楚自己的天命了。

23　塵緣難了逐回台灣　過時空二〇七九年

二〇一一年八月五日黃昏，紫竹林前。

短期出家研習營功課之緊湊是有名的，從早晨五點，到藥石、晚課、開大靜，通常已是晚上十一點多了，真是無片刻閒著。

幸好，研習營結束有幾天空檔，但也不是完全自己可以運用，有兩場法會要參加，有普陀山全山寺方丈戒忍和尚在祈願點燈說法。至少可以有空檔輕鬆一下身心，更重要也是我心中所想，可以和安安多見面，聊聊天，一起散散步。

今天下午，我們相約去看了地球僅存一株的普陀鵝耳櫪，真是驚爲神奇，爲什麼地球上僅存一株？爲什麼就在普陀山，「緣起法」吧！

此刻，又是黃昏，我牽著安安的手在紫竹林前眺望岬谷，這段難得的空閒，我們除參與法會和聽大師講法，偶爾也躑躅於岬谷附近，不同於白天的海天一色，現在是夕陽霞光萬道，波光對海面的反射，成淡彩瀲灩的蓮花洋。若從光明池、觀音眺望出去，則可遠觀洛迦山，正是觀音菩薩初到普陀山的落足處。

兩人手牽著手，靜默無語，賞這黃昏美景當是無言勝有言，又晚風徐來，心情舒爽。不遠處有零星是遊人在曖曖晚霞之中，越來越朦朧。我突然問起一句話：

「安安，現在妳心中在想什麼？」

「想——……」她聽我突然一問，腳步停了下來，抿著嘴笑，只說一個「想」字，支唔一陣然後說：

「你猜猜。」

我說：「猜不到，說說看，和我想的一樣不一樣。」

「我想——」她又躊躇一下，說「我正在想著觀音菩薩初到普陀山時，這裡是什麼景像？還有，她爲什麼選擇來普陀山。」

「是嗎？」我回答：「看妳說的臉不紅氣不喘的！」我是有意逗弄她，在這寂靜的二人世界，心靈相通，就是一種享受。

她反應也快說：「現在已經這麼昏暗了，你也看不出我臉紅，我們輕鬆散步當然不喘。」

她果然理直且佔了上風，得意的笑說：

「那你在想什麼？也說來聽聽嘛！」

我說：「妳猜。」

「猜不到。」她直接了當擺明不猜謎語。

這時已天色昏暗，只見遠處燈光，我倆雖面對面站著，卻已看不清楚對方表情。我兩手搭在她的香肩，感受到她肌膚的細膩柔軟，聽的到她均勻的呼吸，我輕聲說：

「我想妳。」

她嘟起嘴巴，一本正經說：「最近我們常碰面，有什麼好想的，現在不是一起嗎？」

我加重語氣，再說：「現在我想妳，想要吻妳。」

她支唔一下：「這──不好吧！」聲音輕細的我快要聽不見。

我擁她入懷，吻她，起初我感受到她半嬌半倦的矜持，那股半推半就的猶豫，維持不到三秒鐘，情緒已然潰決而緊抱著我，把櫻唇張開，把丁香送上。

慢慢的，輕輕的，柔柔的吻著，雙方都沈浸在無我的享受中，一股暖流自口舌傳到彼此的心海。蒼穹不語，大地無言，就這麼自然發生著，這是怎樣的情境？又是怎樣的境界？又要怎樣解釋？不須解釋吧！一朵花開要解釋爲什麼開花嗎？我不會詮釋！花也不會。

啊！多久了？自從今年「二二八」上普陀山，有多久沒有這麼深入品嚐這株世間奇花，假如這株極品奇花再也沒機會讓知心人品賞，難道再等千年？而她的存在意義又是什麼？？

就像這株地球上僅存一株的普陀鵝耳櫪，若無人觀賞，想必生存意義也失色許多。

也許男人是彆久了，輕輕的吻不夠，深深的吻，激情的，兩手開始不乖，撫摸她的酥胸，雙峰依然挺立而有彈性，今天特別清爽，微風徐來，她的舌、我的舌，在一個溫潤的世界，交融傳情，緊緊的相擁，不知下一步是怎樣，任其如流水吧！

如水往低處流，手往下發展探索，她開始情不禁的扭動身軀，「小弟弟」和「小妹妹」已在升高衝擊力，也許下一秒兩人便原地「放倒」，啊！這世界又要改觀。

正當兩人就快要「放倒」，世界又要改觀之際，安安猛然一推，此刻兩顆火熱的星球距離不過十公分吧！彼此聽得到對方心跳，起伏的喘氣聲，星月仍有微光，大地仍是一片寂靜，雙雙無言，片刻，她說：

「我們的天命！晚上的禪修不能缺席！」她的聲音輕細的，冷靜的，理性的。

這一刻我要說什麼？我確實不知道要說什麼？自從禪定（想是）入無色界及地獄參訪後，我以爲我比安安理性，並更了解兩人的共同天命，但此刻她卻比我理性，她更清楚與牢記天命。不知靜幽了多久，我才有氣無力的回一句話：

「啊！對了，天命，禪修不能缺席。」

晚上的禪修從八點開始，先有長老說法，不知怎的！大廳內靜如空無，我卻聽不清楚長老講什麼？……勉力收心，隨大眾唱誦：

爾時。無盡意菩薩，即從座起來，偏袒右肩，合掌向佛，而作是言：世尊！觀世音菩薩，以何因緣名觀世音？佛告無盡意菩薩：……

……佛說是普門品時，眾中八萬四千眾生皆發無等等阿耨多羅三藐三菩提心。

終於「妙法蓮華經觀世音菩薩普門品」唱誦完畢，似乎過了很久很久，爲什麼今晚的心收不回來？難道那顆心還在黃昏的溫柔風中嗎？「不行。」我在內心這樣告訴自己，「一定要把心收回來」。

跏趺——挺胸——結法界定印——放鬆兩肩——舌尖微舐上顎——閉口——眼微張——

調息——調氣——調心……

我一步一步來，期使自己進入禪的境界，但當我這樣自我要求，卻開始心煩意亂，心想這些基本動作幾個月來已成爲一種生活，何須再自我要求呢？簡直是多餘的，就坐著吧！啥都不想……

啥都不想……坐著……但我想到達摩東來時，在少林寺問和尚那句話：「坐著，能成佛嗎？」天啊！那我坐在這做啥？……罪過！罪過！今晚雜念妄念何其多！「心」離身了，去了那裡？？？

禪修終於結束，看手上的錶是晚上十點二十分，今晚不是用「修」的，是用「熬」的，隨大眾走出廳門，該是回寮的，我渾渾噩噩的走著、走著……走著……時而數著天上的星星，時而迎風拂面吸一口涼氣，卻沒睡意，走著……突然我發現自己怎麼走近了安安的寮房，而我在三十公尺外的一棵樹後，隔窗可以看清她的動靜，她似已沐浴剛畢要就寢了。

我的一顆心——沒有砰砰的跳，我靜靜的「窺視」她，燈光下的她，臉龐清晰，泛著皙白的光澤，她沒有關燈，卻先坐在臨窗的書桌前，在讀什麼？

「邦、邦」是值更巡邏的打板聲，提醒戒子開大靜，我壓低身子躲在樹影中以免被人發現，值更走遠，我踮起腳尖，走、走、走，很快走到安安的寮房前。

「砰、砰」我刻意小小聲敲她的門。

「誰？」

「是我。」我壓低聲音。

但她似已然聽出我的聲音，機警的或直覺的，關燈和開門同時完成，「你怎麼可以——」當她一句話沒有說完，開門的瞬間，她的嘴已被堵住——是被我的嘴堵住。緊抱著她，向前一步，把門後推，關上，四周一片漆黑、寂靜，聽不到任何聲音，只有雙方心貼著心的跳動聲……「嗯、嗯……」細細輕微的滿足聲……

多麼深深又多麼滿足的吻，誰都不願讓這一刻停止或脫離，過了多久，她推開我說：

「你怎麼可以來這裡?萬一——」

她話沒說完，又被我摟入胸裡，緊抱著她，吻她，兩人進入一個忘我的境界，四周是黑的，但我能感受她的肌膚多麼細膩、光滑、彈性與明亮，五個月前「男人的感覺」完全回來了。當我的嘴移離她的櫻桃小口，吸吮她的雙乳時，她終於把一句話說完：

「你怎麼可以來這裡?萬一被發現多危險？」

她一面換著呼吸，一面輕聲說著，細如游絲，我仍清楚聽見。但此刻，我的嘴多麼忙，那有閒工夫回話，吮乳、含「苞」，舔她每一處，她情不自禁「啊——啊——」細細的聲音。終於我的第一句話：

「別想這麼多了！」

一陣激情稍緩，我想看看四周，一片黑漆漆，什麼也看不清，能感受的，是懷裡的寶貝，腳下踏的是木板。我慢慢的，抱緊她，扶著她，「放倒」在地板上，我整個人趴纏她身上——不，是她也纏住我全身，不停的扭動，急迫的吻，撫弄她的「小妹妹」，似已「愛水」欲來，她「啊！」的叫一聲，用柔軟的小手抓住堅挺的「小弟弟」，兩隻蛇又纏繞在一起，扭動……

櫻桃小嘴欲往下探索；我也本能的想吸納下方叢林汁液，啓動「69」式進行，創造「名器」吧！

當這本能即將啓動的前一秒，瞬間，眼前示現一片光明，是幻境或是幻覺，然後有淡淡的五彩，一朵蓮花浮現在彩雲之上，觀音菩薩趺坐蓮上，如常之慈悲而略有慍色說：

「你們情緣未了，塵緣難了，你們的天命仍在世間，去了結你們的塵緣與人間使命吧！」——

「去吧！」菩薩思索片刻說。……

我和安安翺翔於虛空中，無盡的虛空……翺翔……一個世界過一個世界……我在後面喊著：

「安安……等我、等我……飄飄、飄飄……」時而是幽暗的虛空，穿過無盡的黑洞……時而是澄明的世界，我看見沙洲快速形成市鎮，城池快速變河海，江河瞬間改道……大地和島嶼沈入海中……

「飄飄——等我——」我拼命的喊。

又進入一個光亮的幻境，飄浮著，似乎不再飛翔了，而沈落、沈落……沈——沈入夢鄉，感覺睡的又香又甜，不知睡了多久，終於醒了，如夢初醒，想著昨夜的美夢，但片刻我慢慢回神思索，不對啊！我不是在安安的寮房內——嗎？此時爲什麼不在安安寮房？？？她人呢？我們不是在一起——嗎？看看窗外，天已亮。

我幾乎用「衝」的衝出自己的寮房，啊！怎麼了？景物全非，紫竹林呢？法雨寺呢？普陀山呢？全都不是了，邊跑邊喊「安安、安安」，無人回應……不久見遠處有居民房舍，又有兩位出家人迎面走來，我喜出望外，趕快上前打聽。

「請問二位師父，這是什麼地方？」

「這裡原先叫大樹島，後叫南島，是台灣州最南端的小島。」二位看我很驚奇，其中一人對我說。

我疑惑「台灣州」是什麼？但我急著先問：

「二位師父是那一山寺？島上有常住道場嗎？」

另一僧人答說：「有，唯一的佛光山紀念寺，是紀念一百多年前星雲大師創辦佛光山的。常住約數十人，男眾在北區，女眾在南區。」

「星雲大師不是還好好的嗎？」

兩個出家人很疑惑，一人說：「他已圓寂半個多世紀了，施主大概有所不知。」

「什麼？才二〇一一年，怎麼他老人家圓寂半個多世紀了？請問現在是何年？何月？」我更疑惑。

另一人說：「施主，現在天剛亮不久，你可能尚在夢中或夢遊吧！今天已是二〇七九年八月六日，早些進屋裡或進地下隔熱室，以免來不及了。」

「是啊！以免來不及了，我們有要公……」

兩位男性出家人年紀約五十開外，說著便趕路走了，留下滿腹疑惑的我。佛光山常住的出家眾爲什麼只有幾十人？今天是二〇七九年！！！進地下室隔熱！？！「來不及了」，什麼意思？？管他！找人要緊。

「安安、安安……」

「明輝、明輝……」附近傳來叫我的聲音。

我們在島的南路一排建築旁碰上了，這時天亮至少半個小時，空地、路上、民居已有人活動，原來她也在找我，她也打聽到一些事，我們述說自己整晚以來所經歷的情境，竟都一模一樣。我們很快又趕回北區，想到原來的地方找那兩位出家人，或見到住持，或任何人均可，進一步求證我們心中的疑惑。

終於找到那兩位僧人，一叫清雲，一叫清泉，我和安安一再求證心中的問題。之後，由清雲師父帶我和安安深入地下室，原來大雄寶殿和廳堂寮房等都在很深的地底層，轉幾個彎，早有人等待引見。

「二位終於來了，昨晚菩薩已託夢告知……」這是見到住持菩修長老他說的第一句話……

啊！終於，我們明白了，我們也相信了，現在是二〇七九年，但二〇一一年乃至之前的事，我們也記憶如新，如同昨日。那麼，我是四十九歲或一百一十七歲呢？而安安是四十二歲或一百一十歲呢？？？

二〇七九年是怎樣的時代？地球還在啦！但世局如何？中國、美國……更重要的兩岸，還有台灣……

二〇七九年的世界，人類尚在，但地球上還有多少人呢？這時的「人」有何不同？社會制度、政治環境、婚姻制度、大地山河……到底怎樣？？？

我和安安被安排暫住男女眾寮房，都在很深的地下室，但我們決定先走出去，先花幾個月了解這個世界，否則我們如何生存？要如何修行？又要如何開啓新世代的新生活呢？

24　二〇七九年是何夕　人類歷史存亡關頭

幾個月後。

我們在二〇一一年八月五日，在普陀山睡了一晚，醒來時已是二〇七九年，人卻在台灣最南端的小島，叫南島（原叫大樹島），我們進入另一個時代時空，最先要了解的是台灣，用下面二圖比較說明最清楚。

二〇七九年的台灣經過從二〇一一年後，六十八年的演變，這容我後面慢慢說。

要怎樣說，真是千頭萬緒無從說起，為了對這個「新世界」有初步的認識，我和安安花了三個多月時間，從南島出發、台灣、中國、亞洲、

美洲、歐洲，繞了一圈，幸好，中國佛教（佛光山爲主）在世界各地有道場，對我們佛教徒旅行很方便。

客倌一定等不及了，二〇七九年是怎樣的世界，這真是很難說明解釋。就像廿世紀中葉，美國已是太空先進國家，但仍有很多國家、地區、部落等，仍活在「石器時代」，而你問一九六〇年是怎樣的時代！！

這樣吧！我陳述看到的「現象」，事實上我和安安是很用心，我們除了觀察，也跑博物館、紀念館和先進圖書館，是爲了要知道事情的來龍去脈和因果關係。

我按全球政治結構、自然環境（氣候、人口）、經濟制度、社會制度、宗教、語言、科技、星際發展等，做最簡單的說明。

首先全球政治結構，這裡先講大綱，詳情與演變下章專章講解。美國已經不存在，而是分裂成三十多個國家，美洲以加拿大較強盛，其次是巴西；以色列早已亡國，而「歐洲共和國」已成立；日本也亡了，成爲「中國扶桑州」；南太平洋各島國早已沈入海底；非洲各部落國家正在戰爭（其實戰爭已持續二十年），有智之士提出「非洲合眾國」構想，似乎支持者不多。中國早已是世界盟主，聯合國總部也早已遷往中國北京。其餘造成目前結果的因素變遷，留待後話再述。

其次是最重要也最嚴重的問題是地球氣候，以台灣地區的緯度，上午九時平均三十八度，十一時平均四十五度，下午兩點前都在四十八度上下，據聞赤道兩側數千公里內氣溫更高。換言之，很多地方白天已不適人住，只能在地底深處生活，南北極成爲最適人住的地方。但也因南北極冰層消失，使海平面比廿世紀末高出五十公尺，這等於是人類生存受到雙重壓縮打擊，外加戰爭、瘟疫、缺水、超級大地震和颶風，使得人類廿一世紀面臨許多毀滅性大災難。

許多廿世紀繁榮的大城，如舊金山、威尼斯（沈水底）、利物浦、底特律、墨西哥、東京等，早已成廢墟或沈入水底，許多島國都不見了。這種情形到底怪大自然呢？還是怪人類社會啓動資本主義永無休止的浪費和摧殘？其實人是要負最大責任的。我和安安爲了解地球在這七十年間的變化，曾經求助最先進的圖書館。

以台灣爲例，爲什麼七十年間南半部沈入水底？那些原因使然？我們在加拿大一個號稱當時最尖端，名叫「奈米影光知識庫」的圖書館，裡面沒有像廿世紀的「自然人」，所有服務人員都是一種叫「奈米影光人」，當然整座「知識庫」由奈米電腦操控，位於諾曼維城（近北極圈）北境地底一百公尺。我們進入這地下知識庫，空無一物，似處於有光和影的虛空中，在一個入口處有「影光人」投射在我們眼前，如同真人。

「歡迎光臨，需要什麼服務？」這是一位年青女性影光人，說的是標準中文，因中文是國際主要語言。

「我們想知道台灣島南半部沈落海底的原因，爲什麼世紀初到世紀末改變這麼大？」我說。

「原因很複雜，有人爲，有自然，你想知道那方面？」她說話神情溫柔動聽，完全不像是「機器」。

「先簡單歸納自然原因！」

「海平面快速上升和超大地震，在二〇一九年春、二〇三四年冬、二〇四八年夏，台灣南部有三次九級大地震，加上其他原因成目前的樣子。」

「人爲有這麼大力量嗎？」我再問。

她語調平和反問：「你們知道蝴蝶效應吧！根據法律文獻資料，歸納近八十年來國際刑警、國際反貪和國際法庭，及北京、日本和台北有關的法院和調查機構文獻，台灣在公元二〇〇〇年到二〇〇八年是由一個獨派組織叫民進黨執政，早在一九九九年國民黨執政時，依科學家的意見，準備利用十年花五千億，來防止南部地層嚴重下陷，已進入執行階段。但次年國民黨失去政權，換獨派執政，八年五千億預算照編，可惜約千億落入黑心商人，五百億落入獨派各民意代表競選費用，貪官也拿走數百億，有近七百億挪做「台獨運動經費」，陳水扁家族污走最少五百億，真正用在防止地層下陷不到千億……」

她像背演講稿一樣，不背完不停的樣子。我打斷她的話說：「妳對台灣很了解，就算千億也有效吧！」

她自信的說：「不光是台灣，我的檔案系統存有地球五十億年來所有的事情。那一千億撥下去，縣市政府乃至鄉鎮又扣去大半，那八年是防止南部地層下陷的關鍵期，過了就來不及了。加上其他可怕原因，台灣南半部在二〇四八年夏那次大地震便完全沈入海底，奇怪的是留下一個叫南島的。」

「原來如此。」

「還有需要服務嗎？」

「讓我們自行到各區看看好了。」

「請自行參觀，各區都有服務員。」

「謝謝。」我和安安齊聲說。

當我和安安說完「謝謝」，那「影光人」立即消失，眼前仍是明亮空虛，空無一物。

瞬間，又有另一男性影光人投射示現，微笑用中文對我們說：

「歡迎光臨，請隨我來，參觀先進科技區。」

我們逐一深入了解，把廿一世初以來近七十年的空白補了回來。我們到過巴西、華盛頓民主國、俄羅斯、歐洲共和國幾個新城；亞洲當然中國北方、韓國、扶桑州等，有關台灣詳情後面再說。

以上有關地球氣候和陸地下沈的變遷，最直接的影響是人類的生存，此時我所知道全球人口只剩十億人，而不是二〇一一年時的六十億。越近赤道人越少（住地底），糧食越少；越近南北極人越多，糧食產量也多。戰爭、瘟疫和超級地震雖造成幾千萬人死亡，但形成全球人口剩十億，氣候仍是主因。人口分佈亞洲四億，中國約佔三億，美洲和歐洲各約兩億人。

這十億人當中，包含很多（約千萬）是「不完全人」，何謂「不完全人」？很難解釋，嚴格說來，他們「不算是人」，但都有「人」的戶口，因爲人類社會發展到大約二〇五〇年代，出現很多「科技人種」，簡述如下：

第一種全身「零件」至少七成以上由人造取代，只有腦部是活的，各零件受腦部指揮與配合如自然天成。

第二種腦部已死，其餘皆活或部份活的，科學家在其腦部植入一部奈米電腦，可完全取代人腦並正常生活。

第三種是純機器人，已有思考、判斷力，任職於軍警、保全、看護較多，他們自組「智慧機器人協會」。

第四種「基因人」，是經由基因改造、修改胚胎基因，訂製「所要人種」，專職科學研究。或配合人類執行任務，或滿足人的需要。

第五種是前四種或「真人」加以強化，以應付特別任務或戰場需要。如以「奈米肌肉纖維」強化可刀槍不入，關節與骨骼強化跑百米只要四秒，甚至成為「隱形人」。

第六種是「機器情人」，專為男女性愛需求而製造的「特種機器人」，不僅能和真人談情說愛，更可以和真人上牀做愛。任何人只要有經濟能力，便能訂製一個「女人中的女人」或「男人中的男人」，滿足性愛或心理上的需求。

第七種是人和其他動物的「混種」，有的是治療病症，如帕金森症等需要，有的大量使用動物器官，不一而是。

前面的「基因人」有一種是從猩猩「快速進化」而來，大家知道人和猩猩基因只有百分之一不同，這是二十世紀的基本常識。但大約到廿一世紀的四〇年代，基因工程有重大突破，可以讓猩猩以基因改造，進行「人工演化」，約二、三年間使一隻成年猩猩快速進化成人類，但智商始終不能突破一百。到二〇六〇年代，竟然只需要一年，猩猩就進化成人類，且智商高達一百一十，科學真是太了不起了！

其他如生化人、電腦人、變性人、混種人、複製人……有科學家愛作怪，把動物（如狗、馬等）與奈米電腦連結，通常是植入動物腦部，使牠們能用人類語言表達，換言之，動物能說「人話」。因而牠們擁有部份人權，也算是「人的一種」。

最驚訝是「外星人」已來到地球，二〇七八年春在中國北京，由地球五強（中、俄、歐、加、印）代表，與外星人舉行「星際和平互惠發展會議」。可惜，因特別理由會議秘密進行，外星人長像外界始終不知道，但至少地球上曾經有過「外星人」，也算是「人的一種」吧！

還有，月球住民已經有三千多萬人，火星住民約一千萬人，皆各「人種」都有，且快速增加中。另外，地球五強已在太空及遠至太陽系邊緣建立太空站，包括監獄、工廠、生產基地、轉運站、外星人和地球人合組的太空研究站等，「真人科學家」至少有三十萬人，「非真人工作者」至少百萬以上。

所以，看倌你看，廿一世紀的八〇年代，地球上及地球附近，到底有多少「人口」？

經由以上簡單描述，約略知道廿一世紀末可能是怎樣的景像！「婚姻制度」早已成「古物」，據文獻說明，大約二〇三〇年代離婚率是八成五，九成的人選擇不婚，大家流行一種「自由配對組合」，也不生孩子。

若都不生孩子，到世紀末人類豈不絕種！天無絕人之路，只有極少人選擇生育（可由男人生或女人生均行）。另外已發展出新的生育教養制度，有一些人專職生孩子，政府給她優惠金錢，孩子也由「公產機關」負責教養。

到了大約二〇五〇年代，婚姻制度完全消失，但人的性愛需求並未改變，這方面人已得到完全自由解放。有的對「真人」不感性趣，第一代智慧型「機器情人」已面市，到二〇六五年時，可按自己所要訂製「女人中的女人」或「男人中的男人」，上牀行房的功能和爽的程度，簡直超過「真人」，到二〇七九年更是大大不同了！

社會型態變，制度必然隨著變，資本主義式的民主政治已壽終正寢，各國政府推行「適合國情的社會主義」。這種演變是爲挽救地球環境，理由很簡單，推行資本主義，人類經濟活動（生產——消費——分配）是不能有效管制的，誰願意被管制？？？若不控管便是環境資源大災難。因此，流行社會主義，有效控制經濟活動，乃勢在必行。

說到這個時代的宗教，也是奇，雖有很多新興教派，信仰人口都少。天主和基督教已經式微，全球信仰人口不到千萬，這可能和世紀初（二〇一一年）教廷承認進化論有關，即承認進化論，當然是上帝之死，其實更早的存在主義已宣判上帝已死。

信仰人口最多也最興盛是佛教，歐、亞、美三洲的佛教人口約是四億，佔全球總人口四成。其次是回教，信仰人口一億多。

說到語言，大家應已猜到，中文已是國際重要流通語言，其次是美（英）、拉丁、阿拉伯語。廿世紀存的少數民族語言，至今百分之九十五已失傳。「台語」只剩南部鄉下幾個老人會說，「日語」只剩北方一些漁民懂，奇怪吧！也不奇怪。

二〇七九年十一月底，我和安安回到台北。

我們又花了很多時間，分別拜訪台灣各佛教道場，花蓮「慈濟紀念寺」有出家人三十多人，中台禪寺有四十多人，法鼓紀念寺也只有二十多人。天啊！佛教在台灣爲何式微至此程度？要如何振興起來？又參訪北、中、南的佛光山道場，諸山長老莫不爲此大傷腦筋。

還是安安聰明，正當大家都在頭痛，她的一句話如醍醐灌頂：

「如果全都信了佛教，各位不都失業了！」

當大家把眼光全投向她，她又覺得怪不好意思的。於是我補一句：

「對啦！越式微我們越有事做。」

十二月底，我和安安回到南島，開始一段很長的平靜沈寂生活，思索我們的天命應如何進行！

25 話說全球政治結構 大國興亡七十年間

前節已大略提到，二〇七九年我們回到這個「新世界」時，全球政治結構，美國已裂解成立三十多個獨立國家，以色列早已亡國，歐洲共和國也早已成立，日本成為「中國扶桑州」，中國成為世界盟主，當然兩岸早已統一，台灣是特別行政州。而韓國早已統一，南太平洋各島國早已沈入海底。

這是一個簡單的「果」，但那「因」可就複雜了，至少要從一百年前說起，且在這百年演變過程中，有更多的因果和變項。早在廿世末，中國崛起和美國衰落，已是當時政治家、思想家研究的重點，因為這兩大國是地球之「綱」，一起一落間，牽動著全球政治板塊的移動。例如以色列和日本之亡，加拿大和巴西之興，都與這兩大強權興亡有關。讓我慢慢的，簡潔的，向將走近廿一世紀末的人們道來。

世紀之初全球已有很多動亂，美國與阿拉伯、南美各國幾度瀕臨戰爭邊緣，恐怖攻擊從未止息，國際媒體形容「全球螞蟻圍攻一隻大象」。台灣島內的亂只是規模較小，持續到二〇一二年，還是一個亂字，偏偏這時的歐巴馬決意競選連任，白人極端組織「三K黨」那裡能容忍黑人再幹四年總統，只有一個辦法「幹掉他」……

於是，秋天時，美國歷史上第一位黑人總統在第一個四年尚未結束，被暗殺在現職內。啊！恐怖的黑白衝突，恐怖的內亂開始了，亂、亂、亂……

又偏偏這時，以阿對立衝突快速升高，伊朗、伊拉克和阿富汗三國總統發表聯合聲明：「讓以色列從地球上消失。」以色列以擁有核武發表更強硬聲明，表示不畏戰，惟以國情報部門認爲伊朗即將有能力製造核武，應優先「處理」，摧毀其核武製造設施……

果然，年底以色列先下手爲強，以優勢空軍火力摧毀伊朗核武研發設施，「以伊大戰」爆發，打了一個月，在中美兩國調解下，雙方同意停火，但仍停停打打。二〇一三年春，兩伊與阿富汗三國總統在阿拉伯高峰會的會外會，有一秘密會議宣稱「全面停火、追求和平共存」。以阿果然全面停火，除了美國和台灣內亂持續著，其他地方似乎平靜許多。美國和以色列的情報部偶有風聲傳出，謂阿拉伯世界四強正秘謀一舉消滅以色列，各阿拉伯國家都否認。一天過一天，一年過一年，以色列仍在。

平靜有時是很可怕的，這種恐懼感只有兵法家、戰略家能查覺。亞洲一匹狼、漢倭奴王國日本從廿世紀末，在其野心家、政治家和資本家三位一體的推動，並對人民進行「洗腦工程」，靜靜的幹一件事，「重整軍備、完成日中朝統一大業」。外界反對聲浪雖多，明幹暗幹還是一路幹到底。

原來在中國明朝萬曆年間，倭奴國織田信長和豐臣秀吉向人民建構一個「偉大的使命」，謂倭奴國必須把朝鮮和中國納入版圖，統一成爲「日中朝」的「大日本國」，到我國滿清時更提出「田中奏摺計畫」，謂拿下中國和朝鮮後，將併吞世界，統一全球。

倭奴國的子民被野心家洗腦，以爲是生生世世的歷史天命，必須實踐。爲此，發動三次侵華大戰，第一次明萬曆間中日朝鮮七年戰爭、第二次甲午戰爭、第三次民國的八年抗日戰爭、犧牲無數人命，也誓必完成，從一九四五年兵敗投降到世紀末已有半個多世紀休養生息，他們認爲恢復軍國主義，發動第四次侵華戰爭，完成天命的時機又到了。再者，廿一世紀初葉的國際情勢有利，美國衰落而中國尚未強大到打不倒。

倭奴國的建軍備戰到廿一世開始，他們做的更積極，推翻憲法限制，擴張兵力，重建航母，發展核武，到二〇一七年時，現任首相叫「山本六十一」（據說是山本五十六的後人），宣稱他們可以一舉摧毀美國傳統武力，可能此刻美國內亂內耗實力不多吧！

亞洲各國當然強烈抗議倭奴國又走向軍國主義，要求中國出面干涉，但都無效。此時中國領導人叫陳浮成，只得宣稱：「必要時機我們會爲世界人民主持公道，做適當而有效的處理。」

大家一定奇怪，聯合國跑那去了，爲何不干涉？告訴你，早已名實皆亡啦！處於停擺狀態。

國際叢林變化常是無理性的，不可預測的。南北韓竟在二〇一八年十月一日統一了，因素當然寫不完，但主要美國已無力干預，中國影響力增加併極力促成。

二〇一九年春，地球上有不少大地震，以美國黃石超級火山爆發最嚴重，死傷無數，都略過不說了。

二〇二〇年的元月一日，地球上一件驚天動地的駭人新聞爆發。前一夜（已近午夜十二時），埃及、約旦、敘利亞、黎巴嫩、伊朗、伊拉克，組成一支百萬精兵，對以色列進行殲滅戰，沙烏地和阿富汗只提供後勤支援。才三天，元月三日晚上，以色列竟亡國了，美國這位「爸爸國」已是扶不起的阿斗，無力保護以色列。

中國只表示願意收容部份以色列國民及猶太子民，以國亡後不久，兩岸完成統一，台灣成爲「中國特別行政州」。此時台灣島只剩一群老弱婦孺，人才跑光了。

美國內亂持續著，已有緬因州、弗州、加利福尼亞、夏威夷州、新墨西哥州等近二十州宣佈獨立，政府軍東征西討而無功。且有墨西哥揚言，新墨州以南失土必須收回，這些是十九世紀被美國強佔，但本是墨國領土，惟新墨州強調他們必須獨立，不惜一戰……

二〇二一秋天，美國內亂在各種情勢推移下，演成「第二次南北戰爭」，多數黑人主張先獨立起來，故南方各州要團結，南北之戰於焉形成、持續……

而此時，東方的倭奴王國正在幹啥？當然大家都知道，完成歷代大和民族的「天命」，對中國進行「最後一戰」，即第四次「日中朝」統一之戰。

到十一月的晚上，已是深夜，外面一片寂靜。天皇御前會議正在舉行，天皇飲一口產自中國的烏龍茶說：

「產這好茶的地方應屬於我們大日本國。」像沈思一下又說：「第四次支那戰事只許成功，不許失敗。」

會中另有山本首相、陸軍大臣村山一朗、海軍大臣平西氣使、空軍大臣小林二，另有情報各首長等，大家相對無言，因爲會議已進行一小時，該說的都說了。突然陸軍大臣請示發言，他向天皇一鞠躬然後說：

「前面三次支那戰事，我們先取朝鮮和台灣，這是戰略錯誤。目前我國戰略家都主張直取中國，朝鮮和台灣無足輕重，我們有能力在第一擊就全殲中國兩個艦隊，先斷其手足，其他的一年內就能擺平。」

陸軍大臣語氣有些凝重，其他人表示誓死達成任務，因已很晚了，就先散會。這種專討論支那戰事的會議，原先一月一次，隨著戰事逼近改為兩週一次，未來會更頻繁。

當美國南北戰爭打的火熱，以色列亡國，日本準備發動第四次侵華戰爭之際，中國這頭大獅子正在幹啥！似乎沒有幹啥！因為他們沒有對外宣稱或放話等，外界也不知道中國領導核心正在想什麼？但我接觸的人中，他們最常用的一句回答是他們先賢鄧小平說的，「不要太早把頭伸出來。」

是啊！這句話太妙了，時機未到寧願當一隻縮頭烏龜，而不要當一隻「發育中的獅子」，發育也須要平和安靜的環境。但皇帝不急，已急死了太監。

近幾年來，許多國際媒體引歐、亞智囊團報告，稱國際機構中心將傾向中國，世界銀行、聯合國、國際貨幣基金組織等，應盡早遷至北京或上海。中國的經濟規模在二〇二〇年已是世界之首，有儒家內涵的中國式社會主義已成「政治典範」，未來是各國學習的對象。

與歐美各國相較，中國景氣周期和其他國家沒有關聯，從這點也看出，中國經濟不同於世界各地區，而有一定的「獨立性」。對這些報導中國都沒有回應，也不表示中國沒有國際性的大條新聞，蒙古回歸中國便是。

原來從世紀之初，蒙古國的行政和國會體察民意的結果，已有回歸中國的共識，國會也曾三次通過議案，表達回歸之意。懸到二〇二三年七月終於完成回歸，中國以「歡迎回歸祖國、共享中華榮耀」爲主標，發佈新聞以示慶賀。因二次大戰分裂出去的台灣和外蒙古，至此完全回到母親的懷裡，但中國也必須投入幾千億，對這兩個「落後地區」加緊建設。

對中國的統一和壯大，美國已經沒有時間痛心，他們正忙著打南北戰爭。最痛心莫過自稱大日本的倭奴王國，因爲中國壯大一分，他們完成「日中朝統一大業」的機會便少一分，絕不能容忍。於是二〇二三年中秋節前兩日，天皇的御前會議，各大臣都表示盡早發動對華戰事，偷襲珍珠港是很好的模式，第一擊在兩天內，可以摧毀中國的北、東兩個艦隊，一年內可以完成大日本國的統一大業。

二〇二三年的中秋節，人民生活照常，但午夜時，戰爭爆發，歷史上第四次中日大戰。北、東兩艦隊並未被摧毀，據聞中國情報本部已察覺，有所準備而減少損失。

戰爭又拖了兩年，倭奴國又陷入困境，而二〇二五年中秋節美國內戰結束，但分裂成幾十國家已成定局，聯邦政府宣佈廢除。各獨立國最強大的是由加利福尼亞、內華達、俄勒岡和愛達荷組成的「加內共和國」，該國承接部份已故美國核武，是多個獨立國中擁有最強大核武的國家，國際上仍有一定影響力。

二〇二五年十一月的一個晚上，有中國、韓國、歐國、俄國、印度、加內共和國等六國領袖，在北京中南海議決「日本問題終極解決方案」，中俄兩個因有廣大的領土，同意戰後接受部份日本移民。

十一月的最後一天午夜，有四顆核彈分別在日本爆炸，前後只在一小時內。北海道一顆發射自韓國，本州兩顆（大阪、東京各一）發射自中國，九州一顆發射自加內共和國。頓時，全日本陷入一片死寂……

才四顆核彈，天啊！每一顆殺傷力都是八十年前投在廣島原子彈的一千倍以上，所以你說日本現在還有多少「生物」？兩年戰爭損失千萬人命，加上四顆核彈，人口所剩不多，或幾千萬吧！無從統計起。

戰後，依六國會議決定方案，日本成爲中國的扶桑州，一半人口必須移民到中國大西北和俄國，開放中、俄、印三國移民到扶桑州。或許這是解決日本問題唯一的方法，相信今後再也沒有大和民族發動的侵略鄰國戰爭。但未來是長期大建設，如何重建扶桑州？如何安頓千萬移民？正考驗著即將成爲國際盟主的中國。

公元二〇三〇年春，聯合國真的遷往中國北京（應是重建），世界銀行則遷往上海。從此，到二〇七九年，有五十年沒有大型或毀滅性戰爭，世界人民至少可以免於可怕的戰火，但比戰火更可怕的災難帶走更多人命，加上環境鉅變導至廿一世紀末全球人口只有十億初頭。

原因除地球暖化外，在二〇二〇到二〇四〇年，及二〇五五到二〇七四年，這兩個時段內，地球像一個超級大瘋子，大海嘯、大地震、大洪水、超級颶風、火山大爆炸，外加瘟疫、禽畜流感、高溫、乾旱、缺水，若要選「廿一世紀十大天災排行榜」，傷亡百萬以下都不夠格入選。何況現在只是二〇七九年，誰知道世紀結束前還有什麼天大的災難，一次奪走幾千萬人命，誰知道？天也不知道嗎？

再說這五十多年，大型或毀滅性戰爭雖然沒有，各國爲爭水源引起的小規模戰事卻從未停止。無可奈何！生存要水，要水要爭，不爭就死，只好拚命爭啦！爭免不了爆發戰事，戰爭會死很多人，但爭到水源可使更多人存活，這場仗還是値得打。科學家早說過，廿世紀人類爲爭石油而戰，廿一世紀爲爭水源而戰，這是人類的命運。

從二〇七九年望世紀之末，似乎是悲觀的，卻也未必，畢竟人類應是宇宙間很有智慧的生物，科技可以突破困境。我在前節已講過，月球移民已有三千多萬人，火星移民也有一千萬，加上各太空站（城）的幾百萬人。中國、歐國和俄國的太空合作計畫中，預計二〇八二年可望在太陽系邊緣建立第一個「駐人研究站」。科技讓人類看到希望，我們不一定要住地球，還有很多選擇……

廿一世末之前的全球政治結構大抵如前所述，大結構不變，小衝突改變不了大結構。其他如「大和民族復國運動」、「以色列復國運動」，台灣南島仍有台獨份子，這些都是微風細雨吧！給平靜的湖面引幾圈漣漪，不久又平靜下來。

不管你活在那一個世紀，萬年前、現在或以後，仍有永恆不變的，人要生活、要食物、要求、要和異性做愛，要就得打拚，才能過好一點日子，才有能力訂製「女人中的女人」或「男人中的男人」。

至於廿世末人類所擔心的，「電腦人」會控制人類，甚至毀滅人類，放心！地球主掌權者仍是我們「真人」，可見的未來「他們」仍受制於人。

我用兩章把廿一世紀一般情況，和全球政治結構，概要講了這麼多，相信與實況萬分之一都不到，至少讓客倌知道廿一世紀前半到後半葉的發展過程。最需要知道是我和安安，因我們要面對生活。

26　廿年居士禪者生涯　四海為家隨緣渡眾

二〇八〇年元月的一個黃昏，南島海邊看日已沈落，天邊有微弱紅光，但室外溫度至少三十八度。

白天正午溫度高達四十三度，無人敢在地面野外待上兩分鐘，全都躲在地底深處。

此刻我和安安南島海邊散步，吹來的風仍是熱熱的。我們牽著手，像兩個小朋友，我心血來潮突然說：

「安安，你記不記得以前做前世溯源治療時，說我們在二〇七九年會成爲夫妻，且在杭州西湖終老？」

「記得啊！」她說話軟綿綿的，「現在不就是了嗎？」說完她又沈默下來。

「也是，現已沒有婚姻制度了。」我答，似乎我現在比安安有更多心事，我漫不經心又問她：

「安安啊！你想不想孩子們？」

「不想。」她竟說的利落。

「或去找一找，他們年紀應不大。」當我這麼說時，安安答了一句很有禪意的看法：

「在平靜的湖面投入一顆小石子，擴散的漣漪會驚擾到四周生活的小生命，更何況他們早已不在人世。」

她說話雖簡潔利落，神情卻有些惆悵，若有所失，畢竟人是情感動物，不管進步到何種世代，只要是「真人」，不是製造的機器人或電腦人，人的感情和機器感情必定大不同的。我為使氣氛快活些，於是問她：

「安安，妳今年幾歲啦！」

她思索片刻，然後說：「四十三歲啦！」

「才四十三，」我故意停一下再說：「妳度過一百一十一年，才四十三歲，但妳看起來三十三歲，性功能和能力更像二十三歲。」

她果然笑了起來，停住腳步，面對著我說：「你這一說，我成了蜘蛛精了，千年不老。」

我沒有回話，抱住她，摟緊她，吻她……今晚海面平靜極了，微風輕吹，聽的到呼吸聲，深吻……青春的活力又回來了。片刻，她推開我，說：

「你過了一百一十八年，才五十歲，看起來像四十歲，有三十歲年青人的性活力。」

「是啊！我倆真是天生一對，又有共同天命，不能辜負，我們要爲實踐天命而努力。」

我說完有些後悔，爲什麼要說的這麼嚴肅。

散步一陣後，大概肚子有些餓，安安說：「我們回家吧！吃點東西。」

「家」，我和安安確實像個「家」了，我們住佛光山紀念寺寮房不久，找到一個地下小社區的小角落當成我們的家。我和安安算是皈依三寶的在家居士，即是在家居士又有實質夫妻關係，適當行房是合理的，我們有我們的性生活，並不違反佛教教義。

晚上八點多，菩修長老和清雲、清泉二位弟子來訪，爲討論三月份參加在台北舉行的「振興台灣佛教會議」，及年底在江蘇無錫舉辦的「第六十八屆世界佛教論壇」事宜。我和安安思索很久的課題也順便請益，我們以在家居士的身份，怎樣做對佛教才是最大貢獻？菩修長老啜一口香茗，他先讚美安安說：

「你的夫人年青漂亮又深諳茶道，對佛法又有深刻體認，未來必有大貢獻。」他稍停片刻，安安也回句客氣話，接著他又說：

「在家居士修菩薩道，比出家人的條件好很多。」

「是啊！菩薩道以布施爲重心。」我回應。

長老又說：「你們現在過的是居士的生活，也是禪者的生活，也是一種修行，最適宜對佛教做出貢獻。」

安安客氣答話：「我們距離合格的居士生活和禪者的生活可能還遠，我們會努力，希望有一些貢獻。」

清雲、清泉同聲說：「你們一定做的到。」

菩修師徒聊一陣便回寮房，前面讚美安安那句「你的夫人年青漂亮」，這時代婚姻制度雖早廢除，但夫妻關係仍有，只是一種雙方的「自由心證」。更大不同是，夫妻關係可能存在「真人」與「真人」（如我和安安）間，也可能「真人」和「機器人」（或別型）之間，或二者同性，都是這時的常態。

菩修師徒回寮後，我和安安沒睡意，兩人在牀上討論起居士生活和禪者生活的內涵，使我們未來要做什麼？更加具體化。安安問道：

「我們算是合格的居士和禪者嗎？」

「現在當然不夠格，但我們努力就夠格。」我說。

安安對禪修有心得，所以她說：

「禪者的生活，不外是一種隨緣、隨眾、隨喜吧！」

「妳說的對。禪者的隨緣生活，沒有太多欲望，也沒有太多要求，不計較太多，也不計較太少。看起來什麼都不介意，因爲他什麼都具備，什麼都不少。生活裡隨緣放曠，任性逍遙，隨緣生活，這是一種禪悅禪定的境界，安安啊！妳說是不是？」我與她討論並共勉。

安安也講出自己的觀點說：「禪者生活要隨眾作務，不是離開人群，不論在那裡生活，三餐作務、出坡勞動、清潔打掃、整理環境，都是參禪，都是與自然、與眾人的融和。」

我鼓掌叫好，讚美她對生活有深刻體驗，進而我說：

「自己修行固然重要，但佛教徒要進而度眾，爲度眾而歡喜，禪者的世界裡，要泯滅一切對待，才能隨心自在。這大概是我們面向未來，需要努力的地方吧！」

然後，我停一下，看看安安的反應，她兩手一攤說：

「唉喲！這個境界至少要修一千年吔！」

看她嬌憨可愛的模樣，讓我想吃她豆腐，我冷不防地抱她，按倒在牀上，吻她，然後說：

「那我們慢慢修吧！」說畢，吻她……

她滿足的迎上深深的吻，片刻，她猛然卻說：

「像一個禪者、居士吧！」

時間在我腦海暫停十秒鐘，我也猛然從牀上坐起，想著「像一個禪者、居士」，居士，仍可以有性生活吧！與修菩薩道沒有衝突，我問她：

「安安，妳說理想的居士要具備那些要件？」

她答道：「這個嘛簡單，對佛法信心具足、持戒具足、布施具足、聞法具足，還有般若智慧具足。」說著，她嫣然一笑說：

「大師，對不對？」

「對極了，不過也要修一千年吧！」兩人開心的抱在一起，抱在牀上滾來滾去。然後我問：

「我們行人道，創造名器好嗎？」

兩人抱的更緊，「嗯、嗯」深深吻她，她發出滿足的聲音，兩腿纏住我下半身，我在她耳邊輕聲說：

「妳的性活力像二十三歲。」

「你也不差。」說著又把「櫻桃」張開，把丁香送來，小手也不乖，下探抓住小弟弟……

啊！這是創造「名器」的晚上，從廿世紀從末、廿一世紀初到末，只有我倆才能創造完全的名器，不論妳叫安安、飄飄或三娘，生生世世都願與妳同行。

很多年後，二〇九七年春，江蘇大覺寺。

光陰如箭，我記得我們是二〇八〇年三月離開南島，開始過著居士禪者的雲遊生活，瞬間竟又過了快二十年，又快要向「恐怖」的二十二世紀扣門，怎不叫人心慌。此刻人在江蘇大覺寺，二〇九七年的明月和八十六年前二〇一一年時，竟無不同之處，一樣的明月，不一樣的人間，神奇啊！詭啊！

回憶這十七年，我們做了什麼？雖沒做什麼大事業，卻也忙了十七年。身為居士禪者對傳揚佛法有諸多方便，所以我們幾乎完全配合大覺寺（已是佛光山的全球總本山）安排，在全世界各道場講經說法，也說我們的親身見證經歷，如我們到過無色界和地獄參訪的經驗，告訴世人天堂和地獄是存在的。

國外雖未跑遍，中國大地卻已走透透，而台灣去的最多次，停留時間也最久。雖然台灣已成佛法式微及「養老之島」，但諸山大德始終不放棄，始終努力在經營、在播種。大家一定也想知道一下世紀末台灣情形，除了土地沈了三分之一，地層下陷仍嚴重，人口約二百多萬。南島最南端有一些漁民，我曾聽一老者（約九十歲）用台語對人說：

「古早古早，台灣是一個偉大的國家，曾經統治半個地球，不是中國吔！咱一定愛獨立啦！」

當他用台語這樣說，已經極少有人懂，因爲台語、客家語老早成爲「博物館典藏的古物」。但可以證明，仍有人在搞台獨運動，甚至我在南島時，曾聽到三個僧人在晚上竊竊私語，大意說：

「大日本國復國運動解放組織要增設密秘分會，可能在台北，時機成熟要遷回國內……」一個年約五十的出家人說。

「大以色列猶太復國運動委員會在加拿大成立，我會離開一陣子，這裡的事有勞二位……」這是一個老外出家人，年紀較輕。

「大台灣國建國復國組織快成立了，南部我負責內應，我們準備成立敢死隊，攻擊台北的州政府……」一個更年青的，顯然這三個是假和尙。

不久台北有一場動亂，州政府受到襲擊，但很快被一支機器人組成的小型安全部隊敉平。「真人」組成的台獨部隊全被剿滅，機器人無損傷，奇啊！像一滴水滴到湖面引起漣漪，不久平靜了。但可以說明，每個世代，總有一些偏激份子，製造一些不安。這樣也好，平和安逸太久，人心容易漫散退化。

再者，這十多年中國大地走透透，印象最深刻的地方有江西昌佑民寺、安徽天柱山佛光寺與三祖寺及司空山二祖寺，江蘇的無錫靈山、揚州大明寺、邗江縣西南高旻寺、南京棲霞寺，上海沉香閣、河南永泰寺、白馬寺和龍門石窟，廣東南華寺和光孝寺，湖北的五祖寺和四祖寺、廣州的華林寺、河南少林寺。這些地方有的是舊地重遊，有長住有短住。現在人又回到太湖大覺寺，爲參加「世界佛教論壇」。

大覺寺也是佛光人的祖庭，位江蘇太湖西邊宜興市西渚鎮的橫山水庫（雲湖）東側，爲禪宗臨濟宗道場，我和安安是臨濟宗第四十九代弟子，師父即星雲大師，故對大覺寺情有獨鍾。本寺於南宋咸淳（一二六五—一二七四）年間，由志寧禪師創建，歷代多次重修，民初志開和尚擔任住持，在此寺爲星雲大師剃度。這回「世界佛教論壇」在此舉行，也是紀念創寺八百三十二年，真是千載難逢的殊勝因緣。

「論壇」一週活動很快進行到最後一天的閉幕式，席間也許太累竟然打起瞌睡，一睡入夢，在黃昏的山坡見一女子向我走來。客氣的說：

「李先生還記得我嗎？」

女子長像還算清秀，我端視片刻，立即想起地獄參訪的事，帶著親切心情說：

「啊！妳不是地獄導覽員張美麗小姐嗎？有何指教？或有什麼大事通報嗎？」

「是啊！我就直說了。以陳水扁爲首包含你在內，一千人犯製造三一九槍擊竊國案，除你最早醒悟傳揚佛法，其他人都還在地獄受苦。陳水扁在地藏王前翻案，現在要傳你去作證，請隨我來。」她簡略說明來意。

「這不是九十三年前的老案嗎？早已定罪服刑。」我邊隨她走邊問。

她道：「地藏王慈悲，他要翻案就給他機會，照法律走，得傳你作證。不過他一案未平另案又起，恐怕更重，得在地獄受苦幾百世。」

「另案又起，指的何案？」我問。

「陳水扁雖在地獄受苦刑，但他又心懷惡念，企圖收買獄卒，製造動亂，推翻地藏王，自己當王。他才起心動念，即被抓拿問，刑上加刑，他辯稱只心想沒有行動不算罪，可惜那是世間法，在地獄裡起心動念就構成法律要件了。」張美麗清楚的說明。

我隨張美麗快去快回，一覺醒來，閉幕式正要結束，我正納悶，是不是一個夢境？會後我問安安，她說也在夢中和張美麗閒聊，知道她的來意，所以應是真有其事。但我們不懂的是，「三一九竊國案」是二〇〇四年的事，為什麼二〇九七年還在地獄糾纏，只能說兩處時間觀不同吧！

這是來大覺寺參加「世界佛教論壇」外的小插曲。一週後，我和安安會回台灣南島幾個月，再隨「中國佛教全球宏法團」到歐洲共和國、非洲和巴西，到二〇九九年十二月再回中國，二十二世紀開始就有重大任務。

27　廿二世紀地球發瘋　第六次大滅絕加速

廿一世紀的最後幾年，我和安安隨中國佛教宏法團又到過很多地方，看到更多可怕的末日景像。中國即是這個時代的世界盟主，當然有義務協助各國應付災難，我們這個宏法團只是配合政府做一些救濟，並安慰人心。進而結合當地的本土佛教團體，做傳揚佛法的工作。

但事實上我是有些悲觀的，從廿一世紀中葉到現在這五十年，地球環境已陷入「不可逆的惡性循環」，換言之，已非人類能力所能挽救，佛法也不能救地球，只能救人心，給人一些平安。

原計畫二〇九九年十二月回國，因任務太多，整個宏法團延到二一〇二年十二月才回到中國，這真是一趟「恐怖之旅」，且聽我道來。

記得我們是在二〇九七年春天過後不久，從大覺寺出發，首先到歐洲共和國，地中海和亞得里亞海沿岸連晚上都熱如「火藥桶」，中歐一帶的森林失控的燒著世紀大火，幾個月無法熄滅。據新聞報導，更具毀滅性大火也在美洲東岸、南美亞瑪遜森林、非洲、中國大西北等地燃燒，送出更多二氧化碳。

當有些地方大乾旱和大火，有些地方卻反常出現大洪水。最嚴重的美洲西岸、中美洲、中東和中歐，原荷蘭地區已完全被海水吞噬，孟加拉和埃及有一半國土慘遭蹂躪。因乾旱大火和洪水造成的死亡人數，歐國就有兩百萬，其他地區更難以統計，被迫遷移的「氣候難民」不知幾千萬？？

比大洪水更恐怖的是北美地區的「魔鬼颶風」，近二十年來從未間斷。最近一次把堪薩斯國、密蘇里民主國、愛荷華共和國和懷俄明獨立國，四個國家幾乎被夷爲平地，死傷無從估計，直到二〇九八年六月我們到達該地區，仍如人間煉獄一般。據報導，相類似的魔鬼颶風也在中國扶桑州、印度發生，死傷也是百萬計。

非洲是我想去而無機緣可去的地方，據說乾旱也嚴重，近三十年來有數百萬平方公里沙漠化，造成幾百萬饑民。但這不是最可怕的，更可怕的是一些「無形殺手」，在整個非洲漫延，包含瘧疾、叢林新病毒、禽流感、變種愛滋，和一種從猩猩身上傳出「猩敗血症」的病毒，已使全非洲人人活在死亡陰影中，叫人擔心的是，這些病毒正在世界各地漫延。無從控制或隔離，全球頂尖醫學專家正謀對策。要等到有新藥可治療，不知地球上有人否？

二〇九九年春，我們到達南美洲，這一年又好像是全球的「地震年」。在中國新疆、加拿大魁北克區、南美智利、南亞、中南半島和義大利地區，分別有九級以上地震，死傷不計其數。而九級以下地震，更不知有多少。公元七十九年毀滅羅馬龐貝城的維蘇威火山再度爆發，事前無預警，這回龐貝和那不勒斯兩城市，全被埋在火山高溫泥漿下幾公尺，千年後地球上若還有人類，這兩城是最佳考古點和觀光區。

因著氣候鉅變，除人類遭殃外，地球上一切生物都面臨滅絕。大約二〇一〇年代存在的生物，到現在不過九十年，已有百分之七十物種消失。這個問題在廿一世紀之初有志之士已在設想，當時有兩個「世界末日地窖」，專儲存重要生物種子，一個是挪威的「史瓦巴德全球種子地窖」，一個是「中國科學院種子銀行」，其他還有小型種子銀行。

這類種子銀行的構想，當然是防備地球上的生物若全滅絕了，還有可用的種子可拿來繁殖。但有兩個習題仍是無解，其一若人類全滅絕了，誰來運用這些種子，是猩猩還是外星人？若生物全絕了（含猩猩），只有等外星人來運用，或地球又演化出另一個文明，由新文明的智慧生物去打開種子銀行。第二假設人類並未全滅絕，只是地球表面已熱到不能種東西，那些種子留著何用？

地球會面臨不可逆的災難，到底是天災還是人禍？當各種毀滅性災難排山倒海而來，一波接一波，死亡人數動則百萬計。各國政府政客是否會放下成見和私利，全球合作共同對付災難？除強盛大國如中國、俄國、歐國、加拿大、巴西和印度有一些長遠對策，絕大多數的國家正忙於戰爭，那些地區九成以上的人民，鼻子是被政客牽著走的，所謂「人民眼睛是雪亮的」，只是古來的神話。

先講美洲地區，二〇二五年美國聯邦政府廢除後，分裂成數十獨立國家，大約有三十多年和平期，也還有小規模的種族爆動、白人獨立或黑人分立衝突。但世紀末以來可能天災人禍太多，爲爭水爭糧食又起戰爭，到我們前往南美洲時，竟也出現「戰國七雄」，最強的前三名是西部加內共和國、東北密西根共和國和東南阿肯色民主國。目前仍持續「洗牌」中，加內共和國總統阿達麼揚言統一北美，建立純白人的統一國家。阿肯色的黑人總統歐巴桑則號召建立純黑人的統一國家，結果將如何？恐怕無人知曉！可憐的是蒼生子民！

再說歐洲共和國，統一局面大約維持四十年，但因毀滅性災難太多，政府束手無策，千萬難民到處流竄，分治之聲又起。大約二〇五〇年代後，許多民族（種族）紛紛揭竿而起，要建立屬於自己的民族國家，起初規模不大，歐國中央軍警還能鎮壓。如此停停打打也過了幾十年，但近十年來各地獨立之聲高漲，地方自組軍隊日越強大。看來問題越來越大了，因為一旦分裂，勢必帶來百年內戰，乾旱之火加上戰火，人民如何活下去？

南美洲目前沒有大型戰爭，要歸於巴西的強盛，尚能主盟坐鎮整個南美。但我們到達巴西里亞（**Brasilia**，在巴西中部）時，在南美西岸（太平洋東岸）發生大海嘯，北起秘魯，南到智利中部，沿海城鎮幾全毀滅，死傷無數生靈。巴西政府領導南美各國全力救援，本地的佛教團體也動員起來。我們南美待的較久，分別去過嚴重災區的秘魯和智利，另外阿根廷及福克蘭島（已屬阿國），回程在中美洲各國停留三個月，之後直飛加拿大維多利亞島（在北極圈內）。

加拿大應是地球暖化的獲利者，因而成為美洲強國。阿拉斯加在內戰中脫離宣佈獨立，又與加拿大爆發戰爭，戰敗於二〇四〇年成為加國一省。加國因而更強大，但強大不代表沒事，眾所週知，魁北克獨立運動兩百年來從未停息，政客只要有機會便煽風點火。最近一次魁省的獨立事件（獨派美其名曰獨立戰爭），很快被軍隊敉平，傷亡不大是幸。

我們在加國停留最久，乃因加國的佛光山道場較多，且信仰佛教人口亦多，加國領土也廣闊。在廿世紀初北極圈附近全是四季冰封或永凍層，不適人住。至今隔約百年，變成較適合人住的地方。但隨著地球暖化速度加快，不久恐連北極圈也會溫度過高而不適人住。

我們會在加國待最久另有原因，是北極圈內天氣較好，我和安安都有一點年紀了，想在那邊避熱。直到二一〇一年十一月前往中南半島（原非計畫內，因多年動亂造成很多災民。）到次年四月又到印度，印巴關係又緊張，有爆發核戰之可能，中國正在調解雙方關係。不久我們轉往俄國，回到中國江蘇大覺寺，已是二一〇二年十二月，進入廿二世紀的第三個年頭了。

這幾年也等於把地球繞了一圈，我順便講一下這個時代的能源和交通。事實上從廿一世紀六〇年代開始，人類的科技已能全面使用太陽能，包含各類交通工具。尤其在速度上更是廿一世紀初不能想像，舉實例，二〇〇八年時從中國北京坐飛機到巴西，約三十小時，但二〇九〇年已突破四小時。

再舉一例，二〇〇七年時，美國的無人探測器飛到火星要十一個月，二一〇一年中國最先進的「炎黃火星天型九號載人客機」，從北京到火星東區中國城只要十五天，扣除中途太空站休息兩天，只要十三天。科技的進步給人類帶來無限的可能，並滿足人類所有可能的欲望，人的欲望很多，食、色、探險、掠奪都算是。但欲望有時也毀了自己，地球走向不可逆的滅絕之路，和人的欲望有直接關係。只有「色」欲的滿足，對地球環境沒有直接傷害吧！

說到人類性欲的滿足，最近我和安安從俄國回來時，在太空航機上見一對情侶，坐位在我和安安斜對面，那女子身材高䠷。大眼睛櫻桃嘴，待那男子很是溫柔。只見那女子時而頭靠男的胸部，一會兒拿出口紅補粧，她的唇已夠鮮艷動人，一會兒拿眉筆仔細描她的睫毛。我們都注意到了，我小聲在安安耳際說：

「那女子漂亮，氣質高雅，定有來頭。」

「是有來頭，她是廿二世紀才剛出廠最先進的機器人。」安安這麼說，我有些不信，問她：

「妳怎知道？有證據嗎？」

安安答說：「我的感覺就是證據，女人騙不了女人，何況機器女人要騙真正女人，談何容易！」

事後查問，果然是機器人，且是俄國產品，但就連安安也不得不承認那「機器」，確實是「女人中的女人」。

對於這個時代，不論在那一方面，相信我們所看到所講到的，絕非全部或有多完整的論述，甚至根本只是九牛一毛。許多更高層的、機密的、尖端的或有關國家安全的，我們不可能知道。期待自己或讀者，能「從一粒砂看世界、從一朵花看天堂」，發揮想像力吧！

人類科技發展到廿二世紀，只能由「神乎其技」形容，確實滿足人類很多願望（欲望），能源、交通、醫療、奈米電腦、奈米影光、隱形、尖端武器、核武……太空科技早已跨出了太陽系，並與外星人建立了合作關係，在太陽系邊緣有「星際合作研究太空站」，這些都不是廿世紀，或廿一世紀初能想像。由此觀之，人類的生存發展應很樂觀才對。

但據我這次環球之行，觀察強國（加拿大、巴西、印度、歐國、俄國和中國）的生存發展動機，似乎暗示著未來有一天地球將被人類「放棄」。而這一天雖不會很快，卻也不會太晚來。弱國與小國無力做什麼！只好持續內亂、鬥爭、腐敗，過一天算一天。

地球爲什麼會被放棄?或說地球把人類趕走了!根本原因還在地球環境已形成「不

可逆的惡性循環」。早在二〇〇九年時，英國氣候科學家詹姆斯拉夫洛克（James Lovelock）曾以地球是活的有機體，稱爲「蓋亞」（Gaia）理論，即地球溫度升高使很多地方成沙漠，海平面上升出現超大水患。旱災、高溫、農作和水減少，各類生物快速滅絕，預計到二一〇〇年，地球上人口只剩十億。人類雖已警覺，嘗試減少二氧化碳等使地球暖化的氣體排放，所有努力都注定功虧一簣。科學家的預測成真，當二〇七九年我和安安「重回這個新世界」，地球人口已是十億，滅絕速度超過科學家預估呢！從這一百年間地球環境的鉅變，從廿一世紀早期（約二〇三〇年），科學家稱「地球第六次大滅絕」開始，因爲生物種類消失的速度，比過去六千五百萬年的任何時候快一千倍，而廿二世紀開始成爲大滅絕的加速期……可怕……

地球第六次大滅絕即已不可逆，且正加速滅絕中，各大國科學家當然也早意識到，因而也加速對月球和火星的移民，並對這兩顆星球加速「改造」，使其更合人類居住。（如何改造，下章講解。）

從這次週遊列國回來，各大洲從未停止超級大災難的發生。北美的加拿大爆發超級颶風和龍捲風，不久又有九級大地震，道森和白馬城全毀，阿拉斯加與加拿大本土斷裂，而魁省獨立運動之火又燒起。

前美國分裂後的各獨立國，形成「戰國七雄」也仍在洗牌，最近整個東岸爆發魔鬼大海嘯，西部則高度乾旱，黃石超級火山又爆炸，死亡人數已不能估計。死人歸死人，戰爭卻仍要打，可見戰爭真是太吸引人了。南美洲也慘，幸而災難沒有北美之恐怖。歐洲共和國也被超級風暴、洪水和乾旱高溫所苦，據聞白天無人敢在地面上，曝露在正午陽光下，聽說十分鐘可以烤熟人肉。而非洲、澳洲也都大災難頻傳，中國沿海地區也因大海嘯，居民被迫內遷數十公里。

大家一定想知道台灣現在如何？從二〇八〇年開始地層加速下沈，至今（二一〇三年），才二十多年竟下沈三十公尺，此期間有兩次大地震，台南縣和花東縣南半部（看廿四章圖）整個斷裂沈入海底，人命損失無數。所以，現在台灣總面積約一萬平方公里，人口約百萬。

面對地球第六次大滅絕的加速，由中國所領導的「第二十梯次國際開發月球與火星建設兵團」，將在二一〇四年六月啓程出發。我和安安都參與這個大團隊，依計畫我們大約十餘年後才會重回地球，下章再講這段星際之旅的構想（之所以需要十餘年，因爲我隨一個宏法小組最遠要到太陽系邊緣的一個太空站，這裡是人類與外星人合建的太空研究站，我們也向他們傳揚佛法。）

28 末世大滅絕大動亂 外星建設大力進行

地球，第六次大滅絕加速中……

人類，以戰爭動亂再加速，逃向其他星球……

「第二十梯次國際開發月球與火星建設兵團」，在中國政府領導下，幾個大國積極參與，已準備一年了。但事實上，星際移民大工程從二〇三三年月球移民（不含之前的科學家登月探險），就從未停止準備，所以至今已有十九個梯次的建設兵團出發了。火星移民則晚到二〇四六年開始，且有鑑於地球越來越不適人住，中國政府集合各大國人力財力，分別啓動「月球改造」和「火星改造」計畫，預計一百到一百五十年內（若順利更能縮短到九十年左右），可以完成「初級綠化工程」。大家一定不解，月球和火星如何「改造」？

原來，按「理論」，改造月球和火星並不難，難在工程浩大和費時太長，以及意外風險。眾所週知，月球和火星沒有人類需要的空氣，必須在「真空」中植入很多能產生氧氣的東西，也就是在真空中種植各種植物，讓植物釋出的氧氣充份散發在「真空空間中」，直到生物可以呼吸的比率。這看似容易，執行起來萬分複雜。

爲此，數十年來「建設兵團移去大量農業專家、生物學家、化學家、基因工程專家、水土改良科學家，另外還有天文學家、物理學家、電子與電腦專家。還有政治、法律、文學、心理、宗教、醫師……舉凡建設人類新社會所要人才，都要移去，尤以二〇九〇年後的幾梯次，更是大批大批的移民。至於未來成敗會如何？經數十年的研究實證，改造計畫已越來越樂觀，想必人類這種生物不會在宇宙間滅種。

第二十梯次建設大兵團起程時間，已訂在二一〇四年六月一日晚上十一點到次日晨二點，在中國的三個基地，分十個大隊分別升空，所有人員物資器材等均先到達建在地球軌道上的「轉運母艦」（實即可容萬人生活的太空城）。我和安安只是這個大團隊中的小角色，此行屬於佛光山系統的成員約一百多人，我們一面宏法，一面建立各太空城（站）、月球、火星等地的佛教分支組織。

五月二十五日，大建設兵團升空準備正加緊就緒，這天的白天各大洲傳出氣候大災難，北美東岸的魔鬼颶風、黃石火山再次大爆發、中美洲大地震、澳洲大地震（北部沿海數百公里沈海底）、歐國中部大洪水及南部大地震，死傷仍無法估算。亞洲方面，西太平洋大地震引起的大海嘯，使中國沿海百餘公里慘遭蹂躪，土地沈入海中數萬平方公里，扶桑州南面（原四國、九州），整個不見了。

台灣呢？相對而言，損失似較少，只有台中縣以南半部沈入海底，減少約數千平方公里土地。奇怪的，南島和玉山附近並未沈入海底，如下圖所示。啊！這個世界，台灣，真的都要毀滅了嗎？人們錯了嗎？還是自然界的「必然」。「地球第六次滅絕」，那麼！前面已有五次，也就是每隔幾億年毀滅一次，毀滅一個文明，又經幾千萬年演化，「無中生有」出現新文明，多麼弔詭的輪迴啊！貪污腐敗和分裂族群者逃不過輪迴的制裁，島嶼逃不過輪迴，地球也逃不過輪迴……輪迴也逃不過輪迴……

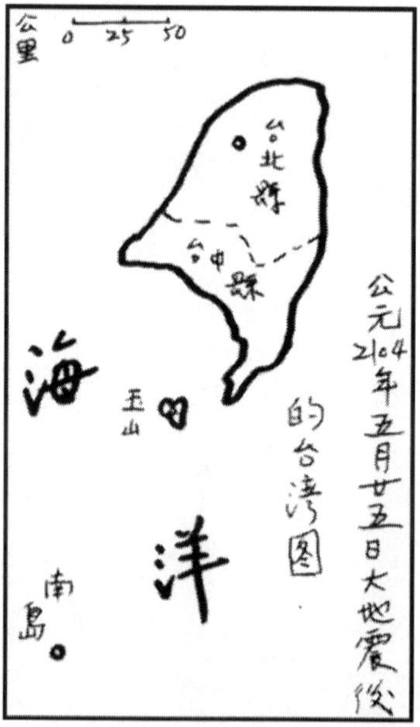

各地災難太多太大，救援不及，傷亡也尚在統計中。要報導的太多，只提一件小小

消息好了。台灣的大地震正在救援中，傳出南部（南島、玉山島和本島南部）有群眾乘機暴動，據聞百餘台獨份子乘亂滋事，宣稱玉山島尚有數千人，可獨立行使主權，號召攻擊州政府，但不久被州政府的機器人部隊敉平。

與全球性災難相較，台獨百人稱亂乃小事，但引人注意。我以爲從二〇八〇年代後，台獨已經百分百熄火了，沒想到二一〇四年要離開地球之際，小火又燃燒。再者，更讓人意外的，機器人已進化到可以平定「真人」的動亂，該喜或該憂？科學進步如神該喜，真人越來越笨該憂，或者，我並未看到或了解這個時代的真相。不論真相如何？全球到處哀鴻遍野，地球如地獄，各國忙著救災。身爲全球最大的宗教佛教，除號召不分教派協助救援外，以中國佛教領銜，全球各主要教派在中國的代表，於災後第四天在四川成都舉行一場全球祈福法會，希望以最快速度安慰人心，並能感動老天，別再讓地球子民受難吧！根據報導，各教派代表名單如下：（外文中譯爲準）

國際佛光會全球總會長　荒島　長老

中國佛教總會會長　虛雲露空　法師

世界伊斯蘭教中國代表　穆德莫一　長老

中國區回教代表　阿德山參　長老
世界天主教總會中國代表　木斧湖　神父
基督教中國代表　塗岸岸　牧師
中國天帝教總會代表　衛斯平先生

另外還有很多其他教派不及詳列，如道教、東正教、台灣基督長老教會（據聞信徒尚有百人）等，爲表示有眾多代表性，縱使小小教派，只要存在，都被接受共同參與祈福會。另有政商各界名流就不逐一列舉，祈福大會行禮如儀，經媒體向全球播放，是否撫慰了人心，只有天知道。每當重大天災或社會人心不安之際，除救災與治安外，需防政治野心份子乘亂而起（如台獨），也要防種族衝突擴大成戰爭，或大型恐怖攻擊乘亂進行。在這次「○五二五」世界災難爆發，各國嚴防局面惡化，可惜有夠諷刺，就在祈福大會舉行之際（廿五日晚上），地球上竟爆發三起核武戰爭。

事前無聲無息，似風平浪靜，核戰竟爆發了。在此我要說明，製造原子彈或核彈的技術，早在二○四○年代就已經無法管制了，換言之，人類社會更早在廿世紀末、廿一世紀初，各大國呼籲建立「無核家園」，最後是失敗的。到二○五○年代，幾乎大多數國家、地區、恐怖組織或部落，已能輕而易舉的製造核彈，只看殺傷力大小而已。

這三起核戰分別是非洲境內兩起，一是南非黑白種族戰爭，另一是蘇丹與查德領土之爭引爆。第三起北美加內共和國和阿肯色民主國的「洗牌之戰」，容我概略解說好了。

黑色非洲大陸總帶著遙遠與神秘，我們努力在了解月球和火星或更遠的星體，而把身邊的非洲忘了。事實上，幾千年來，戰爭之慘烈，殺戮之慘重，絕不亞於地球上其他大洲或任何地區。遠的不提，最近的廿世紀內，非洲境內的種族對決大屠殺，幾百萬幾百萬的殺戮，簡直是年年上演的大型節目，蘇丹和查德只是其中一小部份。

這兩國爭戰多年，國際調停均未見效，因涉複雜的種族和領土之爭。兩國也早有核武，有國際與兩國的默契。言明大家都不用核彈攻擊對方。可惜二〇七一和二〇九二年雙方失控以核武互攻，險些亡國亡種。事隔十多年，問題未解決，也許休養生息力氣和膽量又有了，核戰又爆發，目前仍僵持中，據聞連婦女和十五歲小孩都動員上了前線。歐國、中國和非洲和平組織正調解中……

另一起南非黑白種族戰爭比較單純，非領土之爭，純是「生物間的生存戰爭」，史家早已定位成「百年戰爭」。也就是說，從廿一世紀初到現廿二世紀第四年頭，南非黑白之戰從未停息，打打停停。叫人放心的是他們黑白兩陣營雖有核武，始終能節制不用。

近年黑人領袖曼德勒拉號召「最後一戰」（即以核武終結對手），不意成真，但白人也以核武反擊，此恐非最後一戰，兩百年戰爭亦有可能，直打到地球毀滅……

再說北美的第三起核戰。前美國自廿世紀中葉到廿一世紀二〇年代原是地球上的核武強權，分裂成數十獨立國家後，部份擁核武國家仍是地區強權。至二〇七〇年代起到世紀末，紛亂又起，一度洗牌成「戰國七雄」，最強的前三名在前章已述。原先的加內共和國欲建立純白人國家，阿肯色民主國欲建立純黑人國家，數十年來內戰均未動用核武。但廿二世紀開始，可能災難太多，社會動亂始終不能平息，種族問題更加激化。所幸雙方使用「最小型」核彈，至於誰先用核武已說不清楚了。

三起核戰六造都沒有佔到便宜，位於北京的聯合國正在召開緊急會議，要求各方節制，避免發生大型報復性核戰。會議也同時決定幾天後六月一日，月球火星建設大兵團須按時升空出發，決不受任何因素影響而延誤開發新世界的行程。六月一日晨四時，我和安安隨第八大隊第六小隊已到達預定地點，今天的生活全納入倒數計時管制和安排，包含所有飲食控制（據聞爲配合星際旅行所須）。

這「預定地點」在那裡？一般人只知道在北京西北約二百多公里處，有一「星際航天基地」，地面只見其三分之一設施，餘深藏地底。這基地每隔數日有前往月球和火星的定期航班，但班次最多（每日約十班次），是往返地面到軌道上的轉運母艦，類似太空與地球間的交通車。

這回第二十梯次建設兵團，分別有從北京、西安和黑龍江三個基地起程，其他細節我們所知不多。畢竟，那很多是機密，只有高層核心知道。

每個人從早晨四點開始，一站經過一站，一關經過一關，包含早餐、休息、活動，都有固定流程和空間，八點、九點、十點……有些檢查和流程很是無聊，有些檢查是機器人代勞，覺得「它們」也很有人情味。

現在流程告一段落，按感覺判斷，此刻我們所處可能在這基地地底下數百公尺深處，一個「特種旅客過境休息中心」，等著吃中餐。有各種影片欣賞，大廳中有最先進的「奈米影光視」，正在播報最近全球新聞。就在最近我們不注意這十小時內，地球上又有天大的消息，北美有魔鬼龍捲風「洗劫」五個城市，而東岸有大海嘯；南美高溫、洪水和大地震。歐洲共和國爆發兩大族群內戰，日耳曼族和撒克遜族由局部衝突，一夜間演成戰爭，看情勢難了。歐國調動中央軍三十萬精銳，要幹嘛！……

其中一則新聞最是意外與新奇，索馬利亞海盜和納米比亞海盜，合組聯合艦隊，以「土製核彈」攻擊馬達加斯加共和國首府，並劫掠過往船隻。這些海盜在三十年前被中國艦隊剿平，一度沈寂，但世紀末乘亂又起，更加壯大，其艦隊近年更橫行於印度洋到南太平洋間。各大國忙於救災、動亂和外星建設，如今海盜壯大　甚至能製核彈攻擊國家，看來中國老大哥要頭痛了。

我和安安在過境中心逛、逛、逛……等、等、等……用完午餐，等下午兩點有一場行程講習。

逛到免稅商店區，想到要買什麼東西送月球的朋友，月球開發已有百年歷史，地球有的月球大概也有了。

新聞還在播報，中亞發生種族衝突，新疆安全部隊加強警戒防乘亂滋事，澳大利亞發生大海嘯……

我們有心無心的聽著、等著，等著又爆發另一個大災難，靜靜的等著地球第六次大滅絕在加速中，更希望等著飛向另一個新世界。

等待的時間，腦袋會長翅膀，安安忽然嘆一口氣說：

「人類怎會走到這一步？」神情有些失落。

我答：「因第六次大滅絕提前來到。」

安安有氣無力的回一句：「近幾十年來學術界、科學家講的夠多了。」

「是啊！事實上人類會走到這一步，大滅絕提前撲來，根本原因已有定論，早已找到禍首了。」我說。

「你說資本主義和民主政治嗎？」安安明知故問。

「是啊！」我說完，她靠我身上沈默了。

地球第六次大滅絕提前加速進行，禍首竟然是資本主義和民主政治，若我不解釋，活在廿二世紀的人聽不懂。資本主義和民主政治本是一體兩面東西，基本理念「自由」，在資本主義稱「自由市場」，在民主政治稱「政治自由」或「自由權」，這本是好東西，關鍵在自由成了失控而不能管制。

大家都知道，人類的經濟生活不外「生產、分配、消費」三大領域，整本經濟學課本寫的不外此三事。按資本主義自由市場信念，生產、分配和消費是自由的，於是演成「無限制生產、無限制消費、不擇手段分配」，加上政治鼓吹自由，於是資本主義式民主政治在地球上瘋狂推行二百年，加上十九、廿世紀英美強權貪婪掠奪，使資本主義式民主政治成爲「吃垮」地球的禍首——

生產、生產，無限制生產，創造利潤。

消費、消費，鼓勵消費，刺激生產。

分配、行銷，用政治力、武力進行分配，行銷全球。

瘋狂生產、消費和分配二百年的結果，地球上的河海湖土地被污染，超大量二氧化碳破壞地球的氣候結構，整體環境成了不適人住且加速惡化，成了「不可逆」。科學家估算，若人類沒有這兩百年資本主義和民主政治的瘋狂破壞，地球的第六次大滅絕可以再晚三千年才會來臨。

這種道理就像一個二十歲的年青人，若正常生活按平均年齡可活八十歲。但若他忽然沈迷酒色，夜夜春宵，甚至一夜要搞幾個女人，成打成打的酒往肚裡灌，如此搞一年可能小命不保，就算好醫療也可能三十不到「掛了」。

地球是一個有機體，人類正常生活排出的廢棄物、二氧化碳等，地球有釋解消除復元能力。但人類二百年沈迷破壞了他的復元能力，他要反撲，消滅人類，以使自己有千萬年休息時間，再創造另一種文明。

想著、想著，安安打起瞌睡，靠在我身上睡著了。她今年六十六歲，按年代已過一百三十五年，還散發著迷人的清香，如那青春氣息依舊。

29　星際旅行初期構想　軌道上空再創名器

二一〇四年六月三日，地球軌道轉運站。

從地球來的各種人，有著不同任務，分別到軌道上的轉運站，再轉往月球、火星或其他太空站。當然，從地球也可以直接啓程，前往各地方。

還有，從這裡開始，時間計算有些複雜，因住月球的人用「月球年」，住火星的人用「火星年」，住各太空站的工作人員用靠近行星，如洪型太空站有「海王星年」。而荒型有「太陽年」，外星人更有他們自己的時

廿二世紀初人類的太空星際發展圖示

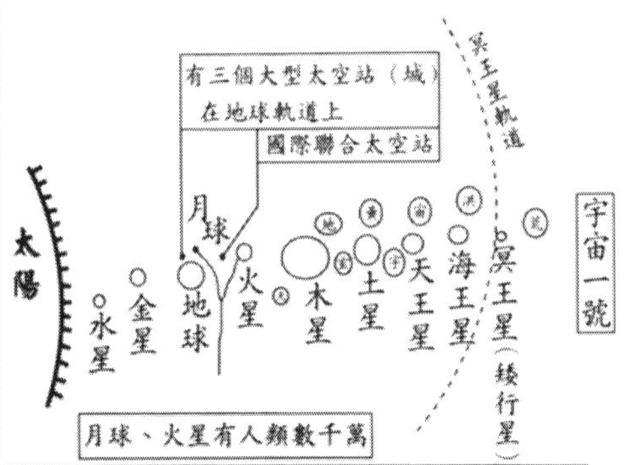

註：1.（天）（地）（玄）（黃）（宇）（宙）（洪）是人類建造的大型太空站，愈近地球愈早建造。

2.（荒）型太空研究站，是人類與外星人共有的太空站，位太陽系邊緣

3. 宇宙一號 是人類和外星人計畫中的研究站，已遠離太陽系，預計2130年完成

4. 我和安安的星際宏法之旅，從地球軌道太空站、月球、（天）型到（荒）型，最後再回地球。

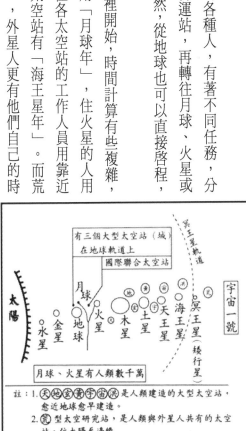

間計算和年代，但我們爲大家方便了解，統一換算成地球年代。

第廿梯次建設兵團到達轉運母艦後，各大隊即分道揚鑣，我與安安也要暫時分離，她先到月球傳法講道，對象大多是女性，如獄中女犯人、女校或機構、道場等。她在月球可能至少待三年，再前往各太空站，最後到火星，所以再見面是很多年後的事。

我不到月球，直接前往火星，而後是天地玄黃宇宙洪，再到最遠的荒型太空站，在荒站有多場向外星人傳佛法的節目。最後再回火星，等到重回地球不知多少年後的事，整個宏法團體雖有精密計畫，但計畫總趕不上變化。請參閱本節「廿二世紀初人類的太空星際發展圖示」，便都一目了然了。圖中雖無行程說明，至少也大略知道人類廿二世紀初，所能到達的範圍和遠近順序。

這天的黃昏（太空中的黃昏每天有多次），我和安安在轉運母艦東區，一個靠窗的咖啡廳享受時光。要是地球上，望出去必定是一幅青山綠水美景或街景，但這裡是太空，景色改變很快，因爲轉運母艦在軌道上繞著地球轉，不論何時，相同的是一望無垠的浩瀚虛空，不同的是亮度。遠觀地球真是很美。

窗外是宇宙虛空，這種經驗是我們的第一次，似乎吸引著我和安安的心情和思維，沈默一陣後我突然說：

「安安啊！我們這輩子真是神奇，我們去過無色界。參訪過地獄，現在到了地球軌道，過幾天要星際旅行，妳有沒有特別的感覺？」

她伸一下懶腰，嘟起嘴巴說：「有啊！這真是神奇，是奇緣吧！」

她的打扮依然很年青有活力，膚色粉嫩，櫻桃小嘴上著淡淡紅彩，不像是一個六十六歲的女人，更不像是走過一百三十五個年頭的女人，我有一種曖昧的笑容。

我故意端視著她，而她故意看外面虛空，我沈思片刻，無心從口中飄落一句問話：

「安安，妳幾歲啦！」

她又伸一個懶腰說：「明知故問。」轉頭又看外面，此時天色將暗，暗的很快。

我知道此刻我們都有心事，過幾天要分道揚鑣，而且不是短期，是很久很久，這兩日雖也有親蜜動作。散步時手握的更緊，言語卻少了，沈默多了。

在太空城閒逛兩天，驚嘆人類科技真不得了。這天晚餐後我們在房間泡茶，邊泡著我邊說：

「安安，我們這把年紀了，還要這麼久的分離，是很不捨，不知能否再見？」我的落寞寫在臉上，我是真的動了真情。

她也似動了情緒說：「我也不捨，我們從未分開這麼久。」她把視線移向窗外，外面一片漆黑，又起身走向窗邊，似有所思。

我起身走向她，牽起她的手，把她摟在胸前，她的髮香和體香仍如青春時代那樣有誘惑力。無言的安慰，肌膚觸摸，最能安慰人心，果然她頓時就笑了，像一朵燦爛的向日葵，輕聲說：

「還有年紀比我們大的，如彩雲師姊七十四歲，顏玉師父七十五歲，剛才我太執著，忘了佛教徒應有的因緣觀。」

「我也是，修的還不夠！」我答，並擁抱她入懷，她的心跳均勻，體香懾我。啊！一種生命的動力湧上心頭，兩人擁吻起來，靜靜的，無聲無息，只有兩人的呼吸聲，在地球之上，在宇宙的中心……

輕輕的滿足，「嗯、嗯」從她的小嘴散落一種甜蜜的樂音，淺淺的吻、深深的吻，兩人在靜默中用舌頭交談，用心靈溝通，用意識交融，述說我們生生世世的戀情，這也是我們的第一次——在地球軌道上空擁吻。

我輕輕抱起她，走兩步放牀上，俯身凝視，四目相對，兩情相悅。她水漾的眼眸散射愛的光彩，無言也是一種境界。俯身吻她，整個身子貼上去，交纏著，撫摸她的雙峰，依舊堅挺有彈性，「啊！啊！」她叫著，伸手抓住我的小弟弟……

多久沒這種感覺了，退去兩人身上的裝備，如兩隻糾纏在一起的蛇，我的手下探她的小妹妹，竟已溼了一片。大概太久沒做愛，我竟已急得撥開她的雙腿，堅實頂立的陽具就插了進去，她「啊！」叫一大聲，兩手緊抱……

我情急的衝、衝、衝……她「啊、啊、啊」聲聲叫，沒幾下我累的翻身下馬，她順勢一翻，用小嘴含住堅挺的小弟弟，開始施展她口交的功力。我心忖自己太急了，躺著休息，享受她另一種愛意。

「嗯、嗯」夾的呼吸聲，她時而深含，時而淺嚐，暖流在兩人心底迴盪漾漾，就在噴火的剎那，小弟弟自暖窩逃出，換我翻身把她壓在下面，饞涎欲滴的嘴，已貪婪的咬住多汁甜美的水蜜桃，舔、吸、吮，汁液芳香，不可形容的迷醉……而她，兩腳夾住我的頭，激烈左右擺動，「啊、嗯」之聲越來越大、大……一定她是高潮了，我放慢動作，放下了水蜜桃……

兩人輕輕的吻，輕輕的把兩足纏住對方，世界仍是寂靜的，我在她耳際輕說：

「安安，妳雙峰堅挺的彈性，陰道伸縮的動力，愛之水潺潺流出，簡直和年青時一樣，實在是女人中的極品女人，人間僅妳一個吔！」說著　用愛的眼神看她。

她沈思、巧笑，片刻說：「說實在的，一個六十六歲的女人是已經不行了，想做愛不僅力不從心，生理條件也難以配合了。但因有你，潛意識的 Libido 被喚起，因而改變了生理條件，所以有點像回復青春了。」

聽她這麼說，我也老實說：「其實一個七十三歲的男人也已力不從心，只因有妳的媚力像青春活泉，喚醒男人的原始本能，年青的活力才又回來了。」

「嗯——」分不出誰的滿足樂音，嘴巴貪婪的咬住右山峰想左峰，咬左峰想右峰。而她的小妹妹又開始衝撞我小弟的門，我的嘴在深吻喘息的空間，輕聲滲出一句話：「我們多久沒創造名器了？」

她在喘息的瞬間說：「不正在創造名器嗎？」

是啊！我們正在創造人世間最經典的「名器」，而在這瞬間，我那堅挺巨大的「定海神針」，竟不知不覺的又插入她深邃溫熱的宇宙黑洞中，那黑洞有著無限的活力和吸力，兩人不約而同把動作放慢，迎合——脫離——又自高高的頂點，衝、插——到最深的宇宙之心……

「啊、嗯、啊、嗯……」陰陽融合的聲音，交纏……我們在地球軌道上空創造名器，也許就要分離，不知何時再相見，這像是最後一夜，一次接一次的高潮，不知創了幾回名器，白天——晚上——，又晚上——白天……深怕一停止，一放手，就永無機會了，直到累倒了，雙雙累癱了，睡了，醒了，再一次……

明天，也是，連續兩天，幾十個小時，要、要，還要，啊！我們怎麼了？一切修行成了白做工，第三天終於清醒了。

清醒了，看看行程計畫表，距離各自前往報到站的時間還有十個小時。安安和前往月球的團隊，必須按時前往母艦南區的「月球總站」報到，我前往北區「火星總站」報到。

現在，我們真的醒了，悟了，身爲佛教徒，要懂得把握隨緣，一切都是緣起緣滅。到時，兩人約好，用微笑歡送對方前往報到區，不吻別——一個飛吻取代。

這最後的十小時，我們並沒有再創「名器」，我們希望以最平常的心隨緣度過，除必要休息，我們專心且仔細逛逛，看清楚這個位於地球軌道上空的小小世界，在這小世界中也看到其他人種。除屬於人類的各色人種，也有人造的各類人種，如各種比二〇八〇年代更先進的電腦人、基因人、生化人、複製人等。據聞，這次的建設兵團有五位最先進才剛出廠的「光合人」，純中國製造，依靠陽光自行進行光合作用吸取能量轉換，便能維持生存，永續工作，不必任何食物，型號叫「中國磐古甲型」第一批光合人。可惜，大家至今尚未見過廬山真面目。

啊！人的定義是什麼？生命意義何在？電腦人或光合人他們感受的真善美是一種「質」嗎？或僅是一種「量」？一種統計而已。

儘管這個時代，任何真人可以按自己所愛所欲訂製自己的所愛的人。例如，一個男人可以訂製另一個「女人中的女人」，屬生化人或基因人都能按自己所欲；反之，女人也可以訂製「男人中的男人」。真人和電腦機器人做愛已是平常事，月球和火星上恐怕更先進吧！

還有更遙遠的世界，那裡是尖端科技中的尖端，天地玄黃宇宙洪型太空站，到最後的荒型已有外星人，那裡的「人」怎樣生活，都不能想像了。

但我和安安抱著一份好奇、一份期待，我們只想盡自己天命。屆時我們真的揮揮手，送一個飛吻給對方，就各自前往報到區，按時起程，隨眾飛向未來。

30 星際傳法會外星人　人類餓鬼頹唐而回

公元二一〇四年六月中旬，飛往火星的第七天。

假如宇宙間真有一種超級無聊的日子，那便是星際旅行，看不到山河大地，聽不到溪流和小鳥的唱歌，沒有海邊或草原可以散步，每天所看到的是一樣的虛空光景，浩瀚無垠，無始無終的樣子。

還有，每日生活在一個小小的空間。（儘管這種「炎黃火星天型十號飛行器」，已算大型星際交通運輸工具，載客量是八十人，其內部設施分一人獨立房，爲領導階層才能使用，之外有二人房、四人房和六人房。）度過十多天；還有，每日生活、作息、食物和飲水，因空間和資源均受限，都受到「精密」的管制。

飛中唯一有的工作，是每天四小時的教育講習，針對每人的任務需要，爲他做有關火星環境和工作性質的職前「複習」，其他是自己的時間。

幸好同室和左鄰右舍很快也混熟了，我的另三個室友是白馬寺前住持古晟長老、華林寺和尙雲山師父，二人小有名氣，我早已耳聞，前者約六十歲，後者四十八歲。第三位司馬千居士，原是生化人研發科學家，四十歲，現在不搞科學，專心傳揚佛法。此人年紀不大，浸淫佛法二十年，講經說法經歷就十年了，問他爲何不出家？他說因緣未到。

再說鄰居好了，左鄰的四位只有一個「眞人」，他是北京大學星際生命專家林一夫，只說要前往㊟型太空站，有重要任務。另一是古典女人味十足的女性機器人，名叫眞眞，她是林一夫的夥伴（即性伴侶）。還有兩位是林的助理，一叫大偉的電腦人（雄性），一叫恩愛的基因人（雌性），這兩位助理也是伴侶。

右鄰就「正常」單純多了，都是農林生物基因科學家，他們專職在火星地表的綠化工程。分別是沙盟林幾（中國少數民族）、比德東堡（俄國人）、聖約翰（歐國人）及東條英七（此人來歷特別，據聞是二十世紀侵略中國的倭國軍閥東條英機的後裔，發誓一生奉獻爲祖先補罪。）

按飛航行程計畫概要，今天是從地球軌道上的轉運母艦起航第七天，若行程不延宕，今晚十二時會到達「國際聯合太空站」（地球與火星間的中途站）。果然晚餐時有廣播，大意說，「各位旅客！我們將在國際聯合太空站停留三十五個小時，歡迎大家參觀這個太空站，我們將於六月十六日上午十一時起航飛往火星，現在是公元二一〇四年六月十四日晚上七時，祝各位旅途平安。」

也許大家悶太久了，晚餐後左右兩鄰都到我房間聊天，十二人擠成沙丁魚狀，大家漸漸熟了。

大約晚上八點，各房間的視訊系統更詳細講解停靠時間和規定事項。晚上十二時才到達，四小時後的事。

此刻，有十二個「人」擠在小房間內，有「真人」、機器人、電腦人、基因人……還真不知要聊些什麼話題，彼此的背景、來歷在前幾天閒聊都概略提到。突然那位東條英七說：

「我們講些最先進、尖端的，還有最古老的。」他看看大家，大家也看看他，無言，他再說：「我們當中接觸最先進的，應屬林一夫先生吧！聊些㊉型太空站，外星人比我們高明多少？」

林一夫思索片刻說：「㊉型太空站是人類和外星人唯一合作的研究站，說合作是好聽，依現有證據和行爲模式的操作，外星人應是主控者，人類似乎只是被控制的白老鼠，但很多事情我們也不懂，也不知道真相。所以這次我們有三組科學家要儘快趕往(荒)站，與外星人進一步接觸。」

司馬千居士好奇問：「他們比我們進步嗎？」

「應該進步很多。」林一夫肯定說。那位叫真真的機器美女依偎在林的身旁嬌聲說：「有我進步嗎？」她說完，大家笑成一團。只有林沒笑，他一本正經的說：「按我的專業判斷和目前所了解，外星人比我們進步千年以上，甚至可能萬年。」他說完大家都不笑了，是笑不出來。

室內氣氛有些詭異，冷冷的，大家交頭接耳聊著自己對外星人的看法。過好大一陣子，我提醒說：

「最先進的講了，也聽聽最古老的吧！請古晟長老和雲山師父二位，談談白馬寺和華林寺的古老故事。」

大家起哄說：「對！講故事聽。」

說來星際之旅還真是超級無聊，若要經年還須把人冷凍，否則怎能在狹小空間度過一年。這晚古晟長老和雲山師父講故事，白馬寺是「中國第一古剎」，位河南洛陽，東漢明帝建寺，請兩位高僧譯出第一部中文佛經「四十二章經」，爲紀念白馬馱經之功……

華林寺在廣州市，梁武帝大通八年，達摩祖師從印度到廣州，在此登岸。因與梁武帝話不投緣，祖師再往河南少林寺，曾在寺西石洞中面壁九年……

我邊聽這些已聽過百回的古老故事，心中想著，這些機器人、電腦人，難道也聽的懂！或許懂不懂不重要，大家只是無聊消磨時間。

終於，晚上十二點到達國際聯合太空站，不久乘「歐航」、「俄航」及其他機種的團員都紛紛抵達，大都好奇的下機想欣賞中途站如何的不凡。不看還好，看了都大失所望，因爲中途站只讓飛航器補充能源，並無觀光價值。唯一有條「街」的參訪路線，只是「走道」。還好時間很快，我們又起航了，飛往火星東區「中國北京城」，時間在講習（下半航程講習增加爲每日六小時）、閒聊、說故事、談外星人……度過。

在無聊的虛空中，我們又過了一星期。六月二十二日的黃昏，我們抵達火星東區的中國城。（註：自從人類有能力移民月球和火星後，這兩個新世界也早已按地球上強權勢力範圍被劃分，且依地球相對位置佔領或先到先佔，最強大者佔最多，東半球幾爲中國所有。）所謂的「城」當然大多在地下深處，少部份地面也是密閉室（溫室中），因爲火星雖已綠化植林數十年，但空氣中的氧量仍太稀薄，不夠人類生活在開放空間中。

到火星東區「中國北京城」，我和一些團員分配進住北京南門「火東寺」，爲上梯次到此宏法師父們所建。在我們中途的講習資料顯示，火星住民目前約一千一百多萬人（含真人、機器人等各類人種），其中來自中國（含各地華人）約有五百萬，佛教（廣義、含中國民間信仰）約四百萬人。而正式皈依爲佛教徒者才五十萬人，至於火星西半球的佛教徒（信眾）可能更少。所以，佛教在火星有很大的努力空間。

爲歡迎本梯建設兵團到達（部份團員已先轉機到他處或更遠的太空站），第二天主辦單位請大家在「北京大劇院」，欣賞「梁山伯與祝英台」歌舞劇，這只是中國古老傳統的劇碼。但神奇的是演出所有成員都是「機器人」、「電腦人」和「生化人」。神奇啊！唱功、台步、情感表達的感染力絕不輸真人演出，可見廿二世紀初科技進步已在人們想像之外。

大概幾天後，我們開始幹活了，此後我在火星東區待了三年，你問我這三年幹了些什麼事？一言答之曰「爲佛教打拼」。此其間在「火星東區中國佛教協會」理事長幻夢花開老和尙、副理事長一江山長老領導下，我們在東區創建四個道場。當初來火星的三個室友，古晟長老（巧合與本書作者同）、雲山師父及司馬千居士，大多時候在相同的分組或地方一起工作，也成了好朋友。

當然，積極參加佛教活動、法會，相機隨緣渡眾是我的天命，尤以講「地藏菩薩本願經」是我的專長。以上是我的火星三年主要工作，細節就不必描述了，因為工作不具有「故事性」，讀者大概沒興趣。

這些日子，我也會想起安安，幸好月球和火星的視訊交通網很方便，我們常連絡聊天。但我們也相互勉勵，不可「一顆心老是掛在對方」，便成了執著，要把心放在佛教上，為中國佛教做出一點貢獻，我牢記在心，也就很久很久才會想起她，用視訊網聊聊、看看她。

從二一〇七年六月開始，我們要面臨更艱難的挑戰，隨兵團的一個中隊（約三十人）前往㊝型太空站，之後再到㊞㊞㊞㊞㊞㊞㊞等各型太空研究站。天啊！不僅艱鉅，航程經過木、土、天王、海王和冥王星，到太陽系邊緣（均見29章圖示），航程很久，超超級無聊。至少幸運的是分段航行，每到一個太空站會停一段時間。

此行有那些人呢？據說有生化醫生、天文學家等各類科學家，半數是心理和宗教人士。佛教領隊是「火東寺」的鴻一大師，我那三個室友都是同行者。行前講習資料說明，㊝型到㊞型各太空站全是各類科學家和專家，太空站空間畢竟有限，長年工作，娛樂又少，幾乎所有成員都須要心理、精神方面治療，尤其更須要宗教安慰。所以，我們不僅僅去傳佛法，也會在每個太空站停留至少兩個月，到每個工作區和他們相處生活，也是一種隨緣傳法的方式比較自然而有效。

就這樣，我們又花了三年半時間才到達最後的㊌型太空站。讀者若問這麼久的時間都在幹啥？一句話「傳揚佛法、安慰人心」。各個太空站人數都未超過千人，越遠人越少，各站都是真人和機器人混合編組。

這些「傳揚佛法、安慰人心」的事也不須細述了。（註：根據我們在各太空站的實證研究，機器人、電腦人、生化人、複製人，及㊋㊍㊎㊌四站已有光合人，這些「人」也都須要佛法，須要禪佛的悟力和安慰，可以提高工作率效。）我要說的是我們到達最後的㊌型太空站，與外星人最後一場「宇宙佛法化座談會」，代表外星人的最後發言，太讓我們人類震驚和喪氣了。原先雙方都討論到，佛法不是佛陀之後才有，有宇宙就有；佛法不光地球上有，宇宙間處處有。我方鴻一大師客氣的總結，輪到外星人最後總結。

外星人的代表緩緩「起身」……我該先說明外星人的「長相」。事實上，從頭到尾我們未見到外星人真正長相如何！整個會場佈置，雙方相距約三十公尺，雙方各有約四十人。我方屬「人類」，當然「坐有坐相」，大家是「坐」在椅子上的。

但外星人看似一個圓形透明體，不很大，而是「放」在特製的桌子上，圓形透明體會隨「意」而動，有發言時，會發亮且緩緩昇起（飄起離桌約二十公分）。所以，外星人到底是那個圓形體，或內有真相也是不得而知。雙方所有發言、溝通全靠「星際語言溝通翻譯機」完成，不靠翻譯機而懂外星人語，聽說(荒)站有五人，林一夫是其中之一。

外星人代表緩緩飄起，透明體發亮光，翻譯機傳出這樣的講話。不急不徐，標準北京口音：

「自從二〇七八年春，我們星系的仁者代表，到地球中國北京開和平會議，至今是地球年的二一一一年春，中間未有接觸，是雙方文明落差太大……」停一下，似在思考怎樣說，翻譯機又傳出：

「這樣吧！我說個真實有關佛法和文明進化的故事，住銀河系邊緣有無量數多的餓鬼，這些餓鬼只有濃濃的食色之欲，永遠覺得無限饑渴，一切東西早被搶食光光。只剩臭水、屎尿、穢物和腐敗，依然在搶奪，受著無量無邊的苦……有一天，佛陀經過此處，餓鬼如見救星，爭先求救。佛陀為他們暢說布施、持戒、禪定、智慧、忍辱、精進等六度。餓鬼們聽聞得救之法，都發菩提心，慢慢脫離鬼形。輪迴成更高等的生物。」翻譯機又停一下，那圓形透明左右飄動一下，亮光又閃耀數次，片刻，翻譯機又傳出聲音：

「在我們看來，你們人類這種生物和宇宙間的高等智慧生物相較，就像那些餓鬼，仍在食色中沈淪，而我們的進化早已脫離食色和所有的欲。我們之間若真要比較，人類大概還在蠋蠅、蠕蟲或餓鬼的水平階段，我們的生物已達佛的境界。」那透明體亮光暗了下來，翻譯機停了。會議室內靜的有些可怕，因爲所有人都臉色鐵青，只不敢當場發作起來。透明體又亮，翻譯機又傳音：

「這樣說對人類真的難堪，但不說你們看不見自己的真相。拿事實爲例說明你們較能接受，各位從地球到這裡，航程要幾個月，我們只要一瞬間。這是鐵的事實，你們的文明和科技落後我們萬年以上，說是合作是我們的尊重，真實是我們在救你們，望你們好自爲之。」

翻譯機停了，那圓形透明體一個個緩緩飄起，向後飄、飄、飄……室內仍寂靜，所有人仍呆若木雞，尚未回神過來……我永遠忘不了這一天，是地球年的公元二一一一年「二二八」。

之後，我們一組人踏上歸途。一站一站轉，㊗洪宙宇黃玄地天，經冥王、海王、天王、土星、木星，到達火星西區已是二一一二年四月中。這一路又是一年多，我常心情不好，難以開懷，其他人也是，人類真是餓鬼蠕蟲嗎？那些得道的高僧大德又是什麼？？？

整個火星西半球，已被地球上的次強權瓜分佔領，分別是俄、歐、印度、巴西和加拿大。共約五百多萬人，佛教徒約十分之一，安安和她們的團隊早已從月球前進到此，展開各種宏法工作一年多了，整個西半球由北到南有五個道場正在建設中，不久我和安安也連絡上了。

又過三年多，火星西半球的工作告一段落，我和安安隨部份團圓踏上飛往地球的航機，在轉運母艦上停幾天又起程。到達北京基地的時間是二一一五年六月十五日。同程回來的古晟長老回白馬寺，雲山師父回華林寺，司馬千居士說要到大覺寺出家，我和安安也要到大覺寺，便相約同行。

我和安安也約定，未來若機緣許可，我們去住西湖畔，終老西湖，畢竟這也是我們的天命。

31 賞景聊詩終老西湖　地獄來聘無間教席

多年後，二一二二年春，西湖畔……

這些年我和安安住西湖畔，常在蘇堤、白堤、湖畔散步，處處有我們的倩影，似乎我們把一切放下了。

也不，星際宏法之旅回來之初，我們常想起台灣，想起我們同時代的朋友們。向人打聽台灣的消息，有的說：「台灣島早已不見了，沈入海底……」

問更內行的人，我們再加以查證，原來又和第六次大滅絕有關。不論海洋、陸地或山河，各種詭異的大災難越來越多，規模更是越大。尤其二一〇五到二一一二年這幾年更嚴重，各大洲的超級龍捲風、魔鬼颶風、海嘯、洪水、高溫、乾旱、大地震、板塊重組……每年不斷，地球像是瘋子喝醉酒……

就在二一〇八年秋，西太平洋一次海底大地震，許多地方被摧毀沈沒，朝鮮半島剩下半節，扶桑州（前日本、古漢倭奴王國）大阪島和北半部不見了，原本剩下一點的台灣整個沉了，只剩兩孤島在海上浮浮沈沈。

那兩孤島呢？神奇的南島尚未全沈，約有半平方公里，露出海面約三十公尺。而整個台灣北部沈的只剩「玉山島礁」，露出海面約五十公尺，總面積差不多兩平方公里。人命財產損失無可估計，但西太平洋並非最可怕、最嚴重的地方。

據聞，在美洲、歐國、非洲、澳洲是西太平洋的十倍可怕，我這支筆不知怎樣寫，寫不下去了……

奇中之奇，意外中之意外，台灣全島沈入海底後，南島尚有三戶人家堅持留下，玉山島礁也有數十人。據說，他們有的自稱是一百多年前偉大台灣國領導人李登輝的後裔，有的說是大頭目陳水扁的後人，有的說祖先叫游錫堃，有的說李鴻禧子孫，還有林榮三之後人。他們共同的理想是台獨，就算只剩一粒礁石也要獨立，要出頭天啦！神奇啊！神奇！這數十人又分成四小派！

多麼紛亂的思緒在心中一閃一閃，地球第六次大滅絕壓上心頭……安安忽然出聲：「喂！別傷腦筋啦！宇宙間的事不外緣起緣滅，你看那湖中的花開的好美！我們這把年紀了，把握當下吧！」

原來安安知道我心中在想什麼！這美麗的初春黃昏，仍是很熱，我和安安並列臥在兩張躺椅上，看著前面幾公尺的湖畔，確實開著漂亮的蓮花，她本該夏天開，因氣候亂了，她也亂了。

啊！我們這把年紀了，今夕是何夕？安安說：

「今夕是何夕？今夕是二一二二年二月十日，黃昏的西湖畔，你今年九十一歲，我八十四歲啦！你清醒了沒？別胡思亂想，把握當下。」

說來這幾個月我們真有把握當下，年紀大了體力差，我們總手牽手在西湖逛，每天只有黃昏後氣溫低些好逛。含附近的岳王廟、靈隱寺、六和塔，還有西湖的「一山、二堤、三島、五湖」，都到了，這輩子何時有這樣的悠閒，如歷代名人雅士。我忽然問安安：

「歷代雅士在西湖留下的詩文，妳最喜歡那一首？」其實我明知故問。

她說：「最有名當屬蘇東坡出任杭州通判時寫的『飲湖上初晴後雨』：

水光瀲灩晴方好，山色空濛雨亦奇。
欲把西湖比西子，淡妝濃抹總相宜。

他寫西湖雨天和晴天的美景，水波蕩漾，群山迷茫，晴也好，雨亦奇，恰如西施不管怎樣都是美麗。」

安安的誦詩和詮釋引起我的感動，也附和回答：

「最美的詩和景都以最美的女人比喻，最動人，妳在我心中永遠像西湖又像西施，怎樣看都美。」

她笑說：「八十四歲的女人還有美感嗎？」

「別人我不知道，妳絕對有。」我肯定的答。

「謝謝，太讓我感動了。」她笑的開懷，如湖中盛開的花，荷齡雖老，也會開動人的花，她笑著又說：

「但白居易在西湖寫出境界最高的詩，並不用美女比喻，他的『西湖晚歸回望孤山寺贈諸客』一詩：

柳湖松島蓮花寺，晚動歸橈出道場。
盧橘子低山雨重，栟櫚葉戰水風涼。
煙波淡蕩搖空碧，樓殿參差倚夕陽。

到岸請君回首望，蓬萊宮在海中央。」

她雖八十四歲了，但聲音清亮，如清晨的小鳥叫聲，我們只是躺著，五個手指輕輕扣住對方五個手指，我靜靜聽著，像聽「心經」一樣舒服，兩人手動一下，仍然握著，有微風輕吹，附近有人散步。我示意安安繼續說，她慢慢說，一字一詞，如楓葉飄落：

「詩中柳湖就是西湖，因湖上垂柳飄揚，松島指矗立湖中的孤山，而蓮花寺是孤山寺。先寫船夫在湖上搖動歸橈，準備接客人歸去，而詩人和諸客正走出道場。次二句的盧橘即枇杷，栟櫚即棕櫚。接著詩人登舟行於湖上，寒煙似有若無，湖水藍天共一色，夕陽晚照，讓人感嘆！佛地如仙境，而孤山寺又有蓬萊閣，渾然爲一，這便是境界，中國詩文最高意境或意象在此。」

「好極了！妙極了！聽妳說，便是享受。」我鼓掌叫好，她忽然回話：

「妙，我們這輩子才妙。」她說著，我陷入沈思，我這輩子有她，不，是生生世世有她，才更妙。我打趣回話問她：

「奇緣、奇妙！安安啊！妳記得我們那年認識嗎？」

「當然，那是一百二十四年前，西元一九九八年在T大。」

啊！是啊！那是怎樣的年代，我們的初識，我們的愛，從前世到今生，今生又到來世，人世間最完美浪漫的戀情，我轉問她：

「安安，我們這浪漫完美的一生，應無缺憾了！」

「有，世間不存在完全的圓滿。」她簡答。

我解釋說：「不指客觀世界的其他存在，僅指我們二人，還有缺憾嗎？」

她說：「最初，我嫁了一個不該嫁的男人，你娶了一個不該娶的女人，他們和我們不能完全切割，主觀和客觀也不能完全割開來，不是嗎？」

是啊！我們聊著、想著這些往事，躺著，也懶的動一下，借路燈的光凝視湖面的花，不想百里外的大災難了。

想著、想著，打起瞌睡，忽的又醒了，恍惚如夢，忽見一女子走來，我和安安都感面熟，她先打招呼說：

「很久不見，二位記得我嗎？」

我和安安不約而同驚叫：「啊——妳不是地獄導覽員張美麗小姐嗎？」

此刻她看起來多麼親切，一點不覺得陰深可怕，笑容可掬答說：「是啊！」

我先開口問道：「張小姐親自駕臨，有何見教？」

她忽然嚴肅起來，就一本正經的說：

「我趕時間要向地藏王回報，就直說了，你們二位必須到無間地獄，向那裡的重刑犯講經說法六百年，正式職務叫啓蒙師。」

「爲什麼要去無間地獄？又爲何是六百年？」我疑惑不解。

她說：「命中注定，無從選擇，可能和輪迴有關吧！不過我知道你講授地藏經，你夫人講觀世音普門品。」

安安看的開，她搶說：「好啦！我們有因緣服務奉獻就該去。」

「……」我片刻沈默無言，一會兒問道：「趕時間嗎？」

張美麗說：「不很趕，但你們準備好就起程，隨我到無間地獄報到。」

夢去，人未醒，沈沈的睡……睡……

不久，我感覺自己輕輕的飄起，飄、飄，昇起，就在幾尺高的上面，看到下面仍躺在椅子上自己的身體。啊！怎麼了？上面的自己是意識魂魄，下面的自己是軀體，我不解，想下去，下不去；想進入自己的身體，進不去，就這樣飄著、昇著、看著……

然後，我看到安安也同樣，一個上面飄著，一個在下面躺著，飄著、昇著、看著……

過一陣子，我在上面看到有人過來，對躺著的我和安安推動，都推不動，也不醒，有人叫救護車……

飄著的我和安安隨著救護車飄、飄、飄；不，是追、追、追……

在醫院我看到醫生和護士，對著我的軀體急救，安安也看到自己被急救，我和安安只是飄在自己的上方，看著、看著、看著，沒什麼感覺了。

終於，醫生宣佈：李明輝先生和黃安安女士，因心臟衰竭，急救無效，宣佈死亡，現在時間二月十日晚上八時正。

第三部　我的中陰身經歷記

32　生命輪迴暫告一段　中陰身往無間地獄

二一二二年二月十日晚上八點正。

慈悲的醫生和護士用盡一切方法急救，還是回天乏術，宣佈了我和安安的死亡，而此刻，我和安安仍飄在上面注視自己的屍體，麻木的表情，看著人們在搬動屍體要送往太平間，警方和法醫來了……

但這時卻沒有眷戀，已經不想回到自己的身體裡面，我知道現在的我，是一個中陰身狀態，中陰身也是我暫時的身份，我們聽到張美麗的呼叫聲：

「李先生和夫人請隨我至無間地獄報到。」那聲音清亮，每個字都聽的清清楚楚。

從此以後，我和安安在無間地獄擔任重刑犯的啓蒙師兼教授，我看到很多在陽世認識或看過的人，也碰到過很多奇事。有寒暑假，我以中陰身身份遊走於宇宙各界，也多次重回人間，那時的地球怎樣了？人類往何處去？我都會一一告訴大家，讀者拭目以待。

但，首先我得爲各位讀者，所有陽世的人們，簡介無間地獄在那裡?無間地獄的現況、組織、結構……等。

33　瀕死經驗歷歷實證　因果輪迴乘願無掛

地球年公元二一二二年二月十日晚上八點正，我和安安在中國杭州西湖畔，走進生命輪迴的一個轉折點，一般通俗語言稱「死亡」。

這也是所有有情眾生必須通過的門徑，由此而通向另外的生命形態。凡夫不敢面對死亡，故多感到痛苦；有修行的禪者，以平常心看待死亡，甚至知道未來將往何處去？故感「寂滅爲樂」。

在前輯寫到「生命輪迴暫告一段，中陰身往無間地獄」，因是簡述的結尾，尚未論述瀕死經驗這部份，這是很值得道出給世人聽的。因爲世間這種親自進行過的「實證」，並不多見，且世人疑惑最多。

這一刻，我和安安就在自己軀體的上方，或靠近醫生和護士，注視著他們對自己軀體進行各種急救。我聽到醫生宣佈死亡的聲音……

但，另一個醫生（應是主任）說：「還沒到，再看看，不要過早宣佈……」那聲音拉的很長很長，拉成一幕幕遙遠的影幕，快速的閃過……

童年，從未想到過的，甚至早已忘記的，一一閃現，清晰且快速，我和愛愛、孩子們，都一閃而逝……

我和安安在T大認識、甜蜜的時光……黑龍江、杭州、普陀山……重回世間，二〇七九年……雲遊四海的禪者，啊！多麼奇妙，一幕幕的生命回溯，爲甚麼以禪者生活最爲清晰，速度也慢了下來，我和高僧的幾段會面談話。

一個黃昏，我在江蘇大覺寺和一位高僧閒聊。

「請問大師，你生命中有沒有那一天是最重要的？」只是閒聊，我偶然這樣問。

「今天是生命中最重要的。」大師不假思索答道。

「是不是今天有大事情？」

「不是。」

「那今天爲甚麼是最重要的？」

「即使今天沒有任何事，只有我們在這閒聊，今天仍然是重要的。因爲今天是我們確定所能擁有的，昨天以前的任何事都過去了，頂多讓你回憶。而明天不論有多大的希望，可能帶來多少燦爛輝煌，它都還沒有到來。你看！今天不論多麼平淡，確實在我們手裡，由我們自己支配。」高僧這麼說。

啊！給我很大啓示，以後的日子我總把握今天。

又回溯到一幕，一個夜裡，在南京棲霞寺。

一個長者，每天都活的很快樂、充實，又有做不完的工作，每日樂在其中，我問：「長老，你每天做這麼多事，又活的這樣快樂，有沒有甚麼密訣？」

長老說：「我總是假設今天是生命的最後一天，就會珍惜今天，完成一天的工作。因爲，過了今天就沒了，沒機會做，想愛的不能愛，想做的事不能完成……想到這裡，你就會把握今天。

「我總是把握今天，完成心中想做的事，我也享受今天，你看，這夜裡多麼寧靜，我們多麼有緣。但等一下，我們上床睡覺，也許從此不會睜開眼睛，不再重返人間。」

長老之言對我有影響，因爲後來我也總把今天，當成生命中的最後一天。

又一回，在河南少林寺，我和一位老禪師閒聊。我請教：「如何自己快樂，也讓別人快樂？」

禪師笑道：「說簡單只不過四句話，說難嘛，要用一生時間才能擺正自己和別人的關係。」

我滿懷虔誠地聽著，期待得到真理的樣子。

禪師說：「第一句話是：把自己當成別人。」禪師說著，停留片刻，微笑，接著說：

「第二句是把別人當成自己，第三句把別人當成別人，第四句把自己當成自己。」

我思索著，確實是智慧之言，但此刻神識中似乎感受到一種聲音，「還不算死亡——」，管他死不死！我的神識對自己的軀體為甚麼沒有一絲留戀呢？我生前（生時）聽到的瀕死經驗，或聞高僧說法，都說神識（魂魄）是盡可能會回到自己軀體，以求甦醒而活在世間。

神識雖不想回到軀體，卻似乎仍有些不捨，到底是那些事讓我放不下。頃刻，回溯的影幕呈現在眼前，神識所在是很久以前的禪宗祖庭之旅……

到廣東華林寺祖師殿向達摩祖師頂禮，在南華寺六祖真身像前禪坐；到河南白馬寺駐足，在龍門石窟與盧舍那佛神交；到安徽司空山二祖無相禪寺靜思，在天柱山三祖乾元禪寺參與法會，在佛光禪寺參禪；到湖北正覺寺向四祖道信頂禮，在東山寺聽五祖弘忍說法……

正聽五祖說法，聲音忽然「斷訊」，傳來一個我熟識的聲音：

「李先生，快隨我到無間地獄報到。」啊！是張美麗的呼喚，我立刻用我的意識傳「意」給她說：

「再給我一點時間，我很快結束了。」另一個景像立即呈現。

原來我到了江蘇宜興大覺寺，這裡是禪宗臨濟宗道場，也是我師父星雲大師剃度處，我怎能不來最後巡禮呢？接著到棲霞寺遊千佛岩，與茶神陸羽論中國茶道。之後，還想神遊一趟「神州五方五佛」：東方靈山大佛、南方天壇大佛、西方樂山大佛、北方雲岡大佛、和中原龍門大佛，共佑神州眾生。

瞬間，我的神魂回到西湖醫院，我很接近自己的軀體，就在醫生和護士之間，麻木的表情看著自己。

終於，醫生宣佈：李明輝先生和黃安安女士，因心臟衰竭，急救無效，宣佈死亡。現在時間二月十日晚上八時正。

當醫生宣佈死亡，接著另一個聲音傳來，我們聽到張美麗的呼喚：

「李先生和夫人請隨我至無間地獄報到。」

現在，我真覺得最輕鬆，像是了無罣礙，或許現在才叫「解脫」，真正解脫了，隨著張美麗走在一條光明大道上。根據有關死亡的實證論述，有一類死亡者，死亡後感覺身體進入光明世界，心中喜悅，望見金光燦爛，此一類是行善者，或唸佛行佛與佛有緣者。

另一類死亡者，感覺進入黑暗世界，墮入黑暗深淵中，深不可測，旋轉下墜，永不見底，接著見到牛頭馬面夜叉，鬼王……刀山……火獄……是屬不仁不義、分裂族群、殺孽多者，貪腐惡毒等等。

現在我和安安隨著地藏王派來的使者張美麗，正走在一條光明大道要前往無間地獄。張美麗邊走邊解釋說：

「行惡之人因業招感，前往地獄的旅程是黑暗、痛苦的，但你二人是應聘到地獄教育重刑犯人，是一種功德，也是善行，所以招感影像完全不同，是光明的。」

確實，我們雖要前往地獄，但看到的景像是光明，心情也是輕鬆愉快的。在佛經裡曾描述六種這類死亡的「感覺」。

死如出獄：死亡好像從牢房中釋放出來，不再受種種束縛，得到了自由，軀體即如牢獄，聚集苦難於一身，也苦空一生，只有到死才解脫。

死如再生：輪迴的大道上，生生死死，死死生生，「譬如從麻出油，從酪出酥」，死亡不是一切都結束，而是另一種生命的開始。

死如畢業：生的時候要經過種種考驗，一關關過，都過關了，才慢慢功成立業，如同在學校念書，經常要考試。都及格了，終於畢業，死亡就是畢業了。

死如搬家：有生無不死，死亡只不過「身體」這個暫時的家腐壞了，搬到心靈高深廣遠的家。如「出曜經」上說，「鹿歸於野，鳥歸虛空，真人歸滅」。

死如換衣：死如脫掉一件穿破的衣服，再換一件新衣裳一樣。「楞嚴經」說：「十方虛空世界，都在如來心中，猶如片雲點太清」。一世紅塵，種種閱歷，都是過眼浮雲，說來只不過一件衣服而已。

死如新陳代謝：眾生身體組織每天都在新陳代謝，舊的細胞死去，新的細胞才能長出來。生死也像細胞的新陳代謝一樣，舊去新來，才能綿延不絕。

這六種死的「感覺」，我像那一種呢？好像都有。但也像回家、換新工作、旅行或到神秘地點度假。沿途張美麗還講了一段很有震憾、啓蒙的故事，而且是真實才不久的故事。

地藏菩薩慈悲，爲教育地獄中的重刑犯，親自前往三界禮請大師到獄中擔任教席，或長期教授，或短期研習。不久後有一位蔣介石先生來自無色界，他將有一場精彩的講演。張美麗要講的是，有一位叫慧嵬禪師來任教職有一段時間了，他親自碰到的故事。

慧嵬禪師上完課回房休息，正在參禪打坐時，出現一個無頭鬼在座前，禪師一見就說：「這是甚麼東西？怎麼沒頭呢？其實，沒頭也很好，以後就不會頭痛，也不會胡思亂想，真是好舒服！」那無頭鬼聽了，頓時消失。

又有一次，出現一個沒有身體，只有手腳的無體鬼，慧嵬禪師又說：「你沒有身體，就不會有五臟六腑的疾病，也沒有這許多痛苦，這是何等幸福！」無體鬼一聽，也消失的無影無蹤。

有時無口鬼現身，慧嵬禪師就說：「沒有口最好，就不會惡口、兩舌、妄言、綺語，不會因語言造業而受罪，更不會禍從口出。」

無眼鬼現身時，他說：「沒有眼睛最好，免得看了心煩。」

無手鬼現身時，他說：「無手最好，就不會偷竊打人，不會做壞事。」

張美麗告誡說，「地獄就是地獄，鬼最多。」一般人或修行不足者，看到鬼都會慌張、恐怖，何況看到無頭鬼、無體鬼等。但像慧嵬禪師這種修行境界，表示他已達到聖人佛心的層級，能將禍視爲福，能轉迷爲悟，轉穢爲淨，就是鬼也畏懼而不敢去擾亂他。所謂「聖人轉心、凡夫轉境」，所謂「相隨心轉、境由心造」，正是同理。

無論我們碰到怎樣的「客觀景像」，就是魔鬼、鬼王，也不須害怕，只要能以心來轉境，不爲外境所轉；這便是禪心最大用途。

當我正和張美麗談禪時，突然感到整個神識「靈氣飽滿」，且容光煥發，信心十足的向前邁進。啊！原來是我在陽世的師兄弟姊妹、杭州西湖佛教協會朋友們，正爲我和安安進行「中陰身」教育，一連串超薦法會、助念等。

佛力超薦法會目的即冥陽兩利，同時也是知恩、報恩的一種表達。親人往生後要如何報恩?佛法中的方便法門就是做超薦法會。超薦是一種上對下的關懷，對上是「孝」，對下是「慈悲」。

然後，要如何得到超薦的利益呢?就在運用我們這念「心」，一個是「恭敬心」，對三寶、對法、對出家眾要恭敬，有了恭敬心就能產生功德。第二是「孝心」，有孝心，有恭敬心自然因緣和合，能產生不可思議的功德果報出來。經言：「人有誠心，佛有感應」，有了「誠心」，確實能用心念把佛法的功德送給亡者，如此即能盡孝道，又能報恩，自己也能得利。在「地藏經」提到，七分功德中亡者得一分，陽世之人得六分，此乃冥陽兩界之真理，亦爲宇宙各界、各天，恆久不變之真理，在地藏經多所論述，待我正式任職再好好有系統的講說。正是「寶掌禪師辭世偈」說的好：

本來無生死，今亦云生死；
我得去住心，他生復來此。

死亡並不是生命的結束，相反的卻是一個新的開始，若逢人世親戚朋友塵緣均已了，即將往生另一個新世界，往生者應有「寂滅爲樂」的修爲，以示此生修佛行佛的「最高水平」。而陽世送行之諸親友，也應放下一切，誠心正意爲其助念佛號，幫助往生者提起正念，安詳辭世，超脫生死，此爲最有效的「中陰身教育」。

當然，人終究是人，自古以來能修成「有道大德」，畢竟是少數，遑論成佛做祖。一般凡夫，或有點人生修爲，乃至對佛教有些認識的人，絕大多數臨終時，因對世間有情及財寶等放不下，心中難免感到煩惱、痛苦、恐怖等等，更是六神無主了。這時旁邊有人爲其助念，將面臨往生者聽到佛號，心便能安定下來，也跟著唸佛，心中的恐怖痛苦等境界，很快能轉過來，如果最後一念在念佛中往生，其中陰身會很順利，很快超生到天上或淨土。

前往無間地獄的途中，我和張美麗聊著，安安倒是沉默許多，只是跟著走。三位行者的模樣，完全不像一般往生者判定要前往地獄的樣子。

張美麗表示，一般前往地獄是因生前罪業所感，由黑白無常接引（捉拿），示現景像就是陰深恐怖的，那些幽魂都是不情願的，痛苦的。而我們就不一樣了，雖未必是地藏王的貴賓，至少也是重刑犯的教席，所以也得到不少禮遇方便，這一段「黃泉路」完全可以感受得到。

至於真正的貴賓，地藏王會親自接待。據張美麗說，各界聖王都會設法邀請來，爲地獄中的各類罪犯講授課程。目前已敲定的有文天祥、岳飛、孔明、鄭成功和蔣介石，他們是民族英雄，也是六道眾生的典範，必能對地獄中的罪犯有大助益。

正在邀請的有星雲大師、維覺和尙、聖嚴和證嚴法師。未來若因緣許可，地藏王還打算邀請禪宗初祖達摩、二祖慧可、三祖僧璨、四祖道信、五祖弘忍、六祖惠能等前來地獄講經說法，可見地藏王用心良苦。

至於張美麗現在是甚麼身份呢？據她描述，約是「無間地獄重刑教育部門的首席主任」，問她「爲何一直留在地獄？」

「我的因緣在地獄，地藏菩薩都能長留地獄，我爲甚麼不能更深一層到無間地獄？」

她說的可輕鬆。

聊著、聊著，就到了「奈何橋」，不像往昔所見充滿苦楚憤怒的奈何橋，簡直是燦爛美麗的橋，只是四周太安靜了。此後，我和安安在無間地獄擔任啓蒙教師，而所謂的任職六百年，是陽世的地球年，以地獄時間換算，大約是三年多。

有關地獄、無間地獄及其他詳請，下輯再說。這些並非我「已知」的事情，而是我在無間地獄待了那麼久，慢慢知道、印證過的事情。

正當快到地獄時，我忽然問張美麗：

「你在地獄還要待多久？何時再出生？」

「下一生的地點和形態，是依過去所造的業而決定，過去的業如果成熟，會在六道中擇一而生，業報又盡時，又再出生另一種生命形態。這種因果輪迴原因很複雜，但我相信我有地藏王的願力，遲早可以解脫生命輪迴，經涅槃而達永生。但目前我仍不想離開地獄。因爲有我可以奉獻綿薄之處，何況地獄還有這麼多罪犯，他們都須要啓蒙和再教育，倒是你們，地獄教席結束，功德無量，定是投往天堂或極樂世界，你們好自爲之。」張美麗說完這段話已到地獄大門口，她提醒我們，進門後一切都得照規矩來，不論何種身份。

是啊！前往天堂或極樂世界，那她爲甚麼不想離開地獄？一個小女子竟然對地獄有興趣，只能說人各有志吧！

34 無間地獄到底何處　容我說明白講清楚

地獄在那裡？要從宇宙論說起，否則很多不智的「鐵齒」總不相信，我們所住這個地球是太陽系的一個行星，這是一個世界。

但太陽系不過是銀河系內，數千億個類如太陽的星體之一，而銀河系也不過虛空宇宙內已知千億個「星雲漩系」之一。可見有形物質世界是無量的，彌陀經說：「過十萬億佛土」，才到極樂世界。

再者，宇宙至少有十度空間，每一空間都是一種獨立世界。法華經上說：「彼佛滅度已來，甚大久遠，譬如三千大世界所有地種……過於東方千國土乃下一點，大如微塵……一塵一劫……」正說明的世界存在多度宇宙之中，不生不滅。而我們人類所居所知，只是一個小小的世界。

更多的大世界，佛經常用「廿八重天」、「無量諸天」、「三千大世界」、「十萬億佛土」……而不管那一個世界，都在生老病死、成住壞空的不斷輪迴中。在每個星球、世界、空間，時間都是不同的，這已是現代科學的基本常識。佛經提到人間五十年抵四天王天一晝夜，而人間一千六百年抵「他化自在天」（欲界第六天）也是一晝夜，各個世界時間的不同並可換算。

大科學家愛因斯坦曾說：「世間所有宗教，經得起科學檢驗的，只有佛教。」可見佛教的科學性，佛教也是所有宗教中屬「無神論」的教派。

由上講解，大概可了解地藏菩薩所言「地獄」，並非我們腳踏的地底下（若然，地震豈不真是地牛所使。）。地獄泛指宇宙間某一星系的空間，或某度空間，前面提到宇宙有多種空間，這些空間若以人世的物質世界也許不能進入，因爲物質受空間限制。

但生命在「人」這階段結束後，其物質肉體寂滅，成爲一種能量（即神識、魂魄等），便能進入不同空間，到達不同世界。「地藏菩薩本願經。忉利天宮神通第一」有段話：

時婆羅門女問鬼王曰：此是何處？無毒答曰：此是大鐵圍山，西面第一重海。

聖女問曰：我聞鐵圍之內，地獄在中，是事實不？無毒答曰：實有地獄。

聖女問曰：我今云何得到獄所？無毒答曰：若非威神，即須業力，非此二事，終不能到。

這裡說的「鐵圍山」，應指宇宙間某一星系，構成要素以鐵爲主，亦存在某一度之空間中，要前往這個地方，肉體的物質形態（人的生命）是不能到達的，因物質受空間限制。按無毒鬼王之言，只有威神和業力能到達，威神如佛、菩薩之力，業力是自己的「業」所招感，這二者都在解釋，「非物質形態的生命」才能進入地獄，所以說人「死」後，成爲「識」，始能進出各種空間。木願經又云：

聖女又問：此水何緣，而乃涌沸，多諸罪人及惡獸？無毒答曰：此是閻浮提造惡眾生新死之者，經四十九日後，無人繼嗣，為作功德，救拔苦難。生時又無善因。當據本業所感地獄，自然先渡此海。海東十萬由旬，又有一海，其苦倍此。彼海之東，又有一海，其苦復倍。三業惡因之所招感，共號業海，其處是也。

「由旬」是距離單位，「閻浮提」是人的世界。聖女問鬼王：「海水爲甚麼湧沸？又爲甚麼這麼多罪人和惡獸？」

無毒答說：「在閻浮提世界，造惡作業的眾生，新死之人，經四十九天，無人繼嗣爲他做功德，活的時候又沒有行善的因緣。根據他的惡業，招感到他自己應去的地獄，必定先經過這第一重海。共有三重海，都是眾生三業（身、口、意）惡因所感召，共同的名號，叫業海。」

三海之內有各種地獄（在地獄參訪簡報已講），不再重述。現在講無間地獄的情景，據「地藏經・觀眾生業緣品第三」說：

無間獄者，其獄城周帀八萬餘里，其城純鐵，高一萬里，城上火聚，少有空缺。

其獄城中，諸獄相連，名號各別，獨有一獄，名曰無間。

這是講閻羅王城的情景，獄城又大又多，其中一獄叫「無間」。經文說的「其城純鐵」，我們知道宇宙間各星系，各種空間，必有其的組成要素，應指無間獄所在的世界以鐵元素最多。經文又曰：

其獄周帀萬八千里，獄牆高一千里，悉是鐵圍。上火徹下，下火徹上。鐵蛇鐵狗，吐火馳逐，獄牆之上東西而走。獄中有床，遍滿萬里。一人受罪，自見其身遍臥滿床；千萬人受罪，亦各自見身滿床上。眾業所感，獲報如是。

無間地獄牆高一千里，上下全是火，鐵蛇鐵狗，吐出火來，驅馳追逐。獄中的床遍佈一萬里，一人受罪，能自己看見自己的身體，遍臥所有的床，千萬人受罪，也各人自己瞧見自己身體臥滿床。因爲眾業感召，得到共同的報應。無間地獄苦刑有多少種？經文曰：

又諸罪人備受眾苦。千百夜叉，及以惡鬼，口牙如劍，眼如電光，手復銅爪，拖拽罪人；復有夜叉，執大鐵戟，中罪人有，或中口鼻，或中腹背，拋空翻接，或置床上。復有鐵鷹，啗罪人目。復有鐵蛇，絞罪人頸。百肢節內，悉下長釘。拔舌耕犁，抽腸剉斬，烊銅灌口，熱鐵纏身。萬死千生，業感如是。

苦啊！人間已是苦，偏偏惡人下地獄更苦。千百夜叉（一種鬼）和惡鬼，牙似劍眼如電光，指甲像銅，拖著罪人，有的夜叉把罪人當玩具，用手中的大鐵戟，拋擲那些罪人，或中口鼻，或擊中腹背，再把罪人拖過來，拋在空中倒翻著接，或把他丟到床上。又有鐵鷹，啄啗罪人雙眼，有鐵蛇絞住人的頸子。四肢上百關節都釘上長釘，有的被拔舌頭，用耕犁來犁他。

還有罪人被挖抽他的肚腸，有的被用刀剉斬，有的用烊化的銅汁灌入他的嘴裡，有的被熱鐵纏縛他的身體。

就這景像，看那些罪人萬回死去又活過來，萬般痛苦，無限哀嚎。這便是罪人，造惡多端，罪業感召，自然有這樣的罪受。這種無間地獄的苦刑要受多久呢？經文上有說：

> 動經億劫，求出無期。此界壞時，寄生他界。他界次壞，轉寄他方。他方壞時，輾轉相寄。此界成後，還復而來。無間罪報，其事如是。

眾生作惡業力很大，一動就在地獄待上億劫，想要出獄，真是遙遙無期。一「界」一「界」的度過，大家知道宇宙各星系（各世界、各空間），都有成、住、壞、空，一個世界壞（毀滅）了，又到另一世界受苦，無間罪報的事實便是如此。那麼，是不是罪人永無翻身的機會，非也，佛法的慈悲在給人永遠有機會。經文說：

> 是命終人，未得受生。在七七日內，念念之間，望諸骨肉眷屬與造福力救拔。過是日後，隨業受報。若是罪人，動經千百歲中、無解脫日。若是五無間罪，隨大地獄，千劫萬劫、永受眾苦。

這段經文說，人死後七七四十九內，若陽世之人有爲他做功德（助念、法會、誦經、布施等），便能借佛力來贖他的罪業。過了期限就沒辦法了，罪人只得隨到五無間獄中受苦。但光靠外力救拔是不足的，還要亡者在命終時心起正念，經文說：

一切眾生臨命終時，若得聞一佛名、一菩薩名，或大乘經典一句一偈，我觀如是輩人，除五無間殺害之罪，小小惡業，合墮惡趣者，尋即解脫。

通常人命臨終時，人的神識昏迷，這時代他焚香念佛，能助他提起正念，讓亡者聽到佛法，也能消除五無間罪業，種下升天或成佛的好因緣。

與無間地獄同在一處，還有一個大地獄叫「阿鼻」，這是地藏王所統轄陰界的兩大地獄，不同於十八重地獄及其他千百大小地獄。因阿鼻地獄與無間地獄同在一個地方，故我也粗略一說阿鼻獄概況。

阿鼻獄橫直都八千由旬，七重鐵城，七層鐵網，刀林劍林也各七重，可見也是重刑罪人受苦刑之所，阿鼻獄也有很多附設地獄，同屬阿鼻系統管轄。

有一種叫四角地獄，四壁都是燒紅的鐵壁，上面鐵火如密雨般落下，罪人燒的全身生火。

有一種叫飛刀地獄，四面都是刀山，空中有八百萬億大刀輪，旋轉的飛刀如雨般飛來，罪人肌肉狼藉。

有一種叫火箭地獄，萬億鐵弩鏇頭，百億鋒刀，隨時有機關一開動，同時張發，一枝枝射入罪人心窩。

有一種叫夾山地獄，專用逃進山林的罪人，前後自然起火，兩山自動夾合磨轉，血流成河，骨肉都磨爛了。

有一種叫通槍地獄，槍是一種剡木兵器，穿通罪人的胸背，痛啊！痛不欲生，死去又活來，又無處可逃。

有一種叫鐵車地獄，用火燒紅了鐵車的車輪，碾壓罪人，碾來又碾去，把魂魄也碾的不成形狀，慘啊！

有一種叫鐵床地獄，罪人也有睡覺時間，只是那床被火燒的通紅，罪人躺上去（不能不躺），身體焦爛了。

有一種叫鐵牛地獄，許多鐵鑄的火牛，專針對罪人，或用角觸，或使蹄踏，或日夜不停追著罪人。

有一種叫鐵衣地獄，千萬燒熱的赤鐵袈裟、衣服等，從空中落下，自動纏裹罪人，皮肉筋骨都焦爛了。

有一種叫千刃地獄，罪人坐在大劍床上，百億劍刃都出火，空中有刀直劈頭頂，身體碎裂成數千段塊。

有一種叫抱柱地獄，罪人緊緊的抱著銅柱，鐵網自然纏絡他的頸子不能脫離，刹時銅柱火發，身體燒焦。

有一種叫流火地獄，遍處火燒，絕無出路，獄卒拿了火燒的鐵杵，夯破罪人的頭，腦漿四溢。

有一種叫耕舌地獄，獄卒牽住罪人的舌頭，拉的長長的，將罪人當成耕牛，去犁別的罪人。

有一種叫燒腳地獄，罪人所站立的地方，如烊化的蠟塊，腳隨踏隨焦爛，有爛到膝蓋，有爛到肚臍或更上的。

有一種叫諍論地獄，罪人都長了鐵爪，鋒刃如半月，時刻瞋怒，自動的互相搏殺，永不停息。

其他如鐵驢、烊銅、剉首、啗眼、鐵丸、鐵鈇、多瞋等地獄。地藏菩薩曾說：「鐵圍之內，有如是等地獄，其數無限。」那一種罪人會進入何種地獄？在陰界的律法是有規定的，我舉例說明。

出家人六根不淨，對女子動了心念，或一般世人犯殺生之過，死後墮四角地獄。

遊手好閒，聚眾生事，隨意殺人墮飛刀地獄；不孝不敬又不受教化，教唆殺生，飼養奸人墮火箭地獄。

不知報恩，害師、打師、殺師，破壞與佛有關設備，殺害伯叔父母兄弟姊妹，死後墮千刃地獄。

有大權（勢）力的人，虐待人民，墮流火地獄；貪酒墮啗眼地獄；貪欲嫉妒，多起瞋怒墮諍論地獄。

利口的人，常出惡言，贊不善的人，謗良善的人墮鐵鈇地獄；殺害小動物墮剉首地獄；出家破戒墮燒腳地獄。

前面那些地獄都是阿鼻大地獄的附屬機構，在無間地獄中是沒有的。但有些地獄同時是無間和阿鼻兩大獄的附屬，就好像陽世有些單位有兩個上司，一個是直屬的指揮權，一個是配屬的管制權，這種地獄我舉例如後。

如叫喚地獄，這是八熱獄中的第四叫喚、第五大叫喚。獄卒捉了罪人擲入大鑊中，用熱湯沸煮，又提到大盤裡，反覆再煎熬，痛的日夜不停哭號叫喚。

如剝皮地獄，先把罪人的皮剝下，血淋淋的流，痛不欲生。獄卒再把他的肉一塊塊割下，堆在他的皮上。

如倒刺地獄，滿是火燒的大鐵樹，刺長十六寸。獄卒拖罪人上樹時，樹刺皆向下；拖罪人下樹時，樹刺自動會向上，如此來回上下，皮肉都割盡了。

其他如火象、火狗、火馬、火狼、火屋、鋸牙獄等，到底還有多少種地獄？地藏菩薩言：

如是等地獄，其中各各復有諸小地獄，或一或二、或三或四，乃至百千。其中名號，各各不同。

這意思說，上面這些地獄雖同屬無間和阿鼻兩大獄，但這些附屬地獄之下，又另有附屬的小地獄，所以地獄的數量、種類是言之不盡的。爲甚麼會如此？地藏菩薩曾告訴普賢菩薩說：「仁者，此者皆是南閻浮提行惡眾生，業感如是。」也就是說，古今以來有多少行惡的眾生，便會招感多少地獄，故說言不盡也。

還有，阿鼻地獄中規模最大的是十八重地獄，這部份在我以前已介紹過，就不再贅述了。

本輯我爲讓世人了解地獄情景，從人類所能信任的多重宇宙科學觀講起。人們所知的「宇宙、世界」只有極小的部份，而且只限於眼見和儀器可感的「物質世界」，還有很多如「多元空間」、「高度空間」及佛世界的「三十三天」、「四禪天」、「無色界」、「極樂世界」，仍至「暗物質」、「類星體」等，人們幾全處於「無知」狀態，只有極少數科學家、智者、高僧或很有因緣福報的人知道。

舉世間科學所已察覺的「暗物質」和「類星體」，人類的科學雖能「察覺」，也仍處於不知狀態。暗物質（Dark mater），可能指小至恆星結構與演化，大至星系和宇宙結構演化，都有關的「無質量的物質」，因其無質量，故不與任何物質發生作用，也可以說「暗物質」即「非物質世界」。

類星體（Quasar）是存在宇間的一群噴射星系，目前正在飛向宇宙的邊緣，速度快到光速的三十二倍，這可見宇宙之大，離開宇宙後，是否進入另一宇宙，不得而知。再者，人們所知宇宙間最快者是光速，但和類星體移動速度比，真是太慢了。

佛經中講的「地獄」，即在某一空間中的「非物質世界」，那些牛頭馬面、火牛、火象、各種鬼王等，即那個世界的一種人或生物。因宇宙太大了，有太多未知的空間，那個世界的人形不一定和地球同，因是「非物質」，只是一種「神識」、「魂魄」或「靈魂」吧！不僅僅是人有很多「鐵齒」的，就是修行不足也有懷疑，文殊菩薩曾向佛陀說：

小果聲聞、天龍八部及未來世諸眾生等，雖聞如來誠實之語，必懷疑惑，設使頂受，未免興謗。

指那些修小果聞小法的，尚未聞過大法，及天龍八部（天上的人、龍、夜叉、乾闥婆、阿修羅、迦樓羅、緊那羅、摩侯羅迦），還有未來許多眾生，有的不信佛言，還要生出毀謗之言，真是罪業啊！

以上是我在地獄、無間地獄中待過多年（地球的世界約六百年），所見的實證見證，引「地藏菩薩本願經」，及其他經典、佛言等，無非想增加可信度，讓世人多了解、多相信，少造罪業，便與天堂或極樂世界有緣，而與地獄無緣了。

我零零總總說了這麼多地獄，大家也許快迷糊了，事實上地獄之多如眾生罪惡多，也是言之不盡的。阿鼻地獄和無間地獄，同在一處，眾生以爲二者相同，實是兩個不同的地獄。若按「俱舍論」，地獄分根本、近邊和孤獨地獄等三種，另外還有眷屬地獄等。

地獄種類雖多，但並非處處都是恐怖景像，或讓人畏懼痛苦，阿鼻地獄有一附設「特別獄」，罪犯住的是花園洋房，且免受刀山油鍋之苦，只是行動受到限制。住在那裡的，多是陽界領袖級人物或高僧大德，身份持殊者。

有一罪人讀者定有興趣，自稱在陽界是「西藏精神領袖」的達賴喇嘛便住在這特別獄中。他確實也算一代高僧，但因農奴苛政、爲權位當西方帝國主義和資本主義之鷹犬、分裂國家、迫害「雄天」教派，食肉及認同「男女交合雙修」爲無上大法等罪，往生後也來到地獄。

達賴住特別獄，且有專人侍候，是他的信徒，前台灣高鐵董事長殷琪。神奇吧！地獄之多，說之不盡……

我的「實證」也許尚有不足，許多人尚有疑惑，這是自然之事。佛說法一生，世人仍有眾多不信者，何況是我！後面我會在各輯各節，隨機說法，把有關地獄、業感等事，進一步論述。

35 說我這班罪業深重　苦心啓蒙為助解脱

在陽世最常聽到的一句話，是「光陰似箭、歲月如流」、「人生如白駒過隙」等，沒想到地獄的時間過的更快，記得才來，開學不久，怎的第一學期已過了五個月。

當然，五個月不是光講「地藏經」，有全套課程，包括天文地理、宇宙觀、人生觀、文學藝術、音樂、詩歌等。

這五個月的「地藏菩薩本願經」，已講完第一品「忉利天宮」、第二品「分身集會」、第三品「觀眾生業緣」、第四品「閻浮眾生業感」及正在講的第五品「地獄名號」。感覺上，地獄時間過的比人世間更快。

對了，我順便一提，在我和安安來到地獄任教職時，我在陽世的幾位老友，汪仁豪和蔡麗美、燕京山和尹月芬、蘇真長和吳淑臻等，他們已早在幾個月前來地獄任教授，只是他們在阿鼻地獄。我們極少碰面，除非全地獄的教育會議才會見到。

我和安安都在無間地獄，班別名甚多，如檀那、尸羅、羼提、禪那、般若、毗離耶、波羅密……名稱都有一定的意義。安安的班叫「慈悲」班，我的叫「喜捨」班。

說到班上的成員嘛！也夠神奇了，都是地獄中的重刑犯罪是當然的，只是他們有些已在無間獄待了幾世幾劫，真是「千萬億劫，求出無期」，苦啊！

這些重刑犯是那些罪人，遠的不說，說安安的「慈悲」班好了，有陷害忠良的郭開、賣國受戮的伯嚭、篡位者王莽、弒帝聚歛之梁冀、謀篡者王敦、毒害忠良歛財的盧杞、一代巨奸秦檜、植黨營私嚴嵩、賣國求榮漢奸汪精衛，另外美國總統希布、錢尼、倫斯斐、英國首相布萊爾、發動世界大戰的日本天皇和多位重臣、更早的豐臣秀吉、田中、齋藤正樹、石原……還有慈禧太后等，竟都在安安那一班。還有，暴力小英蔡□文、莎朗史東（Sharon Stone）也在，奇啊！還有，搞東帝汶獨立的古斯毛。

至於我的「喜捨」班呢？那就更有趣了，我在陽世都認識他們，因爲他們曾騎在人民頭上，專權恣肆一時，不仁不義，不忠不孝；或利用錢財勢力，歪曲是非，顛倒黑白，分裂族群，這些重刑犯有李□輝、陳□扁、邱□仁、馬□成、呂□蓮、游□堃、謝□廷、姚□文、李□禧、辜□榮、辜□敏、杜□勝、謝□偉、莊□榮、余添、林□三、吳□明、路□袖、陳揃、葉□蘭、李□哲、鄭弘儀、侯有誼……另有大宦官魏忠賢及其爪牙十餘人，不必多舉，都在我這班，李□輝是本班的班長，神奇吧！

大家一定會懷疑，這些大奸巨惡，無視佛陀、菩薩之存在，無視宇內仁義真理之存在，那裡是我一個教授能管的動、教的動？確實是關鍵性問題。

不過放心，他們已被解除了所有權力和能量，任何時候只要起心動念為惡，立即因業招感火燒刀㓷破肚等諸種苦刑上身。何況我有兩位正副獄吏為我的助理，罪人由獄吏統一管理，統一帶隊上下課，平時罪人都上手鐐腳銬，上課時要寫筆記，手鐐可免，罪人沒機會造反。

再說我這「喜捨」班教室，無間地獄的教室空間設計也有「無間特性」，即「一人亦滿，多人亦滿」，空間可以自動伸縮。再者「日夜受罪，以至劫數，無時間絕」，並不因上課而可以免受苦刑。所以我第一天來上課簡直上不下去，不能看啊！只見獄吏帶隊進教室情景：

有被開肚破胸者，腸子心肝外掉用手捧著……

有被烊銅灌口者，口中燒火，舌頭掉下一尺多……

有熱鐵纏身，身肉燒的焦爛，還冒出煙火者……

就這樣，這群罪人哭天哀號的，怎麼上課呢？我向「教育委員會首席主任」張美麗反應。她設計一套「相隨心轉」咒語，置所有教室正前方，課前所有受教的罪人起立目視正前方的地藏王顯像，默念示現的文字，教室內可以變成一片平和，暫停苦刑，專心上課。只見教室正前方地藏王像是左右的字是：「地獄未空誓不成佛，眾生度盡方證菩提」，像下方一段文字是：

幽冥教主地藏王，一瞻一禮福難量。
智珠遍照三千界，六環錫杖頓門牆。
五佛頂嚴巍巍坐，千古輪迴大願償。
地獄不空不成佛，孝感驚天願未央。

果然上課效果好多，本來嘛！教育宗旨在啓蒙人心，讓眾生產生覺悟，發出善心，天堂地獄不過這一念之間。另外爲讓罪人反思在陽世犯下的罪惡，教室四週有顯示標語，我這「喜捨」教室兩側兩首詩，分別是：

我佛慈悲不容貪，分裂政客整座山；
永不超生篡竊者，輪迴大道昭昭然。

我佛慈悲要擒魔，台獨分裂是魔頭；
人間有魔死人多，清魔滅魔人快活。

正是，把人間的魔清了、滅了，人間便成淨土。原來，不光是地獄魔鬼多，怎的人間也到處有魔鬼。政客散發分裂族群的毒素，一大群不知不覺，沒有判斷力的老百姓信以爲真，便否定了自己的血緣和種族關係，對立戰爭此起彼落，人間真是魔鬼多，不覺悟的人也多，前往地獄的路真是「絡繹不絕」啊！

這一天，是第五個月的月底，課程進度講到「地獄名號」最後一段，罪人上課還算專心。（我爲鼓勵眾生，今後上課不稱他們爲「罪人」改叫「同學」或「學生」，以示親切，也有教育意義。），我看看陳□扁，叫他：

「陳□扁同學，把第五品最後一段讀一遍。」

「是，」他答，他今天還算「乖」，可能獄吏在旁有鎮制效果，否則他問題最大，至今「三一九案」不認錯，地藏王要請包公來審案（這是後話）。他開始念：

> 仁者，如是等報，各各獄中，有百千種業道之器，無非是銅、是鐵、是石、是火。此四種物，眾業行感。若廣說地獄罪報等事，一一獄中，更有百千種苦楚。何況多獄。我今承佛威神及仁者問，略說如是。若廣解說，窮劫不盡。

「請坐下。」我禮貌的請陳同學坐，進一步解釋，地獄中各種罪具，都是眾生作惡所感而形成的，真是說也說不完，所以叫「眾業行感」。現在快下課，我點一次名，點到答「右」。

「李□輝。」

「右。」

「陳□扁。」

「右。」

每點一位同學，我會看看他，端詳他的神色、氣勢，聽他的音量，從「相」看其內心，判斷他學習效果，是否有懺悔的心等。

「邱□仁、馬□成、呂□蓮、游□堃、謝□廷、姚□文、李□禧……」

都點完名，我掃視每位同學，看看陳、邱、馬等三位，我忽然問他們：

「陳□扁、邱□仁、馬□成，你們三位對陽世的貪汙案和三一九槍擊弊案反省的怎樣了？」

三個苦瓜臉，一副心不干情不願的樣子，看來也可憐，相互看看後，還是陳□扁代表發言說：

「無根無據的，叫我們來地獄受苦，根本是政治迫害，地藏王也是統派的，我們還要上訴，我們不認罪。」

怪怪，這三個比當年的孫猴子還頑劣，那老孫尚有頓悟成佛之日，這三個何時才能覺悟？我心中這麼想著，但我知道地藏菩薩對他們的案子已有「終極」做法。於是我回答說：

「你們的案子在陽世老早定罪執行完畢，在歷史上的春秋史官，也以貪污和篡竊兩罪結案。但你們在地獄還要翻案，地藏菩薩慈悲，爲讓三位心服，他正計畫禮聘包青天來地獄一趟，專審三位的案，請你們靜待佳音。」說完我看看他們，示意尚有問題否？三人不言。

我又看看李□禧同學，一副不受教的眼神，上課也不專心，他在陽世造了很重的口業。但我不忍地說：

「李同學，你在陽世貴爲大學教授、頭目、國師，但你亂用名器，顛倒是非黑白，分裂族群，這是很重的罪業，因業招感，才來地獄，要好好學習、反省，知道嗎？」

沒想到他竟說：

「我才不信因業招感，誰訂的規矩？我來地獄只是倒霉，基督會來救我！還有也是政治迫害。」

「……」我一時感到意外，不知如何回答他，只好說：「因業招感說簡單嘛！是一種宇宙間簡單的真理，但要說清楚講明白，也有些複雜，我會配合地藏經課程，或利用其他時間，進一步再仔細講，一定會講的讓大家滿意，這是老師的職責，至於是不是政治迫害，可以等包青天來時提出上訴，好嗎？」

「好！」

「各位同學，今天上課到此結束，地藏經到今天止，共講了五品。本經和金剛、彌陀、法華三經並稱『四部頭』，可見其重要，地藏菩薩在釋迦佛法中，代表大願的實踐者，只要發願，必得無上菩提，大家共勉之。下課！」

「起立、敬禮——」李□輝班長的口令。

回禮完，看著獄吏帶隊離開，一出教室門，各種罪人應受苦痛又回復原相。開腸破肚者、斷手斷腳者、全身火燒者、舌頭吐掛一尺多者……哀號呼叫……直到聲音遠去，我也感慨萬千的離開教室。

這天晚上，在床上輾轉反側，到庭院中賞花看月。（註：地獄中並不全然是刀山、油鍋、火床等痛苦的世界，如地藏王、獄吏、司閻及禮聘來的教席等，因發願、犧牲、善緣而在地獄，乃爲度盡眾生，他們所感受到的，依然有風和日麗的自然美景。）我想到，很久沒到我的學生「寢室」巡房了。

實際上，學生們因是身處無間地獄的關係，無間律法第一條：「日夜受罪，以至劫數，無時間絕，故稱無間。」第三條規定更嚴：

罪器叉棒，鷹蛇狼犬，碓磨鋸鑿，剉斫鑊湯，鐵網鐵繩，鐵驢鐵馬，生革絡首，熱鐵澆身，飢呑鐵丸，渴飲鐵汁，從年竟劫，數那由他，苦楚相連，更無間斷，故稱無間。

從這兩條律法（觀眾生業緣品第三）看，無間地獄的罪刑苦是沒有間斷的，才叫「無間地獄」。所以，我的學生是沒有寢室，也不可能有時間休息的，我所謂到學生「寢室」

巡房，只是去看看他們晚上待的「火房」。

所謂「火房」，樣子有些像陽世的傳統電話亭，由鐵質打造，內部空間正合罪人站立。只是四周的鐵燒的通紅，罪人皮肉被燒的焦爛，痛苦哀號，房門外兩道地藏王府封條交叉貼上，門兩側各一排字，正面向內專給罪人看。由外看則是顛倒的反面字，門口有透明可見火房內罪人受苦情景。

讀者諸君不解，即然如此，我去巡房何用?何益之有?當然有用有益。就像陽世的人爲已過逝的亡者，做法事、布施、行善等功德，亡者雖在地獄，仍可獲益。

我散步慢慢走，打更的獄卒在我身旁過，不久到東區，我班上的學生夜間都在東區「無間火房第九十九解脫道」，很快便找到。第一房是班長李 輝，雖不能交談，但從外可望見裡面的慘狀，裡面的受罪者也能感受老師來看他。我在每一「火房」前念一句「阿彌陀佛」，或沈思片刻。仔細讀每房門前左右的兩行字，實即一首詩，內容與他生前在陽世所造罪業有關，而門上橫批則統一各房都是「真誠懺悔」四字，可見都是針對罪人而招感示現的警語，以提醒罪人犯的是甚麼錯。我逐一看，我仔細讀，思索詩句意義，如後正是：

李□輝

你把自己玩完了　看你聰明卻很扯

分裂族群不能搞　王牌成歷史垃圾

陳□扁

瞞天過海不是罪　作弊造假還不悔
全家吃錢國庫空　看來只有業相隨

呂□蓮

福建南靖才是根　龍潭祖厝情份深
呂家五次回原鄉　何必毒害自己人

游□堃

廿世裔孫游阿堃　一心呈獻真誠純
日後怎道中國豬　父祖兒女也是人？

謝□廷

北京貴賓謝阿廷　吃香喝辣他最行
明獨暗統找機會　不信往後看風景

姚□文

祖國朝拜姚阿文　參訪名勝找祖墳
北京溫情不忘記　從此心頭亂紛紛

李□禧

炎黃叛徒李阿禧　尋根謁祖何道理？
醜化老祖罵自己　無恥文人他第一

走到李□禧這「火房」前，我感慨萬千，因爲他和我陽世也有一段緣，我們同在T大任職。沒想到他與腐敗墮落的陳□扁掛勾，製造族群分裂，不知撈了多少人民的納稅錢。中國傳統知識份子的風格與氣節，蕩然不存，利用自己的知識專業，散播毒素，真罪業深重啊！業障。我乃在他「火房」前念「往生咒」：

拔一切業障根本得生淨土陀羅尼（三遍）

曩謨阿彌多婆夜　哆他伽哆夜　哆地夜他　阿彌都婆毘　阿彌唎哆　悉耽婆毘
阿彌唎多　毘迦蘭帝　阿彌唎哆　毘迦蘭哆　伽彌膩伽伽那　枳多迦隸娑婆訶

我這「往生咒」，對他消除業障雖有功能，還得看他在在「火房」中是否誠心懺悔才有用！陽世人們常說：「自己作業自己擔」，正是此理。接著我往下巡房：

謝□偉

痞子又成兒過動　無智缺德都不懂
國家門面臉丟光　分裂族群民心痛

杜□勝

罄竹難書杜阿勝　分裂挺毒他最能
投機份子沒心肝　漢奸下場永不醒

余　添

一代歌王搞台獨　吃飽喝足挺貪腐
晚節不保最難堪　家人記否炎黃族

林□三

自由時報林阿三　醜化炎黃真難纏

狼狽爲奸吳阿明　浪子回頭難難難

吳□明

散播惡毒不可追　千代萬代都在傳
祖孫百代全蒙羞　另設一獄叫投繯

莊□榮

亂臣小丑莊阿榮　貪腐陣營也得寵
奸邪魔鬼永不悟　試想血緣何東東？

路□袖

詩人變節挺台獨　褻瀆蔣公不如芻
廉恥蕩然心不誠　文壇敗類似杜龜

陳　掬

南台貪瀆健將菊　奧步作弊心很虛
民族救星妳褻瀆　炎黃敗類不知義

葉□蘭

菊蘭聽佛說一些　傲淡品逸霜下傑
靜芳品幽第一香　何必挺獨質變劣

李□哲

諾貝爾獎政治侏　他搞教育全民輸
爲何挺貪又挺獨　書生死讀書讀死

辜□榮

倭寇登台你顯榮　一八九五最得寵
浪人揮刀屠台民　你是天大一幫凶

巡到這裡已經很晚了，我有些睏，但看到辜□榮在無間獄待很久了，我心情很複雜。陽世很多不義之戰，雖都有些因果，不外是人的貪腐。如陽世地球一八九五年，漢倭奴國佔領台灣，辜□榮竟是引導，這種罪業是很大的。人間流轉的詩句這麼說：

倭奴登台尋無路，顯榮一看賭不輸，
浪人屠城他叫父，認賊作父財大粗。
炎黃子孫少瑕疵，只有少數會變質；
秦檜汪精衛等賊，辜某能悟還不遲。

這樣詩句在民間流傳，在地獄是有感應的。沒想到他的後人之一辜 敏也當了漢奸，幹起分裂族群的勾當，民間又有詩句流傳：

蹧蹋神州辜□敏，分裂族群決不行；
不信因果又頭昏，兩代漢奸今可信。

想到這裡我不再想下去了，邊唸著「回向偈」邊往回走。慈悲喜捨遍法界，惜福結緣利人天；禪淨戒行平等忍，慚愧感恩大願心。再唸……

回來躺在床上，又想我這班，個個罪孽深重，在陽世都犯下「幾脫拉庫」重罪，我這小小教席，要待何時才能叫他們都重生、解脫。何況他們有好多至今雖在煉獄受應得的懲罰，卻無反省之心，那能有懺悔的功德。

當然，罪人在無間獄中受苦之外，他們有很多時間要接受「強制教育」，包括聽我們這批教席的講課，不久未來有更多聖哲天人如蔣介石先生、六祖惠能要來向罪人講經說法，這些都是地藏菩薩慈悲所安排的「強制教育」。如此這般，相信對罪人會產生一些轉變吧！

還有，最近的「教育成果考核委會」，張美麗轉達「無間情治系統」的調查報告，稱陳□扁、邱□仁、馬□成和游□堃四位重罪犯的神識、心志活動，最近顯出異常景像，要大家多注意。

啊！事情還真多，不知安安、汪仁豪他們近況如何？想著，竟睡著了。

36 遇麥可猥褻案主角　包公審三一九等案

最近我們在地獄中，爲準備請開封府包青天（目前在無色界摩醯首羅天）來講經說法，同時也要重審陽世二〇〇四年在台灣發生的閻浮提最大醜聞「三一九槍擊案」。當然，包青天來到地獄，並不全爲「三一九案」，他在阿鼻獄、無間獄有多場演講，對象是有關刑案調查、檢查及法界重要法官，據說連十八重地獄的主審法官都想來聽講，可見包大人的「神」氣多旺。

再者包大人還要親自重審幾個閻浮提大案，除「三一九案」外，另有「二二八事件真相調查」、發動兩次波斯灣戰爭的前美國總統老布希和小布希及「九一一案」等等，包大人全部行程只有「三一九案」與我有關，因罪人在我班上，所以我也隨張美麗主任到阿鼻地獄開了多次會議。

可是不巧，有關包大人的重要活動，全安排在第一學期結束的半個月寒假中。我、安安和一群老友原打算利用寒假到陽世走走，現在也只好打消了。因爲有許多事情要配合進行，「三一九案」也要一審再審，以供地藏菩薩最後定讞參考，決定無間獄的刑期、劫數，給罪人一線解脫、投胎或超拔苦海的機會，可見地藏菩薩的慈悲願行。

某日下午，我到阿鼻獄開會，回程途經阿鼻獄的附設小地獄叫「寒冰獄」，在離寒冰不遠處的草皮上遇一小鬼，其狀頭大如鼓，頸如稻梗般細，被我一頭撞見，他嚇的在地上打寒顫。我問：

「你是誰？」

「我是寒冰獄的罪犯。」他驚恐說。

「照規定小鬼不能到處亂跑。」

「我的罪較輕，而且表現好，誠心悔過，所以獄長每隔一段時日讓我離開一下寒冰池，在附近自由放風。」他說著。

「罪較輕，你犯的是甚麼罪？」我問。

「撒謊，毀人名譽。」

「……撒謊是重罪，加上毀人名譽。」我思索片刻，有些好奇，看這小鬼還算誠實，進而問他：

「你在陽世叫甚麼名字，毀了誰的名譽？」

他答：「我在陽世是美國人，名叫喬迪・錢德勒 Jordy Chandler，是我毀了流行音樂天王麥可傑克森……」他裊裊說出一件曾經轟動陽界的新聞，我仔細聽著……原來……

麥克傑克森是陽界流行音樂天王，就在陽世地球年一九九三年時，爆發「男童猥褻案」醜聞，不僅花大錢打官司，最後賠鉅款了事。其演藝事業和精神大受打擊，二〇〇九年六月二十五日鬱卒而死，得年才五十歲。

沒想到就麥克死後三天，當年受害者喬迪卻出面向麥可道歉，坦言當年說了謊，「是受父親所逼」。

媒體「國際線上」這樣報導，一九九三年時才十二歲的喬迪・錢德勒控告麥可猥褻案，轟動全球。現年已近三十歲的喬迪表示，他在麥可死後感到懊悔，因此說出實情，減少良心的不安。

喬迪說：「我從未想過要透過撒謊來毀壞麥可的名譽，但爸爸說服我，撒謊的話不會有甚麼損失，我還可以得到所有的一切。」當二十五日麥可死後，喬迪對此事感到無比內疚，終於說出這段騙過全美國法官和媒體的謊言，期盼麥可在天之靈能原諒他。

喬迪回憶說：「一九九三年八月，我向精神科醫師說，麥可和我發生了性關係。父親便大張旗鼓提告，警方也對麥可的夢幻莊園進行大規模搜查。最後雙方庭外和解，麥可總共支付二千三百三十萬美金的和解金給我的家人。」但過程中，麥可始終否認性侵罪。

小鬼說完，看看我，又說：「事情就是這樣，是我說謊毀了流行天王麥可的名譽。」

「這麼說你也撈到不少錢吧！」我故意說。

小鬼道：「一切都因我父親爲了錢才會說謊，所以他老人家現在在十八層地獄受刀山油鍋之苦。我也後悔到麥可死了，我已三十歲才說出真相，我該更早說，還麥可清白才對。」

「是啊！早說早好。」我安慰小鬼，「也許現在不會在地獄裡面。」

看來這小鬼很有誠心悔過，最後他又說：「當我撒出那段謊言時，全美國的法界人士和媒體，鋪天蓋地而來，對麥可造成毀滅性壓力，至今我心中仍然不安，我該受到應有的懲罰。」

當我正想對他說些因果輪迴道理時，小鬼說：「我時間到了。」然後一溜黑煙便不見了，大概回到寒冰獄中了。我以「阿彌陀佛」一聲佛號送他，望他早離苦海，再生後別再撒謊。麥可的案讓我想到「無間律法•第四條」：

> 不問男子女人，羌胡夷狄，老幼貴賤，或龍或神，或天或鬼，罪行業感，悉同受之，故稱無間。

所謂國別、種族只是陽世之人因分別心而起，產生了不同階級、族群的區隔，在地獄是不分的。設若一種罪行，某國某族人犯了是罪，其他卻不稱罪，三界還有道理嗎？

也顯示因果輪迴對六道眾生而言，不僅公平、而且沒有例外，功過均悉同受之。

麥可的案例在地獄也受重視，許多教師、大德演講，都期許眾生要有承擔的勇氣和智慧。眾所週知麥可傑克森從小受父親的家暴，五歲開始到處歌廳駐唱，他又是黑人，一生痛恨自己的背景，他是音樂天王，心靈生活的侏儒。這和一些本是中國人，流著炎黃血脈的台獨份子，不肯承擔自己是中國人同樣悲哀，地藏菩薩經常在講經說法時，談到這些問題。

在最近一次「無間獄重刑犯教育檢討會」中，有一位叫「心軒」的學者，她是張美麗麾下多位教育委員之一，在會中因麥可案心有所感，講了一段禪門故事與大家共同勉勵。

有一位名叫慧朗的禪師，初參馬祖時，馬祖便問：「所求爲何？」

慧朗：「求佛知見。」

馬祖：「佛已超越知見，有知見就是魔。」慧朗聽了，恭敬禮拜。

馬祖再問：「你從何處來？」

慧朗說：「南嶽！」

馬祖不客氣的說：「你從南嶽來，辜負了石頭的慈悲，應該趕快回去！」

慧朗於是回到石頭禪師之處，並請示：「如何是佛？」

石頭禪師說：「你沒有佛性！」

慧朗疑惑的問：「只要有生命的蠢動含靈都有佛性啊！爲甚麼我沒有佛性呢？」

「因爲你不是蠢動含靈。」

「難到慧朗不如蠢動含靈？」

「因爲你不肯承擔！」

大千各界只有極樂世界有「永恆的完美性」，其他各界眾生都有生老病死，眾生也難免有不如己意的過去，或難堪的家世背景，或悲慘痛苦的往事。但生命不可能不長大，而停留在過去。一旦長大了，要承擔自己的一切，這是智慧也是勇氣，也是眾生皆免不了要面對的生命。

但很可惜，眾生之中至少有半數不知道「我是誰？」。例如，台獨份子不承認自己是炎黃子孫、不承認自己是中國人、黑人不承認自己是黑人；乃至背叛自己原生族群者，很多。地藏菩薩慈悲，爲此又成立「啓蒙地獄」，所有這類問題的眾生，先經過這裡洗禮，以知道「我是誰？」

佛陀在菩提樹下，金剛座上夜睹明星，悟道時說：「大地眾生皆有如來之智慧德相，只因妄想執著而不能證得。」可見得，眾生都可以是巨星，端看你內心願不願意跟著長大及承擔了。

在教室時我講這個案例，最後我問一個同學：

「李□禧同學！你肯承擔了嗎？」

他一臉麻木，茫茫然……啊！眾生，愚昧何其多！不知不覺者，無感無悟者，更是何其多！

終於，包青天審「三一九槍擊案」時間到了。我事前已獲通報，包青天是在審完「九一一案」後，接著審「三一九案」。這天晚上，獄吏押解嫌疑犯（陽世、冥府都已定讞服刑，地藏王慈悲准許最後一次特別上訴，故又暫稱嫌疑犯。）因都是我班同學，有大頭目陳□扁、死諸葛邱□仁、魔諸葛馬□成、大頭目跑腿游□堃、深宮怨婦呂□蓮等。當然還有我邪諸葛李明輝，只是三界聖王及冥府法官對我的涉案情形、因果緣委及懺悔修行經過），都已理解，早已不審我，頂多請我當證人，這回也沒有傳喚我。

我仍利用時間前往觀審。在「冥府無間獄臨時法庭」，嚴然是開封府審案場景的現場重建，只見包公、師爺及其他人馬，原來是開封府原班人馬已暫移駕地藏王府，這如何解釋？真相原來是包青天、師爺、展昭和所有從員，早已往生千年（地球陽界），他們有的在極樂世界，有在無色界、色界等，但仍追隨包公到大千各界辦案，這回是應地藏菩薩之請而來。

只見法庭之上掛著「高懸明鏡」和「正大光明」兩匾額，一看便知王羲之的字，法庭森嚴，氣氛肅然，靜默無聲，包公正坐，師爺在側「咬耳朵」。一會兒，包公開口說話：

「提犯人。」

「提犯人、——、——」話傳了出去。

頃刻，犯人一一押解入庭，陳、邱、馬、游、呂，一字排開跪在堂前，頭低的低低，氣勢早已完全消散，魂魄之形更是悽慘，堂上無聲無息。

包公一一驗明正身，然後說：「有關你們在陽世的三一九案，在來這裡之前，我已花了很多時間調閱陰陽兩界所有調查與判決案資料，貪污案和三一九案我都深入了解，陰陽兩界的判決確實無誤，而那三一九案是作弊也沒錯，陽界定位成竊國篡位是合乎春秋大義的判定。」

包公說到這裡停了一下，看看堂前低頭跪地不敢一動的五個罪犯，說：「平身、台頭」此時呂□蓮忽然說：

「這件事我從頭到尾都不知道，我是受害者，請包大人明察。」

「我知道你是受害者，你是因別案來到地獄的，另有不同的懲罰，因果輪迴的果報也不同，你放心。」包公慈祥說明，接著包公又說：

「所以，今晚開這個庭是多餘的，並不能改變甚麼！只因你們企圖平反，心中不服，地藏菩薩慈悲，同意你們再上訴，並請我來收你們的心，讓你們心服口服。」包公說到這裡，轉頭對師爺和左右助理說：

「準備機器、啓動系統。」

跪在地上的五罪人聽到「啓動系統」四字，顯然嚇到，魂識不安，以爲是啓動用刑。這時包公說：

「因果輪迴大道上，閻浮眾生因業招感，功過分明，從未失誤，但碰到死硬頑固之徒，非要看到罪證才服氣，爲此本府的研發部門研究一種最新儀器，標準品名叫『業感追蹤現場重建系統』，可適用於六道眾生，在無間地獄是第一次使用。現在開始，大家看三一九案在陰陽兩界從未曝光的現場重建畫面。」

只見來了四位獄卒，提四張類似陽世用的「電椅」，叫四位罪人坐上（呂除外），又用寫有咒語的黃色頭巾，矇住每人雙眼，再加貼畫有符圖的兩張紙狀長條物，交叉貼在胸前，四肢前胸後背和天頂各接長線（共約十餘條），連接到機器系統，等等一番工夫……

不久，光線暗了下來，法庭中間有立體影幕投射，一個場景逐漸清晰，密室裡有四人，正是陳、邱、馬、游四人，正要商討大事。密室陳設典雅，有日曆和鍾掛在牆上，時間顯示西元二〇〇四年三月十八日，晚上十二點三十分。漸漸有聲音傳出。

邱□仁顯得低調而恭敬的神情說：「老闆，全案我已安排好了，你肚皮上弄一點小傷，事前我親自來做。」

「保證安全，小傷可以忍受，爲拿大位只好犧牲一點，事成之後，江山歸我，你們想吃甚麼都有。」這是陳□扁講話。

「從受傷到進入奇美醫院這段也安排好了，過程完全掌控，沒有意外。」馬□成說。

「明天下午車隊在台南市的活動，時間控制要很精準，槍擊案發生的時機下午三點前後較佳。」游□堃說。

「子彈的事準備好了？」扁問。

「我親自操盤，準備好了。」邱答

立體影像在此聲音停了一下下，仍有影像在動，邱打開酒櫃倒酒給大家喝，又有聲音。

「我們要製造一個三一九奇案，讓泛藍兵敗如山倒，所以，明天下午幾點要讓案子爆發，由我臨場控制，一切照我的計畫來，老闆只管競選，讓群眾 High 翻天。」邱說完露出自信而神秘的微笑。

扁忽然問：「李明輝那邊怎樣？」

邱說：「學術界他全力操盤、配合。」

扁說：「很好，我們計畫這麼久了，只等這一刻，現在進入倒數計時，媒體和情治系統，尤其國安會，我們已全面掌控，明天下午我帶傷一進入奇美醫院，你們看準時機，利用整晚、整夜到投票前，利用一切管道，發佈消息，指稱國民黨聯合中共暗殺陳□扁，不信泛藍不倒。」扁神情堅定且有一點激動。

「那深宮怨婦要不要給她一點傷？」邱這樣問大家。

「乾脆給她死，才能產生大大的效果——」游說。

「如果能讓藍營倒，是可以的。」扁這麼說，思索片刻又說：「我先一點傷，效果不夠再給她死，國民黨一定倒！」

「一定倒，給他倒。」四人同聲。

影像又安靜了一下下，有的喝酒、沈默……扁說話了。

「很晚了，休息養足精神，大家好幹活。」然後四人握手一起說：「有信心，三一九奇案成功。」

影像慢慢消失，光線漸亮，五罪犯回復原狀，跪在堂前，頭低的低低，氣勢顯的愈消弱了。師爺和包公又在「咬耳朵」，頃刻，包公講話：

「這是經由業感追蹤系統所完成的現場重建畫面，這段畫面從未在陽世或陰界任何地方曝光，你們生前雖受到很多調查，但苦無證據可以說明三一九案是你們自導自演的戲。你們騙過人民，但騙不過因業招感，更騙不過因果輪迴的十法界律法。」包公愈說愈生氣，大聲說：

「退庭，聽後宣判。」

「威武——」法庭衛隊聲勢震懾人心。

當「威武」之聲一停，馬上有獄卒向獄官報告：

「今晚起罪犯懲處方式改油鍋。」

「押出去」獄官兩眼如銅鈴，頭上兩支大角如牛，大嚇一聲，嚇的五罪犯在地上哀叫，獄官又補一句：

「油鍋溫度調到二百度，呂氏那鍋一百度。」

罪人一聽，尚未下鍋已開始慘叫，仔細聽尚有一陣罵聲：

「地藏王不公、包公也不公、天地都不公，你們都是統派的，我就是不認罪，看無間地獄能把我奈何！我一定會再起來，不公、不公、不公……」

聲音愈來愈弱。但聽到那牛頭獄官又大吼一聲：

「陳□扁的油鍋調到三百度。」

「啊、啊、啊……」油鍋獄怎麼熬……看他的能耐了。話說回來，錯就錯了，放下屠刀立地成佛，何必硬拗下去呢？

接下來幾天，包公又審了「二二八事件」，我未往觀審，但據獄官閒聊時說，那是當時特殊環境下「地區人民的共業」，若論主謀者便是當時美國和日本的領導階層。蔣介石乃人天聖王，他處理得宜，論「罪」論「業」，都離他太遠了。

當第二學期開始時，包公正在審老布希和小布希的「戰爭罪」，以及前英國大竊盜額爾金父子，這兩對都是狼狽為奸的父子，真有趣。但我因上課也未往觀審，為給學生是供教材補充，還是很注意他們的案情。他們的案子因涉及不同宗教信仰，地藏菩薩特請住在「大自在天」的耶蘇和瑪麗亞，派代表來觀審，以示尊重。這兩對父子的罪案我也略說給大家聽，亦為警示眾生，否則到了無間地獄，不論多少回上訴或向誰說情都沒用的。

說起這老布希和小布希，還算誠實並有悔過之心。所以包公審完不久，地藏王便把老布希從無間獄調到第七重獄「都盧難但」，小布希調第十六重獄「末都乾直呼」。只舉一小段小布希的答話為例證。

包公問小布希：「你欺騙世人，發動第二次伊拉克戰爭，造成二百萬平民死亡，一千萬平民淪為難民，還有無數生靈傷亡，卻從頭到尾是騙局，你可知罪？」

小布希答：「我早已知，在生前當時就知道問題很多。總合而言，情治系統的人馬騙了我，而情治人馬和決策階層被資本家（實即軍火商）包圍，因為大量武器、彈藥、裝備在庫房，都出不去，軍火工業若關門會造成大量失業。為救失業率，也救軍火工業，只好欺騙人民發動一場大型戰爭，誰叫那時海珊惹到我，我知罪，但那是不得已的。」

「一派胡言。」包公大嚇一聲。

小布希跪在堂上不敢再說，包公結案時說：「你雖誠實知罪，但懺悔之心不足。」接著當庭宣布：

「退庭，聽候發落。」「威武——」獄卒上來押走布希父子，不久他們離開了無間獄，在第七和第十六重獄雖仍是苦，至少比無間獄好多了。

額爾金父子在無間地獄待很久了，目前都是尹月芬班上的學生，因死不承認「偷竊罪」，故難以翻身。

額爾金是誰？他就是陽世一八六〇年十月十八日，把圓明園珍寶洗劫一空後，又焚毀了圓明園。他的本名叫布魯斯（James Bruce, 陽壽五十二歲，1811-1863），爵名是額爾金勛爵八世（8th Earl of Elgin and Kincardine）。

先說老額爾金勛爵七世，他是前英國駐鄂圖曼帝國（Ottoman Empire）大使，他最大的成就是把有二千五百年歷史的希臘智慧女神神殿（Parthenon），精美雕刻的各種千年之寶，從雅典盜運回英國，再轉賣給政府，目前大英博物館有大量各時期從希臘盜來的寶物，這是希臘人民永遠的痛。事實上，大英博物館的所有寶物，都從埃及、希臘和中國偷盜而來，無一件是英國人自己的。而美國的博物館也全是中國的寶物，奇怪吧！

也許老額爾金的貪婪豪奪成性，養成兒子也貪婪成性，父子狼狽為奸，每到一處就大肆搶劫，然後再加以徹底焚毀，行徑與盜匪無異。小額爾金率軍焚毀圓明園後，英政府以功勞一件，任命為印度總督，這時啓動了更大規模的偷盜行動，把印度寶物一船一船運回英國。幸好，不久他死在達蘭薩拉，但父子惡貫滿盈，不知在無間地獄要待多少劫數？

當包公看額爾金父子檔案時，直搖頭，結案時說：「貴國國王喬治三世、女王伊莉沙白及歷代縱容官吏，到世界各地盜竊的君主，都已認罪，目前都在地獄服刑中，不久都有機會脫離苦海，兩位何不認罪？」

父子同聲說：「我們所取的是戰利品。」

包公搖頭嘆氣說：「頑固不靈，永不超生啊！押下去吧！退庭。」

「威武——」

「威武」之聲一停，有獄卒向獄官報告：

「額爾金父子明日要送往刀山獄，今晚有教宗派來的特使和耶蘇的代表，請求與額爾金父子私下個別談話，地藏菩薩已經同意。」

「了解，先把他們押下去關在『火房』中，晚上再提出來。」獄官答說

「啊、啊、——……」尚未入火房，已然聽到那對父子的慘叫聲。

37 再說業感緣起證明 地獄業感不能替代

「各位學員我們講到那裡了？」一上課我問。

「第九品稱佛名號講完了。」眾答。

「很好，我們進度很快，這學年一定可以把地藏菩薩本願經講完，上學期進度慢，這學期快得超前了。所以，我利用一些時間為大家做補充複習，再說一說業感的緣起、業感的證明、墮入地獄的業緣、業報的性質等，這些我們在講第四品閻浮眾生業感部份提過，因多位學員疑惑很多，我再深入講好不好？」我做說明。

「好。」

「大家專心聽，業很重要，各位為甚麼到這裡？我為甚麼在這裡上課？都和業緣、業感等有關。」

首先講到「業感是怎樣緣起的？」

華嚴經說：「三界唯心，萬法唯識」。起信論亦云：「心生則種種法生，心滅則種種法滅」。現在說的業感，就是諸法中之一法，所以心生法生，心滅法滅，可以解答「業感是怎樣緣起」的根本原理。地藏經的業感品佛已有揭示：

> 一切眾生未解脫者，性識無定，惡習結業，善習結果；為善為惡，逐境而生，輪轉五道，暫無休息，動經塵劫，迷惑障難。

所謂「性識無定」，正是善惡結業所生，因爲沒有修成證果，尙未解脫的人，是沒有定性的，一下爲惡，一下又爲善，都追逐著他們所際遇的環境而發生。無止息的輪轉、追逐，永不覺悟，障蔽本來的佛心，要解脫，難呵！只好長劫受五道輪迴之苦（修羅道更慘不說）。

若依法相唯識來說，此性識就是阿賴耶識。蓋因此識爲宇宙萬法生起之依止，所謂「無始時來界，一切法等依，由此有諸趣，及涅槃證得。」故不僅爲一切法依止，亦聖凡迷悟的根源。但這第八阿賴耶識本是「無復無記性」，是無污染的。（八識執持全身，若無八識見分映在諸根，則前七識，皆無了別功能。在小乘宗中唯明眼等六識，大乘宗中則明八識。）因有第七末那識（意根）執之爲我，常與我痴、我見、我慢、我愛四惑相應，故使本識成爲污染。

故眾生爲惡爲善都因第八識，天台宗談「觀心」即觀此芥爾一念，便是意識。我們講「業感緣起」，都是罪惡不淨的，若要改變成爲清淨的業感，全賴意識聽經聞法。能觀心自在，便能轉染爲淨，無定性識也都可以成爲定性的清淨性識，身心和國土便都同沐清淨化境。

接著講「從事實來證明業感」

這個問題只要大家再複習地藏經第四品「閻浮眾生業感」，便得到明確的答案。佛陀爲要進一步論證業感，特引出一件史實來佐證，光目女遇聖者羅漢。

羅漢問：「汝母在生作何行業?今在惡趣受極大苦。」

光目女答說：我母所習，唯好食噉魚鼈之屬。所食魚鼈，多食其子，或炒或煮，恣情食噉，計其命數，千萬復倍。

原先光目女之母因殺生害命太多，惹一身罪業，墮入惡道受苦。蘇東坡說：「刀魚，以爲餚膳，食者甚美，死者甚苦。」黃庭堅詩云：「我肉眾生肉，名殊體不殊；原同一種性，只是別形軀。」仁人惻隱痛怛的話，正可對殘殺生靈者下一針砭。其後雖因光目女念佛供像之力，救援母親脫離苦海，但「自己作業仍得自己擔」：

其後家內婢生一子，未滿三日，而乃言說。稽首悲泣，告於光目：生死業緣，果報自受。吾是汝母，久處暗冥。自別汝來，累墮大地獄。蒙汝福力，方得受生，為下賤人。又復短命，壽年十三，更落惡道。汝有何計，令吾脫免。

光目女之母雖很快轉世投生，但因罪業關係，仍投生下賤人，又只有十三歲的極短命。這個事實是佛陀爲我們所做業感的實證，鐵證如山，能不信乎？

接著講「墮入地獄的業緣」

並非所有的「業」都墮入地獄，業有「身、口、意」三業，但「意」才是總機關。又「業」有福業（即白業、善業）、非福業（黑業、罪業）和不動業（定地之業）三種。業又由「緣」所牽動，緣是諸法中互相由藉的作用（俗語解：兩種物體產生的互作用），乃諸善惡法生起之因。其淨緣，固由於淨識，染緣亦由無明顛倒之心。故綸貫云：

> 因心起業，因緣受身。身還造業以受形，形復從心而作業。昇沉隨業，苦樂從心，若影之隨形曲申，響之隨聲大小，而無毫微差忒。

因心起業，此心之運動力，仍爲第六意識（想力）相應之思心所，藉外緣力，引發識種之現行，現行又薰種子，輾轉相生。華嚴云：「若心緣破戒事，即地獄身；緣無慚愧、憍慢、恚怒等，即畜生身……」十法界眾生的因緣昇沉，可以一目了然。地藏經第四品說的眾生業緣，著重染緣方面，故有地獄現相。

閻浮眾生所造之業有四種報：一是現報（今生受報）、二是生報（次世報）、三是後報（來生二、三世報）、四是無報。何謂「無報？」分爲四種：

㈠時定報不定（時已決定，報仍可轉改，故不定。）

㈡報定時不定（業報已定，時間可改，故不定。）

㈢時報俱定（業也定，時也定。）

㈣時報俱不定（因業未定，故時報未定。）

眾生造業有先起念後去作的，名作具足；有先不起念，直接去作，叫作事不俱足。所以有時報俱定的，時報不俱定的分別。閻浮眾生業感第四品最後說：「是諸眾生先如是等報，後墮地獄，動經劫數，無有出期。」

心本是明淨美善的，奈眾生都是庸人自擾，妄作、妄爲。諸般造業，要受動經劫數的地獄之苦，怎不使人悲嘆呢？

「李□輝同學，我很想問你一個問題？」李同學上課還算認真，只是性格多變。

他說：「請問。」

「你是基督長老會信徒，往生後本應到達欲界第六天叫『他化自在天』，爲何反而到了無間獄？」我問。

「□輝知罪，我很清楚，我在陽世初爲共產黨員，不久背叛共黨，成了國民黨，又背叛國民黨，都爲利益出賣自己，最後搞台獨分裂族群，罪業深重，才來這裡。」他說的應該很真心。

我問：「李同學說的可真誠？」

他答：「真誠。」

我嘉許李同學，並向全班說：「李同學很有反省的決心，大家要向他學習。接下來要講業報不能替代。」

地藏菩薩說了地獄名號，又對普賢菩薩說：

仁者，此者皆是南閻浮提行惡眾生，業感如是。業力甚大，能敵須彌，能深巨海，能障聖道。是故，眾生莫輕小惡，以為無罪，死後有報，纖毫受之。父子至親，歧路各別。縱然相逢，無肯代受。我今承佛威力，略說地獄罪報之事，唯願仁者暫聽是言。

這意思說，業力高過須彌山，深過巨海，不論大罪小罪，到了應受果報的時候，都要自己一人赤條條去承擔，誰都不能替代，親如父子也是各做各受，各業各擔。這道理簡易，陽世亦然，誰犯罪誰去承擔也是不能替代，所謂「萬般帶不去，只有業相隨」，其實陰陽各界都適用。

以上爲大家講業感緣起、證明等事，各位同學還有疑惑嗎?反正「三界唯心、萬法唯識」，所謂「起心動念」正是。

全班齊聲說：「誠心受教，沒有疑問。」

大家都沒有問題，我們開始講第十品「校量布施功德緣」。談到「布施」，一般人總從表相看以爲是給了別人，其實是給了自己，幫助別人就是幫助自己，救別人就是救自己。以世間法說，給人能得富貴；以出世法論，給人乃菩薩道波羅密之圓成。我先說一個和布施有關的故事，大家仔細聽。

早在佛陀住世時代，舍衛國有一個很高壽但很貧窮的老翁，聽到佛陀要來，便扶著杜杖從很遠的地方來求見佛陀。當他走到精舍門口的時候，適巧佛陀的弟子釋梵守門，看見老翁形髒身穢，不讓他進去，老翁勃然大怒，在門外大聲叱喝道：

「我雖貧賤，但三生有幸能遇到佛陀，想問一問有關罪福的因緣關係，而求離煩惱窮苦，怎不讓我問。我聽說佛陀仁慈普濟，所以我從很遠的地方來求見也不能嗎？」

佛陀在裡面聽到，對阿難說：「阿難！你去請老翁進來。」

老翁聽到佛陀請他，轉怒爲喜，帶著無限恭敬的心，匍匐進去，向佛陀頂禮後就說：「佛陀！我真是不幸的人，一生貧困，飢餓寒凍，求生不能，求死不得，若非人命至重，早已一死了之！我聽到佛陀要來，日夜思念，想見佛陀一面死也瞑目，如今已心滿意足了。希望此生早些結束罪業，來世仗佛陀垂恩，得生善處。」

「可憐的老翁，你這一生實在太辛苦了，不過你對佛法欣羡之心，來生必得善處。」佛陀慈悲的說。

老翁感激的流淚說：「佛陀！爲甚麼我這一生活的這樣貧苦？到底甚麼原因？」

佛陀對他說：「今生的苦是以前夙緣形成的，是自作自受得的果。你前世是一位富貴的太子，只知聚斂財物，不知行善布施的道理。有一天，一位靜志沙門來向你行乞一件法衣，你不但不布施，還以爲敲詐把他關了七天七夜才放出來。這位沙門一拐一跛走出去，就碰到一群餓得不成人形的盜賊要將他殺了充饑，太子突然良心發現又救了他，沙門因此保全了生命，他就是現今的彌勒菩薩，那位太子就是你啊！你今生的貧窮是那時慳貪作惡的業緣，長壽是你救了沙門一命。過去業緣的因果報應是絲毫不爽的呀！」

老翁聽了佛陀的說法，乞求說：「佛陀！請可憐我風燭殘年吧！讓我出家做個沙門好嗎？這樣縱然死了，也不辜負此身。」

佛陀微笑說：「我現在就爲你剃度。」

說著，老翁的鬚髮自然落地，身上自然披上法衣。老翁心願達成，並證得阿羅漢果。

各位同學，過去、現在和未來是循環不息、綿延相連，這就是「三世因果」。大家要很清楚的知道一個真理，完全屬於個人的真理，「想知道自己過去做過甚麼事，那就得當下看自己是個甚麼模樣；想知道自己未來會怎樣，就看自己現在究竟做些甚麼？」這是很簡單的道理吧！

各位同學！老師現在又要問你們一句話：「往昔曾經布施一文錢給貧窮的人或出家人的舉手，有那一位？」

在坐的李□輝同學、陳□扁同學……環視教室內所有聽課的同學們，大家我看你、你看我，竟無一人舉手，我不禁搖頭，正納悶著，教室後的公告欄有閃光示現。這表示有重要消息通造，全班轉頭看：

閻羅王城詩歌研討與欣賞會，將於近期在城東區靈山花園會議中心舉行，歡迎各界眾生含獄中服刑者參加，即日起開始接受報名。

歡迎提出論文或詩歌作品，並先送往文教部第一局第一組統一辦理，排定提報、朗誦時程。

本會邀請古往今來十方各界，包括欲界、色界、無色界、極樂世界、地獄及陰陽各界詩歌名家蒞臨，歡迎共襄盛舉。

會議期間禮請曾在陽界有高知名度的北京樂團、黃河大合唱、披頭合唱團、麥可傑克森樂團、保爾瑪麗亞樂團及貓王、名模林志玲走秀、伍佰演出，歡迎觀賞，也請各界密切注意會程通知。

看完通知，全班爆出從未有過的歡呼聲。的確，在地獄中自無限久遠以來從未有此種活動，秦檜或豐臣秀吉等入獄多少劫數亦無此新鮮活動，難怪同學們好像忘了身處地獄，這是地藏王的慈悲啊！設想用詩歌音樂來改變罪人的性情。現在我們開始講第十品「校量布施功德緣」，請李□輝同學把第一段朗讀，他起身讀：

爾時地藏菩薩摩訶承佛威神，從座而起，胡跪合掌白佛言：世尊！我觀業道眾生，校量布施，有輕有重。有一生受福，有十生受福，有百生千生受大福利者，是事云何？唯願世尊為我說之。

爾時佛告地藏菩薩：吾今於忉利天宮，一切眾會，說閻浮提布施校量功德輕重，汝當諦聽，吾為汝說。

謝謝李□輝同學，今天在下課前，把第十品做一個起頭提示。布施的原理如前面說的，從表相看是給了別人，救了別人；但實相看是給了自己，救了自己，成就了自己。布施也有分別，有財布施、法布施和無畏布施，布施更有輕重之別，這些地藏菩薩並非不懂，不過他慈悲心切，爲我們眾生代問罷了。

課程各位要利用時間先看一看，有問題也可以先問各監獄所輔導員，他們都是滿腹學問的學者，護法心切，悲憫眾生，才來當義務輔導員。

關於詩歌研討與欣賞會，各位可以自由參加報名，未報名者也會由獄吏統一帶隊去觀賞，我們下回上課再見。

班長李□輝：「起立」、「敬禮」……

38　閻羅王城詩歌樂 High　各界名品教化眾生

主題：閻羅王城詩歌研討與欣賞會
地點：城東區靈山花園會議中心。
倒數計時天數：
已確定參加詩人：李白、杜甫、余光中、吳明興、方飛白、范揚松、胡爾泰、雁翼、荒島、台客……鄭雅文……
各世界時間對照：
　色究竟天……
　大自在天……
　極樂世界……
　…………
　火星陽界……

地球陽界：二三〇六年（第廿四世紀）一月一日

……

這是一幅冥府文教部大門前的自動感應螢幕，它自動與十方各界連線，每分每秒的變動都體現各界目前的時間年代、氣候、應邀對象，方便主辦單位管理和時程掌握。這螢幕也和冥府各辦公室、廣場、教室、會議室連線，故也方便地獄眾生了解訊息。

當有一天下午，我給學生們上完第十二品「見聞利益」，趕往文教部開會，倒數計時天數已跳到「5」。

這時的閻羅王城已開始熱鬧起來，而東區已是煥然一新，所謂「靈山花園會議中心」，其實是一個「城中之城」。包含著數十大型會議廳、表演場及很多小型會議室，適合小型詩歌朗誦、座談等活動，另外，有十方各界貴賓住宿區、休閒區等，最外圍則是往來各世界的交通動線。

似乎有一種感覺，宇內各界最美的城市、最適眾生居住的地方，是閻羅王城東區的「城中城」，這是一時的「錯覺」嗎？當倒數計時天數跳到「2」，一切已準備就緒，各界參與的詩人、歌手、樂團、貴賓……都已在住宿區完成所有報到程序。

據聞，普賢菩薩、觀音菩薩、六祖惠能、蔣介石先生與夫人，可能在開幕或閉幕式中應邀觀禮，我當然沒有機會與菩薩、聖王能「正式會面」，頂多透過影幕，或在很遠的角落望一望吧！

對地獄眾生而言，這是一個開眼界的機會。各級官員、獄吏、獄卒、教席（如我等），可視自己的任務、職掌等狀況，自由擇時參加，服刑的犯人太多了，地藏菩薩把重點放在無間獄和十八重獄的重刑犯，規定由獄吏統一帶隊，參加所選項目。

終於開幕時間到，地藏菩薩親自主持，一連三天的「地獄嘉年華會」，盛況空前，但我所能見恐不及百分之一，所能親自到場參加恐不及千分之一。

我要怎樣形容或描述地獄這場具有教化意義的盛會，當第一天開幕後不久，我們一行人有如逛大街。（註：不知何因緣！我們並未刻意約定，安安和我、汪仁豪和蔡麗美、燕京山和尹月芬、蘇真長和吳淑臻等人之神魂竟聚在一起逛大街。）

而我竟也產生一種「識」，牽起安安的手在城東區到處逛。當我們經過 101 會議廳（中型、約可容納萬餘人），從廳外的影幕和聲音，便知是陽界知名的維也納合唱團，伴奏者是寶爾瑪麗亞樂團，仔細聽唱詞是「心經」：

觀自在菩薩　行深般若波羅密多時　照見五蘊皆空　度一切苦厄　舍利子　色不異空　空不異色　色即是空　空即是色……

我能說的是我親自參與的項目，我參加的是現代詩（即新詩）研討和欣賞會，這是因爲我三世都對現代詩很有興趣，所以對這回來地獄參與盛會的詩人們，我知道的最多。

西洋和東洋詩人從略，只說中國詩人，怪怪，還真是壯觀！我一一道來。

有「葡萄園」詩人群：文曉村、台客、賴益成、金筑、魯松、晶晶、洪守箴、許運超、林文俊、范揚松、南舲、商殷、子青、陳福成、林明理、林靜助、王詔觀、白靈、杜紫楓、曾美玲、楊火金、詹燕山、莊雲惠、詩薇、喬洪、吳淑麗。

有「創世紀」詩人群：瘂弦、丁文智、張默、辛牧、洛夫、辛鬱、碧果、管管、葉維廉、汪啓疆、方明、李進文、陳素英、張國治、許水富、落蒂、嚴忠政、龔華。

有「文學人」詩人（作家）群：愚溪、綠蒂、林錫嘉、陳祖彥、曾美霞。

有「三月詩會」詩人群：徐世澤、謝炯、潘皓、燕菁、關雲、本肇、謝輝煌、童佑華、劉自亮、林靜助、雪飛、蔡信昌、林恭祖、麥穗、王幻、一信、傅予、文林、丁熲。

有「秋水詩社」詩人群：王吉隆、涂靜怡、林齡、風信子、楊慧思、莫云、凌江月等（人多略）。

有「中國詩歌藝術學會」詩人作家群，爲數達數百，不及細說。由理事長林靜助先生領軍，重要成員有楊華康、廖振卿、彭正雄、蔡雪娥、林精一、周伯乃、陳福成、張小千等。

另有大師級詩人，胡適、朱自清、劉復、郭沫若、徐志摩、冰心、聞一多、朱湘、李金髮、戴望舒、艾青、何其芳、北島、舒婷、梁上泉、木斧、雁翼、屠岸、荒島、佘光中、流沙河等，約百人，餘略。

還有「不結盟」詩人，如吳明興、高準、方飛白、胡其德、墨人、隱地、老范、陳成等。

其他詩社團體甚多，如「掌門」、「笠」、「海鷗」、「揚子江」、「詩刊」、「綠野」等，爲數眾多，不及逐一列名。

至於中國傳統詩詞名家就更多了，如李白、杜甫、蘇東坡、李清照、李後主……到革命女俠秋瑾，爲數百餘人。因我未參加傳統詩詞，故不細說。

我要說的是我所參加兩場現代詩欣賞會，第一場是「中國詩歌藝術學會」的重頭戲，第三天上午分別在九個會議室（小型，每室約百人內，編號 201 到 209 室。）我的場子是 201 室，共有七人提出詩作，先舉前六位詩人作品之一小部份：

不迎春不悲秋／只想握有一枝春秋之筆／撻伐天下貪腐不義之徒／寫出澄明
光燦的篇章

許運超「春秋」

創造「京奧」奇蹟並稱霸外太空／卻遮掩不了流失傳統中國人的心／中國的春
秋榮光等待何時

林靜助「中國春秋」

「砰！砰！」／是槍聲？／有人／應聲　卻未落馬／仍洋洋一付自得

金筑「悲情・抓狂：三一九槍擊案」

舉辦二〇〇八年奧運／展現中華文化的輝煌／我有幸　躬逢盛會，樂得／為之喝采也樂得為之乾杯

王幻「為奧運聖火乾杯」

阿爸／我們家怎麼這樣窮？／家徒四壁，一窮二白／只剩下錢——／一箱箱，一袋袋／堆得像一座座山……阿爸！作為您的獨子／我不得不提出建議／認錯、認罪，面壁懺悔吧！誠懇向人民道歉……

瘦雲王牌「我們家窮的只剩下錢：擬陳至中給父親的一首詩」

這是一隻碩鼠／曾經長期躲在／一座豪華穀倉裡／大吃大喝，且A走／一袋又一袋／黃金般上好的穀粒

台客「這一隻碩鼠」

每位詩人朗讀完個人詩作（完整），都引起熱烈掌聲，贊美有之，評論有之。但當

台客和瘦雲王牌朗誦時，現場確實很沈重，因爲陳□扁及其若干共犯由獄吏帶隊，正好也在現場。詩人作品的精神雖有嚴厲的批判，也彰顯著春秋大義，更是十方各界所堅持的正義原則，此在陰陽兩界也是相通的。最後是拙作，小詩兩首：

滅，生

當朽了，壞了
就回到天地吧！
這是一個新生

高溫是一種昇華和加持
能除一切苦，真實不虛
看啊　灰燼
在時空的長河中旅行
永恆的揮灑
（色不異空，空不異色，色即是空，空即是色。）

人只有與天地同在才能不朽不壞

長生不老
生生不息
（不生不滅，不垢不淨，不增不減。）

魚，苦

（觀自在菩薩，行深般若波羅密多時，照見五蘊皆空……）
群群游魚
在逐漸加溫的油鍋中
掙扎
張開的嘴喊
救命

（乃至無老死，亦無老死盡，無苦集滅道……）
有的用油煎
翻來覆去　皮破血流
再覆去翻來
惡狠狠死瞪的眼睛

向人世間的公平正義抗議
（遠離顛倒夢想，究竟涅槃，三世諸佛……菩提薩婆訶。）
群魚愈是抗議掙扎
撈捕搶食者愈是喊爽
少數向鍋外逃亡者
也都死路一條
神識往何處去？

以上兩帖小品，曾先在陽世「葡萄園詩社」發表，今又在閻羅王城朗誦，頗受各界嘉許，溢美之詞本文從略。詩作提供欣賞，歡迎批評指教。

我參加的第二場現代詩欣賞會，是標榜不結盟、不組織的「三月詩會」，在陽世有悠久的歷史，詩壇上很有地位。欣賞會在三〇一室（小型、約百餘人），時間是第三天下午，參與盛會並提出詩作的詩人有：麥穗、謝輝煌、一信、文林、丁潁、金筑、童佑華、林靜助、雪飛、蔡信昌、本肇、傅予、徐世澤、潘皓、晶晶、關雲。因詩作大多頗長，只舉兩帖小詩爲例，以供雅賞。

火　　謝輝煌

因為火的緣故

千山獨行的　石
溫柔出萬種風情了
無論是纏綿的金色項鍊
或是不纏綿的黑色鍋鏟
都放射著愛的光和熱

盆景

本　肇

坐觀紫虛
采釀八方精粹
去蕪雜存真心
不是不想到大叢林中爭天下
無奈
熱不起來
只好自我建構一座
清冷　唯美
小世界

當這節新詩欣賞會甫告結束，「三月詩會」和「中國詩歌藝術學會」一大群詩人，湧到李白和杜甫的行館叫「靈山貴賓樓」，都想一睹詩仙詩聖的風采。正巧兩位大詩人要去面見地藏菩薩，只好由李白代表向大家簡短致詞，大意說，任何藝術貴在創新、創意和意境，現代詩之於傳統詩已是一種創新，創意和意境有賴大家努力了，但萬變不離其宗，須有「中國性、民族性」的思想內涵，這是最重要的。

當詩人活動都結束時，我和那群老友逛到「靈山七號演奏廳」，約可容納十萬眾生的半開放式表演場。遠遠望去，「人山人海」已不能形容，因爲觀眾有各色人種、鬼族、天龍八部等，十方各界、六道眾生都有。這太讓大家「打翻醋瓶子」，現代詩欣賞會觀眾少又顯得清冷些，而這裡眾生如山海，High 翻天了！

原來七號演奏廳正在進行的，正是壓軸表演，主角是陽界三大流行音樂天王，披頭四樂團主唱約翰藍儂、「貓王」普里斯萊和麥可傑克森。能把他們請到地獄來表演，真是不容易，也可見地藏王的苦心。

晚上是這回閻羅王城詩歌音樂會的閉幕式，除少部份貴賓、參加者先行離開地獄，大多參加了閉幕式，我透過轉播觀看。果然，六祖惠能、蔣介石和夫人、弘一大師、虛雲老和尚等參加了閉幕式，地藏菩薩親自主持。典禮先有一段國樂表演節目，六祖大師和蔣介石代表貴賓禮貌的簡短致詞，重點是地藏菩薩的講話，歸納要點有：

第一、舉辦詩歌音樂為主軸的活動，目的是用較柔軟的方式教化眾生，啓發地獄罪犯的善良面，喚醒倫理、道德和春秋正義觀。

第二、陽界眾生之倫理、道德和春秋正義觀，已受到嚴重破壞，眾生趨向墮落腐敗，導至地獄客滿。這個問題的總源頭，就是陽界已被資本主義、民主政治和錯誤的人權觀所淹沒，這三種東西不僅大錯且罪惡，都違反了因果律。舉例，殺人者死，陽界判刑約百分之五，而執行死刑者不到百分之一，錯誤的制度使陽界墮落。

第三、利用這次活動，也讓各界眾生看到地獄（部份開放參觀）實況，證明因果輪迴確實是「鐵律」，絕非任意說說，希望大家回到各自的世界，廣為宣導，則陽界甚幸！陰界甚幸！

第四、「地藏經」中原規定五種重罪墮無間地獄，目前已不合陽界使用，應再增加「新五無間獄罪」，與原五種合稱「十無間罪」。先述大意，待由法務部門研擬定案，通告十方各界。

△六無間獄罪：篡國竊位，不論何種形式內涵，用何種方法，當墮無間地獄，千萬億劫，求出無期。

△七無間獄罪：分裂族群，造成對立，傷害人民感情，甚或引起戰爭，墮無間地獄，千萬億劫，求出無期。

△八無間獄罪：任公私要職，貪污腐敗，淘空、洗錢、勿論多少，墮無間地獄，千萬億劫，求出無期。

△九無間獄罪：謊報訊息，利用媒體欺騙人民，發動不合春秋正義之戰，墮無間地獄，千萬億劫，求出無期。

△十無間獄罪：本罪概稱背叛罪，乃背叛良知良能良心等，如漢奸、叛國。墮無間地獄，千萬億劫，求出無期。

上述九無間在冥府通稱「小布希條款」，實則漢倭奴王國歷任天皇更合此罪。而十無間通稱「李□輝條款」，亦有稱「金美齡條款」者。

詩歌音樂活動結束後，地獄恢復原來的平靜和作息，重要的是學年之末，課程結束後，我們教職人員有兩個月暑假，可以到十方各界（特准）遊玩，多麼讓人高興與期待的事。

期末功課只剩地藏經最後一品，及蔣介石對無間地獄重刑犯有一場演講。爲配合蔣先生行程，把演講排在前面，講完便偕夫人回去。

另外，六祖惠能在十八重地獄也有一場演講，可惜我們沒有機緣受教，不知何時才有向大師請益的良緣。

當大家正準備期末課程時，傳來一則震驚陰界的大消息，陳□扁等一干人犯於詩歌音樂活動的第一天被捕，先押在無間地獄一處叫「無間天牢」的地方，活動結束後公佈並開始審判。

到底何原因？詳情尚不清楚，據聞他們一干罪犯想複製「三一九槍擊案」，或改良創新，推翻地藏王的統治權，自己當「冥府大王」。此種大逆之罪他已非第一次，又來了！

不可能！不可能！絕不可能！那到底又如何？

39 蔣公說法佛陀孝道 阿扁造反又圖大位

要上課時，班上學生臉孔有些不一樣，先說離開的（已關在無間天牢），陳□扁、邱□仁、馬□成、游□堃、李□禧、辜□榮、辜□敏、杜□勝、謝□偉、莊□榮、林□三、吳□明、路□袖、陳拘、李 哲，共十五位學生。根據安全部門說法，很早就發現陳□扁、邱□仁等要犯，其神識、心念有異常活動，於是就被釘上，地藏王的情治系統很厲害，否則如何治得了十方各界的邪魔歪道。

冥府調查局不久偵測到更多他們的「念頭」，原來陳□扁在陽界呼風喚風當大頭目時，與他一同搞貪污和竊國的各部會首長、次長，集體貪污的家族成員，合夥洗錢的奸商、醫生，幾乎有整個集團的半數以上，全數關在無間地獄，爲數達百人之眾，光是與我班同區的十多班級，至少有百人是阿扁的共犯集團。

於是，他們蠢蠢欲動，準備利用詩歌音樂活動期間，地藏王及各級官員、獄吏的忙碌空隙，挾持留守獄卒，取得符咒密碼，打開「地獄之門」。待集結百員同黨，一舉發動造反，推翻地藏王的地獄統治權，由阿扁坐鎮地獄任冥界永久大統領。

但，尙未經詳細調查、起訴，誰知道詳情如何?恐怕更多的真相、參與共犯等，尙未曝露吧!

惟若大要屬實，未免也太天真、單純了，雖然也頂可怕的。說可怕是萬一真給他們搞成了，從此陰界大亂，說天真，是根本不可能成功，機會是「0」，因爲在地獄，只要「起心動念」就構成犯罪要件。

換言之，只要「想」或一個「念頭」，便經「業力」牽引，啓動情治系統的罪犯追蹤網路，所以罪犯若造反是不可能成功的。現在反正暫時關在天牢，我且不表，只是真的「千萬億劫、求出無期」了。

再說本班的新成員：歐巴馬、萊斯、小林善紀、金鎂齡、史明、張□鍙、吳□真、袁世凱、彭□敏、麻生太郎、安倍晉三、安倍晉四、福田康夫，共十三位新同學，他們大多已在阿鼻獄、十八重獄或無間獄別區服刑，這回調到我班，恐也是不得已。

這天，我班同學在獄吏領隊下，我也隨同到達共同大教室，空間很大，容得下許多聽衆，全是地獄重刑犯，未到者也能透過轉播系統，觀聽效果極佳。

主講：蔣介石（無所有處天天帝，即將升五淨居天）

題目：佛陀的孝道

字幕打出主講者和講題，地藏王親自主持，我這班坐位在遠遠的角落。地藏王開始介紹主講者，大意說蔣先生在陽世建立過許多豐功偉業，堅持國家統一的春秋思想，提倡倫理道德的傳統價值。若陽世多幾位這樣的領袖，地獄可以減少許多罪犯，同時介紹蔣先生目前的身份等。

由於地藏王有要公先離席，閻羅王、主命及多位文武官員陪席，場子交給蔣先生開始演講，以下這篇短文是將先生演講的大要內容。

「孝」是四維八德之一項德目，雖只是十二德目之一，重要性卻很高，大家常說「百善孝爲先」，可見「孝」實在是陰陽十方各界的基本德目。

過去七佛共同教導之警策偈語，其要意云：所有的惡不要做（**Sabbapapassa akaranam**），要具足所有的善（**kusalssa upasampada**），以中文表達是「諸惡莫作、眾善奉行」之經典名句。此處之眾善奉行，亦以孝爲先。陽世佛國有一部「孝經」，是十三經之一，此經專論述並教育眾生，如何做好父慈子孝、兄友弟恭、夫婦和順、朋友信義等事。

佛陀乃人天導師，自然明白「百善孝爲先」之原理，所以佛陀說「慈母像大地，嚴父配於天，履載恩同等，父母恩亦同。」祂宣講孝道，後來由阿難集結成「父母恩重難報經」，在十方各界流傳，亦流傳到人間。

這部經典從何而來呢？佛陀有一天帶領大比丘二千五百人、菩薩摩訶薩三萬八千人，直往南行，忽見路邊一堆枯骨。佛陀向枯骨五體投地，恭敬禮拜。

在一旁的阿難見狀，合掌問道：「世尊！你是三界導師，四生慈父，眾人歸敬，爲何禮拜枯骨？」

佛陀答說：「你們是我的上首弟子，出家日久，知事未廣。這一堆枯骨，或許是我前世祖先，多生父母。因爲這因緣，我今禮拜。」

佛陀告訴弟子們男骨色白且重，女骨色黑且重。因爲母親生兒育女視爲天職，有懷胎十月之苦，更有乳育幼兒之苦，嬰兒賴母乳維持生命與成長，養一孩兒須八斛四斗多白乳。故而，令母憔悴，骨現黑色，其質量較輕。

佛陀剖析母難生產的痛苦，有安詳出生，不損傷母親的是孝順之子；亦有破損母胎，扯母心肝，踏母跨骨，如刀割心的忤逆之子。母親生養兒女如此辛苦，所以佛陀說有十恩：

懷胎守護恩、臨產受苦恩、生子忘憂恩、咽苦吐甘恩、迴乾就濕恩、哺乳養育恩、洗濯不淨恩、遠行憶念恩、深加體恤恩、究竟憐愍恩。

佛陀告誡弟子們，「若要報恩，就要書寫此經，讀誦此經，為父母懺悔罪愆，為父母供養三寶，為父母受持齋戒，為父母布施修福，如能如此，就是孝順之子；不做此行，便是地獄人。」百善由此開始，在日常生活中，起心動念稍有不善，即已偏向惡的方向去；若能時時持戒，便能使已生之惡斷，使未生之惡不生，使未生之善生，使已生之善增長。

最後佛陀告訴阿難說：「此經名為『父母恩重難報經』，你們要信受奉行！」從此這部經在陰陽各界流傳，為教育眾生最重要教本之一。

佛陀並非光說理論，我們看祂是如何報答父母恩，親自實踐孝行，為眾生之模範。當祂父親淨飯王臨終時，為他講述極樂世界的莊嚴景像，及念佛往生的道理。淨飯王依佛陀開示，放下萬緣，一心稱念佛號，瞬間往生西方極樂淨土。

於是時，佛陀已是人天至尊，眾生導師，仍在出殯時親自為父親抬棺，益顯其孝心，感動天地。另外佛陀是如何報母恩的！因佛母摩耶夫人在佛陀出生第七天就過逝了。根據「地藏菩薩本願經」記載，佛陀將入滅時，覺得母親生育之恩未報，決定到忉利天為母說法。

佛母看到佛陀來了非常高興，佛陀為母親說法是告訴母親：「現在妳在忉利天享受清福，但天福享盡又墮輪迴，人間苦樂參半，而生死輪迴永不休止。若母親能再精進修行，便能斷除六道輪迴之苦，永離無常的種種煩惱。」佛母已在天堂享福，佛陀基於孝心，怕天福享盡又墮輪迴之苦，故爲母說法，善盡度化的孝道。

佛陀爲母說法的地點在忉利天（欲界第二重天）的「忉利善見城」，城中央有一寶樓重閣，此處即忉利天天帝釋提桓因（道教的玉皇大帝）統治之首府。佛陀就在這重閣中爲母說法，地藏經第一品記載：

如是我聞。一時佛在忉利天，為母說法。

這時，「十方無量世界，不可說不可說一切諸佛及大菩薩摩訶薩，皆來集會。」及他方國土，有無量億天龍鬼神，亦集到忉利天宮寶樓重閣聽佛陀講地藏經。

阿難記錄了佛在忉利天說法，後來他問佛陀說：「把這部經編輯起來後，開頭第一句怎麼說？」

佛回答阿難說：「就用『如是我聞』四字，最能證明是你阿難親身聽見佛這樣說的，不是從旁人口裡聽來的。」爲母說法是本經的根基，故「孝」是本經的核心思想。

講到這裡蔣公停了片刻，飲一口甘露。（註：蔣先生在陽世曾是人間第一大國中國之統領，習慣稱他蔣公，雖然他目前是無所有處天天帝，不久將與夫人美齡女士升往五淨居天，即可脫離六道輪迴之苦。）然後他說：「說兩個小故事給大家聽。」

第一個故事。有一隻小青蛙，老愛和媽媽唱反調，媽媽叫她往東，她偏偏要往西；

媽媽叫她往西，她偏偏要往東。有一天，青蛙媽媽知道自己快要死了，青蛙媽媽喜歡住在山上，不喜歡住在水邊。因爲小青蛙愛唱反調，所以青蛙媽媽交待孩子把她葬在水邊。平時愛唱反調的小青蛙突然良心發現，聽從媽媽的話，把媽媽葬水邊。黃昏時，擔心媽媽會寂寞，就在水邊哇哇叫；下雨時，擔心媽媽被水沖走，也在水邊哇哇叫。

媽媽在世時不聽話，死後再來傷心，難過的哇哇叫已經來不及了，所以孝順和受教都要及時，過了再去悔恨都非智者當爲。

第二個故事。有一個屠夫，是一個不孝子，平日對父母總是忤逆，有一天他突發奇想，跟人家到普陀山朝拜，他聽說普陀山有活觀音，到處向人打探。有位老和尚見狀就告訴他：「活觀音已經到府上去了。」他又匆匆趕回家，只見他看了就討厭的兩個老傢伙。這時母親跟他說：

「堂前雙親你不孝，遠廟拜佛有何功？」

這就是我們常說「百善孝爲先」的道理。「心地觀經」云：「若人至心供養佛，復有精勤修孝養，如是二者福無異，三世受報亦無窮。」可見行孝即行善，亦同行佛道，其功德無差別。

演講會開始講到起心動念非善，即已偏向惡的方向去。所以佛教思想強調人是自己的主宰，善惡源於一心，故應將「心」管好。

「楞伽經」云：「心生即種種法生，心滅即種種法滅。」另在「維摩經」亦云：「欲得淨土，當淨其心。」想來這些應是簡單的道理，如同「放下屠刀、立地成佛」，前提是先「放下屠刀」，若有眾生不放下屠刀，而想成佛，必不可得。

所以高僧大德常說：「聖人求心不求佛，愚人求佛不求心，心淨則國土淨。」聖者智者從管好自心開始，並不求佛，因為心即佛。笨者凡夫一味求佛，卻管不好自己的心，甚至不放下屠刀，如此求佛何用？

最後帶領大家誦持「地藏王菩薩滅定業真言」。

唵(ㄥˋ)　鉢(ㄅㄛ)囉(ㄌㄚˋ)末(ㄇㄛˋ)鄰(ㄌㄧㄣˊ)陀(ㄊㄨㄛˊ)寧(ㄋㄧㄥˇ)　娑(ㄙㄨㄛ)婆(ㄆㄛˊ)訶(ㄏㄜ)（三回）

再誦「懺悔偈」：

往昔所造諸惡業，皆由無始貪瞋痴；
從身語意之所生，一切我今皆懺悔。

蔣介石演講完畢，他偕夫人美齡女士很快回到廿七重天，而我們也將是學年末。這天，我的地藏經已上到最後，班上學生臉孔有新有舊，我告訴歐巴馬同學暫時委屈一下，下學期才當班長。我叫李□輝班長，把最後虛空藏菩薩問佛那段讀一遍，李班長應聲起立朗讀：

說是時語，會中有一菩薩名虛空藏，白佛言：世尊！我自至忉利，聞於如來讚歎地藏菩薩威神勢力不可思議。未來世中，若有善男子善女人，乃及一切天龍，聞此經典及地藏名字，或瞻禮形像，得幾種福利？唯願世尊，為未來現在一切眾等，略而說之。

虛空藏菩薩從頭到尾在忉利天聽佛講法，問佛陀，若只是聽到這部經，或瞻禮地藏形像，或僅聞地藏之名，這些只是「小善」，可得那些利益？這不光爲天龍八部，也爲眾生而問。因六道眾生大多被動、愚昧，須要誘因才會來聽經聞法，包含老師我和各位同學。現在請歐巴馬同學把下一段念一變，歐同學起身：

佛告虛空藏菩薩：諦聽諦聽，吾當為汝分別說之。若未來世，有善男子善女人，見地藏形像及聞此經乃至讀誦，香華飲食、衣服珍寶、布施供養，讚歎瞻禮，得二十八種利益。

佛告訴虛空藏菩薩說，若眾生只有這一點小小善心，也得二十八種利益。佛陀一口氣說完：天龍護念、善果日增、集聖上因、菩提不退、衣食豐足、疾疫不臨、離水火災、無盜賊厄、人見欽敬、神鬼助持、女轉男身、爲王臣女、端正相好、多生天上、或爲帝王、宿智命通、有求皆從、眷屬歡樂、諸橫消滅、業道永除、去處盡通、夜夢安樂、先亡離苦、宿福受生、諸聖讚歎、聰明利根、饒慈愍心、畢竟成佛。

佛陀也提到，天龍八部之類若有這些小善，也有七種利益，包含：速超聖地、惡業消滅、諸佛護臨、菩提不退、增長本力、宿命皆通、畢竟成佛。

萊斯同學似乎心情不好，我問：「萊斯同學，妳在陽世當過大帝國國務卿，但因協助小布希發動侵略戰爭，導至伊拉克和阿富汗兩國，光是平民死亡幾百萬，傷千萬以上，才會到無間地獄，妳的案子是經瑪麗亞、耶穌和多位教宗會審才送來的，妳了解嗎？」

「了解。」她細聲說，眼淚快掉下來了。

「很好，了解就要思過反省，專心學習，現在把最後一段念一遍。」她答一聲「是！」起立念著：

爾時十方一切諸來，不可說不可說諸佛如來及大菩薩、天龍八部，聞釋迦牟尼佛稱揚讚歎地藏菩薩大威神力，不可思議，歎未曾有。是時忉利天，雨無量香華，天衣珠瓔，供養釋迦牟尼佛及地藏菩薩已。一切會眾，俱復瞻禮，合掌而退。

十方八部，是總結開講以來的雲集聖眾，聽到了佛陀讚歎地藏菩薩不可思議的大威神力，是前所未有的。此刻，在忉利天落下無數香、花、天衣及珠玉瓔珞等，以供養釋迦牟尼及地藏菩薩。供畢，大眾俱來瞻世尊，瞻禮罷，散會，這才合掌退去。

佛陀是在講完這部經，就入涅槃了。也是佛陀孝道的完成，完成生前到忉利天為母說法的大願。

學年結束之前，我除了交待同學們暑假功課外（註：地獄罪犯沒有暑假，他們仍須服刑，但有功課複習時間，也有其他讀經時間，由另外一批老師負責輔導。）又把陳□扁等同學企圖造反的事例，講給同學聽，希望大家真誠受教、服刑，千萬別做傻事。

另外告訴同學們，暑假我也不能到各監所、各刑場、各地獄、各天牢看望各位，因爲老師打算到陽界或其他世界看看。最後我再對歐巴馬說：

「歐同學，爲何來到無間地獄想必你自己很清楚，要誠意反省才行。下學期本班同學也許小有變動，你應該還在這班，我先指定你是第二學年的班長，要好好表現，做所有黑人的模範。黑人在地獄之所以較多，主因是陽界美國種族歧視造成，但黑人自己也要負責是不是？」

「是！」歐巴馬起立回答。

「各位同學，我們下學期再見！」

「起立」李班長的口令，「老師再見！」

「再見。」

40　特別護照中陰身群　回陽界已過二百年

何樣的因緣？或有神魂的牽引？汪仁豪與蔡麗美、燕京山與尹月芬、蘇真長與吳淑臻、我和安安，竟都無約而同時到了張美麗的辦公室，同時辦完了放假手續。

也都領了特別護照，她關心的在辦公室裡叮嚀：

「你們現在是領有特別護照的中陰身群，這個身份雖是暫時的，但因有地藏菩薩加持，中陰身可以維持很久，而且可以自由進出陰陽兩界，從現在起，你們回陽界看看，必須在第六十天午夜十二點前通過奈何橋，了解嗎？」

「了解，我們不會誤事。」眾人回答。

尹月芬突然問說：「我們在無間地獄當老師時間才大約一年左右，不知陽界現在怎樣了？」

「陽世有很多世界，各星系世界的換算都不同，就你們來的地球與地獄換算，地獄一年是地球的兩百年，但單是地獄內部也有時差。」張美麗解釋。

「啊——，兩百年，這麼久！」眾口同聲驚訝。

「祝你們旅途愉快！」

「再見！」

我們一行人八位，有說有笑，很方便的出地獄之門，過奈何橋，打開「蟲洞」，瞬間，到了陽世，是在晚上，但天上有二個太陽，一東一西，只是亮度弱了些，這也使得晚上有點不太像晚上。

到底天上爲何會有兩個太陽？大家活像小朋友猜謎語一般，你一言，我一語，都不能解開心中的惑。此時，汪仁豪說：

「先別管這些！以後自然會了解，我們先該知道這是甚麼地方，先了解環境才對。」

「對！」大家都說，我先發現遠處似有較亮的燈光，應該有人類居住，於是我接著對大家說：

「前面好像有燈光，去看看！」

走著、走著（註：我們可以用飛的、用跳的，來去自如。），現在我們知道，身處之地即非高山雪地，也不是沙漠或海洋，而是平原草地。

近了！近了！走近一間屋舍的門，大家對著門看的發呆，上面有「廁所」二字。突然，門打開，一個小女生約十四五歲模樣，邊穿她的裙子邊低著頭走出來，突然看到我們，發出一陣慘叫，向再前方的一排建築狂奔而去，叫、叫，拚命的叫：

「啊——，有鬼、有鬼、有鬼啊！……」

那尖叫聲在靜靜的夜空中，迴蕩、迴蕩……「有鬼……」

我的直覺是，「糟了」，我們可能神識未加收斂，而露「形」於外，或其他緣由吧！故那女生看見了，大家也有了警覺，我提醒大家說：

「注意收斂，把人家嚇死了，罪過可大。」

「是啊！是。」大家異口同聲，不久，見一群人，莫約十幾二十，有長者可能是老師，小朋友十餘人，手上各都提著一種超亮的「燈」，在廁所裡外到處看、到處照，啥也沒找到，一個男老師問那叫「鬼」的女生說：

「李媚娘同學，那有鬼？妳頭昏啦！」

「有，我明明看到一群鬼，好可怕哦！」原來那小女生叫李媚娘，很肯定的說看到。

有一位女老師走過去，很慈祥的抱住小女生的頭說：「阿媚啊！妳最近發燒頭疼，才剛剛退燒，我摸摸額頭，有沒有不舒服？」

現在，那小女生怎麼不堅持了，沈默一陣……另一位長者打破沈默說：「好了，沒事，上課吧！」

原來這裡應該是一所小小的鄉下中學，那一群師生都回去上課了，廁所附近的空地恢復寧靜，天空兩顆太陽高高掛著。

換我們沈默一陣，蘇真長首先說話：「奇怪！她應該看不到我們的，這怎麼解釋？」

我說：「這也不難解釋，有人的眼睛確實可以看到常人看不到之物，例如特殊因緣、天眼通、感應、巧合碰到空間之門打開，都有可能。」

「好了！現在起我們要注意，這學校是我們進一步了解這個新世界的機會，我們該去看看。」蔡麗美的意見。

「對，好機會。」眾皆同意。

大家慢慢的接近，到大門口，有一老者當警衛，現在他當然看不到我們。我們抬頭看大門上方一排字，寫著「中國陝西省蒲城縣聖母中學」，原來大家到了這個地方。

大夥再往裡面進去，首先碰到一個班級，有塊牌子寫「二年丁班」，我們就在窗戶外觀看。那位叫「鬼」的學生也在其中，全班四十位學生。這時我示意大家看教室正前方的鐘和後方的日曆標示著：

公元二三二二年二月十日　晚上十一時三十分

看了一陣子，有位女老師進教室，正是那位慈祥的女老師，她先分發一些資料（作業吧！）給學生，然後說：

「各位同學！這兩小時我們上本國歷史，上回正好講到地方史，我要先把本校和附近村落這地方的歷史，說給各位聽。」她看看全班，走下講台，邊走邊說：

「我們成長這地方，自古以來就是一塊寶地，有佛、有菩薩保佑的地方。」她正好走到那位叫李媚娘同學旁，「記不記得以前講過春秋時代晉公子重耳的故事？」

全班齊聲答：「記得。」聲音宏亮。

「很好，大家都記得。」老師繼續說：「西元前六五六年，離我們現在快三千年了，重耳一行人就是逃到我們這地方，飢餓難忍，向村人（我們祖先）乞食，並將乞食得到的食物先祭拜亡母，然後再分食。後人爲紀念他們，把這村莊稱『敬母村』。到了北周時期，建立了『敬母寺』，寺中有五百僧人。」老師停一下又說：

「到了唐代，我們村人有在朝當官的，是一個受人敬重的清官。皇帝感念其母教子有方，改敬母村爲『聖母村』，改敬母寺爲『聖母寺』，但這聖母寺老早淹沒在時間的浪潮中，不見了跡影。」說到這裡，那老師停一下，走上講台又說：

「大約在三百多年前，公元二〇〇九年時，中國陝西省考古研究院，在經過本村的包西鐵路施工時，挖出聖母寺遺址，也出土很多古物。現在蒲城縣博物館內保存的唐聖母寺四面造像碑、八棱經幢，都是聖母寺內的寶物，那八棱經幢更是唐代郭子儀後人郭什令等人建造，造像碑銘文有本村先祖姓氏，這是我們所住地方的簡史。」

她講完看看同學們，問道：「了解嗎？」

「了解。」學生們可愛而有力的回答。老師又說：「你們先看自己作業的問題，下節開始講中國近代史。」

我們在窗戶外也聽的津津有味，原來我們一進入陽界就到了一個寶地，大家商量著要去那裡？因爲前世的「業」對我們有牽引，神識依然有感應，部份深刻的記憶仍在，都會慢慢被「喚醒」。正當我們商議著，下課鈴響，孩子們都去玩，我們也到處看，這學校總共才十二個班，老師大概不到二十位。

上課了，我們又回到二年丁班，只是想聽那位老師講中國近代史。老師來了，同學們都就定位，老師就對著一個男同學問：

「葉大雄同學，近代史上有幾次和我國有關的大型戰爭，分別爆發在那些年代？」

「這——」他這了半天，然後說：「戰爭有很多次，每次都很大，要從甚麼時候算起？」

老師有點生氣：「大雄，你是怎麼讀書的？」看他的窘態，我們都要笑了。老師又對另一女同學說：

「郭春花同學妳講！」

「有兩次核子戰爭、一次星際大戰，年代忘了。」

「班長王偉大說。」老師又叫另一同學回答。

那位班長果然記得清楚，起來毫不含糊說：「公元二一八二年第一次世界核子戰爭，二二六二年是第二次，還有二三〇〇年的『九一一星際大戰』，已過了三十多年，我國也休養的差不多了。」

那位老師讚美了班長後，便將近代史這三大戰爭的起因、過程和結果概要講了一遍，細節以後再述。簡而言之，兩次核戰爲地球帶來大浩劫，約死了一億人。而星際大戰則是人類太空發展到二三〇〇年時，月球和火星殖民人口、資源、環境及本身科技，已強大到可以獨立，所以「九一一星際大戰」時，地球各強權已無力控制火星和月球。

於是，月球上出現「月球中國」、「月球俄國」和「月球印度」三大國及若干小國；火星亦然。換言之，人類社會一進入廿四世紀，在太陽系內有三個中國、三個俄國及三個印度，而太陽系內所有空間和星球，也被這三強瓜分，當然是中國吃下一半，另半由兩個次強平分。

但說地球無力控制火星和月球，大概也言之過早。因爲地球經第二次核戰後才三十多年，元氣尚未復元，若真和月球、火星決戰，損失更爲慘重。未來若地球各強權戰力恢復，團結對付月球和火星，他們要獨立也難。這是我們自己的討論，不久聽到鈴聲響，又上課了。

進教室的是一位男老師，手上拿一本地理課本。果然，學生坐定位後，就先問學生：

「本學期上地理概述，上回講到那裡？」

「全球氣候與人口。」學生大聲說。

這位男老師看上去大約中年人，個子不高，看起來有點嚴肅，接著他先來一段開場白：

「大約四百多年前，人類社會的推行一種可怕的資本主義式民主政治，才一百多年把地球生機撤底摧殘，導至第六次大滅絕提前且加速爆發。廿一世紀初，地球開始發高燒，不可逆的愈來愈燒，很多地方不能住人，這時地球尚有六十億人口，但世紀末剩約十億。到現在，才廿四世紀初，全球人口剩七億，照這樣發展下去，人類不出幾百年便絕種了。」

聽那老師講這段話，我心頭一震，牽動前世記憶似也加速甦醒，尤其聽到「資本主義、民主政治」、「第六次大滅絕」等關鍵詞，及人類要絕種等震憾語意。每個字都像一記禪宗「棒喝」，奇怪的是，我們八個「中陰人」都有相同感覺，正當我們驚奇之際，那男老師叫起一位男同學說：

「陳□扁同學，你把目前全球氣候和人口分佈，很簡略的說給大家聽。」

聽到「陳□扁」三個字大家更是心頭震驚一下，難不成陳□扁真的在無間地獄造反成功，逃回陽界做亂不成！一個「念頭」未止，只見那男生起立說著：

「人口最多在南北極附近，白天平均攝氏三十三度，人可以住地面上。赤道附近白天平均約五十五度以上，晚上平均四十度以上，都沒有人住。其他地方約百分之八十沙漠化或無水，地面上白天不適生物生存，只有少數人住在地下很深的地方。」

啊！原來是同名同姓者，大家都鬆了一口氣。這時聽到老師讚美陳□扁說：

「你說的很好。」向全班說：「大家要向陳同學看齊，他讀書很用功。」老師再問那陳同學：

「你把人口分佈說清楚一點吧！」

陳□扁又起立說：「我們中國有三億、俄國一億、南極三大國約一億伍千萬、美洲和歐洲各約五千萬、澳洲約一千萬，其他還有一些零星的，這些不含人類以外的人種和不住地球的人種。」

老師鼓掌讚美陳同學，然後問全班：

「有誰能補充人類以外的人種和不住地球的人類有多少？還有非人類人種主要用途爲何？」

全班左顧右盼，無人應答，那位叫王偉大的班長只好舉手，起立說：

「非人類人種主要指光合人、電腦人、生化人、固態和液態機器人等，大多用於軍隊、警察、危險工作、地底、海底和外太空探險等，數量不好估。地球以外有人類住的星球，月球有一億，火星有五千萬，另外太陽系內其他行星也有人類和探險機器人，數量不多。」

老師讚美班長表現好，又解釋一些問題，下課到了，我們也跟著下課。

下課時部份同學到外面玩，現在雖是三更半夜，因有兩個太陽，所以外面不完全是黑漆漆。有幾位同學和老師仍在教室，我們也好奇的到處看，像在尋寶。

上課到了，同學們都進教室，我們也在窗外就定位。那男老師開口說：

「近幾百年來，因地球第六次大滅絕，造成無數氣候大災難，也完全改變了國家的領土位置。」講到這裡時，老師眼睛注視著葉大雄，看他玩手上的一件東西，葉大雄沒發現老師看他，全班也在看他，老師提高音亮：

「葉大雄，何謂南極三大國？」

他嚇了一跳，站起來說不出話來，全班笑成一團，老師轉頭叫「郭春花」，她應聲起立，「妳說。」

「所謂南極三大國是美洲國、歐洲國和非洲國。」

「郭春花很有進步。」老師讚美她，並提醒同學，打開課本看第二章，仔細講解近幾百年主要國家的領土變遷，感到可怕而憂心。

原來沿赤道兩側數千公里因高溫和缺水，從一百多年前人口開始向南極移動，形成現在的南極三強（美洲國、非洲國、歐洲國），而北極附近由中國和俄國瓜分，約爲中七俄三局面，其他有小國數十。

原來的北美洲、南美洲、非洲、歐洲、亞洲這些大塊陸地，雖大多數地區不能住人，卻總數仍分佈著一億多人口。他們白天住地底深處的「地下城」，晚上則在地面上活動。還有很多大島都不見，中美洲和南洋各島國、紐西蘭、馬達加斯加……早已不見了。我們比較關心中國，按老師所述，中國最適宜人住的地區已非廿一世紀時的「秋海棠」，而是廿四世紀的東北到北極圈。整個工業、科技、政經中心完全向北移，不可思議！

聽同學們討論著課程，天亮前四點到五點，有一節課是「生活與科技」，七點鐘以前有一小時「體育與自由運動」時間。老師提醒所有學生，必須在早晨七點三十分之前全部「進洞」，不准留在地面上。

「生活與科技」課程，講人類社會到廿四世紀初，與人類生活和前途有關的科技發展程度。又來一個男老師，課堂上有討論、師生問答、閒聊等方式，上課還算活潑，老師爲引起小孩好奇、興趣，也舉些實例。記述如下。

講基因工程科技，老師提到中國北京恐龍動物園。（此時的中國北京都城就是維科揚斯克，在北極圈內，古西洋名叫 VerkhoYanskIy.）這是當代全球唯一的恐龍動物園，有各類品種數十隻。在廿三世紀下半，中國科學家已能使滅絕恐龍基因復活，到二三〇九年正式成立恐龍動物園。

講到能源科技，老師提到地球上空十一個人造太陽，南半球五顆，北半球六顆（中國有四），有多少重要功能。原來這時地球上空這麼多太陽，難怪我們看到兩顆太陽，加一個自然太陽，就共有十二顆太陽。

講到太空科技發展，用下圖表示最清楚。（比較29章的圖，可知其發展的連貫性。）葛麗絲（即張衡星），我國東漢天文學家張衡發現，有水、有空氣，是地球五倍大。一支由外星人、火星、月球和地球人類科學家組成的探險隊，在兩年前已成功登陸張衡星。可預見的大未來，太陽系內各世界的人類及其他物種，必大量湧至該星球。

講到交通科技就更神奇了，兩百多年前，地球到火星往返一回仍要一個月之久，到廿三世紀初只要三天。到廿四世紀初，二三一七年吧！中國教育單位率先推出「寒假遊學太陽系」課程，反應熱烈。

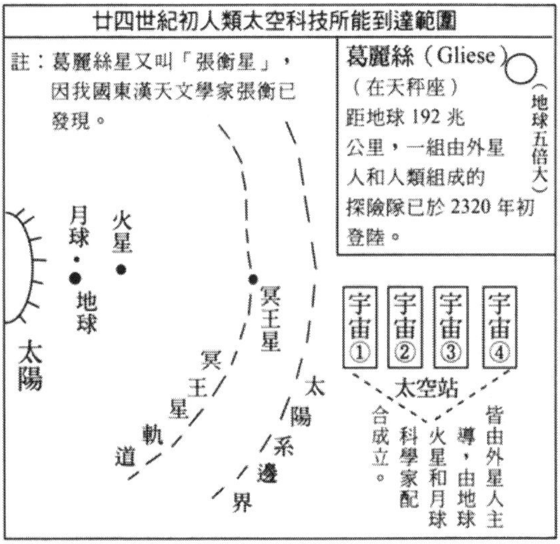

冥王星
冥王星軌道
太陽系邊界
宇宙①
宇宙②
宇宙③
宇宙④
太空站
皆由外星人主導，由地球火星和月球科學家配合成立。

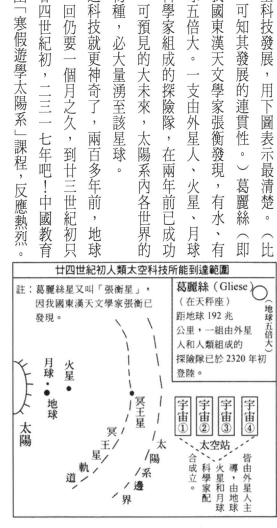

廿四世紀初人類太空科技所能到達範圍
註：葛麗絲星又叫「張衡星」，因我國東漢天文學家張衡已發現。
葛麗絲（Gliese）
（在天秤座）
距地球 192 兆公里，一組由外星人和人類組成的探險隊已於 2320 年初登陸。

但那位老師講到這段時，顯得有些遺憾，因爲像聖母中學這樣邊陲中的邊陲，始終排不到名額，不知等到何時，才能讓這裡的孩子們來一趟寒假遊學太陽系。

講到生化、電腦、奈米和光電科技，大多已是連小朋友都知道的常識。例如軍隊、警察或執行危險任務，其組成人員已有九成「不是人」。而是一群生化人、光合人、液態機器人等，至少十多種，統稱「智慧型人造人」。

「生活與科技」之後的體育活動，我們也乘機到處看。在早晨七點三十分前，也跟隨一群師生「進洞」（原來是地下城的入口）。哇！裡面是另一個「人住」的世界，有很多通道，進入很深的地底，嚴然地下小城，應有數百人之眾。我們找到一處無人的大洞穴（像會議室），在裡面休息、聊天，然後又去「逛大街」，看人們怎樣在地下生活。

到了一處大廣場，看有人在慶祝，並有紅布條寫著「祝賀聖母中學校長李登山、夫人吳淑臻弄璋之喜」，仔細觀聽，原來是校長夫人昨天（二月十日）上午生了孩子，村人表示慶祝。

晚上七點，我們又隨一群師生「出洞」，今天的課有中國文化、歷史、音樂，勞作等，我們竟然又跟二年丁班一起上課、下課，早晨又進洞，晚上又出洞。如此這般，過了幾個月，已是學期末，我們只想利用機會多了解這個新世界。

現在我們知道很多人的名字，例如，那位很慈祥的女老師叫莫云，地理男老師叫方飛白，生活與科技是吳明興，文學老師范揚松等，而校長的兒子取名「李登輝」，真是太奇了！

學期結束前幾天，在地底一個無人洞穴（房間）內，我們討論著大未來要怎樣用？燕京山道：

「我們此行之目的，並非單是到陽界走馬看花，我們是學佛修行之人，應該向佛緣的方向前進才對。」

「很有道理。」我也表示：「我們時間不多，人類社會的新奇事物不是我們的重點。」

尹月芬問：「我們有多少時間呢？」

安安答說：「我算過了，無間地獄一個月等於陽界地球十七年，等於說我們有將近三十四年可用。」

蔡麗美驚異說：「哇！在人世間算很長了。」

汪仁豪聽了幾人意見，也忍不住說：「我覺得再來一回禪宗祖庭之旅，是很有意義的事。儘管那些地方可能因氣候變遷而成了廢墟，但那有甚麼關係呢？」

蘇真長也說話：「中國整個政經中心、人口與人文文化都移向大北方，乃至北極圈內，那些地方必定是佛法的新重鎮。所以，祖庭之旅後，我們應向大北方前進。」

大家都點頭稱「是」。

我也補充說：「還有一些地方值得去，安安到過月球，我到過火星及最遠的宇宙一號太空站。現在人類又到了其他星球，建造了新的太空站，那些地方也必定是佛法盛興之處，我們也該去。」

經過幾次討論，我們把大未來定位成「中陰身陽界禮佛參禪修持之旅」，也選好吉日良辰出發。

41　三世緣起重遊祖庭　斷垣殘壁緣滅性空

從蒲城聖母中學一路向東，距洛陽並不遠，幾百華里吧！我們一行人利用晚上遠足，談天說地，白天則在一些廢墟、古城、洞窟中避熱、休息，或打坐、參禪，或辯論佛法。有些地方則會多待些時日，甚至住上很多天。

這一天夜裡，天上兩顆太陽被薄雲遮住，但仍是一個夜明風高的晚上。我們到了中國古文明發源地仰韶郊外，在一座亂石堆上小坐、閒聊、看月，四雙八人竟正好坐在四個大石頭上。汪仁豪性致來了，站起來抬頭看著東方，口吟一詩：

三更半夜一群鬼，兩顆太陽愛相隨；
參禪禮佛無情法，十方六道何時歸？

汪仁豪才把詩吟完，吳淑臻已先開口抗議說：

「喂！汪老師，你不要罵人呀！你連蔡麗美也罵進去了　！」

大家開懷的大聲笑，在這空闊、寧靜而穹隆微明的夜裡，聲音傳的好遠、好遠，笑的腰都彎了。這才異口同聲說：「是呀！你才是鬼！」大家又笑一團。

大家都不笑了，燕京山一本正經，好像發現了問題。他對著汪仁豪問道：

「汪兄，無情說法，你聽的到嗎？」

「聽不到。」

「那我再問你，你能說無情法嗎？」

「不能。」汪答的乾脆，又補一句：「我也不會說無情法，但相信我有感應的。」

燕京山乘勢猛攻，詰問道：「無情法你即不會、又不能，也聽不到，詩中那裡有無情法，感應太不確定。」

「這——，」汪仁豪一時答不上來，只好應付一句：「雖不確定，還是有感應，總比沒有好。」

「有情」，是指有生命的人、禽獸、動物等。「無情」指山河大地和有生機的花草樹木等，這時大家好像興致來了，我乘機問大家說：

「無情說法可有經典上的根據？」

安安平時話不多，這回卻搶答：「阿彌陀經有記載八功德水、七重行樹，一切皆悉念佛、念法、念僧，所以西方極樂世界裡，就連花草樹木都會宣講佛法。」

尹月芬聽了，不禁失聲叫道：「啊！是這樣啊！」意思說無情說法果真有其事，且有聖典根據。

我讚美安安，果然有用心讀經。而汪仁豪也似有悟，拈出一句洞山良价禪師的偈語：

「也大奇！也大奇！無情說法不思議，若將耳聽終難會，眼處聞聲方得知。」

這時換成大家讚美汪仁豪對禪法、佛法有領悟，但我仍對「十方六道何時歸」有意見。學佛之人應了然「緣起法」原理，萬事萬物因緣和合而生而成，不須急，好好修行，到了「該歸去」時，便有「家」可歸。眾人同意我的看法，閒聊一陣，我們起身繼續向東走。

不論白天躲在洞穴中避熱或晚上行進，我們開始諦聽「無情」講經說法，使六根互用，圓通無礙，才是悟道之妙用。「阿彌陀經」說：「情與無情，同圓種智」，正是此理，誰說山河大地、亂石廢墟不能講經說法？？

不知經過多久，我們竟快到洛陽，大家有些興奮，更興奮的是在接近洛陽的一些村莊，晚上開始有人從地底的深洞中出來活動。到了洛陽城，也開始看到有「進步文明」或「科技產品」。大家商議著要住久些，尤其要到少林寺「達摩洞」壁觀禪修，達摩能一坐九年，「我們要一坐十年才能超越達摩」。這是燕京山說的。

「你行嗎？就是坐上一百年，也超越不了達摩吧！」四個女生同聲這樣說。

「這倒是。」燕京山乖乖的說了。

但洛陽現在成了怎樣的「城」，說來也不意外，這座素有幾千年「牡丹花城」的「神都」，在廿一世紀初有人口一百五十萬。如今因氣候鉅變，才不過廿四世紀初，一切的金銀寶器古物全隨著人們移往大北方，只看到一些尚未完全頽圮崩倒的主體建築，孤伶伶的立於一片又一片的荒蕪土地上。

我們在洛陽停了很久，至少有三個月。白天在地下城和人們一起生活，地底有很多坑道，設計不少適合人居住的建築，頗似古代的神殿。現在我們知道了洛陽地底城住有一萬多人，這是此區域所能維持最多的人口，爲了想知道更多，我們也到圖書室查資料，幾千年來洛陽因位黃河邊，始終維持繁榮局面。

可惜的是，一百多年前黃河水開始涸枯，不僅黃河之水乾了，中國境內長江、珠江、漢水……及洞庭湖、鄱楊湖、巢湖……早已全乾了。

我們進而又查資料，全球五大洲的大河、大湖之水早在百餘年前都乾了，難怪都不能住人了，只剩南北極適合人住。

住洛陽城地底的一萬多人，只靠很深的地下水維持生命，大部份時間在地底，白天地面上溫度平均約在五十度以上。石頭、土地和傾倒的古城牆都被晒的直冒煙，有時更是引發燃燒，所以白天無人敢「出洞」，只有晚上地面上才有稀疏的人影。我們就是利用晚上去了很多地方。

東區舊街的隋、唐糧倉遺跡「含嘉倉」，中國最古佛寺「白馬寺」、洛陽博物館、郊外的關林「關帝廟」，龍門東山琵琶峰上白居易墓塚。而龍門石窟更待的最久，古陽洞、藥方洞、奉光洞、蓮花洞、萬佛洞和賓陽洞等，斷井頹垣依舊在，只是風光早已改。對於所看到的成、住、壞、空現象（真理），我們並不感到特別哀傷。但我們不死心，有一天夜裡我們八人在萬佛洞禪修、靜坐，企圖與佛接心，很確定的，我們同時進入禪定，且到了忉利天。佛陀正在講經說法，且已到了即將結束，佛陀講最後一句時，頭轉向我們說：

「凡所有相皆虛妄。」似乎在對我們講。

我們八人同時一驚，回神，口中念著「凡所有相皆虛妄」，出定後我們了然於心，個個臉上綻放著拈花般的微笑。回到城裡「進洞」後，在一個辦公室看到人們的行事日曆，更是一驚，我們入定去忉利天，不過瞬間吧！人間已過四十九天。

隔日，我們起程再向東行，目的地是登封少林寺五乳峰「達摩洞」。當我們於午夜到達少林寺，有三、兩僧人正在整理殘破的寺院，又沿六百石階到達後山的達摩洞。所幸石階和崖洞完好，此應千年、萬年不朽之物。

這一夜我們坐在達摩洞前面看月，想要感受達摩當年在此禪坐入定九年的境界。燕京山突然感慨說：

「照目前的情形判斷，二祖、三祖、四祖、五祖、六祖的道場，現在都只剩斷垣殘壁，人不在，佛法也不在，甚麼都沒了。」他像自言自語，像問大家。

我答道：「是甚麼都沒有啊！」

「甚麼都沒有，去做啥？」

「通通都在也是沒有，通通都不在也是沒有。」

「這麼說本來就沒有。」燕京山似有所悟。

有女生的聲音：「他們在說甚麼？一下有，一下又沒有！」

「他們在談禪。」安安說。

是啊！談禪，說到世間的真理，有時得從肯定上去認識，有時得從否定上去認識。如「心經」所說「色即是空，空即是色，受想行識，亦復如是。」這是從肯定中去認識人生，認識世間真理。

「心經」又說：「無眼、耳、鼻、舌、身、意，無色、聲、香、味、觸、法……」這是無六根，無六塵，沒有主觀的自我，也沒有客觀的境界，乃從否定來說認識人生，也從否定認識世間真理。

這段思想辯證引起大家好奇和興趣，蔡麗美也發難問我說：「眼睛是你嗎？」

我笑笑，然後回答：「不是。」

「耳朵是你嗎？」

「不是。」

「鼻子是你嗎？」

「不是。」

「舌頭是你嗎？」

「不是。」

「那就只剩下身體是你的囉？」

「也不，色身只是假因緣、假合的存在，也不是真我。」

蔡麗美又追問：「最後只剩下『意』就是你啦！」

「還不是。」

「既然眼耳鼻舌身意都不是你，那麼，請問你在那裡？」蔡麗美最後的問題。

蔡麗美問完看看大家，眾人笑說：「我在這裡。」我也哈哈大笑，我說：「換我詰問各位。」

「窗子是寺院嗎？」

有零星的回答：「光只是窗子不是寺院。」

「門是寺院嗎？」

「不是。」

「磚、瓦、木材是寺院嗎？」

「也不是。」

「那麼，佛像、佛具、樑柱才是寺院嗎？」

「當然不是。」

我解說道：「窗、門、磚、瓦、佛像都不是寺院，也不能代表寺院，請問各位，寺院又在那裡？」

眾人恍然大悟。

眾人悟了甚麼？就是這世界的真理，「緣起性空」。萬事萬物都是因緣和合的存在，沒有因緣，就沒有一切。我們所要去的二祖慧可「無相禪寺」、三祖僧璨「乾元禪寺」……之存在或不存在，其理亦同。一切都是因緣而生，因緣而滅，包括地球走到今天的地步。

我們的身體是假四大因緣而和合的，寺院也是假種種因緣而成的，我們是活在因緣和合裡：緣聚則成，緣散則滅，正是所謂「緣起緣滅」。

能悟「緣起性空」，才能見到禪的風貌，此說是佛法基本思想，不如說是宇宙間各世界的真理。

接下來很長的時間，我們白天在達摩洞或附近崖洞禪坐、修行，或進入少林寺地宮，只有出家人約二十餘人。晚上才會到地面或洞外活動。

這一夜，眾人在達摩洞前仰觀天星，並共同決議祖庭之旅仍要完成，之後再到大北方找尋新中國佛法盛況，最後巡禮其他星球的傳法情形。大方針大致底定，眾人心中也踏實多了。這時汪仁豪突然丟出一個問題：

「修懺悔法門是爲自己懺悔？還是爲他人懺悔呢？」

燕京山輕輕冷冷的說：「有罪就該懺悔啊！」

尹月芬問：「誰有罪？誰沒罪？」

蘇真長站起來面向大家說：「從來沒做過壞事，沒做過任何一件虧心事的，請舉手！」他看看眾人，大家相視而笑，無人舉手，一會兒，眾口冒出一句話：

「我們都是罪人。」

當大家議論著「誰是罪人」時，蔡麗美問：

「相信也有很多生生世世清清白白吧！那他還要修懺悔法門嗎？」

眾皆無言，吳淑臻也開口說：「對啊！懺悔法門爲誰修？若爲自己修，自己罪性從何而來？若爲他人修，他人非我，我怎能爲他人懺悔？」

眾仍無言，安安加入議論說：「是呀！他人無悔意，我爲他修懺悔法門何用？」

從頭到尾我都當一名聽者，安安看看我問：「你怎麼沒意見？」眾人也轉頭看我。

於是我說：

「懺悔法門有層次深淺，有法懺，誦經、禮懺都是；有功德懺，做種種好事，將功折罪，也可以消除罪業。還有無生懺，如有一首詩偈說：

罪從心起將心滅，心若滅時罪亦亡；
心亡罪滅兩俱空，是則名為真懺悔。

爲自己懺，亦爲他人懺；爲他人懺，亦爲自己懺。自他無二，事理一如。何必要把自己與一切眾生分開？」

我簡略說完時，眾皆鼓掌稱好，蔡麗美道：「還是李明輝大哥最有學問，對佛法最有領悟。」

「大家都很有領悟，否則不會問這類問題。」眾人點頭、靜聽，我再補充：「事相上，有罪有業，有業有報。但在自性本體上，那有罪業之假名？」

汪仁豪似鬆一口氣般說：「好險！心若滅時罪亦亡，心亡罪滅兩俱空。」

大家又笑彎了腰，待大家笑一陣，我覺意猶未盡，再補充說：「各位記不記得蔣介石到無間地獄演講，提到七佛通偈警語說，諸惡莫作，眾善奉行。佛弟子所要追求的還要超越善惡之別，這是自淨其意 Sacittapariyodapanam 的途徑，以最高的清淨與安穩，接近所有的生命，即成爲覺悟佛陀教導的共通點。」

這一晚我們談論著「罪」的問題，之後再決議近期開始向大南方啓行。最後再進入達摩洞禪坐，頃刻，似與達摩老祖同時入定，身形與崖壁合而爲一了。

42 祖庭旅後重遊北高　北極中國再一盛世

離開少林寺達摩洞，我們一路向南行，多日後，到一處彷彿古代水庫遺跡。不久見一石碑，刻有文字曰「古白龜山水庫遺址」，上有小字說明歷史沿革，一百多年前已完全乾涸。

古水庫附近一座山，亦立有石碑曰「平頂山」。這天，大夥兒在這山下崖洞中避熱、休息。翌日晚，安安向眾人公布說：

「禪坐曾有入定，觀音菩薩託一夢，說她在附近山上講經。」問眾人是否有夢？都沒有。可能因安安在地獄主講觀世音普門品，與觀世音最能接心。

於是，之後的幾晚我們留連於平頂山，安安研究此處各殘存遺跡，並與所學驗證，得知觀世音菩薩成道的「大香山」就在平頂山，所以平頂山也等於觀音祖庭。更早妙善公主成道的祖庭「大普門寺」，亦在此山中。眾人皆感「踏破鐵鞋無處尋，得來全不費工夫」，千載良緣，當下由安安引領先唱「楊枝淨水讚」，再誦「開經偈」：

無上甚深微妙法　百千萬劫難遭遇
我今見聞得受持　願解如來真實義

再誦念「妙法蓮華經觀世音菩薩普門品」：「爾時，無盡意菩薩即從座起，偏袒右肩，合掌向佛，而作是言：世尊！觀世音菩薩，以何因緣名觀世音？……皆發無等等阿耨多羅三藐三菩提心。」

數日後我們一路再向南行，感覺愈是往南，天氣愈是惡劣，氣溫高且風暴強，烏雲又多又濃。當雲散後，地面的土、石如滾燙的火山，了無生機，所見江、河、湖泊早已全面乾涸，少數重要地方亦立紀念石碑，內容都敘述，早在一百多年前因氣候鉅變，溫度升高，江河無水，人口移向很遠的大北方。

有些地方看起來，像是尚未演化出眾生的星球，因緣未到，或許千萬年後，此處又成多樣生命的舞台。

彷如無人的星球上只有八個孤魂，一直向南飄泊、雲遊，過了很久、很久，經過很多已成廢墟的古城、古鎮。一塊塊如墓碑，雕鑿著工整的字：「襄陽遺址」、「武昌」、「長江渡口」、「古長江大橋遺址」、「古洞庭湖」、「長沙」……地面上生物絕跡，江、湖都乾枯，石碑上記載著最後一批人離城的時間，及長江、洞庭洞剩下最後一滴水的年代。

但叫大家興奮的，是我們在洞庭湖附近地底深處約三百多公尺，發現地底小城，人數約數百，可能是洞庭湖地下水所能維持的生命數量。這裡是我們離開洛陽地下城後，第二處人多的地方。

如此這樣，從二祖慧可的「無相禪寺」，到六祖惠能削髮的光孝寺和駐錫的南華寺，我們一一巡禮。可以預見各道場只剩殘破的主體建築，國寶文物都不知去向，如南華寺內的六祖真身像、大唐御賜千佛袈裟、聖旨、北宋木雕五百羅漢等，去了何方？或「成住」後，已「壞空」，大家仍多疑問！

這一路向南、向東又向北的旅程，是我們重回陽界的參禪禮佛之旅，不僅與佛、菩薩接心，也和歷代祖師接心。祖庭之旅於三世以來已有幾回，故並未留連太久，到是地藏王的道場九華山卻留連不去，應是有特別的因緣。

地藏菩薩的道場在安徽省九華山（石碑銘文所記），唐代有位新羅國王子，名叫金喬覺，二十歲出家，法名地藏比丘。唐貞觀四年，航海來到九華山參覺，後長住於此，並發願在這聖山啓建佛寺。

有一次，比丘央求地主捐地，地主問要地多少？地藏比丘說：「謹要一袈裟之地足矣。」因覺得要地不多，地主便慷慨答應了。誰曉得地藏比丘把袈裟敞開後，竟將整個九華山全部蓋住了。

地主看見比丘的神通，便將九華山之地全部發心捐出，並成爲地藏比丘的護法。這是九華山成爲地藏菩薩道場的源起。我們這一行人到無間地獄擔任教席，不知與地藏菩薩有幾世之因緣，故我們在九華山留連不去。

某日，已是午夜深深，我們坐在九華山之頂，頭上是燦爛的星空，氣溫仍是高。有風，如自火爐中鼓出吹來，但天上不見兩顆太陽——是很久不見了。我們已聊了一陣的禪，談禪、解禪、悟禪、說與不可說的禪，我忽地心思欲動，問大家一個問題：

「佛陀傳位給迦葉只是一個微笑，達摩傳慧可也無言，這是禪宗不立文字、不落言詮的傳統。但禪悟了沒？懂了沒？有境界、沒境界，總要有個表達吧！誰能解釋這種悟與未悟的境界？」

聰明的安安先抓住語病說：「禪不是知識，不能解釋。」

「對，不能解釋。」我也立即反應。

汪仁豪笑說：「迦葉用笑的，慧可無言，我們總不能用吼的，或用哭的吧！」

「也許。」我答。我知道安安對這問題有心得，一會兒，眾皆無言，我對安安說：「妳說說看。」

安安說：「宋朝大文豪蘇東坡對禪的修持很有心得，他用三首詩說明悟禪的三階段。先是未參禪之前：

廬山煙雨浙江潮，未到千般恨不消；
及至到來無一事，廬山煙雨浙江潮。

這是未參之前的境界，內心對客觀世界有太多牽扯，所以內心有很多起伏，到頭來白忙一場。真正參禪，開始有了境界：

橫看成嶺側成峰，遠近高低皆不同；
不識廬山真面目，只緣身在此山中。

第三階段是開悟以後，東坡另有一詩：

溪聲盡是廣長舌，山色無非清淨身；
夜來八萬四千偈，他日如何舉似人？

第三首詩氣勢甚是磅礴，出語驚人。但後來有位叫景元禪師的，認爲東坡未達禪的境界，一位叫證悟禪師用另一詩超越東坡的境界：

東坡居士太饒舌，聲色關中欲透身；
溪若是聲山是色，無山無水好愁人。

安安講完，我向大家表示，禪不能言說，不能以文字論述，也不是思想性的東西，只能靠自己實證領悟。但對於蘇東坡和證悟禪師二人，誰的境界達到「禪境」，雖仍眾說紛紜，這也表示人生要「悟」是不易的。「靈山拈花、迦葉微笑」是佛陀的境界；慧可無言，但達摩心領神會弟子的「肢體語言」，這是達摩的境界。

祖庭巡禮結束，我們開始向大北方前進，看到很多可以幾近「永恆不壞」的古建築，如長城、摩天樓、大水庫、鐵公路……都是人類文明的遺跡。如今像一個個即將倒下的老病者，任無情的時間啃飭著，遲早也在時間之前化爲灰燼沙土。意外的是，我們又發現較緣海的方向，大湖江河的地底下，也有零星地下城仍有人類生活，小則數百，大則上千，有學校等公共設施，惟都在地底深處數百公尺。而白天的地面上，仍不適任何生物生存。

再往北，出長城，看到更多立碑紀念的古城，「古承德遺址」、「古瀋陽市遺址」、「古牡丹江遺址」……可喜的是近海地方已有較多人口，有文明，有商業活動，只是人的生活起居、公共活動仍在地底。地下城的規模也較大，小則上下，大則數萬。地面上的夜間活動也較多，如市集、學校、玩樂等。

這一日的午夜，我們到達一處，有石碑寫著「中國海參威港」，有很多人蝟集，趨前一看原來這裡是一個旅遊爲業的小港口。看板上寫著「海底古城探險之旅」，包含釜山、神戶、大阪、京都、上海、台北、高雄、香港、澳門等，數百年前沈海底，如今是旅遊景點。

這個發現叫大家興奮，我們選擇一艘掛著「海底古城台北高雄之旅」的遊艇，實即一艘小型潛艇。我們隨一行人進入，乘客共約四十多人，一進船艙，牆上掛一日曆，正是二三二五年三月一日。不久啓航（下沈），航行一陣後，有廣播解說，大意是歡迎參加海底古城之旅。

廣播員也詳細介紹行程，台灣島於廿二世紀初全部沈落海底，此行直達台灣，先到高雄，回程到台北，並在我國古扶桑州長崎停留半天，再回海參威，全程兩夜三天。廣播員又說，因海面溫度太高，不浮出水面，全程在海底航行，最深潛至三百公尺，海底景色美麗，生物仍多（並未全部絕種）。

最後廣播員強調，本潛艇是最先進、安全的海底遊艇，旅客安心遊玩。又過很久，又有廣播說：「我們的東邊是古倭奴王國，數百年前曾是我國扶桑州，約二百多年前沈落海底，再往南是我國東海，旅客盡情賞景。」

過不久，廣播說本船已停在台灣海峽一百五十公尺深處。現在起放慢航行速度，方便旅客觀賞，本船將進入沈落的古城高雄市。船上的人閒聊著，有說其先祖曾住高雄，有說先祖曾住台北，原來都是來尋根的，這「根」也牽引著我們，否則也不會來。

廣播又介紹，整個高雄地區沈落深度約在八十到一百二十公尺間。進入市區，視線忽好忽壞，高大建築物東倒西歪，仍可看出形狀，並未完全毀壞。遊人聊著，我靜靜看著……導遊也盡職，不時廣播這裡是前鎮區中山路、成功路、光華路……這裡是苓雅區中正路、三多路……這裡是鳳山軍校遺址……

導遊說著我們神識有些微微波動，遊客有的興奮大叫。但因沈落時間已久，各種設施、標誌早已毀壞不清，沒有解說根本不知爲何物。莫約過了很久，播報說晚餐後休息，北上經過彰化、新竹會有短暫停留，遊客可賞景或睡覺，明日早餐後我們就在海底台北城。本遊艇將利用一天時間遊台北城。

台北城，這個牽動夢魂的地方，在如何的修爲，聽到這名字依然在平靜的心湖中圈起一圈圈漣漪。當導遊一一介紹，這裡是淡水、關渡、中山北路、中山南路、羅斯福路……似曾相似的記憶，模糊的水色，其實都看不很清楚，在海水裡泡了幾百年了，像上世的記憶……

「台灣大學」，這聲音從廣播中迴蕩，導遊提起這段歷史，西元一八九五年時……是五個世紀以前了，漢倭奴王國侵略這小島，殖民五十年……民族英雄蔣中正先生收回台灣……汪仁豪、安安、我、麗美、燕京山、月芬、蘇、吳，前世的共同記憶，在海底甦醒了。

「前面是 **101** 大樓，曾是世上最高。」導遊說著，「我們在基隆路上方」，依然未倒，也是奇蹟。是旁邊的大樓倒向它，把 **101** 大樓撐住了，故未倒下。

這天大台北看盡了，北到南，東到西，建築大多倒西歪，看不清楚，想必經過太多、太久、太大的破壞，之後向北航行。到長崎已是第三天上午，待回到海參威已是午夜。

離開海參威，我們又一路北上，漸漸感受到一個生物可以存活的環境已然出現，白天人們可以在地面上短時間停留。開始有青山樹木花草，有人口聚集的城鎮，有公權力的行使，惟人們仍得住在地底城。

經過一個地方叫「瑷琿」，有一所中學叫「中國大興安州瑷琿中學」，我們又在這裡聽地理和歷史課的老師，講近二百年來爲適應地球鉅變，中國的人口、社會、國土變遷和世局發展。我們更清楚知道，中國政經中心已在外興安嶺以北到北極圈內，整個北極已由中國和俄國瓜分，中國佔東方七成，俄國佔西方三成。

在教室後掛著一幅中國地圖，仔細看，烏拉山以東，外興安嶺以北，中國各地方行政單位：四川省、湖南、湖北、新疆、新藏……大興安州、扶桑州……北極圈內有一小島名「新台灣自治區」。

此時所謂「中國人」已非全是「炎黃子孫」，有很多各色人、各民族，如日耳曼族、猶太族、拉丁族、古非洲各黑人族、白人……數不清。

不知過了多久，至少是外興安嶺以北了，大帝國的政經氣勢日愈明顯。我們到了一處大城，城外石碑有「新廣東省省會廣州市」字樣，另一排小字，說明建城年代和背景。原來此地原是古俄羅斯「奧勒克明斯克」地區，新廣州市也建城於一百多年前。

進城不久，碰到兩排出家人沿大街兩側化緣，人數至少七八十。我們尾隨他們，最後這些僧人向城西的郊外走了一段路，老遠看到建築宏偉的大寺院，走近一看是「新南華寺」，我們好奇再跟進去。僧人休息片刻，進入一個大講堂聽一老僧（年紀很大、應是高僧）講法，我們隱身在一個角落聽他講：

吾滅度後，汝等諸菩薩大士及天龍鬼神等，廣作方便，衛護是經，令一切眾生證涅槃樂……

這不是地藏經第六品嗎？太巧、太妙了，我們就一直聽老僧講法，很久，直到結束，所有僧眾已離開講堂，我們還捨不得離去。奇怪！那老僧亦不離開，突然有一句話如宏鐘之音傳來：

「現形吧！都是佛弟子一家人，不要躲躲藏藏。」

這聲音如天籟，似蒼穹歌吟，在空中盤旋飛翔，又進到每人心腸，迴腸盪氣，腦海中又一迴音：

「現形吧！都是佛弟子一家人，不要躲躲藏藏。」

來不及思考，瞬間，我們八個「中陰身人」不約而同的，在老僧面前現形。我先拱手作揖道：

「我等從很遠之地來，不敢叨擾，又不便現形，請老師父見諒。」其他人也行禮示敬。

「別客氣！各位一進來我就知道，但不知十方三界從何而來？」老師父說著。

我們逐一秉報姓名，並說明來歷，老師父頻頻點頭驚嘆。最後他老人家也自我介紹，原來他是「新廣東省南華寺」住持釋惟覺老和尚，今年高齡一百零九歲，他九歲出家，至今正好出家滿百年，難怪他幾乎有「天眼通」功力，一眼洞澈我們真相。

老和尚也說明這「新廣東省」，數百年前是古俄羅斯奧勒克明斯克地區，南華寺也叫「六祖寺」。百餘年前以「舊廣東」的南華寺爲藍本重建，更進步的考慮到地球氣候可能不斷惡化，整體建築分地面和地宮（地下百公尺）兩部，重要鎮寺之寶如六祖真身都在地宮。

老和尚邊說邊帶我們參觀，大家都驚奇，也鬆了一口氣，原來六祖真身來到了新世界。老和尚問我等今後有何計畫？我答：「此行不過參禪禮佛，認識新世界，並無特別計畫。」

老和尚說：「那好！各位乾脆先住下，參禪禮佛再精進也行，講經說法各位也能，意下如何？」

「阿彌陀佛，感謝住持。」眾皆同意，合掌說。

老和尚補充說：「許多佛教聖地都在北極新中國重建起來，以禪宗各祖庭與本寺交流合作最多，各位可一同參訪交流，也了解新中國的佛法傳播盛況。」

「太好了，正是我們所要。」大家都說。

就這樣，我們在這「新六祖寺」住下，慢慢的，老和尚與我們談起禪宗祖庭在北極新中國的現狀，及歷史緣由。共同原因當然是幾百年來地球溫度升高太快，導至除南、北極外，均不適人住。

中國人口、領土北移，到現在形成北極兩大強權，數百年來經過許多戰爭的結果，那些戰爭就勿須追述了。倒是祖庭重建乃偉大之盛事，同在新廣東尚有華林寺（古威留斯克地區），近「北長江」沿岸，這條北長江即古稱「勒那阿耳丹河」，現在也習慣叫長江。

同在新安徽，有二祖慧可的無相禪寺（在烏拉山以東，古沙爾哈德地區），有三祖僧璨的乾元禪寺（北極圈內、古諾維港）。

同在新湖北，有四祖道信的正覺寺（北極圈內、中部、古哈坦加），有五祖弘忍的東山寺（古諾里爾斯克）

在北極中國領土最東邊，古稱「阿那底山」，後改少室山，少林寺、白馬寺和永泰寺都在此重建。其規模均約原來數倍之上。

另在堪察加半島北方的科里亞卡山，後改九華山，或習稱「新九華山」，是地藏菩薩的新道場，也是新中國的佛教重要聖地。

「安居樂業」的時間過的特別快，千百回講經說法，新中國的佛教道場、祖庭去了多少回，瞬間九年消逝了。

43　地球佛法迴光返照　外星世界普照佛光

我們在北極新中國的新南華寺，一住竟似白駒過隙般，九年多消逝於無影無蹤，全中國佛教聖地大概跑遍了。經歷不少白衣蒼狗之變幻，都略過不述。

但必須一提的是，去年底爆發一場「火星中國」和「地球中國」的戰爭，所幸戰場在地球與火星之間的太空中，並未波及地球上生靈。還有，南極三強也出兵助戰，地球中國並未吃虧，戰爭持續一個月不到便結束，據報導我國損失一個「龍形中隊」和兩個「牛形中隊」兵力。對方也損失不輕，經數月和平談判，也有「月球中國」出面調解，總算恢復正常關係及星際交通正常往來。

我要關心的不是戰事的問題，因爲這個時代的科技、軍事、政治、經濟及各國武略等，我們即不太認識，也未加以關注。我們關心佛法傳揚和自身修行，客觀世界的成、住、壞、空，就任其緣起緣滅吧！

當戰事結束後不久，惟覺老和尙身體已經很不好。他仍提神對他的三大弟子（法門、法空、法性）說：

「佛法看似一片榮景，可能在地球上維持不久了。」這是一個晚上，老和尚這麼說。

我和汪仁豪也在場，汪急著問道：

「那請問師父，未來佛法往何處去？」

老和尚沒有回答，用手指指著上方，正有月亮。又指他正前方四十五度天空，一顆正通紅的火星。眾人心領神會，了然於心。

眾人又問：「佛法在地球還能維持多久？」

師父說：「說久很久，說不久也不久。我師父金門馬山老人家，他年青的時候佛法開始北移、重建，如今一轉眼，過了一百五十多年。按地球溫度上升速度，還有一百五十年嗎？總之，你們要好好努力，堅持到最後。」

「是，師父。」眾人回答。

不久後，惟覺師父圓寂，這天正好西元二三三六年農曆七月三十日，地藏菩薩聖誕日，走的時候正好晚上八點正。神奇的是，圓寂前五分鐘，他突然有點精神對守在身旁的眾弟子和我們說：

「地藏菩薩請我到無間地獄任教，我欣然前往，我走了。」幾分鐘後便真的走了。

「觀自在菩薩，行深般若……」眾人的誦經聲爲師父祝福、送行。

老和尙圓寂後的第二年春，中俄爲北極海內一處叫「佛蘭斯約瑟夫地」（**Franz Josef Land**），這是古地名（廿世紀前），約廿三世紀末，俄國人叫「史大林格勒群島」，中國地圖正式叫「新舟山列島」。爲這列島歸屬竟爆發一場不小的戰爭。幸好此時我們已到了最東邊的「新九華山」，遠離戰場約四千公里，但畢竟戰事已在本國領土，仍會關心報導，也了解我們的國防戰力。

這次戰事進行約兩月餘，雙方動員兵有數萬，俄軍方面主力是一支叫「熊形野戰軍」的師級單位，我軍是一支叫「龍形全功能野戰師」的兵力。據內行的戰略家所述，「龍形師」可用於陸戰、海戰、空戰，是一支全功能戰爭機器。其師長、各團長、各營長由人類擔任，其他全是電腦人、生化人、光合人、液態人及各型機器人組成。就「形狀」而言，除「人形」外，配合戰場需要有十一形：

鼠形：敵後和地底偵察，體形有大如豬，有小如蚊。

牛形：衝鋒陷陣，體形大者有三十公尺高。

虎形：一般不大，負責追擊、反擊。

兔形：誘敵用，體形亦有大有小。

蛇形：水底偵察、偷襲。

馬形：長程追擊之用，也能取代牛形功能。

羊形：誘敵、欺敵用，體形可大可小。

猴形：森林作戰、偵察用，也能取代虎形功能。

雞形：草原作戰、遠程偵察。

狗形：情報部隊。

豬形：政治作戰部隊。

這支部隊稱「龍形」，仍是師長的指揮所是一部「龍形機器人」，全師戰力之指揮、管制、通訊、情報、應變、研發，盡在這條龍中，此龍能飛於天，甚至進入外太空；能潛於最深海底，能行於陸地，基本上是一支「變形龍」。可以見得，「龍形師」是當代中國野戰軍的基本戰略單位，像這樣的師級部隊，中國現有十支，其中五支是「超級龍」，用來應付星際大戰。

俄國的「熊形野戰軍」也不弱。在這時代，中俄雖是北極兩強，且總體國力中國強很多，但雙方都知道，若全面決戰下去，雖打敗俄國，中國也重傷，故雙方都很節制。又有情報顯示，「月球中國、俄國」和「火星中國、俄國」，將發動對地球的全面戰爭，雙方藉機收兵，損失不大，領土之議暫時擱下。至少宗教活動不受干擾，人們恢復正常生活。

當一切都平靜，我們在九華山住了一年多，又到少林寺也住一年多，再到「新台灣島」。來新台灣島的目的，是準備到月球、火星及其星球、太空站等，對了！我先說明這個時代，中國境內有五個非軍事用途的星際交通運輸基地，全在北極圈內。

這五個基地從最東到最西依序是：澎湖（古稱朗格爾島 Ostrovi Vrangelya 或 Wrangel）、新台灣（古稱新西伯利亞群島 Novisibirskiye Ostrova）、星際發展太空總署（在白龍江，古稱台麥爾半島北端 Taynyr）、新香港（古稱北地島 North Land 或 Severnaya Zemlya）、新金門北端（古稱新地島 Novaya Zemlya）。這些是一般交通運輸站，其他層級更高，或軍事、國防、機密等重要基地，吾人不得而知。

正當大家計畫著何時起程先到月球的中國北京，傳來一個訊息，說「五祖寺」將主辦一場「星際佛教交流會議」，試圖增加星際間交流，以化解戰爭。會議時間大約一個多月後，我們覺得這是千載難逢的機緣，應該前往參加。不久後，我們就到了五祖寺，見已有月球、火星、南極三強、俄國及太空站駐站法師等參加人員，先到達並參訪附近其他佛教道場。原來這不僅是星際，也是國際性會議。

一到五祖寺，即刻感受到南中國湖北黃梅東山的氣氛，不錯，完全「複制」在北極中國重現。山門左右聳峙以「上接達摩一脈、下傳能秀兩家」之勢，寺內以聖母殿最爲特殊，供奉的聖母纖瘦，姿態莊嚴，她正是五祖生母周氏。

按史記五祖前世是位栽松老人，巧遇四祖，央求出家。四祖因他太老便說：「投胎再來，我就收你爲徒。」當晚，老人借宿浣紗姑娘家，翌日不知去向，而姑娘竟未婚懷孕，被逐出家門，生下胎兒。這段三世因果感動了武則天，特賜封她爲聖母，創下爲僧人母親建殿堂首例。

五祖寺被代代人傳頌的，還有一面牆，竟也在北極中國重現。五祖當年要學僧在牆上寫偈，一較悟性。他的首席弟子、最有學問的神秀提曰：

身似菩提樹，心如明鏡台，
時時勤拂拭，莫使惹塵埃。

神秀提在牆上的詩偈，在寺內傳頌。被在伙房裡舂米煮飯的惠能聽到，認爲那尚未悟道。但他是文盲，大字不識一個，於是口念請人代寫一偈曰：

菩提本無樹，明鏡亦非台，
本來無一物，何處惹塵埃。

這首偈獲五祖印可，當晚密授「金剛經」，傳授衣鉢。如今，舂米工具仍保存在殿內，給人無限啓示。從四祖到五祖、五祖到六祖緣緣相扣，一如大殿對聯：

佛法有因佛法有緣有因有緣皆成佛果
祖傳一衣祖傳一缽一衣一缽乃是祖師

在五祖寺召開的「星際佛教交流會議」，自然是盛況空前了，但效果如何？實在存疑，日後自有論證。更能感動人心，能種植好因好緣的，是讓我們有再一次機會撫摸、注視那面寫偈的牆，再望聖母一眼，再佇立山門片刻，只有這種感動能牽動業感，能隨「識」流傳。所以，那些會議盛況也就不須贅述了。

五祖寺的會議結束後，我們沿北黃河前往四祖寺。（註：廿一世紀末的一個大地震，使哈坦加河、葉尼塞河和下東古斯河連接起來，新中國在此建立後把連接後的大河稱「北黃河」，民間也習稱「新黃河」，或簡稱「黃河」。）巡禮四祖寺後，直趨新台灣，已是二三四一年五月，我們乘一日早晨八點航機前往月球。

前往月球的旅客人山人海，班班客滿，往其他星球或太空站也同樣人多，不知是移民或觀光、工作。我們看到幾隊年青人，其領隊手執旗幟，印有「太陽系遊學團」。也看到各色人種（黃、白、黑），人群中有許多機器人、生化人、電腦人等，可以感覺得出來，尤以航空公司服務人員大多是「非自然人」。

航程不過是幾小時，遠看像一顆「綠色小丸子」，愈近愈是多彩，尚未落地便知它已如往昔的地球。自從人類在二〇三三年開始移民月球，並進行綠化大工程，經三百年努力，算是成功的。如今的月球山林濃密，百花齊放，鳥語水聲，看似一片最適人住的美好世界。

我們先隨四祖寺、五祖寺的一個參訪團，直接到達中國北京城。初到的感覺仍是城市的光鮮亮麗，人煙稠密，人聲鼎準，以及部份髒亂，想必這是所有大都市所共有的「表象」。

「中國佛教總會」在北京城東區，休息安頓好一陣子後，參訪人員在一個大禮堂坐定，至少有兩百多人。看情形不全是來自地球，各星系世界都有。不久司儀高聲說：「歡迎中國佛教總會理事長雲光光大師致詞。」

大師的客氣話莫約說了十分鐘，看他年紀似乎很大。最後他說：「接下來請明月法師為各位做一般簡報，再請明日法師做禪宗祖庭參學簡報。」說完他走下台，坐在最前面第一排，有人上前扶他下階梯、坐下。

明月法師上台簡報，有很先進的視訊工具輔助。經簡單介紹後，他說：

「請看正前方、左右也有的影幕，各位有很多是第一次到月球中國來，先介紹我國行政區域，這是月球的東半部。」他用瑩光器指引大致範圍，又指各區說：

「這是廣東省、福建省、台灣省、浙江省、雲南省、……共有三十七行省，西藏、蒙古兩特別行政區，月球中國經營至今兩百多年……」

神奇啊！神奇，太意外了，月球中國的行政區竟是地球舊中國的原樣排列。很多從地球來的參學者都感驚嘆，三三兩兩細聲說著，又聞台上提高音量：

「我國領土總面積一千一百萬平方公里，接下來我報告我國目前政經發展及國際情勢……」明月法師約報告了半小時，最後說：「後面請明日法師報告。」

明日、明月二位法師看起來應屬年青輩，約四十歲左右，且都長的清秀，明日法師開始說話，他音聲平和，如微風清流：

「佛教已是月球世界第一大宗教，也是我國國教。現有大小佛教道場遍佈全國各地，爲數三萬以上。其中最有歷史性、代表性，是各位這回所要參學的道場。

廣東：華林寺、南華寺（六祖真身在此）。

安徽：無相禪寺、乾元禪寺、佛光禪寺。

湖北：正覺寺、東山寺。

江蘇：高旻寺、大明寺、祥符禪寺、大覺寺、棲霞寺。

江西：佑民寺。

各組參學學員到達各道場，也將利用時間到其他佛教聖地參訪，如五方五佛（東方靈山大佛、南方天壇大佛、西方樂山大佛、北方雲岡大佛、中原龍門大佛）……」。

聽到這場簡報大家卻很興奮，尤其「六祖真身」明明在北極中國的南華寺，爲何月球中國的南華寺也有，其中必有一尊是「複製」（即假的）。還有「龍門石窟」，難不成在月球中國也完成重建?太不可思議!

未來的兩個月，我們僅在華林寺和南華寺參學，尤其在南華寺，我們特別打探大殿裡的六祖真身到底是真是假？若有必要鑑定也不難，但師父們都確定是真身。這裡的住持混元大師則說，不要執著於「相」，凡所有相皆虛妄，不是嗎？

兩個月參學結束，學員各自回國，但我們八人覺得太少了，該參的未參，該學的未學。於是，我們乾脆自行去參學，河南、安徽、湖北、江蘇、江西……

每到一寺都是驚嘆！龍門石窟、五方五佛、四大叢林（江蘇南京棲霞寺、山東長青靈岩寺、湖北荊山玉泉寺、浙江天台國清寺），都在月球中國重現……不知不覺間過了好多年，大概經過三年多吧！我們決定啓程前往火星中國。

火星距月球雖遠，但航程不須太久，感覺大概幾十小時吧！竟已置身在一個綠油油、有山有水的輝煌世界。讓人訝異的說不出話來，到了火星，當然直接就到位於東半球的中國北京城，當然一定先到佛教總會。這一天，參加一個參訪會議，一位法師介紹說：

「佛教是火星第一大宗教，也是我國國教，佛教寺院遍佈全國，最有歷史性的有：

廣東：華林寺、南華寺。

河南：少林寺、白馬寺、永泰寺、龍門石窟……」

天啊！不思議！不思議！我們又在火星中國待了很多年。當然，此期間也到西半球各國，再達到其他星球太空站，最遠到達「宇宙四號太空站」，真是不思議啊！不思議！人類在地球的未來雖不樂觀，但地球以外都樂觀。當我們要從「宇宙四號太空站」回到「宇宙一號太空站」時，一天的夜裡，張美麗突然現身，大家驚呼：

「妳怎麼知道我們在這裡？」

「業感追蹤系統是很厲害的，主命也有能力掌握眾生行蹤，找你們不難。」

「這裡距無間獄有好幾個世界，妳怎麼來的？」

「我有特別護照，加上地藏王的『蟲洞鑰匙』，十方三界自可瞬間來去自如。」

當大家驚奇的聊著新鮮話題時，想到她此刻來找大家定有要事，於是我問：

「請問親自來找我們，有何大事？」

「想到你們大概也玩的差不多了，正好有一場十方三界宗教發展會議，你們應該參加，還有你們的班級學生很多重新調整，都須要了解，要請各位早幾天回去。」

「沒問題，隨時可回去。」眾口皆說。

張美麗說：「那好，還有未了的事嗎？」

大家互相看看，都說沒有，該去的都去了，該了解的也都了解了。吳淑臻突然說：

「回程若方便，能不能經過聖母中學，我們去看看那個李□輝多大了？」

「妳是說地球上舊中國陝西省蒲城縣聖母中學嗎？」安安問道，然後大家都看張美麗。

「是啊！」

「這個方便，小事一件。」

我們在太空站未多做停留，張美麗叫大家閉上眼睛，她念動真咒。瞬間，我們竟在聖母中學一間教室外，也是一個晚上，到處看，只看到一個班在上課，約二十多位學生，其餘教室幾成廢墟。

這個有學生的班，教室黑板一角寫著「課目：地理。李□輝老師」，不久一位三十多歲的男老師進門。

「起立！」「校長好」「坐下」。

學生竟叫「校長好」，大家猜測這位地理老師，應是我們初到陽界降生的男娃吧！是不是校長兼老師，全校只剩二十多位學生，這裡的人都去了那裡？北極中國、月球中國或火星中國？？許多疑問……

在聖母中學短暫停留，很快，張美麗帶著我們又回到無間地獄。各自回到宿舍區，準備迎接新學期的開始。

44　各界宗教發展檢討　佛教獲最佳宗教獎

回到無間地獄後，開學前有兩件事，一是了解學生調整班級的情形，原有自己班的學生有調出（到其他獄所），有從別的獄所調來。這部份想下輯再述，先講另一件大事。

這是很大很重要的事，就是參加由上帝親自主持的「十方三界宗教發展檢討會」。這個檢討會的淵源，來自約十多年前（地獄時間），陽界地球年約是兩千多年前吧！上帝頒旨多位菩薩，示現成耶穌、瑪麗亞、安拉等，到陽界各洲各國教化眾生，並擔任該教派之人間教主，於是人間除天帝教、佛教，有新發展的回教、天主教、基督教，及後來更多的小教，如拜火教、摩門教、天德教、道教……甚至很激進的革命教派（如各地的基督長老教會）等。

這些宗教在人間發展，長者兩千多年，短者數百年，以地獄時間不過數年至十餘年（天堂時間略同），上帝認爲該是有一個檢討的必要。再根據缺失，調整未來陽界眾生的宗教發展方向。

上帝是誰？是十方三界的共同教主，中國殷虛卜辭即稱「上帝」，周以後稱「天帝」或「昊天上帝」。而在西洋直到公元元年後，菩薩示現耶穌，對共同教主仍稱「上帝」，東西方乃至各陰陽各界所稱「上帝」，實在是同一位，並沒有第二個上帝。人間所有宗教之教主雖菩薩示現，也可以視同上帝之分身或化身。

十方三界宗教發展檢討會，會期三天，區分數十小組進行長時間細部檢討，我的記錄不可能兼顧每一部份，只能針對最後的總檢討，概略記錄重點。

參加總檢討會報告，都是人間各教教主。重要有天帝教復興第一代駐人間首任首席李極初與多位同奮、基督教耶穌帶著兒子參加、天主教瑪麗亞代表、回教教主安拉、神道教有山崎宏的見證報告、佛教當然是佛陀代表。其他尚有別的宗教，如道教、儒教、天德教、摩門教、基督長老教會等，太多均從略。

會議地點在靈山，正是佛陀當初在「靈山拈花」傳法迦葉的地方。此處空靈絕美，乃人天仙境，勿論有情、無情在此佇足片刻，便能感受「同圓種智」自性成佛之妙理。以下簡記各教主（代表）之報告。

天帝教復興第一代駐人間首任首席李極初報告

天帝自宇宙初緣演化，即立教垂統，天帝乃先天天帝教第一代教主。其後每當宇宙危疑震憾重大嬗變之際，天帝無不因應情勢，遴派代表或使者降生某一星球，因應不同時空環境需要，創教救世，行道教化。陽界地球演化到廿世紀，已似一個禽獸世界，人人競逐財色權勢，罪惡累積，孽冤循環報復，污染和戾氣沖塞天地，更由於資本主義及異形之民主盛行，使地球進入第六次大滅絕之末劫世界末日。而全球最嚴重貪婪之地，竟是那小小的台灣島，分裂主義風行，族群仇恨無解，統治者貪污無數。（那陳□扁等貪婪集團雖已在地獄受罪，但社會公義機制已遭破壞，蕩然不存焉。）

當此之際，天帝特許天命使者李極初，直接在台灣島復興天帝教，因人間不立教主，本人（李極初）乃爲天帝教復興第一代駐人間首席使者。並於一九八〇年十二月廿一日，正式成立，教化世界。

挽救世界沈淪爲本教終極目標。但在廿一世紀有二大階段性目標，一是化解毀滅性核戰之發生，二是促使中國和平統一，此兩大任務都已完成，可惜到廿三、廿四世紀，地球已步步走向毀滅，已非本教能力所能逆轉，只能說「成住壞空」定律使然。

在這救世過程中，人間有兩位聖者貢獻最大，一是革命家建國者孫中山先生，一是力行實踐曾任總統的蔣介石先生。他二人已奉天帝封爲中山真人、中正真人，目前任本教天極行宮玉靈殿正副殿主。

爲甚麼本教階段任務有一項「促成中國和平統一」？因本教是入世積極救世之宗

教，非空談妙理之宗教。世界問題重心在亞洲，亞洲問題重心在中國，中國不能和平、統一、繁榮，世界即無安定太平日子，其理甚明。故救中國，使中國和平統一，實爲所有宗教在陽界的最大功德，中國得救，眾生得救，吾等日夜誠心正意誦念皇誥、寶誥，救人、救世、救國，願我同奮，共同奮鬥。

天主教、基督教耶穌代表報告

自從十餘年前，在靈山之會奉上帝之命，到人間立教宣揚上帝的愛，以陽界時程已歷二千三百多年。此期間，我爲「全球基督化」理想，發動過無數次戰爭，尤其中古五世紀到十六世紀，我爲基督的統治權及消滅異教，打了一千年戰爭，世人稱這段時間叫「黑暗時代」。爲維護神權而被如此定位，是一件遺憾的事，也是該檢討的事。

幸好，從十八、十九到廿世紀初葉，是陽界基督輝煌的時代，此期間運用帝國的政治力量推展民主，運用資本主義經濟力量攻佔市場，以基督精神爲包裝，建立了全球殖民地，「全球基督化」可望達成。此種力量，來自「民主政治」、「資本主義」和「基督精神」的三位一體，這種力量可以打開「潘朵拉的盒子」，讓人性得到全面解放。食、色、性、生產、消費，成爲全面自由市場，公平競爭，低劣品級自然汰除，能留下來的便是最優品種。

正當全球基督化可能完成時，誰知人算不如天算，全球殖民地一個個獨立，基督教（含天主教、長老教及分支教派等）失去廣大的市場。加上其他宗教興起競爭，到廿世紀末、廿一世初，本教已面臨打烊的困境。

僅以英國一地為例說明困境，公元二千年的人口普查，仍有七成英國人自稱是基督徒，但二〇〇九年統計調查，基督徒銳減兩百多萬，伊斯蘭教人口增長十倍。這太可怕了，倫敦第一廣播電台播報說：「英國可能很快變成伊斯蘭教國家，因為基督信仰人口大量流失，伊斯蘭教最後必成英國主流宗教。

我已和兒子、瑪麗亞、歷任教宗，組成「復興基督教委員會」，深入檢討問題、改進，期待有機會在十方三界重現基督輝煌，阿門！

神道教山崎宏的親身見證報告

神道教本是古倭奴國（今中國扶桑州）之國教，倭奴國雖已亡國亡種數百年了，但今之扶桑州仍有極少信仰者。本來輪不到這小人物做見證報告，但因神道教輝煌時期的信仰者，都參與了侵略鄰國戰爭，現在全去了阿鼻、無間或十八重地獄，都在服刑中，求出無期。

我也是神道教信仰者，也參加了侵略中國戰爭，但我現居西方極樂世界。此行我和妻子（唐山人），專程來見證神道教有侵略性，他們認爲征服世界必先征服中國，征服中國必先取朝鮮半島和台灣，是一種邪惡教派。

再者，我要說明同是侵略者，爲甚麼我到極樂世界，他們全在地獄，我的故事、我的方法，可以提供未來世眾生參考。

一九三七年「七七事變」我國發動侵華戰爭，爲完成「日中朝」統一的歷史使命，並進而征服世界，若能征服陰界，統一十方三界，東條英機和天皇也絕不放棄。

我是派在中國參戰的一員，因不認同侵略戰爭，我把自己變成一名「逃兵」，有好心的中國人幫助，在山東濟南定居下來。我開始以行醫濟世，並承諾死後捐贈器官，爲母國的戰爭罪行贖罪。

回憶當年自己才三十歲，隨赤柴部隊在天津登陸，因看不慣自己國家的軍隊燒殺掠奪，姦殺婦女的變態醜行，利用深夜逃走。沿路乞討到濟南，餓的暈倒在路上。一家濟南人明知我是日本兵仍然救了我一命，我便紮根濟南，還娶了一個從唐山帶著女兒逃離的女人爲妻。

戰後，我開了間診所爲窮人免費看病。有一回，我女兒山雍蘊對別人說：「他沒想回家，只想贖罪。」是啊！我只想懺悔、贖罪，並見證神道教的侵略性及其邪惡性，不應在陽世發展。

我在陽世活了一百多歲，蒙上帝和佛陀垂愛，我到極樂世界來。我早在陽界也已皈依佛，真快！陽界地球已到廿四世紀，也快到廿五世紀了，但願佛光普照三千大世界。

伊斯蘭教安拉教主報告

在陽界各地區，本教稱「回教」、「清真教」、「伊斯蘭教」或「穆斯林教」，其意義類同。按本教義，以「古蘭經」爲統一詮釋之標準，也是我們的子民生活的基本規範。

自古以來我們的生活規範和價值觀改變不大，且有代代傳承的使命。我們反對把「潘朵拉」的盒子打開，反對把人性的欲望解放，人性和欲望必須有嚴格的規範，如同中國儒家所言「非禮勿視、非禮勿言、非禮勿行」。人的一切行爲必須在「禮」的規範之內，非禮勿行。

在基督的世界，借人權、自由之名，推行所謂自由市場經濟、民主政治，導至人的欲望無限擴張，道德崩壞，人類社會回到原始叢林式的競爭，那是野獸的世界，人類社會之亂，資本主義、民主政治和基督精神是三大禍首。

更有甚至，把賭博、賣淫、性交易等合法化，更是本教不能接受，背離人類社會的正路。以下這小段原典是我們「古蘭經」第一章緒言。中文意思是人們應走正路，只有正路才是不受譴怒的路。

挽救人類社會的沈淪，本教以爲並不須要甚麼大思想家、大理論家，只不過是一點點「明禮義、知廉恥、守紀律」的小小道理而已。本教的信仰，只不過在啓蒙我們的子民，發揮善心，生活與信仰合一，且看「古蘭經」卷五「婦女」章的一段經文：

這段經文的前段譴責與惡魔爲伴者，鼓舞人們爲善，善有善報，就算僅有絲毫善功，安拉也要大大酬勞他，這是一種鼓舞。後段告訴所有信仰的子民，酒醉時不要禮拜，直到清醒自己知道自己說甚麼，才入殿做禮拜。任何時候不潔也不要進禮拜殿，直到沐浴清潔爲止。

但因沙漠水源極少，若有病、旅行、入廁、性行爲等，得不到水清潔身體，只要在清潔的地面，摩擦自己的臉和手，便是潔淨的身體，安拉是寬恕的。

這些規範看似平常小事，但這不就是人民的生活嗎？在我們伊斯蘭信仰的社會中，一切食、衣、住、行都有一定規範，違反規矩、法律，乃至爲惡殺人、偷竊等，都要受到「相等量」的懲罰，才是公平合乎正義的。然而，這些在西方民主政治社會，或說基督的世界吧！全都瓦解了，人人以民主、自由、人權之名，爲所欲爲。依統計資料顯示，基督的世界小偷被判刑約百萬分一，殺人判刑約萬分之一。作惡多端者多逍遙法外，也難怪陰界的地獄中，我聞地藏菩薩說：地獄超滿！來報到的罪人天天大排長龍，獄官來不及作業，日夜加班……

聽耶穌說，他爲傳教發動無數次戰爭，中古世紀甚至打了一千年戰爭，許多戰爭是針對伊斯蘭而來。我們爲抵抗入侵也犧牲很多，賓拉登按我旨意發動「九一一攻擊」，只是一個警告：「警告民主的基督世界，你們錯的太離譜了。」現在請再看一段經文，「古蘭經」卷十八「光明」章：

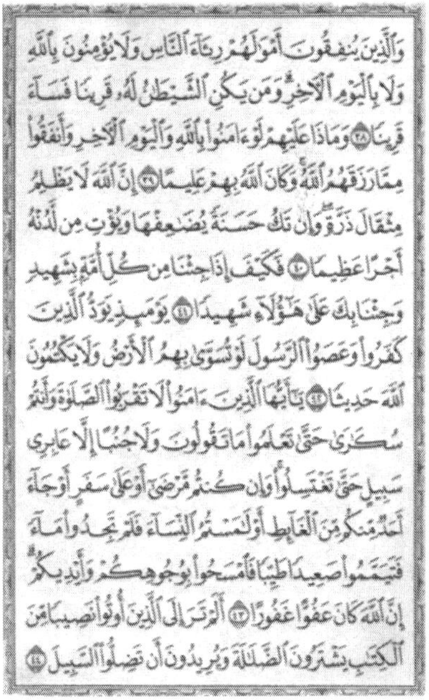
وَالَّذِينَ يُنفِقُونَ أَمْوَالَهُمْ رِئَاءَ النَّاسِ وَلَا يُؤْمِنُونَ بِاللَّهِ
وَلَا بِالْيَوْمِ الْآخِرِ وَمَن يَكُنِ الشَّيْطَانُ لَهُ قَرِينًا فَسَاءَ
قَرِينًا ﴿٣٨﴾ وَمَاذَا عَلَيْهِمْ لَوْ آمَنُوا بِاللَّهِ وَالْيَوْمِ الْآخِرِ وَأَنفَقُوا
مِمَّا رَزَقَهُمُ اللَّهُ وَكَانَ اللَّهُ بِهِمْ عَلِيمًا ﴿٣٩﴾ إِنَّ اللَّهَ لَا يَظْلِمُ
مِثْقَالَ ذَرَّةٍ وَإِن تَكُ حَسَنَةً يُضَاعِفْهَا وَيُؤْتِ مِن لَّدُنْهُ
أَجْرًا عَظِيمًا ﴿٤٠﴾ فَكَيْفَ إِذَا جِئْنَا مِن كُلِّ أُمَّةٍ بِشَهِيدٍ
وَجِئْنَا بِكَ عَلَىٰ هَٰؤُلَاءِ شَهِيدًا ﴿٤١﴾ يَوْمَئِذٍ يَوَدُّ الَّذِينَ
كَفَرُوا وَعَصَوُا الرَّسُولَ لَوْ تُسَوَّىٰ بِهِمُ الْأَرْضُ وَلَا يَكْتُمُونَ
اللَّهَ حَدِيثًا ﴿٤٢﴾ يَا أَيُّهَا الَّذِينَ آمَنُوا لَا تَقْرَبُوا الصَّلَاةَ وَأَنتُمْ
سُكَارَىٰ حَتَّىٰ تَعْلَمُوا مَا تَقُولُونَ وَلَا جُنُبًا إِلَّا عَابِرِي
سَبِيلٍ حَتَّىٰ تَغْتَسِلُوا وَإِن كُنتُم مَّرْضَىٰ أَوْ عَلَىٰ سَفَرٍ أَوْ جَاءَ
أَحَدٌ مِّنكُم مِّنَ الْغَائِطِ أَوْ لَامَسْتُمُ النِّسَاءَ فَلَمْ تَجِدُوا مَاءً
فَتَيَمَّمُوا صَعِيدًا طَيِّبًا فَامْسَحُوا بِوُجُوهِكُمْ وَأَيْدِيكُمْ
إِنَّ اللَّهَ كَانَ عَفُوًّا غَفُورًا ﴿٤٣﴾ أَلَمْ تَرَ إِلَى الَّذِينَ أُوتُوا نَصِيبًا مِّنَ
الْكِتَابِ يَشْتَرُونَ الضَّلَالَةَ وَيُرِيدُونَ أَن تَضِلُّوا السَّبِيلَ ﴿٤٤﴾

這段經文的前段，在教育子民應對進退之道，及財物取捨之理，這看似小事，確實是身爲一個「人」基本的尊重和謙卑。這是生活之常規，也是我們的信仰。

後段教育我們的婦女們，保持純潔從日常生活做起。要遮蔽下身，要用面紗遮住胸膛，莫露出首飾。除非對她們的丈夫，或她們的父親，或她們丈夫的父親，或她們的兒子，或她們的丈夫的兒子，或她們的兄弟，或她們的兄弟的兒子，或她們的姊妹的兒子，或她們的女僕，或她們的奴婢，或無性欲的男僕，或不懂婦女之事的兒童。

這些看似小事，實在是人的基本生活規範。本教是主張男女平等的，在經文卷四「儀姆蘭的家屬」章，提到「男女是相生」。卷五「婦女」章第八十五節，更闡揚「善有善報、惡有惡報」的道理，此與佛陀之道相通。

最後本座要請教基督的世界，以資本主義和人權民主力量，雖擴張許多版圖，但這樣的社會，人的禮義廉恥還在否?如今基督的世界每年信仰人口流失，至少千萬以上計，此應人性本身之自覺也。

فَإِن لَّمْ تَجِدُوا فِيهَا أَحَدًا فَلَا تَدْخُلُوهَا حَتَّىٰ يُؤْذَنَ لَكُمْ
وَإِن قِيلَ لَكُمُ ارْجِعُوا فَارْجِعُوا هُوَ أَزْكَىٰ لَكُمْ وَاللَّهُ بِمَا
تَعْمَلُونَ عَلِيمٌ ﴿٢٨﴾ لَّيْسَ عَلَيْكُمْ جُنَاحٌ أَن تَدْخُلُوا بُيُوتًا
غَيْرَ مَسْكُونَةٍ فِيهَا مَتَاعٌ لَّكُمْ وَاللَّهُ يَعْلَمُ مَا تُبْدُونَ وَمَا
تَكْتُمُونَ ﴿٢٩﴾ قُل لِّلْمُؤْمِنِينَ يَغُضُّوا مِنْ أَبْصَارِهِمْ وَيَحْفَظُوا
فُرُوجَهُمْ ذَٰلِكَ أَزْكَىٰ لَهُمْ إِنَّ اللَّهَ خَبِيرٌ بِمَا يَصْنَعُونَ ﴿٣٠﴾
وَقُل لِّلْمُؤْمِنَاتِ يَغْضُضْنَ مِنْ أَبْصَارِهِنَّ وَيَحْفَظْنَ
فُرُوجَهُنَّ وَلَا يُبْدِينَ زِينَتَهُنَّ إِلَّا مَا ظَهَرَ مِنْهَا وَلْيَضْرِبْنَ
بِخُمُرِهِنَّ عَلَىٰ جُيُوبِهِنَّ وَلَا يُبْدِينَ زِينَتَهُنَّ إِلَّا لِبُعُولَتِهِنَّ
أَوْ آبَائِهِنَّ أَوْ آبَاءِ بُعُولَتِهِنَّ أَوْ أَبْنَائِهِنَّ أَوْ أَبْنَاءِ بُعُولَتِهِنَّ
أَوْ إِخْوَانِهِنَّ أَوْ بَنِي إِخْوَانِهِنَّ أَوْ بَنِي أَخَوَاتِهِنَّ أَوْ نِسَائِهِنَّ
أَوْ مَا مَلَكَتْ أَيْمَانُهُنَّ أَوِ التَّابِعِينَ غَيْرِ أُولِي الْإِرْبَةِ مِنَ
الرِّجَالِ أَوِ الطِّفْلِ الَّذِينَ لَمْ يَظْهَرُوا عَلَىٰ عَوْرَاتِ النِّسَاءِ
وَلَا يَضْرِبْنَ بِأَرْجُلِهِنَّ لِيُعْلَمَ مَا يُخْفِينَ مِن زِينَتِهِنَّ وَتُوبُوا
إِلَى اللَّهِ جَمِيعًا أَيُّهَ الْمُؤْمِنُونَ لَعَلَّكُمْ تُفْلِحُونَ ﴿٣١﴾

昆德林活佛代表「雄天」教派控告達賴宗教迫害

雄天教派的傳教歷程很短，但多災多難，飽受歷世達賴喇嘛迫害。「雄天」乃多杰雄天（Dorje Shugden）簡稱，這是藏傳佛教護法天神之一，信眾甚多。能受此封號的人名叫扎巴堅贊，他只活了四十五歲，就被五世達賴喇嘛的手下暗殺了，原因是這位生於一六一九年的活佛，佛法造詣太高了，超過當時的五世達賴喇嘛。

扎巴堅贊被殺後，五世達賴喇嘛很後悔，遂把扎巴堅贊封爲雄天護法神，此後三百多年在全球有很多雄天信眾。但到公元一九九六年（陽界），達賴在印度邁蘇爾市公然下令禁止流亡藏人信奉雄天，其陰謀在與西方資本主義民主政治社會掛鈎，企圖製造中國社會的內部分裂，達賴被西方列強利用（頒給他諾貝爾和平獎），分裂自己民族而不自知，真是不智啊！

公元二〇〇八年二月，達賴又把邁蘇爾市信奉雄天教義的僧人逐出寺廟，乃在配合西方列強迫害雄天，最後目標在分裂中國，達賴傳揚的佛法背離佛教的正信原則，如殺生、食肉、兩性交合共修等，實已是一種邪教。

昆德林代表雄天教派，求上帝、佛陀及三界各教派教主主持公道，爲陽界眾多雄天信眾主持公道。

佛陀的見證、轉播報告

大約不久之前，極樂世界和靈山時間應數月前，地獄時間約一年多前，按無色界各天也應不久前，陽界地球則是三百多年前，二〇〇九年七月有一則新聞。

那新聞報導「佛教獲全球最佳宗教獎」，我想有關佛法的經、律、論，吾人談的很多，今天會議主題在檢驗成果。我重播這則新聞取代報告，供各教教主參考。以下請觀看：

據日內瓦論壇報報導，國際聯合宗教會票選佛教獲的全球「最佳宗教世界」獎。總部設在瑞士日內瓦的國際聯合宗教會（ICARUS），基於和平並促進宗教和靈性的融合與交流，今（二〇〇九）年七月投票決議結果，賦予佛教團體最高榮耀獎，一致表決佛教是「世界上最好的宗教」。

這個獎項是由二百位宗教領袖共同參與國際圓桌會議，投票決定。會中值得一提的是，很多宗教領袖並沒有選擇自己的宗教，而是把自己手中神聖一票投給佛教，雖然佛教徒只占 ICARUS 會員的極少數，但得票數和呼聲卻最高。

國際聯合宗教會的研究主管伊卡羅斯認爲，佛教能贏得世界最好宗教榮耀，是因爲過去歷史中，沒有一場戰爭是以佛教名義而戰，與其他宗教明顯不同。他認爲佛教徒真正實踐所宣導的宗教精神，而這也是佛教比其他宗教做得更徹底的地方。

Belfast 天主教神父泰德（Ted O'shaughnessy）表示，他也投佛教一票，他雖也崇愛天主教，但內心常深感不安，因爲宣導基督愛的同時，往往在聖經裡發現爲上帝而殺害異教徒的經文。

穆斯林的神職人員塔爾阿斌・魏塞德（Tal Bin Wassad）說：「雖然我是虔誠的穆斯林，但看到很多個人的忿怒和瞋恨，藉用殺戮方式表達他們對宗教的崇敬，而不是自我調解的途徑。」

另猶太教拉比羅賓・山謬・華聖斯坦（Rabbi Shmuel Wasserstein）說：「我愛猶太教，這是世界上最大的宗教，但自一九九三年以來，我每天都在練習內觀禪修，並將作爲修持功課之一。」

「佛教徒備受肯定」，身爲巴基斯坦的穆斯林社團，也是國際聯合宗教會投票權的委員之一的魏塞德（Wassad）說：「事實上，我最好朋友當中，有不少是佛教徒。」

國際聯合宗教會目前尚未找到願意受獎團體，當被問及爲甚麼佛教界尚無出面受獎的團體時，緬甸翰達比丘（Bhante Ghurata Hanta）表示：「我們感謝佛教徒被肯定，但此獎是屬於全人類，因每人皆有佛性。」

委員會之一的葛力奇（Groehlichen）說，他們將繼續尋找下去，直到找到一個佛教團體願意受獎。當找到時，一定會告訴大家。

關於達賴的罪證和昆德林活佛的控告，我都了解。達賴已得到應有的懲罰，藏傳佛教以後以「雄天」爲主，但不久後藏傳和漢傳會合一，不再有任何區分，都是「人間佛教」。

地藏菩薩簡短報告

站在我的立場，十方三界不論國別、族別、教派、黨派、男女老少，凡爲惡者必到我的世界報到，從無例外。這是我簡短的報告。另外，地獄雖還能容得下犯罪的眾生，但近來每日入獄量都超過很多，表示陽界人性沈淪太快，導至犯罪的人節節上升。這得請各教教主多宣揚「善有善報、惡有惡報」的道理，減輕地獄負擔。

（其他各教派、各與會者仍有報告・略・）

上帝總結、裁示要點如下：

（註：上帝總結、裁示前，召集各教主另開總結發展特別會，以下每項以絕對多數通過，成爲未來各界宗教發展指導方針。）

第一、基督教界（含天主教、摩門教、長老教會及其他教派），因本質上有太多侵略性，尤其「基督思想」與「資本主義」、「民主政治」不能脫鈎，雖曾以「新教倫理」改良資本主義，終歸失敗。經陽界二千年經驗實證，基督教界應在人間停止發展。有關基督教界神職人員，今後不再增加，現有「遇缺不補」，使其自然結束，信眾亦同，或轉信其他宗教。

第二、最適眾生所須宗教為佛教、天帝教、道教、回教和儒教。惟今後的發展方向有兩個重點，基督教界的資本主義和民主政治已經崩壞。各界子民須要怎樣的經濟制度和政治制度，是兩大重點（問題）。伊斯蘭世界應有「伊斯蘭資本主義」和「伊斯蘭民主政治」；中國應有「儒教資本主義」和「儒教民主政治」，其他地方亦同。

第三、地球的毀滅，本質上是資本主義和民主政治已有「原罪」。瑪麗亞和耶穌都是天庭菩薩，下凡示現為教主，也算奉本座旨意，好像本座身為上帝，也有過錯的，我也在反省這個問題。希望地球在這劫過去後，在未來的文明及其他世界，我們能考慮更週圓，才是眾生之福。

第四、古倭奴王國（後稱日本，再後成中國扶桑州），其之所以有邪惡性濃厚的神道教，使信眾不斷侵略鄰國，尤以三次侵略中國最嚴重。最近觀世音菩薩告訴本座，神道教教主最早是菩薩花園中水池的一隻鯉魚，成精逃出天界造成的禍。幸好現捕回來了，天庭未來要加強管理。

第五、類似這次的會議，未來每兩年（約陽界四百年）召開一次。因爲未來宗教傳播，將在地球以外的世界大放異彩；且眾生離開地球，游走宇宙各界，更須要宗教安慰，找到心靈依靠。

45 新學年新生講心經　前世回溯治療新法

回到無間地獄，新學年開始前，配合新教育政策，重新大調整班級。可能爲教育成效起見，有兩項新政策。

其一、受神道教影響甚鉅之倭奴國罪犯，不論新舊，統一集中到阿鼻地獄，主要罪犯是三次侵略鄰國之官兵和當朝天皇。知名者如豐臣秀吉、田中、明治和昭和（均天皇）、東條英機、松井石根、長松尾重治、谷壽夫、高松宮、栗林，乃至石原愼太郎、小林善紀、麻生太郎、福田康夫、安倍晉三、安倍晉四……含兵卒，爲數達數百萬之眾。

其二、以陳□扁爲首的分裂族群、貪污腐敗集團，包含參與洗錢的妻子兒女、家族成員等，地藏菩薩費盡苦心，終於用了一種好辦法，在無間地獄另成立「明德教育特別啓蒙班」。於是，陳□扁、游□堃、陳揔、鄭□儀、莊□榮……乃至史明、張□鋆……及外圍份子如吳□真、路□袖……都進了這班。從這班的師資可見地藏菩薩苦心：

班主任：六祖惠能大師

副主任：朱拉隆功（前泰皇拉瑪五世）

輔導長：馬祖道一祖師（唐代大寂禪師）

教　授：宏一大師、虛雲老和尚、星雲大師、惟覺老和尚、聖嚴法師、證嚴師父……等數十大師級教授，陣容堅強，希望對分裂族群和貪污者有啓蒙作用。

再說到我自己的班有那些成員呢？歐巴馬（班長）、老布希、小布希、萊斯、史瓦茲科夫、凱利（前美軍中尉、下令屠殺越南美萊村）、皮紮諾、麥克阿瑟、万俟□（讀音：莫齊謝）、袁世凱、魏忠賢、麥納瑪拉、趙高、劉國軒、馮錫范、慈禧、維多莉亞、伊莉沙白、町村信孝、石敬瑭、趙構（宋高宗）、劉豫、汪精衛、夏桀（履癸）、商紂（受辛）、李□輝等廿五位同學。

說到安安、汪仁豪等，他們的班，就更多各國、各族的貪婪腐敗者、洗錢者、奸商、貪官、暴君、政客、殺人魔、黑幫、販毒、走私、地方惡霸、毀壞或不敬三寶……等無惡不做者。而燕京山和尹月芬的班，是一批青少年犯罪者，各類罪犯無奇不有。都不再詳述，也見陽界之亂。

開學了，第一天上課，我急著想看看他們（其實所有基本資料和近照早已過目），我提早到教室。

不久，獄吏押解一隊人犯向本教室方向來，遠遠的，再近、再近，還看不清誰是誰！你看那——

有剛從油鍋中被撈起，全身焦熟，像烤熟的地瓜！

有從刀山上被拖下來，遍體血傷，慘不能睹！

有被開腸破肚，器官外流，用手捧著的！慘叫著！

有斷手斷腳，或肉被割到下垂著的！血沿路流著！

……整隊哀號過來，獄卒還揚鞭猛抽……

這一幕幕怎看得下去？幸好，一個個踏入教室，便都恢復人形了。這是張美麗小姐（對啦！她已榮昇「無間地獄教育委員長」，我應稱她的官銜「張委員長」才是。）的發明，爲教育權宜之便。張委員長本學年起又有一項新措施，每位學生一學年要接受一次前世回溯療法，並透過「業感追蹤系統」儀器，把回溯前世經過「意識流」呈現在大螢幕上，讓患者（學生）、治療師、輔導員和老師觀看、理解，以利個別教育參用。本班有幾位已排入療程。

廿五位同學就定位後，因是第一天上課，叫同學簡單自我介紹，說出自己被判入無間地獄服刑的主因。

小布希：侵略伊拉克、阿富汗，造成千萬人傷亡。

麥克阿瑟：佔領倭奴國時，與該國「731」部隊私下交易……

皮紮諾：西班牙屠夫，屠殺南美印加人五千之眾。

魏忠賢：殺害忠良，使明朝國本面臨崩解。

袁世凱：殺害忠良，動搖國本，背叛人民。

趙高：殺害忠良與皇族，使秦國早亡。

……

李□輝：爲權勢出賣自己靈魂，背叛民族與子民。

都簡單介紹完畢，但我對夏桀、商紂二王感到好奇，此「二王」刑期按陽界地球年大概已四千年了。我問夏桀道：「你們苦牢蹲多久了?何時出獄?」

夏桀一副苦瓜臉說：「很久了，求出無期。」

另維多莉亞、伊莉沙白二位女王，我感到有些可惜，於是我問她兩位：「二位先後貴爲英國女王，乃陽界至尊，爲何淪落至此?」

伊莉沙白起立代答說：「因擴張殖民地，發動太多戰爭，給各族群帶來太多死傷，當時都以基督之名，及資本主義和民主政治之實而發起。如今，我二人知錯，只求有反省、改過的機會。」

聽她說來，頗令人感傷，雖言人非聖賢，孰能無過？知錯能改，善莫大焉。但身爲國王、國主、執政者，任何決策關係到許多人的生命財產，須以超高標準規範。

各位同學！本學年你們在眾多課程中，「心經」和「詩歌音樂」由我負責，算是比較輕鬆的課。心經我逐字、句、段注釋、講解，而詩歌音樂各位當成一種欣賞，不會有壓力。現在開始講解「心經」，課本採斌宗法師（誕生台灣，俗姓施，名能，天台宗教斗。）要釋本。

般若波羅密多心經

唐三藏法師玄奘譯

△解**「般若」**：

般若，乃諸佛菩薩親證諸法實相的一種圓明本覺智，亦即離一切迷情妄相的一種清淨無分別智，也可說是通達一切法自性本空，而無所得的一種真空無相智。這實在是眾生難以理解，再從性質看，有三種：

一、實相般若：即諸法如實之相，不可以有無、大小去論述它，是不可思議的境界，唯佛與佛乃能究竟。

二、觀照般若：如實了解聖教中所說的道理，依理去體驗實修，於其中間所有的行動，稱觀照般若。

三、文字般若：諸佛菩薩，假文字語言開導一切有情，使其解悟，叫文字般若。

以上三種，從文字語言聽聞經典，開發智慧叫文字般若，又名「聞慧」；依理體驗修習叫觀照般若，又名「思慧」；深入觀點，一旦豁破無明，親見本來面目，叫實相般若，也叫「修慧」。般若深妙，佛陀說法二十二年般若，計談般若有八部經典，心經雖短，統攝無遺。

△解**「波羅密多」**

波羅譯「彼岸」，密多意「到」，合言「彼岸到」，中文順口為「到彼岸」，是一種比喻。但按梵文「多」字，彷佛中文文言「矣」或白話「了」字，故「多」無關重要，可不必多事。

合「般若波羅密」，乃從茫茫生死海中登了解脫的「彼岸」（涅槃），又因波羅密有六種，就是六度。依此六法能度生死苦海，到達涅槃彼岸，又六度能度「六蔽」，人因六蔽而失去真心本性。表解如下。

六度	譯	度（六蔽）
檀波羅密	布施	慳貪
尸羅波羅密	持戒	毀犯
羼提波羅密	忍辱	瞋恨
毘梨耶波羅密	精進	懈怠
禪那波羅密	靜慮	散亂
般若波羅密	智慧	愚痴

表中「六蔽」和「五鈍使」

多有關係，因愚痴不信，迷於真理，惑於正道，此日後待機詳述。

△解**「心經」**

「心」是指不生不滅的真心、本心，涅槃經稱「常住佛性」，禪宗呼之「正法眼藏」，儒家稱「明德」或「良知」。「經」是經藏，不是律，也不是論。

△解**「唐三藏法師玄奘譯」**

三藏是佛的一代言教，有經藏、律藏、論藏，或稱「藏經」，指含三藏妙理。唐三藏，中國唐代河南洛陽人，俗姓陳，名禕，婦孺皆知的一位偉大法師。這部「心經」就是他從印度取回，親自翻譯完成。

觀自在菩薩，行深般若波羅密多時，照見五蘊皆空，度一切苦厄。

△解**「觀自在菩薩」**

觀自在就是觀世音菩薩，「觀」，是觀照（觀讀去聲，了達之意，不作觀看解釋。）菩薩是「菩提薩埵」簡稱，「菩提」譯爲覺，「薩埵」譯有情，合言是覺有情（一切有生命者皆謂有情）。

△解**「行深般若波羅密多時」**

「行深」是修行的功夫很深。如小乘行修四諦，十二因緣求證羅漢，辟支佛果者；

大乘行修六度萬行，普度眾生，求證佛果者。

合意是說觀世音菩薩，修行深妙般若，功行到了極點，證到究竟涅槃（彼岸）的時候，所以稱「行深般若波羅密多時」。

△解**「照見五蘊皆空」**

「照」是觀照，般若智照，非凡夫之妄照；「見」是徹見，圓明真見，非凡夫隨塵流轉之妄見。

「五蘊」是色、受、想、行、識，舊說也叫「五陰」，五種能遮蔽吾人本覺真心的聚積。又五蘊身心皆因緣所生法，色從四大假合而有，受想行識由妄想分別而有，究竟沒有實體，無一不空，故曰皆空。

△解**「度一切苦厄」**

苦厄是一切苦惱和災厄，詳言之有「三苦」和「八苦」，三苦是苦苦、壞苦、行苦。

苦苦：六道眾生所受之苦。

壞苦：欲界六天和色界四禪天人所受之苦。

行苦：無色界四空天人所受之苦。

至於八苦，乃生、老、病、死、愛別離、求不得、怨憎會、五陰熾盛。八苦前四者屬身，後三者屬心，最後一苦總括身心。

合前意，五蘊身心爲一切眾生造業受苦的總根源，現在即空了，自然沒有一切苦厄的產生，故曰度一切苦厄。總之，迷者妄見諸相爲實有，而起貪著，故有一切苦厄；悟者徹見諸法皆空，不起貪著，故無一切苦厄。

再說一淺顯譬喻。心（實相）如天上明月，五蘊如水底月影，愚者把五蘊當成實我，拚命追取，造業受報；智者了知真月在上，他儘可林下賞月，不去追敢，何等愉快。

又設一喻，五蘊如戲台上的王侯將相，智者了知戲是假演，心中不生是不生非；愚者把假戲當真，生出許多是非心。

各位同學！本節「心經」先講到這裡，各位有甚麼問題？班長歐巴馬發問：

「報告老師，本班有多位同學前世沒有佛教思想淵源，很多地方聽不懂，例如五蘊來去脈絡，怎樣生出的因果關係！」

「有一些深妙的理論，確實不容易懂，各位的輔導老師也會再講解，我也會找時間爲各位加強。」

「今天先下課，皮紮諾同學，你明日聽候通知，要在八號前世回溯治療室，爲你做回溯治療。」

「是！」皮同學答。

「起立！」「敬禮！」歐巴馬的口令。

翌日，晚上七時，獄卒押解皮紮諾，我和輔導員也陪同到達「八號前世回溯治療室」。恰好，從阿鼻地獄送來的治療患者，尚有最後一名叫「明治」國主(倭奴國民習稱天皇)，正要進行回溯治療，我與多位老師、輔導員也就一併觀看，字幕上打出：

罪犯前倭奴國主明治前世回溯治療

(就位)出現螢幕……

有軍隊攻擊，砲火滿天……(解說員：看軍隊服裝、地理位置，是倭奴國於一八九四年十一月十七日，對中國旅順發動攻擊。)砲火、火、燃燒、火……

……轟、轟、轟……

一個大將軍在指揮所發佈命令：天皇命令，攻下旅順後，殺光、搶光、燒光、女人歸戰士使用後就地槍決。此令　大日本國天皇　明治　頒旨

滿城百姓被屠殺，斷頭、腰斬、穿胸、破腹……

當街強姦、強姦、強姦……姦殺……

……是天后宮……一隊日軍進去，一軍官用刀抵著元君道長，令為陣亡日軍做法事，道長不從……天后宮火光衝天……燒、燒……

天后宮不遠處的靜樂庵，五個尼姑反抗奸淫……道服、內衣全被扒光光，一群野獸

就地……然後用槍，對準陰部，砰、砰……

旅順望族馬慶本家，一隊日軍進來，男人全就地殘殺，女人們全被扒光衣服，就地強姦，然後……

……

旅順屠城，只有三十六人免死，負責抬屍、堆積、澆上煤油焚燒、燒……日夜燒……

此刻，躺在治療床上的明治罪人忽然從床上跳起，大聲嚎哭、跪地大喊：「我錯了、我錯了、我是罪人、我是罪人……」

（治療師宣佈：患者明治回溯治療未完，先暫停，改日繼續，先由心理輔導員帶回。）

罪犯前西班牙無賴屠夫皮粲諾前世回溯治療

（就位）出現螢幕……

一家賭場，人聲沸揚……一個大哥帶一群留大鬍子的壯漢進來，吆喝……然後到一個房間喝酒……看似不錯的房間……啊！他們在討論事情。

牆上日曆掛著，西班牙……一五三二年三月五日，十多人在房內吆喝一陣後，有人站起來說話：

「都保持安靜，大哥要告訴大家一個秘密。」

一位大哥緩緩起身，啊！正是弗朗西斯科・皮紮諾，咳一聲，說：「有可靠消息，從東邊的海航行不久，有個地方，遍地黃金，到處財寶，漂亮的女人要幾個有幾個，我弄到了船隻，回去招集手下，我們儘早出發。」

「女人、財寶、大哥！萬歲！」又一陣吆喝。

…………

大海、大海、汪洋的大海……日復一日，無盡的大海，航行、航行……日復一日……

這日大早到一海岸，是印加大帝國的海岸（解說員：後來的秘魯海岸），風光明媚的海岸風景，船隊登陸，皮紮諾帶領一七七人和六十二匹馬入山。一山過一山、叢林、溪流……日復一日……啊！是安第斯山脈……

某日，進一大城，是卡哈卡馬城，印加大帝國君主正在這城，他率五千名手無寸鐵的侍從來和皮紮諾談判。

皮紮諾見機不可失，展開大屠殺，君主的五千侍從無一活命，君主被處決……然後，黃金、財寶、女人……

印加君主的無知毀了自己的大帝國，擁有六百萬人口的印加帝國不久滅亡……

皮紮諾靜靜的醒來，靜靜的坐起，跪在治療床上低泣、低泣……爬伏床上痛哭……

治療師宣佈結束，帶他到心理輔導室……

當皮紮諾回溯治療結束後，不知那一獄所送來一罪犯叫「古斯毛」的，他爲何也到了地獄？他是誰？原來他是陽界領導東帝汶獨立的首領。因東帝汶本不該獨立（賴印尼得以存活），結果獨立戰爭失去全國人口的半數，又成全世界最貧窮的國家。

獨立只是古斯毛和一些政客想當總統，當部長，犧牲了百分之九十九人民的生存權，所以古斯毛也來地獄報到。

當四溯治療都結束後，我先離席，卻在半途碰到獄卒押解十名罪犯，說要送往附近的「明德管訓預備班」，進行短期反省。到底甚麼罪犯？獄卒說是「投日十大巨奸」，就是中國抗日時的十大漢奸啦！汪精衛、陳璧君、陳公博、周佛海、王克敏、梁鴻志、褚民誼、傅筱庵、丁默邨、羅君強。

天啊！因果報應真是無例外，跑都跑不掉！

但，後來我聽冥府的「鬼權組織」，請求當時正在西方極樂世界講經說法的包青天，再破例重審那「十大巨奸」，聽說有的減刑了。

詳情如何？我並沒有再去關注——。而且有些罪犯常在地獄各界的牢房轉來轉去，例如治療或參加各類修習管訓等等。

46　空色生滅死海古卷　魏忠賢袁世凱回溯

這天的課在下午三、四節，進教室待學生都坐定位，我掃視全班，我赫然發現教室最後一排的邊角，坐著一位「美女」，上半身是彩色便裝，定神一看，天啊！這不是張美麗小姐嗎？那像是「無間地獄教育部張委員長」？

隨即，她對我微微一笑，點頭示意，我亦回以點頭微笑，表示了解她也想坐下來聽課，我心中還納悶著，她今天如此悠閒，還刻意打扮一下，想必她已不把此處當地獄，真是「相隨心轉」！

各位同學，打開課本，從第一回上心經到現在多久了？

「很久了！」學生大聲答，聲音宏亮。

「這段時間你們上了些甚麼課？」我問。

「歷史」、「地理」、「中國佛教史」、「地藏經」、「緣起性空觀」、「金剛經」……七嘴八舌。

「看課本，接上次的地方開始講。」

舍利子！色不異空，空不異色；色即是空，空即是色；受想行識，亦復如是。

△解**「舍利子」**

舍利子是人名，乃佛弟子中智慧第一的舍利弗。「弗」是梵語，中文譯「子」

△解**「色不異空，空不異色；色即是空，空即是色」**

宇宙一切萬有現象是「色」，因爲緣起假象之色，並無實體，故說「色不異空」；雖無實體，而分明顯現，故又說「空不異色」。不異作各異，或作離字解。

一切色法都藉眾緣而生起，本無自性，非色滅而後始空，即存在時亦不過一種幻相，莫不當體即空，故說「色即是空」；依性空而幻生一切萬有之色法，則性空便是一切色法之本體，故又說「空即是色」。

△解**「受想行識，亦復如是。」**

前面「色」是宇宙間物質面的現象，受想行識四蘊則屬精神心理面現象，性質雖不同，緣起性空是一樣的，所以簡言之「受想行識，亦復如是。」詳言之，即說「受不異空，空不異受；受即是空，空即是受」，想、行、識三蘊亦同，依此類推。

舍利子！是諸法空相，不生不滅，不垢不淨，不增不減。

△解**「舍利子！是諸法空相」**

「諸法」即指五蘊、十二入、十八界、十二因緣和四諦等（後述），「空相」是真空實相，意謂五蘊等諸法，都是真如緣起的一種現象，當體即是真空實相，故說諸法空相。

△解**「不生不滅」**

實相理體真常不變，非可以作之使其生，壞之使其滅；又非由般若照見然後始有謂之生（本來不生故），亦非般若未照見前則無謂之滅（本來不滅），故說不生不滅。

△解**「不垢不淨」**

實相理體本自空寂，非可以染之使其垢，治之使其淨；又雖被惡緣所染性本不垢，雖為善緣所熏性未嘗淨，故說不垢不淨。

△解**「不增不減」**

實相理體本自圓滿，非可以加之使其增，損之使其減；又非修般若時豁破無明實相顯現謂之增（實相本自不增），亦非未修般若時被無明所障蔽而不覺謂之減（實相本不減），故說不增不減。

我只顧專心上課，卻不知道何時張委長已離開教室。好像大家精神不佳，或覺課程內容有些乏味。我問維多莉亞：「我講的還能理解嗎？」

「平常之理，不算太深，我能理解。」她輕鬆說。

我思索片刻，突然對大家說：「剩下一點時間，我帶大家到教室對面的美術館參觀好嗎？」

「好——」宏亮的聲音，爆出一排掌聲。

「同學們那現在就去，正好有些東西值得看，老師當現場解說員。」我邊走邊說，獄卒也隨同戒護，美術館就在教室對面。

我和學生佇足於一牆書法作品之前，主要有「佛說四十二章經」、「金剛經」、「地藏經」、「心經」等佛教經典。作者是阿鼻地獄、十三重及十七重地獄的服刑人，我乘機進行機會教育，服刑坐牢也可以有爲，鼓勵大家努力。同學們都有正面的反應，魏忠賢（大宦官）和万俟卨（害死岳飛的共犯）表示，他們書法有信心，可以參加比賽或展覽，其他同學也有表示要好好練書法。

正當大家參觀的起勁，討論要準備參加「服刑人書法比賽」，不遠處有兩位同學，啊！是萊斯和伊莉沙白，喊著：「啊——，是老師的作品，快來看！」

同學們湧了過去，佇足在另一展示區，有靜靜的看，有小聲念出，是一首小小現代詩：

誰是永恆　陳福成

在春秋大義面前
夏商周秦漢三國晉
南北朝隋唐五代
宋元明清
全都垮了
唯一永恆不垮的
就是母親
啊中國
你才是永恆不倒的
神祇

中國山西芮城劉增法　丁亥年敬書

正是我的作品，同學們知道老師的別名叫「陳福成」，號「古晟」，佛教徒、禪者也是詩人。而劉增法是中國山西書法家，數百年前我和他就是好友，他用獨創的「劉體」

書法寫我的詩送我，無間地獄美術館第三分館成立，我便送美術館典藏。

又到另一展區，正展出「死海古卷」，這可是三界重寶，有同學略知一點。陽界地球年於一九四七年，有牧童在死海西北岸庫蘭遺址山洞中，發現藏在陶甕裡的羊皮卷，是聖經「舊約全書」的部份手抄本，大部份是希伯來文，少數是希臘文和亞蘭文，成書時間約西元前三世紀到西紀後一世紀。其中近千卷的舊約聖經，包括除了「以斯帖記」外所有的舊約書卷，以「以賽亞書」保存最完整。

這些古物除了是古文明重現，也讓我們進一步知道原始舊約的思想。據很多學者研究，學界也有共識，原始舊約（即死海古卷），思想與佛教接近，若西方基督教界社會能以「死海古卷」思想發展，當不致出現「資本主義」和「民主政治」這兩隻超大而貪婪的恐龍，毀滅了人類的世界。

只可惜，西方社會後來揚棄舊約，出現所謂「新約聖經」，思想與後來的資本主義不謀而合，而資本主義和民主政治思想乃一體兩面之物。人類思想盡是這些「異形」，焉有不亡，同學聊到這些都感慨萬分，尤其歐巴馬、老布希、小布希、萊斯、維多莉亞、伊莉沙白等同學，更感慚愧。

在另一展區我們很快看了中國元代文物，夾紵乾造像如三世佛、二天將、十八羅漢等，即就地下課解散。隊伍由班長、獄卒帶回。

數日後……

罪犯前明朝閹黨首領魏忠賢前世回溯治療

（就位）出現螢幕……

大批……數萬東廠人員……全面搜捕京師，一戶一戶……一批批男女老少被帶走，婦女哀求，老人痛哭……滿城腥風血雨……少數不從者，均被東廠就地處決……京城如煉獄……

從早到晚，日以繼夜……一批批人被逮捕……被就地處決者，白日無人敢出面收屍……

午夜，黑漆漆中，有人影，偷偷收屍……

……………

東廠總辦中，公公飲著手中的熱茶，啊！那不就是魏公公嗎？他在房裡蹀蹀踱步，似有心事。

有屬下進來，「啓稟公公，六天來已搜捕一萬二千人，先分區關在京師十二大天牢中。」此人地位似乎很高，因爲他直接進入魏公公的廠辦，亦未下跪。

魏公公未出聲，又飲一口茶，思索著，那屬下趨前小聲問：「下一步？」

「謀反——死。」神情冷冷，清楚的三個字。

「卑職照辦，」屬下退出，未出門，止步回身，「公公是否面報皇上？等他同意，還有人犯中有十多人和朝廷重臣有親戚關係。」說完他站立聽指示。

「那廢物同意不同意無差，早朝我會面報。至於重臣有親戚涉入本案，按連坐法處理。」魏說。

「是。」那屬下大步走出。

…………

早朝，明熹宗高坐在上，文武高官左右兩班站立，氣氛肅殺，無人出班說話。魏忠賢出列說：

「啓稟皇上，謀反一案，經連日逮捕，一萬二千餘人已關入天牢，依大明律法，全部死刑。」

「這……」皇上這了半天，「都死刑嗎？」

「是死刑。」魏忠賢說著，轉向所有大臣問：「依大明律法，謀反不是死刑嗎？」

「……」滿朝文武無人應答，每個人心理有數，誰敢說一句：「不該死」的不同意見，不久他必「因病而死」。文武官員唯唯諾諾應聲：「是……」。

……又是東廠出馬，搜捕要犯……楊漣、左光斗、魏大中、周朝瑞、袁化中、顧大章等六人，因彈劾閹黨，被判死刑……史稱「前六君子」。

又不久，周起元，繆昌期、黃尊素、高攀龍、周順昌、李應升、周宗建等七人被捕，死刑……史稱「七君子」。因高攀龍先自殺而死，餘六人也稱「後六君子」。

東廠大舉出動……兵荒馬亂……

戰爭、戰爭……烽火……大亂……

魏忠賢突然醒來，跪在床上痛哭、哀鳴：「我錯了！我錯了，讓我解脫吧！」

（治療師宣佈，他的治療暫停，先帶往心理輔導室，聽候再治。）

罪犯前北洋軍閥首領袁世凱前世回溯治療

（就位）出現螢幕……

兵荒馬亂，遍地烽火，「洋鬼子打來了！」人們太喊，爭相逃命，又一個亂世……

這甚麼世代？……

康有爲、梁啓超……孫中山革命……這是革命軍，啊！滿清末年……

密室中，有三人，很清楚是西太后、榮祿和袁世凱，他們在密商甚麼？不，西太后對袁世凱說：

「最快的速度，林旭、楊銳、譚嗣同、康廣仁、劉光第、楊深秀，還有康、梁二人，全都抓起來。」

是夜，已過午夜，袁世凱未睡，有人來報，「事情辦好了！」次日，有人來賀：「袁兄，你有享不完的榮華富貴。」……

……孫中山讓位，袁世凱當總統……孫中山二次革命……

又一密室，牆上有日曆，一九一五年。室內清楚可見七個人：袁世凱、楊度、孫毓筠、嚴復、劉師培、李燮和、胡瑛，又在密商甚麼？一會兒，袁世凱說：

「中國不適總統制，中國須要皇帝制，你六人組成籌安會，恢復帝制，是民族功臣，定加官封王。」

「臣等照辦。」六人齊聲說。

……是革命的火花燒起……

袁世凱死……戰火……戰火……

袁世凱從治療床上緩緩坐起，冷冷的說：「我早已認錯，我是民國罪人，我該受罪。」

（治療師宣佈，袁的治療結束，帶往心理輔導室。）

當魏忠賢和袁世凱的回溯治療結束，有消息傳出，有一批前美國駐阿富汗與伊拉克的軍人，他們在阿鼻地獄已關了很久很久，要送來先進行前世回溯治療。這消息引起大家好奇，軍人駐在外國很辛苦，爲何會下到阿鼻地獄，側面了解，結果是資本主義社會之病，而被當成「常態」，成普遍性的常態。

原來這些美軍都是強暴自己隊上的女兵，前美國乃陽界地球之強權，爲何男性軍人專強暴本軍之女兵？爲了解問題有多嚴重！無間獄和阿鼻獄的司法單位，調閱陰陽各界所有資料和證詞，並打算傳喚證人（被強暴女兵）。

其中一份資料，前哥倫比亞大學新聞專業教授海倫・貝內迪克（Helen Benedict）的報告「孤獨士兵」（The Lonely Soldier：The private War of Women Serving in Iraq），講四十名女兵的情形，她們當中有廿八名被男戰友強暴，其他都遭猥褻過，但強暴的男戰士無一被起訴。

阿鼻地獄中也有一大批前美國 CNN 記者，怎麼記者也來了。原來那些記者不斷欺騙人民，宣傳阿富汗、伊拉克……多數亞洲國家等，都對美國人民有「立即而明顯的威脅」，美國應先發兵攻打那些國家……

罪惡啊！陽界資本主義社會拚命製造罪惡，忙壞了陰界，連我也更忙了！

47　苦集滅道龍的傳人　惠能拉瑪與鹿子母

本學期時間過的真快，該上的課程進度落後很多，學期又將結束。課程進度落後的原因，是我帶著同學們參加不少法會，聽大師發表多場演講，我覺得對服刑者的啓蒙效果很好，勝過我講心經，而事實上大師的開示內容都和心經有關。

例如，最近帶領學生參加「八關齋戒」時，六祖惠能大師開示「緣起性空的般若智慧」；還有聽朱拉隆功講「從集聖諦到滅聖諦」，此二位大師，前者現在是本獄「明德教育特別啓蒙班」班主任，後者是副主任。

惠能大師開示「緣起性空」的般若智慧，可觀照諸法空性。宇宙間一切事物沒有一樣是恆常不變的，一切現象皆是多種因緣條件的聚合，無生滅、無垢淨、無增減，如夢幻泡影。如能深切體會，必能早日脫離虛幻不實的世間萬象。並殷殷叮嚀服刑人，從「心」的反省起步，轉變心境，必能轉迷爲悟，強調八關齋戒一日夜雖短，若能授持清淨，所得功德無量無邊。

六祖最後勉勵受刑人，無間地獄雖苦，藉由八關齋戒，思維戒義，把握機會懺悔往昔所造諸惡業，去除一切煩惱因緣，發願廣結善緣，才能長養出世善根，種植未來出世好因緣。我班同學莫不深受感動，相信在「明德班」的陳□扁等人，在六祖大師感召下，必有所領悟。

副班主任朱拉隆功我稍做介紹，陽界地球公元一八五三至一九一〇年住世，是前泰國曼谷王朝第五代君主（世稱拉瑪五世）。他堅持以佛教爲國教，本身也是虔誠佛教徒，精通大、小乘思想，是一位佛法思想家。

値得一述的，中國南粵禪師續行和尙於清同治時南渡暹羅，宣講大乘禪法，華人皈依者眾多，亦受五世皇朱拉隆功禮敬，御賜土地建寺，賜名「龍蓮寺」。其寺後殿的左配殿，供奉中國禪宗六祖惠能大師，如今二位大師同受地藏菩薩之邀，到地獄宏法並任要職，乃千載萬年稀有之好緣。

拉瑪大師講「從集聖諦到滅聖諦」，爲大眾說明生命流轉之因與趨向涅槃方法。眾生由於思想見解錯誤之無明，及對我（情、欲、財等）之執著，產生強烈佔有欲，推動生老病死輪迴巨輪，並感受到世界苦聚。

拉瑪開示，在了解無明和情愛作用後，佛子應認識心意識與外在世界的無常變異，一切皆不是單一、無自性，以我空及法空爲修行，並依八正道做邁向空觀之方便。正見、正念、正思可降伏煩惱習氣，正語、正命、正業即爲持戒。按原始佛教八正道（亦稱八聖道）有其演進軌跡，由五戒而成十善，由十善會成三業，三業出八正道，八正道會成三學，由三學而出六度。

從集聖諦到滅聖諦之中，以八正道爲因緣，滅除痛苦的根源、輪迴的動力——無明與情愛，並以我空、法空之觀想，悟入緣起法，發起大悲心，方爲大乘佛教菩薩道之真正修持。

聽完拉瑪說法（或許該尊稱：泰皇拉瑪五世），眾多受刑人充滿法喜，紛紛期待拉瑪能常駐無間地獄，常來對受刑人講法。

數日後，本學期最後一次「心經」課程。歐巴馬班長，你把黑板顯示幕的字念一變：

是故空中無色，無受・想、行、識・無眼、耳、鼻、舌、身、意；無色、聲、香・味、觸、法・無眼界，乃至無意識界。

「是故」爲承上起下之詞，承上文諸法空相，起下文無色，無受想行識。眼耳鼻舌身意爲「六根」，色聲香味觸法爲「六塵」，六根是內六入，六塵是外六入，合之十二入（舊譯入、新譯處、或稱十二處。）。根能涉塵，塵能入根，根塵互相涉入而生識，眼根對色境即生眼識……意根對法境即生意識，計共「六識」，故以根稱之。六根、六塵和六識，合稱「十八界」。

承上「諸法空相」的道理，便知真空實相的理體上，本來清淨空寂，於中沒有五蘊、六根、六塵，以及六識的虛妄之法，故說無色……無意識界。

無無明，亦無無明盡；乃至無老死，亦無老死盡．無苦集滅道．無智亦無得。

△解**「無無明，亦無無明盡；乃至無老死，亦無老死盡。」**

本句可表解如下，三世十二因緣，爲人之生生世世因果流轉關係。

吾人常說「因緣」，因是起原，如種子；緣是中間助成爲緣，如雨灑在種子上。三世因緣共十二支（無明、行、識、名色、六入、觸、受、愛、取、有、生、老死）。

這三世十二因緣對初習者頗感複雜，不易理解，學者亦不必急於一時理解全部，應於未來學習中慢慢深入。「無明」乃不明，一切煩惱之總稱，「行」是一切行爲；「名色」指心識（神識初投胎時）；六入即六根；觸（出胎後與外境接觸）；受即領受等，如表所示。

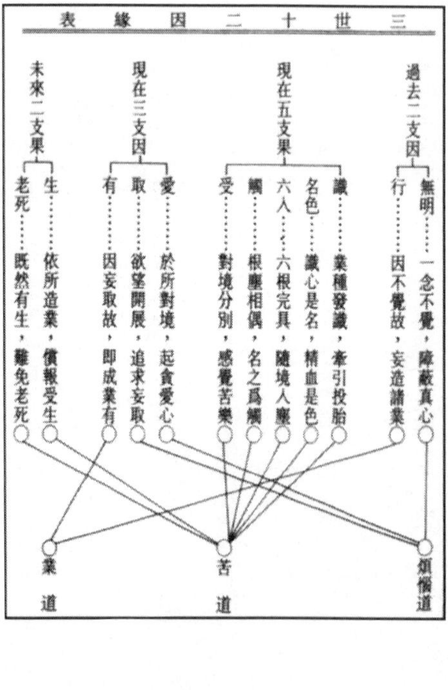

合句釋其意指，真空實相的理體上，究竟清淨解脫，非僅沒有凡夫流轉的十二

因緣，同時也沒有聖者還滅的十二因緣。因爲它既名爲緣起之法，則在諸法空相中也要否定它的自性。既然沒有無明，乃至沒有老死，自然也就沒有無明滅，乃至老死滅。故說無無明，亦無無明盡……永嘉大師說：「無明實性即佛性，幻化空身即法身。」（佛性法身就是實相），實爲有力論證。

△解**「無苦、集、滅、道」**

「苦」如述三苦、八苦等，「集」是苦之「因」，「滅」是消滅苦之因，即「寂滅」。而「道」乃修行，證悟寂滅（涅槃）之道的方法，此即「四聖諦」。簡示如下較清楚：

苦：生死，集的結果。
集：業惑，苦的原因。
滅：涅槃，修道目標。
道：法門，證悟工具。

現實界：
苦：生死，集的結果。
集：業惑，苦的原因。

理想界：
滅：涅槃，修道目標。
道：法門，證悟工具。

此處明明有苦集滅道，怎麼又說無苦集滅道？菩薩以般若妙智照見苦等當體即是真空實相，清淨本然，非僅沒有世間苦集二諦的虛妄，就是出世間道滅二諦，在真空實相的理體上，卻也沒有它們的形跡。因爲諸法空相中，是絕對否認有生滅修證的。自性空寂本無生死可了（無苦），亦無煩惱可斷（無集），自性具是（功德智慧）本不待修（無道），亦無須證（無滅）。

合句之意，沒有生死「苦」的感覺，也沒有貪愛的「集」因可斷，沒有寂「滅」的涅槃可證，也沒有解脫的「道」法可修。因爲自性本來解脫沒有生死可捨，本來清淨沒有煩惱可斷。本來空寂沒有涅槃可證，本來俱足沒有菩提可修，所以叫「無苦集滅道」。

△解「無智亦無得。」

菩薩所修的法門很多，法藏心經疏云：「知空智不可得，故云無智；所證空理亦不可得，故云無得。」或若眾生有不迷者則不須用智，故云無智；而自性本具亦無所得，故云無得。

合句之意，在諸法空相中，是不立一法的，所以非但沒有凡夫緣起的蘊入處界，和二乘法的四諦十二因緣，就是菩薩所修的能觀般若智，和由觀智所證的法空理——得，都也被遣在內的，故說無智亦智得。

本學期心經講解到此暫停，最後還有兩個節目，學期便告結束，一者女受刑人聽張委員長講「向毘舍佉學習」，另是民歌欣賞（受刑人音樂藝術課一部份）。學期結束後，所有任教老師、輔導員要分梯次參加「寒假教師生命教育研習營」。

我班女受刑人只有四位：萊斯、慈禧、維多莉亞、伊莉沙白，幾日後的黃昏，在獄卒、輔導員陪同下，我帶她們四位前往「鹿子母講堂」，經過鹿子母走廊，一排海報，大標題「重要演講公告」：

時間：晚上七到九時（學期最後三天的每晚）
地點：鹿子母講堂
講題：向毘舍佉優婆夷學習
主講：教育委員長　張美麗
聽講對象：女受刑人、沙彌尼、式叉摩尼、比丘尼、女職員、教職員。

「如牧人以杖，驅牛至牧場，如是老與死，驅逐眾生命。」

——「法句經」

都就定位後，張美麗的聲音娓娓道來，悠揚飄送，耳際溫柔細語，講堂前左右螢幕有圖、文字配合解說，此時如坐春風……

「法句經」這偈頌與佛住世時，有名的女性佛弟子——毘舍佉優婆夷有關。毘舍佉，又稱「鹿子母」、「彌迦羅長者母」、「毘舍佉彌迦羅長者母」等，爲鴦伽國巨富之女，在佛陀教化下，很早便證得預流果。此後，她成爲舍衛城彌迦長者的媳婦，並勸說原信奉旨那教的彌迦羅長者皈依佛陀。

許多經典提到的說法地點「鹿子母講堂」，就是毘舍佉爲佛陀建造的精舍，她將自己在婚禮上穿過的昂貴衣裳，拿來供養佛陀。凡此，均見女性在佛陀時代的僧團裡，已扮演非常重要的角色。

毘舍佉對僧團毫無保留的布施，並將此視爲修行功課。她還經常引導其他在家女衆，走上正確修行道路，每逢齋日，女性在家衆都要聚在比丘尼道場，受八戒並修行一天後才回家。

毘舍法在這引導女衆修行過程中，發現接受八齋戒而修行的在家女衆有不正確心態。她們只爲現世欲望而受持八齋戒，例如老年婦女爲死後升天而持八戒，中年女性爲獨占丈夫寵愛而持戒。毘舍佉向世尊稟告，世尊爲警戒不思擺脫老、死束縛、反倒陷入現世欲望深淵，而說了「法句經」那句偈頌。

不論佛陀時代在家女衆，還是今天在家女衆，以我觀之，男衆亦是。大都只想到獲得現世利益，而被欲望籠牢緊緊困住，不思追求真理，一輩子爲欲望的奴隸。

總有一天，一切衆生都要年華老去，然後面臨死亡。如牧童把牛群趕進牧場，再將牛圈上鎖一樣。大家千萬不能像牛，僅滿足於吃草果腹，如此即成爲現世種種欲望的奴隸。

佛陀教導我們，當下吃草塡飽肚子固然重要，但不能滿足於此而不思前進，更不能對此執著，讓貪慾撲向自身。不要成爲愚蠢的奴僕，不要當等待犧牲的羊群，不要成爲止於吃草果腹的牛。相信自己具有佛性，相信自己可以領悟真理，相信自己也有成佛的可能。

張委員長的演講感動許多女受刑人，甚至聽講的男教職員，都覺得不能一輩子止於「牛吃草」，如此真是太悲哀了。眾多聽眾中，我看見別的獄所來的女受刑人，呂□蓮、陳掬、蔡□文……未知是否受到啓蒙？

本班寒假前最後兩節課是「民歌欣賞」，我帶全班同學前往音樂教室，設置典雅，進教室便能使人寧靜，這短短的兩節課，個個如痴如醉……舉其一小部份：

龍的傳人

遙遠的東方有一條江，它的名字就叫長江；
遙遠的東方有一條河，它的名字就叫黃河。
我早已看見長江美，夢裡也常遊長江水；
我早已聽見黃河壯，澎湃洶湧在胸中。
……

夢駝鈴

攀登高峰望故鄉，黃河萬里長。
何處傳來駝鈴聲，聲聲敲心坎。
盼望踏上思念路，飛縱千里山。
天邊歸雁披殘霞，鄉關在何方？
風沙揮不去印在歷史的血痕，
風沙揮不去蒼白海棠血淚。
……

茉莉花

好一朵美麗的茉莉花
好一朵美麗的茉莉花
芬芳美麗滿枝椏
又香又白人人誇
讓我來將你摘下送給別人家
……

48　極樂世界參訪參學　包公審自由時報案

寒假「教師生命教育研習營」，區分很多梯次，但就課程內容言，分理論研習和現地參訪兩部份。

理論研習方面少不了研讀、聽講佛教聖典，並在實務上必須親自參與出坡、勞務和各種法會。這部份我想略過不述，因爲是比較乏味。

我想在本文要說的，是現地參訪（研習營的後半時間），各梯次參訪行程亦不同。例如有行程「欲界——阿鼻獄——極樂世界」，有行程「廿八層天——十三重地獄」，有行程「色界某層天——極樂世界——無間地獄明德班」……可選行程頗多。

我參加的行程如何呢？這是最豐富的行程，有張委員長親自帶隊，她還透露此行有「特別節目」，能聽到「特別的人物」講「怎樣修持解脫道？」這行程是「極樂世界——第一重地獄」。地獄行程我也略過不述，以極樂世界爲主述。

本隊有那些成員呢？張委員長和幾位隨行幕僚、秘書，依次有汪仁豪、蔡麗美、燕京山、尹月芬、蘇真長、吳淑臻、黃安安和我，其他還有部份我略知其人而不熟，及不認識的教職員，總計全隊五十餘人。

西方極樂世界在那裡？姚秦三藏法師鳩摩羅什譯「阿彌陀經」，佛在舍衛國祇樹給孤獨園講經說：

從是西方，過十萬億佛土，有世界名曰極樂。其土有佛，號阿彌陀，今現在說法。舍利弗！彼土何故名爲極樂？其國眾生，無有眾苦，但受諸樂，故名極樂。

「十萬億佛土」，指的是無窮無盡的宇宙空間中，佛經常說「無量諸天」，或喻稱「三千大千世界」、「廿八重天」等，宇宙間何止「十萬億星系」！這種「過十萬億佛土」，當然是很遙遠的星系某一世界。這世界的景像、環境如何？

極樂國土，有七寶池，八功德水，充滿其中。池底純以金沙布地；四邊階道，金、銀、瑠璃、玻瓈合成。上有樓閣，亦以金、銀、瑠璃、玻瓈、硨磲、赤珠、瑪瑙而嚴飾之。池中蓮華，大如車輪，青色青光，黃色黃光……

在極樂世界，「無情」亦能說法。經上又說：「彼佛國土，微風吹動，諸寶行樹及寶羅網，出微妙音，譬如百千種樂，同時俱作，。聞是音者，自然皆生念佛、念法、念僧之心。」可見極樂世界是一個完美、極樂的世界，眾生若能修行到此，便是永離輪迴之苦。這個美麗的極樂世界，雖遠在「過十萬億佛土」之遙，但那是佛陀對陽界世人所言，物質世界受時空限制，自感無限遙遠。我們是拿了地藏菩薩的「特別通行證」，又有張委員長帶隊，從一個世界到另一個世界，只須「意念」轉換，瞬間就到，不受時空限制。

張委員長帶著我們一行人，啟動「蟲洞」機制，念動真咒，瞬間我們進入一個五光十色的世界，如一部乘有五十餘觀光客的時光列車，在虛空中飛行前進。不一會兒，眾人進入一個如幻似影的「實相世界」，有停臺樓閣，地上金銀　璃散發著寶光，有山有水，行樹重重……

不遠處的行樹中，有奇妙之鳥，白鶴、孔雀、鸚鵡、舍利、是諸眾鳥，出和雅音。其音演暢五根、五力、七菩提分、八聖道分，聞是音已，皆悉念佛、念法、念僧……再向前走，行樹下有石桌、石椅，共有八人在高談闊論，定神一看，正是漢鍾離、張果老、呂洞賓、鐵拐李、韓湘子、曹國舅，藍采和、何仙姑。原來是八仙，暢說著「八仙過海」的故事。

啊！他們都到了極樂世界，過著真實不虛的神仙生活。

又過三重行樹，林間散發微妙清香，聞香尋去，又見八人，正是李白、賀知章、李適之、汝陽王、崔宗之、蘇晉、張旭、焦遂，世稱「酒中八仙」。正一面飲手中之瓊漿玉液，一面高誦個人詩作，其人其文，亦都是瓊枝梅檀。

再過一重行樹，見一似立於雲端之涼亭，四週奇花異草。亭中亦有八人，正是韓愈、柳宗元、歐陽修、曾鞏、王安石、蘇洵、蘇軾、蘇轍，唐宋八大文學家，史稱「唐宋八大家」。亦談笑風聲，吟唱詩歌。

真是神奇的很，初到極樂世界，碰到的不是詩人便是神仙。我們一行人，隨「意」而飄，隨「識」而行，意到形到識也到，一切的一切，似乎都能「從心所欲不愈矩」。真的，這裡沒有法律、禁令、規定，沒有報到手續，一切食衣住行和生活設施，都隨意而示現，我們像一群快樂的小鳥，在自然花林中，飛來飛去，凡所見所觸，不論有情無情，自然皆生念佛、念法、念僧之心。

如此留連著，早已忘了參訪參學的事，林邊的蟠桃園中，香甜的蟠桃任你採食。不知過了多久，也不知到了極樂世界的那裡，一群人竟已置身在一座中國式莊園中，園裡亭臺閣樓，山秀水清，在樓外花園裡有二位長者。定神一看，原來是蔣介石和毛澤東在閒話飲茶，瞬間又有一老者入坐。不知蔣毛二人何時也到極樂世界，正忖度間，那老者對蔣毛二人說：

「採得二位來到極樂世界，特來恭迎，並向二位說一段有趣的故事。」

「那裡，願聞有趣的故事。」蔣毛同聲說。

四週人群不約而同，圍上前去，在花園中各處坐下。老者的聲音緩緩傳送出來，從最前排到很遠的外圍，聽的一樣清楚。

老者說：「我知二位遲早要來極樂世界，終於叫我等到機會。我叫王德計，三橫王，道德的德，計畫的計。我前世在陽界，當過國軍，也當過八路軍，後來成為革命烈士。」

原來老者叫王德計，蔣毛二人對看一下，覺得驚奇，說：「起頭已有趣，說下去！」

王德計繼續說：「當時國共對抗，國民黨政府徵調壯丁，我為保全剛結婚的哥哥，不到二十歲就當兵上戰場。有一回，排長叫我上山砍柴，因砍不到排長要求的數量，我和二個士兵不敢回部隊，在草堆躲藏時被紅軍發現，帶回部隊。」王停一下。

「紅軍把你怎麼了？」毛的聲音。

王德計說：「當時我年紀小，又覺得大家都是黃皮膚、黑眼珠的中國人，在那都一樣。那時紅軍對我也好，我雖想逃回家，但因路遠沒錢，相處一段時間後，也成了中國人民解放軍的一員。之後，我參加過十四場戰役，其中徐蚌會戰最慘烈，被砲彈擊中受重傷，後方野戰醫院救回一命。」

「真是難為你了！」蔣毛二人同聲說。

王德計接下去說：「傷癒後重返戰場，國共打的更兇，接著我參加古寧頭戰役，跟著九千名共軍進攻金門島，遭金門駐軍強烈反擊，被砲彈片擊中，昏倒在海灘，醒來時已成國軍的俘虜。這年我廿四歲，幸好，國軍待我也不錯，被後送台灣治療，治好又送新兵訓練營，從此又成國軍一員，服役到五十歲退伍。」

眾人聽到這裡，無不感動，慶幸他沒有死在沙灘上。蔣毛二人也同聲說：「回顧前世，當時國共對抗戰爭，實在是多餘的，只傷了自己，造成民族分裂啊！」

王德計又說：「後來我返鄉探親，家人以爲我死而復生。因爲他們早先的訊息以爲我在古寧頭陣亡，福建梅林鎮的忠烈祠寫著『革命烈士王德記』，只是『計』字誤寫爲『記』。我覺得大家都是中華兒女，應該團結在一起，我只是很感慨，爲甚麼歷史一直在輪迴？」

「很多事都在輪迴，眾生在六道中輪迴，各個世界在成住壞空輪迴，你指那方面？」蔣先生說。

王答：「我有幸經多場戰役不死，直到廿一世紀初我還活在人世間。又親眼看見台灣自由時報的林□三和吳□明那幫漢奸，以分裂國家民族、顛倒黑白、製造族群間仇恨爲職志，二〇〇九年有一場八八颱風，造成台灣南部嚴重傷亡，政府雖反應太慢，那幫漢奸亦不該藉機散播仇恨，不斷抹黑各方救難不力等，其實都盡心盡力了，人民之間卻有更多不滿和仇恨，皆林□三那幫人散播的謠言，人民無形中中毒了。」

眾人中有喊叫聲：「漢奸也逃不出因果制裁，他們都會到地獄報到。」

這時，蔣經國、馬英九、廖封德……吳伯雄，接著胡錦濤，竟都一一亦現在蔣介石四週。蔣公結論說：

「謝謝王德計說出他的故事，算算，那已是將近陽界五百年前的事，我們深深感受到萬事逃不出因果，林□三、吳□明那幫台獨份子，分裂國家民族，現在不多在地獄服刑嗎？」

眾人無言，蔣公說：「後天我應無間地獄張委員之請，在須彌山佛講堂，講怎樣修持解脫道，歡迎大家光臨。」說完，許多人如虛空中幻影，一一消逝！

我們隨張委員長參訪、禮拜極樂世界各知名道場，東方有阿　鞞佛、須彌相佛……南方世界有日月燈佛……下方世界有師子佛……上方世界有梵音佛、宿王佛……如須彌山佛……

風光明媚的上午，我們到了「須彌山佛講堂」，已有很多慕名而來的聽眾，似乎不光是無間地獄的教職員，有各世界的眾生、比丘、比丘尼，天龍八部等，而四天王已守護在講堂四個角落。已是人山人海了！

這講堂也是先進神奇的，不論有多少眾生，講堂都容的下，原來這講堂像一個虛空的透明空間，不論坐那一方位都能聽、觀清楚。四週有字幕，是講者內容的即時示現。以下是我聽蔣先生的隨堂筆記。

解脫就是自由，自由的境界有不同的層次。佛法講的解脫是絕對的大解放、絕對的大自由，無我。佛法的根本思想在絕對無我，從空性觀之，根本無我。

若有我，便有煩惱，會造生死業，在生死中輪迴而不得解脫。怎樣才能「無我」，是把我執和法執全部放下，這兩樣全放下方才是徹底的自由。這樣的大自由是突破時空的。佛教的出現，佛陀的應化世間，所有的傳法事業，總括一句：解脫工作。

要解脫甚麼？自然是「三苦」和「八苦」啦！用甚麼方法呢？演繹開來說不盡，歸納起來是「緣生性空」四個字，相信各位對此四字應有所理解，人的痛苦由不解緣生性空之理而來，於是執著於「我」：我的、我要、我愛、我恨、我不……人成了「我」的奴才和牛馬，種種煩惱、罪惡由此而來。

佛教把實踐解脫道的方法叫「修持」，若不做修持工夫便不能實證解脫的境界。說到修持解脫道的方法很多、不過最重要有三大門徑「戒、定、慧」，稱「三無漏學」修持。

第一、修戒・戒的定義是該做的不能不做，不該做的不能做。總括即「增一阿含經」卷一迦葉佛偈，通稱「七佛通誡偈」：「諸惡莫作，諸善奉行，自淨其意，是諸佛教」。其完全完成，賴五戒十善的實踐，戒持的清淨，才談到定的工夫，故太虛大師說：「戒爲三乘共基」。

第二、修定・定，是禪定；心不散亂而住於一境的狀態，便是禪定。排除欲念進入無欲狀態是禪定的「通路」，所以在三界（欲、色、無色）之中，欲界天是福報而不是禪定，離欲後的色界天才是禪境的開始。從初禪、二禪、三禪、四禪的色界定，經過無色界的四空定，進入滅受想定（亦叫滅盡定），才是解脫的境界，才是羅漢的境界。

禪的種類有外道禪、凡夫禪、小乘禪、大乘禪，如來禪等五種，說來話長，學者修持各有體驗。大致說來，中國禪宗修的是如來禪，把禪定和生活融合起來。

第三、修慧・慧，是睿智之意。解脫途徑缺慧，不得解脫。戒的作用如治病的藥，定的作用如調補之物，慧的作用如生活指導的知識。人治了病，強了身體，進而要有比別人高明的智慧，才能做出大事業。

慧的來源有四類：聞慧、思慧、修慧、證慧。聽、讀、看經典而得的智慧稱「聞慧」；以自心思維消化判斷而成自己的心得爲「思慧」；將心得親身實踐，又從實踐中產生心得是「修慧」；親自體驗這種心得的本來面目便是「證慧」。

總之，解脫道的修持、證得，沒有三學的相互爲用，根本辦不到。不論悟力、慧力多高的人，三學的配合都是必要的，只是多少不同而已。

以上是我聞蔣介石先生講法的隨堂筆記，只是大綱式簡記，若要補實可能幾萬字數之多，故從略。

次日我們又留連到北方世界，禮拜燄肩佛、日生佛，在日生佛道場旁花林溪邊，遇數位應是白種人，談論著佛法和猶太教思想的融容。我們好奇佇足諦聽，其中一人很客氣起來爲我們介紹。

「我前世是耶穌會牧師、禪宗修行者，同時也是陽界美國達拉斯南方衛理公會大學世界宗教學教授，我叫魯本哈比托，我是統一基督佛教徒 UUbus・旁邊這位……」

「我叫也猶佛信，是佛教猶太教信徒 Jubus・」

「我叫馬丁，猶太佛教徒 Bujus・」

「我叫寒山，聖公會佛教徒 Ebus・」

他們都介紹完畢，張委長和我等也自我介紹，我們都好奇基督教、猶太教和佛教可以這樣融合，還能到極樂世界，也感到新鮮。其他尚有禪宗基督徒、臨濟宗猶太教徒，未知陽界發展的如何？但之後張委員長認爲這是一塊值得研究的新領域，囑我回去好好研究。

又次日，極樂世界顯得很熱鬧，其東、南、西、北、上、下、中，各方世界，都有諸佛經說法，三千大世界無量眾生依所願，選擇聽法。又有各民族，各人種聚會，或辦各種嘉年華會活動。

中方世界嘉年華會最是熱鬧，在一廣大平台有人群，趨前參觀，不得了，平台上另有高台，那一排人一字排開，蔣介石、顧祝同、何應欽、毛澤東、陳獨秀、周恩來、鄧小平、蔣經國、郝伯村、高志航……多熟識的臉孔……胡志明、武元甲、連行健……

再看台下，最前頭很多人舉著大旗，斗大字標示：「黃埔一期」、「黃埔二期……「四十四期」……。還有「專修班」、「預官班」……「第一士校」、「第二士校第〇期」……及「空軍」、「海軍」、「政戰」……等各班隊，而最大一旗由二人舉著，一排橫字「黃埔同學會暨祝賀老校長蔣公證得佛果」。

啊！我們知道了，黃埔同學最後都到了極樂世界，我們佇足聽蔣介石講話。大家以爲他要講經營台灣，堅持統一的春秋大業，他卻領導大家誦念「心經」。接著何應欽領導大家唱「蔣公紀念歌」：

總統蔣公！你是人類的救星
你是世界的偉人　總統蔣公
你是自由的燈塔　你是民主的長城
……………

接著又唱校歌，氣勢震動山河：

風雲起，山河動，黃埔建軍聲勢雄。
革命壯士矢精忠。金戈鐵馬。
百戰沙場，安內攘外作先鋒。
縱橫掃蕩，復興中華，
所向無敵，立大功。

聽這歌聲讓人心振奮起來，想到這些「黃埔人」一生獻身報國，追求國家統一繁榮的理想，乃人民之福，因而得以來到極樂世界。

又留連到一道場，也是人山人海，有標語寫著「三界佛教論壇」。趨前細看，上座的人有星雲大師、聖嚴法師、證嚴法師和惟覺老和尚，心道法師也在，我們聽了很久才離去，內容不述了。

原來極樂世界的參訪參學是這麼自由，完全隨「意」而行，隨「緣」而有，緣滅而結束，沒有任何公告、程序、規定，難怪蔣公講法說「解脫就是自由」。

極樂世界參訪結束後，按行程要到「第一重地獄」，參觀經過就不贅述了。此時，因聽到包公來第一重地獄，要重審三個陽界大案：「蘇建和等三死刑犯」、「美日操弄二二八事件真相」和「自由時報分裂族群、散播謠言及仇恨案」。而在十八重地獄，也正審「台灣教授協會」一些教授，是分裂族群重罪。我們一行到了第一重地獄，因時間不多，有的分組參觀別處，我和汪仁豪等多人，旁觀包大人審案，我選的是「自由時報案」。

臨時法庭上，只見林□三、吳□明跪在地上，神情無限憔悴。一開庭，包公問道：

「你二人服刑多久了？」

「按陽界算應是四百多年了。」二人齊答。

包公說：「你二人又申訴，我調閱全案，並花很多時間過濾你二人在台灣一生行爲，尤其自由時報全部內容。地藏無間法庭以四大罪狀論處：

第一、分裂族群，使兩岸同是炎黃子孫成仇人。

第二、散播謠言，自由時報所有內容，本座已完成統計，真實性僅百分之三，可謂皆是無中生有。

第三、把百分之三真實的小事，無限上綱成人民相互仇視、歧視的大事。舉一實例，在你們報紙的頭條大圖片，有一張三個大陸人在路邊小便，本座並非說此乃小事。在台灣也常見（如計程車司機）在路邊小便，走遍世界也常看到，眾生並非個個知書達理。因你二人的偏見，讓人以為大陸人都在路邊小便，這種心態是邪惡的。

第四、乃前三項的結論，邪惡的心靈，禍害眾生甚鉅，判入無間地獄服刑，求出無期。目前看不出有利二位的證據，二位何話可說？」

包大人詳細解說後，林、吳二人齊聲說：

「那些都屬言論自由的範圍……」

……

我不想聽了，先離開，包公聲音傳來：「退庭」。

「威武——」

「包公你也是統派的，不公平！」二人喊叫聲……「啊……」被獄卒抽打的慘叫聲，如豬叫，筆墨不能形容！

49　參訪月球火星不妙　結束教席罪人皈依

開學了，第二學年下學期，我接續講心經。本班同學仍是原來的，沒有改變，我叫萊斯同學讀一段：

以無所得故，菩提薩埵，依般若波羅密多故，心無罣礙，無罣礙故，無有恐怖，遠離顛倒夢想，究竟涅槃。

△解**「以無所得故」**

這句是承上起下之詞。上承「是故空中無色……無智無得」，下起「菩提菩埵……三菩提」。「無所得」是無一法可得，因諸法皆空也，金剛經云：「凡所有相，皆是虛妄，若見諸相非相，即見如來。」此說明無所得，即「真得」的道理。

△解**「菩提薩埵」**，菩薩略稱，已如上解。

△解**「依般若波羅密多故……無有恐怖」**

「罣礙」是本心被無明蔽覆，事事妄為執著，對境生阻，觸途成滯。「罣」即網罩，「礙」即阻滯。人心皆被物所牽扯，不得自在自由就是罣礙。

到底被何「物」罣礙的呢？凡夫被「色」所罣礙，凡夫因不自覺，內執四大假合之身為我，貪戀我生，故有老病死種種恐怖發生。外執萬法實有，妄想得到，有患得患失之恐怖發生。

但若依般若修持，便能解脫自在——內不執身心，外不執萬法，便無罣礙。那末，這些老病死和無常一切恐怖，自然成為烏有。故說心無罣礙，無罣礙故無有恐怖。

△解**「遠離顛倒夢想」**

「圓覺經」提到，眾生從無始來，有四種顛倒，四方易處（以東為西、以南為北），稱為「四倒」：

㈠對世間諸行無常之生滅法，妄計為常，此為常倒。

㈡世間諸苦，妄計為樂，此是樂倒。

㈢不明一切無我，妄計為我，是謂我倒。

㈣世間諸不淨法，妄計為淨，此是淨倒。

當知，無生無滅恆不變才是常，寂滅永安長離苦才是樂，自在解脫真無礙才是我，永離塵勞諸垢染才是淨。佛陀臨滅時，諄諄告戒諸弟子說：「若我滅度後，爾等當依四念處爲住（住是不離之意）。」這四念處觀能治四倒，故能遠離顛倒夢想。

㈠觀身不淨，能治淨倒。

㈡觀受是苦，能治樂倒。

㈢觀心無常，能治常倒。

㈣觀法無我，能治我倒。

△解**「涅槃」**

「涅槃」，舊譯滅度、寂滅、無爲、泥洹、安樂、解脫、出趣等，玄奘法師則譯「圓寂」，所指均同一事。但其種類和意義，則大小乘不同，此處不去深論。約言之，福慧圓滿無缺，三惑煩惱徹底清除，生死完全度脫，回復本有心體，而獲得一種純善純美的莊嚴解脫，便是涅槃的境界。

世間誤認涅槃是死亡別稱，真是天大的錯。應知，涅槃乃諸佛歷劫辛苦，積行一切功德的代價，故死並非涅槃。若言死即涅槃，則狗死曰狗涅槃，雞死曰雞涅槃，豈不笑話，再者人死與狗雞同，修行何用？

合全句之意。因爲般若能照見諸法實相，本無所得，所以菩薩依了般若法門修行而能到心無罣礙；由於心無罣礙，所以也沒有恐怖，因而遠離顛倒夢想的妄見，而證得大滅度大解脫的究竟涅槃。

課程告一段後，本班有多位同學必須接受前世回溯治療，而已接受治療的同學必須按時接受心理輔導。輔導過程中，另有繪畫治療輔導和音樂治療輔導，本學期我忙這些時間竟比講心經多。本學期依教育部門規劃，本班回溯治療有：

罪犯前英國女王維多莉亞前世回溯治療
罪犯前英國女王伊莉沙白前世回溯治療
罪犯前美國國務卿萊斯前世回溯治療
罪犯前宋朝秦檜集團謀害岳飛從犯万俟卨前世回溯治療

這些人平時我並不把他們當犯人看待，因爲他們是我的學生，如此冗長的「罪犯頭銜」是行政單位公文書中，法定的稱謂。這四位同學的治療過程，我亦不再描述了，持續爲同學們講心經。

三世諸佛，依般若波羅密多故，得阿耨多羅三藐三菩提！

三世指現在、過去、未來，諸佛是很多佛，同樣都按般若法門修行。阿耨多羅譯爲「無上」，三藐即「正等」，菩提即「正覺」，合之「無上、正等、正覺」。

無上：三覺（自覺、覺他、覺滿）圓滿。

正等：自覺後，有無私平等普遍心行利他工作。

正覺：正確覺悟，離顛倒戲論的一種正智。

「阿耨多羅三藐三菩提」，何不直接譯成「無上正等正覺」（正覺即自覺、正等即覺他、無上即覺圓滿）？因爲是佛陀三覺圓滿之德號，爲表尊重，仍存梵音。合句之意，十萬三方諸佛，在因地中莫不同樣依般若勝妙法門修行，而證得無上正等正覺的圓滿佛果。

故知般若波羅密多，是大神咒，是大明咒，是無上咒，是無等等咒。能除一切苦，真實不虛！

此下是密說般若，先做說明。佛陀說法利生有顯有密，經典中明說道理以示人之修持謂之顯教，不事解釋而加持功用者謂之密教。顯說即經文，密說即咒語，如下文「羯諦、羯諦」。

密說雖不可明示於人，其中有佛菩薩威力加被具秘密功德，極大神力，誠心持誦者自獲不可思議之利，如增長福慧，消滅罪業障等。如此同樣暢達佛陀說法之本懷了，故佛陀說法有顯有密，楞嚴經有楞嚴咒，藥師經有藥師咒，彌陀經有往生咒……

大神咒：神有妙力義，能令受持者，驅除煩惱魔，解脫生死苦。

大明咒：明有照了義，能令受持者，破除眾生痴暗，照見無明虛妄。

無上咒：無上超勝義，能令受持者，直趨無上涅槃，世出世間無有一法過於此。

無等等咒：無等最高義，能令受持者，成就無上菩提，世出世間無有一法等於此。

合句之意，無疑的，般若是一種大神力的咒呀！是一種大光明的咒呀！是一種最高無上的咒呀！是一種超絕無比的咒呀！它的功力能除一切苦，是真實不虛的事實。

故說般若波羅密多咒，即說咒曰：揭諦揭諦，波羅揭諦，波羅僧揭諦，菩提娑婆訶。

「般若波羅密多咒」是咒的名目，其名目即已說出，功德也明白，應該進而把「咒語」宣說於大眾，好使眾生依咒受持而得解脫。「揭諦……」四句十八字便是咒語，有不可思議功用，行者真心念誦，自然獲益，乃無解釋之必要。蓋凡一切神咒皆諸佛密語，唯佛與佛方能了了，吾人不必探悉，此在中國、印度皆然。

咒語即不可解釋，亦不該解釋，我等便不解釋。只要一心虔誠持誦，久之自能發生靈感，成就一切不可思議功德，近則身心安寧，消災滅罪，增長智慧。遠則解脫生死煩惱，速證無上菩提。

總結心經，分顯說般若和密說般若二大部份，從「觀自在」起到「三藐三菩提」止，是爲顯說般若文。從「故知般若」起至「菩提娑婆訶」止，是爲密說般若文。

我把心經講完後，又配合輔導部門完成幾位同學的前世回溯治療，並參與完成回溯治療同學的評估作業，第二學年就正式結束。

學年結束前，我和汪仁豪等共八個死黨，有一次聚會。我們研究這年暑假一定要好好走完地球、月球和火星，看看這些地方佛法興盛景況，及人類前途發展情形。還有張衡星（葛麗星 Gliese），人類文明應已達相當高程度，因爲最早移民張衡星的，都是一批批人類中最頂尖的人才，太陽系以外的開拓我們都想去參訪。

但後來張委員長告訴我們，她最近因公回陽界，且到了南北極，發現地球的「成、住」已是往昔煙雲，目前更加速向「壞、空」推進，已到「第六次大滅絕」尾聲。整個地球，只剩「北極中國」和「南極各族同盟」，全球總人口不過幾千萬吧！最有能力和勢力者蝟集南北極圈內，無力無勢者只好在圈外自生自滅，其他地方的地底深處也仍有生物存活。

而這時地球南北兩個僅存的政治體，其上層結構領導階層、有力有勢、優秀人才等），似乎都在準備要「棄球」，移民到其他星球（主要月球、火星、張衡星），大家都怕「最後的航機」，一去不回。

至於地球上的佛法又如何呢？張委員長表示，北極中國的六祖寺、白馬寺尚在；南極圈內也有南天寺和南華寺，但似乎也在做結束的打算，多數法師已離開地球。剩下少數法師，他們希望留下安慰那些被遺棄，且最無力無助的心靈。

照張委員長說法，佛法已去了月球和火星，張衡星尚待發展。此種情形，洽似五祖傳法六祖時，惠能大師往南方去，佛法便到南方，高僧大德亦往南方求法。如此說來，我們一行人暑假參訪旅行，地球是不必去，佛法即然不在地球，去走一趟也無多大意義。

所以，我們一行人利用整個暑假，專心參訪了月球和火星兩個世界的文明發展，當然佛法的發展傳揚是重點。最後也到張衡星，人類的高度文明配合外星「智慧體」，可能是宇宙另一種不同於人類的超高度文明誕生地。此三個世界的共通點，是佛法興盛，高僧大德無不期待並努力傳法，使其成爲佛國淨土。這是我們所見此三個世界，在樂觀方面之簡述。

但並非沒有使人憂心之處，據我們深入考察。月球和火星開始建設發展的前面一百多年，各國人民尚能尊守規範，自我克制，政治上採用社會主義，堅持社會公義、正義高於個人利益，於是整個社會：

生產系統：視整體國家社會須要，宏觀調控。

消費節制：節約消費、管控消費。

分配系統：合理與管制分配。

這樣社會個人不能爲所欲爲，不能「只要我喜歡有甚麼不可以！」也不能無限制消費，更不能浪費。一切能源物資都在制約及循環消費的管控中，這是一種和平、有序，但競爭力不很高的社會，因爲每個人富不會太富，窮者亦不會太窮，弱勢者（如老殘等）有國家全力扶助和救濟。

這種社會堅持倫理道德和社會公義是無上價值，因此透過教育和社會系統，把忠孝仁愛信義和平禮義廉恥和公德心，深深根植在每一個人心中。儒家和佛教思想，甚至道家思想，在這種社會各自都有發揮的空間。

很可惜！很可惜！這有序的禮儀社會，這種堅持社會公義、正義和道德的社會，在月球和火星都只推行不到三百年。大約二百年前，以新教倫理思想和進化論爲背景的理念開始流行，按這種理念指導，人類社會出現資本主義和民主政治，大受歡迎，因爲這種社會給人最多的自由，人的欲望幾可無限上綱。尤其以進化論爲理論引導的資本主義，更快速「吃下」廣大地盤，大約到一百五十年前，月球和火星又幾成資本主義社會，民主、人權又成普世價值。

在這樣的社會，倫理道德成爲守舊落伍古物，人活著只是競爭、競爭、競爭……打敗對方，不擇手段，對方不倒下去，我那有機會？

在這樣的社會，只有市場、市場、市場，利潤、利潤、利潤，於是剝削、剝削、剝削，於是整個社會以市場、消費、競爭爲導向：

消費：鼓勵消費、消費，無限制消費。

生產：因無限制消費，刺激了生產、生產……

分配：資本家控制分配通路，對消費者洗腦。

這種社會的最高價值標準，是提高競爭力，是打敗一切對手，是提高利潤，是擴張市場，是建立個人事業王國。贏者通吃，輸者吃屎；勝者稱王，敗者豬狗。於是，富者過者國王般生活，弱老窮者成爲社會中之廢物，任其自生自滅。

大約到一百年前，火星和月球已大致上成爲「民主」社會，政治上推行「民主政治」，經濟上已使整個社會「資本主義化」，基督教再度流行。綜合政治、經濟和宗教，使人類社會徹底的「叢林化」，人回到「生物」狀態，在進化舞台上，競爭、覓食或死亡……

月球和火星被人類以民主政治和資本主義方式，「無限制消費」了一百五十年，結果如何？當然表面上看是生產力旺盛，消費力驚人。但據我們在當地的深入考察，包括氣象學家、地質學家等各類科學家研究，發現人類過度消費、污染，火星和月球正在加速其溫室效應，並已啓動月球的「第二次大滅絕」，及火星的「第三次大滅絕」，且已是「不可逆」的趨勢。

呀！月球的第二次，火星的第三次，這麼說它們之前已有文明產生而又滅絕。其滅絕的原因，可能那時的「生命體」也推行民主政治和資本主義，否則不至於造成整個文明的滅絕。

參訪考察行程結束，我們一行人很快回到無間地獄，但大家心情似乎都不很好。地球「第六次大滅絕」不知要怎麼收尾？難到地球真要「放棄」所有生命，進行千萬年大休息嗎？現在應也尚有一些生命存活著吧！

月球「第二次大滅絕」又將如何？是所有生命體滅絕，還是月球毀滅？？？或人類又往何處去？爲甚麼佛法不能阻止滅絕的發生？火星「第三次大滅絕」又將如何？

當月球和火星都滅絕了，下一個要滅絕的世界是那一個？鐵定是張衡星吧！這顆由中國東漢大天文學家張衡（字平子，西鄂人，發明渾天儀及地動儀。）發現，美麗的星星，距地球一百九十二兆公里，就是下一個要滅絕的目標嗎？啊！是誰詛咒了誰？

是誰詛咒了台灣島，整個島竟沈沒在大海黑暗深處。

是誰詛咒了五大洲，暖化沙漠化，生物滅絕了。

是誰詛咒了地球，要以第六次大滅絕收場。

是誰詛咒了月球，第二次大滅絕啓動了。

又是誰詛咒了火星，第三次大滅絕竟也啓動了。

張衡星尚未被詛咒……

我們的暑期參訪考察，原本可以寫很多很多的，只是不知爲何？回來後始終沒甚麼心情寫下去，而且一回來就忙著第三學年開始了，更是沒時間動筆啦！

第三學年開始，我上學期講「金剛經」，下學期又講一回「地藏經」。至於班上同學嘛！總有一些變動，有位同學叫李察吉爾，生前是電影明星，問他爲何被判到無間地獄服刑？他說可能中邪了，執著於分裂別國族群，願意承擔罪過，汝子可教！

日子在平靜中度過，除了上課，帶學生參加各種法會、心理治療、前世回溯治療及詩歌音樂課等，第三學年也很快過了，並無值得大書特書之處。

隨著學期的結束，一件我等八位好友期待的事，也是引起心動的事，是我們的「中陰身」身份也將結束，之後是隨「業」轉世投胎？或往何處去？

學期結束前二日有件很意外，事前皆無任何訊息，有一場簡單而隆重的三皈儀式，名單中我看見有陳□扁、游□堃、呂□蓮、明治（前倭奴國主）等。可喜的，我班上在儀式前一刻，竟也有歐巴馬、老布希、維多莉亞、万俟卨、李□輝等五位，請求皈依三寶。

皈依儀式在「鹿子母講堂」舉行，六祖惠能大師親自主法，許多高僧參與見證，我班有五位皈依，我亦前往參加觀禮……

「我陳□扁（游□堃……），盡一切壽皈依佛，盡一切壽皈依法，盡一切壽皈依僧。」

（三遍）

……

50 觀音顯像說大未來 離六道往極樂世界

當我們在無間地獄教席結束，停留數日後地藏菩薩接見我等八人，張委員亦在場坐陪，祝我等任務圓滿完成。地藏菩薩說：

「汝等在地獄講學說法，實乃千載難逢之良緣，也是業感流轉之結果，非任何神佛所能操控。」

最後蔡麗美問：「但不知我等將往何處去？」

地藏菩薩和張美麗露出神秘的微笑，說時遲卻也快，眼前的場景瞬間已在流轉，成一片虛空，又幻化成一片山水小溪，有停臺樓閣，幽篁蒼翠，正尋思這是何方？

眾人幾已異口同聲說：「啊！紫竹林，普陀山，是觀世音菩薩道場……」

「善哉！善哉！歡迎各位。」眾人聲音才落，眼前虛空上方升起一朵蓮花，觀音菩薩端坐其上說著。

「拜見菩薩！」眾人一起下跪禮敬。

「免禮！請起！」菩薩說著，移駕到我們前面，與我等面對，「你們辛苦了六百多年，此乃良緣。」

我首先發問：「普陀山在中國，地球世界似已壞空，現在吾人身處何地？」

「十方三界處處有普陀山，這裡是你們八人心識共同構建示現的西方極樂世界普陀山，也就是你們現在的心境，了解嗎？」

「了解。」眾人齊聲。

安安接下說：「我等八人和地球中國有深厚的因緣，地球雖面臨壞空，乃至滅絕，但那裡終究還有很多眾生，我們也牽掛著他們，不知那些僅存的眾生將會怎樣？」

「你們看！」當安安說完，菩薩叫我們看，眾人眼前出現上下兩個螢幕，在山洞、地洞人類生活著，天空是沈沈重重的灰黑……啊！這是何樣的世界？？？

菩薩說明道：「按陽界地球年代，現在已快到二十九世紀。」沈思片刻，「嗯，是公元二七八〇年春分日，但現在沒有春天了，因近三十年來有兩次核戰，火星和月球的人類聯合攻打地球，南北極僅存的科技、知識、人才，全被劫走一空，南北極雖存有少數人類，但他們只能過著原始生活，地球上資源多已受到嚴重污染。」

菩薩說著，但大家心情沈重，尹月芬問說：

「地球南北極到底有多少人生活著，他們未來怎麼辦？誰來救他們？」

菩薩道：「南極約數十萬，北極多一點，他們未來就這樣生活著，靜靜的生活著，再也沒有甚麼威脅了。」

「那樣也好。」眾人齊說。

菩薩又說：「但因環境已受到破壞，男性不出數代後會先滅絕。」

「爲甚麼？」眾人驚恐問

「你們應知生物學的常識，男性基因組中必須有一個Y染色體，其上有一種叫賜阿威SRY基因，才能創造出男性的特徵。久遠以前，每個Y染色體上約有一千四百個基因，目前只剩四十五個。核污染或廢料輻射及劣質環境等，會使這種基因加速消失，按此速度推算，幾代或百餘年，地球上僅存的男性人類將完全滅絕。」菩薩心平氣和說著。

……啊！……驚訝、沈默……

然後是眾人的驚叫：「男人沒了，只剩女人……」

「是啊！」菩薩答，又補充說：「沒有組成染色體重要基因的男性，也並非突然就滅絕了，還會隨緣演化成另一種動物，很可能像嚙齒類動物，沒有賜阿威也能繁衍，但那已不是人類了。」

眾人又是一驚，「啊啊！男生變成嚙齒類動物，那女生呢？」

「差不多是這樣。」菩薩說。

眾人又問：「那月球、火星上的人類呢？」

「不久後也都步地球的後塵，成住壞空乃宇宙間的真理，本來也不足爲怪。」

眾人沈默，是呀！成住壞空嘛！一切都沒有永恆的！

我又好奇問菩薩：「人類之後，何種生物主宰地球？」汪仁豪也問：「是呀！還有沒有智慧生物？」

菩薩道：「人類消失後，地球開始進行千萬年大休息，此期間可能是狒狒在地球上稱王，大約一億年後地球各洲大陸合併成一塊超大陸塊，將演化出新文明和新的智慧生物，但不久也再度毀滅，這是真理。」

此時眾人聽的津津有味，燕京山也忍不住問：「地球上的文明一直在生滅輪迴，地球本身的生滅輪迴又如何？」

菩薩說：「這是很久以後的事，幾十億年後，但我仍略知。地球未來若非與金星相撞毀滅，便是被太陽吃掉而壽終。」

「願聞其詳。」眾人說。

按菩薩預測，大約三十多億年後，太陽成爲一顆紅巨星，開始吞食附近星球，水星首先被吃掉。造成引力失衡，使金星和地球距離太近，若不相撞而毀，也因引力而雙雙破裂爆炸，也是滅。

就算地球、金星都沒事，也因太陽燃燒殆盡，膨脹成危險的「紅巨人」，附近星球都會被吞噬，難逃毀滅。

眾人都沈默、沈默……

「那裡是永恆不滅的？」吳淑臻嘆一口氣輕說。

蘇真長也說：「我也不想回陽界當人，也不想再墮六道輪迴，受甚麼八苦！」

眾人此時竟不約而同跪下向菩薩求情：「求菩薩救度，讓我等永住極樂世界。」

菩薩慈悲說：「各位請起，按照你們因緣、修持、功德，隨業識便往西方極樂世界去，我沒幫甚麼忙！」

眾人高興謝恩，觀世音菩薩說：「去吧！」即從虛空中消失，而我們已嚴然在極樂世界。

～全書完～